DIKILI TASH
VILLAGE PRÉHISTORIQUE DE MACÉDOINE ORIENTALE

I

VOLUME 3

BCH Supplément
61

DIKILI TASH
VILLAGE PRÉHISTORIQUE DE MACÉDOINE ORIENTALE
I

FOUILLES DE JEAN DESHAYES (1961-1975)

VOLUME 3

publiées sous la direction de René Treuil

par Dimitra Malamidou et Christina Marangou

ÉCOLE FRANÇAISE D'ATHÈNES

2019

ÉCOLE FRANÇAISE D'ATHÈNES

Directeur des publications : Alexandre Farnoux puis Véronique Chankowski
Responsable des publications : Bertrand Grandsagne

Dikili Tash, village préhistorique de Macédoine orientale I : Fouilles Jean Deshayes (1961-1975), Volume 3/ pubiées sous la direction de René Treuil ; par Dimitra Malamidou et Christina Marangou ; dessins de V. Anagnostopoulos, Fr. Bourguignon, Ch. Romanidis, Ch. Sidiratou et des auteurs ; photographies de Fr. Bourguignon, Ph. Collet, J. Deshayes et des auteurs.
Athènes : École française d'Athènes, 2019
ISBN 978-2-86958-310-8
(Bulletin de correspondance hellénique. Supplément, ISSN 0304-2456 ; 61)

1. Fouilles archéologiques -- Grèce -- Dikili Tash (Grèce ; site archéologique)
2. Néolithique -- Grèce -- Dikili Tash (Grèce ; site archéologique)
3. Âge du Bronze -- Grèce -- Dikili Tash (Grèce ; site archéologique)
4. Céramique préhistorique -- Grèce -- Dikili Tash (Grèce ; site archéologique)
5. Figurines préhistoriques -- Grèce -- Dikili Tash (Grèce ; site archéologique)
6. Antiquités préhistoriques -- Grèce -- Dikili Tash (Grèce ; site archéologique)
7. Antiquités -- Macédoine (Grèce)

Bibliothèque de l'École française d'Athènes

Dessins de V. Anagnostopoulos, Fr. Bourguignon, Ch. Romanidis, Ch. Sidiratou et des auteurs
Photographies de Fr. Bourguignon, Ph. Collet, J. Deshayes et des auteurs

Révision des textes : Jacky Kozlowski-Fournier
Suivi éditorial : EFA et Jacky Kozlowski-Fournier
Conception graphique de la couverture : EFA, Guillaume Fuchs
Prépresse : Scuola Tipografica S. Pio X (Rome, Italie)
Impression et reliure : Corlet Imprimeur (Condé-sur-Noireau, France)

Avant-propos

La publication des résultats des fouilles de Jean Deshayes à Dikili Tash a été répartie en trois volumes.

Le premier, paru en 1992, contenait, outre l'avant-propos, les chapitres concernant le site et les fouilles (I), la stratigraphie et la chronologie (II), la construction et l'habitation (III), l'outillage (IV), les moyens de subsistance (V) et les éléments de parure (VI).

Le deuxième, paru en 2004, comprenait les chapitres traitant des techniques de la céramique du Néolithique Moyen au Bronze Récent (I), des formes et des décors de la céramique du Néolithique Moyen (II) et Récent (III), ainsi que des récipients zoomorphes et anthropomorphes du Néolithique Moyen et Récent (IV).

Ce troisième et dernier volume contient l'étude des formes et des décors de la céramique du Bronze Ancien et du Bronze Récent, ainsi que celle des maquettes et des figurines du Néolithique Moyen au Bronze Récent. La révision des textes et de la bibliographie a bénéficié de l'aide de Pascal Darcque, qui s'est par ailleurs chargé de la préparation de l'illustration ; les appels de figures ont été harmonisés et vérifiés par Fabien Balestra. Les auteurs remercient également les deux rapporteurs qui ont bien voulu expertiser leur manuscrit avant sa publication.

Comme le montrent ces publications, c'est une masse considérable de données qui est issue des fouilles de J. Deshayes. Chaque série d'objets est en outre éclairée par une étude technique, documentée par un riche éventail de formes complètes et illustrée par un vaste répertoire de décors variés.

Pour la céramique du Bronze Ancien et du Bronze Récent présentée ici, l'étude enrichit notablement le corpus de ces périodes, jusqu'alors peu étudié et mal connu. Elle montre également que ce domaine est au Bronze Ancien marqué par des changements très apparents dans les systèmes d'approvisionnement et de production, qui eux-mêmes reflètent des modifications plus profondes dans le mode de vie et la gestion des ressources. Les changements visibles au Bronze Récent, quoique moins apparents, sont eux aussi liés à des modifications dans les modes de production et dans la société.

Les figurines et les maquettes néolithiques enrichissent elles aussi un corpus existant, mais peu étudié. Elles sont réparties en catégories « fonctionnelles » – figurines anthropomorphes, figurines zoomorphes, maquettes, vases miniatures – que l'on s'est efforcé de distinguer clairement des outils, vases et éléments de parure, anthropomorphes et zoomorphes, qui ont été étudiés dans le volume 1.

Typologie, dimensions, provenance, décors sont décrits en détail et fournissent les bases d'une discussion approfondie sur les utilisations possibles de ces objets. Trop facilement classés dans le domaine religieux, ils redeviennent aujourd'hui passibles d'une pluralité de solutions.

Ainsi s'accroît la richesse du matériel mis au jour à Dikili Tash, ainsi s'élargissent les discussions sur les interprétations fonctionnelles, ainsi se profilent les nouvelles observations qui vont découler des programmes de fouilles ultérieurs.

Abréviations

appr.	approximatif(-ve)
BA	Bronze Ancien
BM	Bronze Moyen
BP	Before Present
BR	Bronze Récent
ch.	chapitre
col.	colonne
cons.	conservé(e)
diam.	diamètre
DT	Dikili Tash
ép.	épaisseur
ext.	extérieur(e)
graph.	graphique
h.	hauteur
int.	intérieur(e)
NM	Néolithique Moyen
NR	Néolithique Récent
pr.	profondeur
tabl.	tableau

Bibliographie

Périodiques

N.B. Sont recensées dans la liste qui suit les abréviations des titres de périodiques qui ne sont pas celles qu'emploie *L'Année philologique*.

AAA	Αρχαιολογικά Ανάλεκτα εξ Αθηνών
AEM Th	Αρχαιολογικό Έργο στη Μακεδονία και στη Θράκη
AM	Athenische Mitteilungen
AMusAPlovdiv	Annuaire du Musée National Archéologique de Plovdiv
ArchDelt	Αρχαιολογικόν Δελτίον
ArchEph	Αρχαιολογική Εφημερίς
ArchIug	Archaeologia Iugoslavica
Arch(Sofia)	Archeologija
BSA	Annual of the British School at Athens
BSPF	Bulletin de la Société Préhistorique Française
BullInstArchBulg	Bulletin de l'Institut Archéologique (Bulgare)
BullSocArchBulg	Bulletin de la Société Archéologique Bulgare
GodMOPlovdiv	Annuaire des Musées régionaux de Plovdiv
GodNBMPlovdiv	Annuaire de la Bibliothèque Nationale et du Musée National de Plovdiv
GodNMSofia	Annuaire du Musée National de Sofia
IPEK	Jahrbuch für prähistorische und ethnographische Kunst
IstMitt	Istanbuler Mitteilungen
JbRGZM	Jahrbuch des römisch-germanischen Zentralmuseums Mainz
JdI	Jahrbuch des deutschen archäologischen Instituts
OpAth	Opuscula Atheniensia
PAE	Πρακτικά της εν Αθήναις Αρχαιολοκικής Εταιρείας
PPS	Proceedings of the Prehistoric Society
PZ	Prähistorische Zeitschrift
SASTUMA	Saarbrücker Studien und Materialen zur Altertumskunde
SlovArch	Slovenská Archeológia
SovArch	Sovestkaja Archeologija
StudAlb	Studia Albanica
StudPraeh	Studia Praehistorica
WA	World Archaeology

Articles et monographies

AKAMATIS 2009   I. AKAMATIS, « Προϊστορική Πέλλα. Νεκροταφείο Εποχής Χαλκού », dans
                               S. DROUGOU, D. EVGENIDOU, Ch. KRITZAS, N. KALTSAS, V. PENNA,
                               I. TSOURTI, M. GALANI-KRIKOU, E. RALLI (éds), *Κερμάτια Φιλίας,
                               Τιμητικός τόμος για τον Ιωάννη Τουράτσογλου*, p. 193-213.

ALEXANDROV 1994   S. ALEXANDROV, « The Prehistoric Site of Radomir-Vahovo: Some Pro-
                               blems of the Early Bronze Age in South-West Bulgaria (Northern Connec-
                               tions) », dans P. ROMAN, M. ALEXIANU (éds), *Relations thraco-illyro-
                               helléniques, Actes du XIVᵉ symposium national de thracologie*, p. 117-129.

ALEXANDROV 1995   S. ALEXANDROV, « The Early Bronze Age in Western Bulgaria: Periodisa-
                               tion and Cultural Definition », dans BAILEY, PANAYOTOV 1995, p. 253-
                               270.

ALEXANDROV, GOTZEV 1990   S. ALEXANDROV, A. GOTZEV, « Aşezarea preistorică de la Hotovo
                               (Bulgaria de sud-vest) (Établissement préhistorique de Hotovo [Bulgarie
                               du Sud-Ouest]) », *Thraco-Dacica* XI.1-2, p. 21-32.

ALEXANDROV, PETKOV, IVANOV 2007 S. ALEXANDROV, V. PETKOV, G. IVANOV, « The Late Bronze Age Necro-
                               polis in the Town of Sandanski, Soutwest Bulgaria », dans TODOROVA,
                               STEFANOVICH, IVANOV 2007, p. 373-388.

ANDREOU 2001   S. ANDREOU, « Exploring the Patterns of Power in the Bronze Age
                               Settlements of Northern Greece », dans K. BRANIGAN (éd.), *Urbanism in
                               the Aegean Bronze Age*, p. 160-173.

ANDREOU 2010   S. ANDREOU, « Northern Aegean », dans CLINE 2010, p. 643-659.

ANDREOU, FOTIADIS,   S. ANDREOU, M. FOTIADIS, K. KOTSAKIS, « Review of Aegean
KOTSAKIS 1996   Prehistory V: The Neolithic and Bronze Age of Northern Greece »,
                               AJA 100, p. 537-597.

ANDREOU, FOTIADIS,   S. ANDREOU, M. FOTIADIS, K. KOTSAKIS, « The Neolithic and Bronze
KOTSAKIS 2001   Age of Northern Greece », dans T. CULLEN (éd.), *Aegean Prehistory.
                               A Review, AJA Suppl.* 1, p. 259-328.

ANDREOU, PSARAKI 2007   S. ANDREOU, K. PSARAKI, « Tradition and Innovation in the Bronze Age
                               Pottery of the Thessaloniki Toumba », dans TODOROVA, STEFANOVICH,
                               IVANOV 2007, p. 397-420.

ANDREOU *et al.* 2013   S. ANDREOU, C. HERON, G. JONES, V. KIRIATZI, K. PSARAKI,
                               M. ROUMPOU, S. M. VALAMOTI, « Smelly Barbarians or Perfumed
                               Natives? An Investigation of Oil and Ointment Use in Late Bronze
                               Age Northern Greece », dans S. VOUTSAKI, S. M. VALAMOTI (éds),
                               *Diet, Economy and Society in the Ancient Greek World: Towards a Better
                               Integration of Archaeology and Science, Pharos Suppl.* 1, p. 173-186.

Art des premiers agriculteurs *L'art des premiers agriculteurs en Serbie : 6000-2500 avant J.-C. : Musée
en Serbie 1979   *des antiquités nationales, Saint-Germain-en-Laye, 31 octobre-2 décembre
                                1979.

ASLANIS 1985   I. ASLANIS, *Kastanas: Ausgrabungen in einem Siedlungshügel der Bronze-
                               und Eisenzeit Makedoniens 1975-1979: die frühbronzezeitlichen Funde
                               und Befunde, Prähistorische Archäologie in Südosteuropa* 4.

ASOUHIDOU *et al.* 2000   S. ASOUHIDOU, E. GIOURA, S. KOTSOS, D. MANTAZI, Th. DOGAS, D. SOLKIDOU, S. TSOLAKIS, «Οι ανασκαφικές έρευνες στο Κριαρίτσι Συκιάς Ν. Χαλκιδικής κατά τα έτη 1999-2000», *AEMTh* 14, p. 331-346.

BAILEY 2000   D. W. BAILEY, *Balkan Prehistory: Exclusion, Incorporation and Identity.*

BAILEY 2005   D. W. BAILEY, *Prehistoric Figurines. Representation and Corporeality in the Neolithic.*

BAILEY, PANAYOTOV 1995   D. W. BAILEY, I. PANAYOTOV (éds), *Prehistoric Bulgaria, Monographs in World Archaeology* 22.

BAKALAKIS, SAKELLARIOU 1981   G. BAKALAKIS, A. SAKELLARIOU, *Paradimi.*

BALFET, FAUVET-BERTHELOT, MONZON 1989   H. BALFET, M.-Fr. FAUVET-BERTHELOT, S. MONZON, *Lexique et typologie des poteries.*

BANNER 1956   J. BANNER, *Die Péceler Kultur, Archaeologia Hungarica* XXXV.

BARTEL 1981   Br. BARTEL, «Cultural Associations and Mechanisms of Change in Anthropomorphic Figurines During the Neolithic in the Eastern Mediterranean Basin», *WA* 13, 1, p. 74-86.

BASS 1959   G. F. BASS, «Neolithic Figurines from Thespiai», *Hesperia* 28, p. 344-349.

BATZIOU 1981   A. BATZIOU, «Πύργος. Ένας δορυφορικός προϊστορικός οικισμός», *Anthropologika* 2, p. 108-120.

BERCIU 1961   D. BERCIU, *Contribuţii la problemele neoliticului în Romînia în lumina noilor cercetări (Contributions aux problèmes du Néolithique en Roumanie à la lumière de nos recherches).*

BERCIU, COMŞA 1956   D. BERCIU, E. COMŞA, «Săpăturile arheologice de la Balta Verde şi Gogoşu: 1949-1950 (Fouilles archéologiques de Balta Verde et de Gogosu : 1949-1950)», *Materiale si Cercetări Arheologice* II, p. 251-489.

BERNABÒ BREA 1964   L. BERNABÒ BREA, *Poliochni: città preistorica nell'isola di Lemnos* 1.

BERNABÒ BREA 1976   L. BERNABÒ BREA, *Poliochni: città preistorica nell'isola di Lemnos* 2.

BIEHL 2003   P. BIEHL, *Studien zum Symbolgut des Neolithikums und der Kupferzeit in Südosteuropa.*

BLEGEN *et al.* 1950   C. W. BLEGEN, J. L. CASKEY, M. RAWSON, J. SPERLING, *Troy* 1. *The First and Second Settlements.*

BLENNOW 1987   M.-L. BLENNOW, «Terracotta Figurines», dans P. HELLSTRÖM (éd.), *Paradeisos, A Late Neolithic Settlement in Aegean Thrace*, p. 77-82.

BOJADŽIEV 1995   J. BOJADŽIEV, «Chronology of Prehistoric Cultures in Bulgaria», dans BAILEY, PANAYOTOV 1995, p. 149-192.

BOJADŽIEV 1998   J. BOJADŽIEV, «Radiocarbon Dating from Southeastern Europe», dans STEFANOVICH, TODOROVA, HAUPTMANN 1998, p. 349-370.

BONEV 1982   A. BONEV, «Glinena čaška săs znaci ot selištnata mogila do s. Ovčarovo (Petite tasse en argile avec des signes du tell près du village Ovčarovo, département de Tărgovište)», *Arheologija* XXIV, 3-4, p. 32-34.

BOULOTIS 1997   Ch. BOULOTIS, «Κουκονήσι Λήμνου, τέσσερα χρόνια ανασκαφικής έρευνας: θέσεις και υποθέσεις», dans DOUMAS, LA ROSA 1997, p. 230-270.

CAMBITOGLOU, PAPADOPOULOS,   A. CAMBITOGLOU, J. K. PAPADOPOULOS, O. JONES, *Torone* I. *The excava-*
JONES 2001   *tions of 1975, 1976 and 1978*, Βιβλιοθήκη της εν Αθήναις Αρχαιολογικής Εταιρείας 206.

CARINGTON SMITH 2000   J. CARINGTON SMITH, «The Spinning and Weaving Implements», dans RIDLEY, WARDLE, MOULD 2000, p. 207-263.

CHAPMAN 2000   J. CHAPMAN, *Fragmentation in Archaeology. People, Places and Broken Objects in the Prehistory of South Eastern Europe.*

CHOHADZHIEV 2007   St. CHOHADZHIEV, *Neolithic and Chalkolithic Cultures in the Struma Valley.*

CHOLLOT-VARAGNAC 1980   M. CHOLLOT-VARAGNAC, *Les origines du graphisme symbolique.*

CHRISTMANN 1996   E. CHRISTMANN, *Die Deutschen Ausgrabungen auf der Pevkakia-Magula in Thessalien* II. *Die Frühe Bronzezeit, Beiträge zur ur- und frühgeschicht-lichen Archäologie des Mittelmeer-Kulturraumes* 29.

CLINE 2010   E. H. CLINE (éd.), *The Oxford Handbook of the Bronze Age Aegean (ca. 3000-1000 BC).*

COMȘA 1974   E. COMȘA, *Istoria comunităților culturii Boian (Histoire des communautés de la culture de Boian).*

COMȘA 1975   E. COMȘA, «Typologie et signification des figurines anthropomorphes néolithiques du territoire roumain», dans E. ANATI (éd.), *Valcamonica Symposium 72*, *Actes du symposium international sur les religions de la préhistoire*, p. 143-152.

COURTOIS 1985   L. COURTOIS, «Dikili Tash : La céramique de l'Âge du Bronze. Aperçu technologique», dans HUOT, YON, CALVET 1985, p. 99-105.

DARCQUE 1996   P. DARCQUE, «Paul Courbin et la méthode Wheeler», *BCH* 120, p. 315-323.

DARCQUE *et al.* 2009   P. DARCQUE, H. KOUKOULI-CHRYSSANTHAKI, D. MALAMIDOU, Z. TSIRTSONI, «Dikili Tash», *BCH* 133, p. 529-541.

DAUX 1962   G. DAUX, «Chronique des fouilles 1961. Dikili Tach», *BCH* 86, p. 912-933.

DAUX 1968   G. DAUX, «Chronique des fouilles et découvertes archéologiques en Grèce en 1967. Dikili Tach», *BCH* 92, p. 1062-1077.

DELEV, VULCHEVA 2002   P. DELEV, D. VULCHEVA, *Koprivlen* 1. *Rescue Archaeological Investigations Along the Gotse Delchev-Drama Road, 1998-1999.*

DELIOPOULOS 2006   G. DELIOPOULOS, «Η κεραμική από τη φάση των οικημάτων με τα λίθινα θεμέλια στον προϊστορικό οικισμό του Αρχοντικού Γιαννιτσών», *AEMTh* 20, p. 685-702.

DEMOULE, LICHARDUS-ITTEN 1994 J.-P. DEMOULE, M. LICHARDUS-ITTEN, «Fouilles franco-bulgares du site néolithique ancien de Kovačevo (Bulgarie du sud-ouest) (Campagnes 1986-1993)», *BCH* 118, p. 561-618.

DESHAYES 1969   J. DESHAYES, *Les civilisations de l'Orient ancien.*

DESHAYES 1970a   J. DESHAYES, «Les fouilles de Dikili Tash et l'archéologie yougoslave», *Zbornik Radova Narodnog Museja Beograd* 6, p. 21-43.

DESHAYES 1970b — J. DESHAYES, «Rapport sur les travaux de l'École française en 1969 : Dikili Tash», *BCH* 94, p. 799-808.

DESHAYES 1972 — J. DESHAYES, «Dikili Tash and the Origins of the Troadic Culture», *Archaeology* 25, p. 198-205.

DESHAYES 1973 — J. DESHAYES, «Fouilles franco-helléniques en 1972. Dikili Tash», *BCH* 97, p. 464-473.

DESHAYES 1974 — J. DESHAYES, «Fours néolithiques de Dikili Tash», dans *Mélanges helléniques offerts à Georges Daux*, p. 67-91.

DETEV 1950 — P. DETEV, «Selištnata mogila Banjata pri Kapitan Dimitrievo (Le tell Baniata près de Kapitan Dimitrievo)», *AMusAPlovdiv* II, p. 1-23.

DETEV 1959 — P. DETEV, «Materiali za praistorijata na Plovdiv (Matériaux de la préhistoire de Plovdiv)», *AMusAPlovdiv* III, p. 3-80.

DETEV 1960 — P. DETEV, «Razkopki na selištnata mogila Jasatepe v Plovdiv prez 1959 g. (Fouilles du tell Yassatépé à Plovdiv, en 1959)», *AMusAPlovdiv* IV, p. 5-59.

DETEV 1965 — P. DETEV, «Modeli za ukrasa ot kameno-mednata epoha (Modèles de décoration du Chalcolithique)», *Arheologija* VII, 4, p. 65-73.

DETEV 1968 — P. DETEV, «Trois miniatures de fours préhistoriques», *Apulum* 5, p. 35-38.

DETEV 1974 — P. DETEV, «Apparition et usage des vases en argile à pieds pendant l'époque néolithique et la période métallique dans les tells de Thrace», dans *Pulpudeva, Semaines philippopolitaines de l'histoire et de la culture thrace, Plovdiv, 4-19 octobre 1974*, 1, p. 99-107.

DETEW 1956 — P. DETEW, «Les modèles énéolithiques de meubles en Bulgarie», *Archeologia (Warszawa)* VIII, p. 428-434.

DETEW 1960 — P. DETEW, «Vorgeschichtliche Gefässe mit Menschen- und Tierähnlichen Darstellungen in Bulgarien», *AA* 1, p. 1-15.

Dikili Tash I, 1 — R. TREUIL (éd.), *Dikili Tash, village préhistorique de Macédoine orientale I. Fouilles de Jean Deshayes (1961-1975)*, vol. 1, *BCH Suppl.* XXIV (1992).

Dikili Tash I, 2 — R. TREUIL (éd.), *Dikili Tash, village préhistorique de Macédoine orientale I. Fouilles de Jean Deshayes (1961-1975)*, vol. 2, *BCH Suppl.* 37 (2004).

DIMITROV 1974 — M. DIMITROV, «Études sur les sites préhistoriques dans le département de Stara Zagora. Fouilles du tell de Bereketska aux environs de Nova Zagora», *Thracia* 3, p. 95-99.

DÖRPFELD 1902 — W. DÖRPFELD, *Troja und Ilion: Ergebnisse der Ausgrabungen in den vorhistorischen und historischen Schichten von Ilion 1870-1894*.

DOUMAS, LA ROSA 1997 — Ch. DOUMAS, V. LA ROSA (éds), *Η Πολιόχνη και η Πρώιμη Εποχή του Χαλκού στο Βόρειο Αιγαίο/Poliochni e l'Antica età del Bronzo nell'Egeo Settentrionale, Διεθνές Συνέδριο Αθήνα, 22–25 Απριλίου 1996/Convegno Internazionale, Atene, 22–25 Aprile 1996*.

DOVA 1997 — A. DOVA, «Μύρινα Λήμνου. Οι αρχαιότερες φάσεις του προϊστορικού οικισμού», dans DOUMAS, LA ROSA 1997, p. 282-297.

DOVA 2003   A. DOVA, «Οι φάσεις εξέλιξης του προϊστορικού οικισμού στη Μύρινα
                             Λήμνου», dans A. VLAHOPOULOS, K. BIRTAHA (éds), *Αργοναύτης. Τιμη-
                             τικός τόμος για τον καθηγητή Χρίστο Γ. Ντούμα από τους μαθητές του
                             στο Πανεπιστήμιο Αθηνών (1980-2000)*, p. 101-124.

DRAGANOV 1995   V. DRAGANOV, «Submerged Coastal Settlements from the Final
                             Neolithic and the Early Bronze Age in the Sea Around Sozopol
                             and the Urdoviza Bay near Kiten», dans BAILEY, PANAYOTOV 1995,
                             p. 225-242.

DUMITRESCU 1925   Vl. DUMITRESCU, «Fouilles de Gumelniţa», *Dacia* 2, p. 29-103.

DUMITRESCU 1968   Vl. DUMITRESCU, «Un modèle de sanctuaire découvert dans la station
                             énéolithique de Căscioarele», *Dacia* 12, p. 381-394.

DUMITRESCU 1972   Vl. DUMITRESCU, «La représentation du corps humain dans la plastique
                             cucutenienne d'après les figurines à stries», dans G. NOVAK (éd.), *Actes
                             du VIIIᵉ congrès international des sciences préhistoriques et protohistoriques,
                             Belgrade 9-15 septembre 1971*, p. 449-454.

DUMITRESCU 1973   Vl. DUMITRESCU, «Sur une nouvelle interprétation du modèle de sanc-
                             tuaire de Căscioarele», *Dacia* 17, p. 311-316.

DUMITRESCU 1979   Vl. DUMITRESCU, *Arta Culturii Cucuteni*.

DUMITRESCU 1980   Vl. DUMITRESCU, *The Neolithic Settlement at Rast (South-West Oltenia,
                             Romania)*.

EFE, ILASLI 1997   T. EFE, A. ILASLI, «Pottery Links Between the Troad and Inland
                             Northwestern Anatolia During the Trojan Second Settlement», dans
                             DOUMAS, LA ROSA 1997, p. 596-609.

ELSTER 1997   E. S. ELSTER, «Construction and Use of the Early Bronze Age Burnt House
                             at Sitagroi: Craft and Technology», dans LAFFINEUR, BETANCOURT 1997,
                             p. 19-35.

ERKANAL 2008   H. ERKANAL, «Liman Tepe: New Light on Prehistoric Aegean Cultures»,
                             dans ERKANAL *et al.* 2008, p. 179-190.

ERKANAL *et al.* 2008   H. ERKANAL, H. HAUPTMANN, V. SAHOGLU, R. TUNCEL (éds), *The
                             Aegean in Neolithic, Chalcolithic and Early Bronze Age, Proceedings of the
                             International Symposium at Urla-Izmir, October 13ᵗʰ-19ᵗʰ 1997*.

ERKANAL, ÖZKAN 1999   H. ERKANAL, T. ÖZKAN, «Excavations in Bakla Tepe», dans T. ÖZKAN,
                             H. ERKANAL (éds), *Tahtali Baraji Kurtarma Projesi (Tahtali Dam Area
                             Salvage Project)*, p. 108-138.

FRENCH 1997   D. H. FRENCH, «Early Bronze Age Pottery in Western Anatolia», dans
                             DOUMAS, LA ROSA 1997, p. 569-595.

GALLIS 1982   K. GALLIS, *Καύσεις νεκρών από τη Νεολιθική εποχή στη Θεσσαλία*.

GALLIS 1985   K. GALLIS, «A Late Neolithic Foundation Offering from Thessaly»,
                             Antiquity 59, p. 20-24.

GALLIS, ORPHANIDIS 1996   K. GALLIS, L. ORPHANIDIS, *Figurines of Neolithic Thessaly*.

GARAŠANIN 1958   M. GARAŠANIN, «Neolithikum und Bronzezeit in Serbien und Makedo-
                             nien», *BRGK* 39, p. 1-130.

GARAŠANIN, SIMOSKA 1976   M. GARAŠANIN, Dr. SIMOSKA, « Kontrolni iskopuvanja na Šuplevec i nekoj problemi na grupata Šuplevec-Bakarno Gumno (Le sondage de contrôle à Suplevec et quelques questions sur le groupe Suplevec-Bakarno Gumno) », *Macedoniae Acta Archaeologica* 2, p. 9-41.

GARDIN 1997   J.-Cl. GARDIN, « Autocritique d'un texte archéologique : logique naturelle et logique de champs », dans D. MIÉVILLE, A. BERRENDONNER (éds), *Logique, discours et pensée*, p. 37-57.

GARDIN, GARELLI 1961   J.-Cl. GARDIN, P. GARELLI, « Étude par ordinateurs des établissements assyriens en Cappadoce », *Annales* 16, p. 837-876.

GAUL 1948   J. H. GAUL, *The Eneolithic Period in Bulgaria*.

GEORGIEV 1955   G. GEORGIEV, « Marmorna statuetka ot Blagoevo, Razgradsko (Une statuette en marbre de Blagoevo, arrondissement de Razgrad) », *BullInstArchBulg* XIX, p. 1-13.

GEORGIEV 1961   G. GEORGIEV, « Kulturgruppen der Jungstein- und der Kupferzeit in der Ebene von Thrazien (Südbulgarien) », dans *L'Europe à la fin de l'âge de la pierre*, p. 45-100.

GEORGIEV 1967   G. GEORGIEV, « Beiträge zur Erforschung des Neolithikums und der Bronzezeit in Südbulgarien », *Archaeologia Austriaca* 42, p. 90-144.

GEORGIEV, ANGELOV 1952   G. GEORGIEV, N. ANGELOV, « Razkopki na selištnata mogila do Ruse prez 1948-49 (Fouilles du tell près de Ruse en 1948-1949) », *BullInstArchBulg* XVIII, p. 119-194.

GEORGIEV, ANGELOV 1957   G. GEORGIEV, N. ANGELOV, « Razkopki na selištnata mogila do Ruse prez 1950-53 (Fouilles du tell près de Ruse en 1950-1953) », *BullInstArchBulg* XXI, p. 41-127.

GEORGIEV *et al.* 1979   G. GEORGIEV, N. MERPERT, R. KATINČAROV, D. DIMITROV, *Ezero, Rannobronzovoto selište (Ezero, un habitat du Bronze Ancien)*.

GIMATZIDIS, JUNG 2008   St. GIMATZIDIS, R. JUNG, « Νέα στοιχεία για την εποχή χαλκού και σιδήρου από την Πιερία: Κάστρο Νεοκαισάρειας και Μοσχοχώρι », *AEMTh* 22, p. 211-218.

GIMBUTAS 1974   M. GIMBUTAS, *The Gods and Goddesses of Old Europe, 7000 to 3500 BC: Myths, Legends and Cult Images*.

GIMBUTAS 1976   M. GIMBUTAS (éd.), *Neolithic Macedonia, as Reflected by Excavations at Anza, Southeast Yugoslavia*.

GIMBUTAS 1982   M. GIMBUTAS, *The Goddesses and Gods of Old Europe: Myths and Cult Images*.

GIMBUTAS 1989   M. GIMBUTAS, *The Language of the Goddess: Unearthing the Hidden Symbols of Western Civilization*.

GOLDMAN 1931   H. GOLDMAN, *Excavations at Eutresis in Boeotia Conducted by the Fogg Art Museum of Harvard University in Cooperation with the American School of Classical Studies at Athens, Greece*.

GORCE 1974   M. GORCE, *Les pré-écritures et l'évolution des civilisations*.

GRAMMENOS 1975   D. GRAMMENOS, « Από τους προϊστορικούς οικισμούς της Ανατολικής Μακεδονίας », *ArchDelt* 30 (A), p. 193-234.

GRAMMENOS 1979
D. GRAMMENOS, «Τύμβοι της Ύστερης Εποχής Χαλκού και άλλες αρχαιότητες στην περιοχή του Νευροκοπίου Δράμας», *ArchEph* 118, p. 26-71.

GRAMMENOS 1981
D. GRAMMENOS, «Ανασκαφή σε οικισμό της Εποχής Χαλκού (Πρώιμης) στην Πεντάπολη του Νομού Σερρών», *ArchEph* 120, p. 91-153.

GRAMMENOS 1984
D. GRAMMENOS, *Νεολιθικές Έρευνες στην Κεντρική και Ανατολική Μακεδονία*, Thèse de doctorat, université de Thessalonique.

GRAMMENOS 1991
D. GRAMMENOS, *Νεολιθικές Έρευνες στην Κεντρική και Ανατολική Μακεδονία*.

GRAMMENOS 1997
D. GRAMMENOS, *Νεολιθική Μακεδονία*.

GRAMMENOS 2003
D. GRAMMENOS, *Recent Research in the Prehistory of the Balkans*, Publications of the Archaeological Institute of Northern Greece 3.

GRAMMENOS et al.1992
D. GRAMMENOS, M. PAPPA, D. OUREM-KOTSOU, K. SKOURTOPOULOU, E. GIANNOULI, Chr. MARANGOU, S. M. VALAMOTI, G. SIRIDIS, E. MARKI, R. CHRISTIDOU, «Ανασκαφή νεολιθικού οικισμού Θέρμης Β και βυζαντικής εγκατάστασης παρά τον προϊστορικό οικισμό Θέρμη Α. Ανασκαφική περίοδος 1989», *Μακεδονικά* 28, p. 381-501.

GRBIC 1960
M. GRBIC (éd.), *Porodin: kasno-neolitsko naselje na Tumbi kod Bitolja (Porodin : un habitat néolithique récent sur le tell près de Bitola)*.

GREBSKA-KULOWA, KULOW 2007
M. GREBSKA-KULOWA, I. KULOW, «Prehistorical Sites in the Middle Struma River Valley Between the End of the VIIth Mill. BC and the Beginning of the I[st] Mill. BC.», dans TODOROVA, STEFANOVICH, IVANOV 2007, p. 279-296.

GRUNDMANN 1953
K. GRUNDMANN, «Figurliche Darstellungen in der neolithischen Keramik Nord- und Mittelgriechenlands», *JdI* 68, p. 1-37.

HAMILTON et al. 1996
N. HAMILTON, J. MARCUS, D. BAILEY, G. et R. HAALAND, P. UCKO, «Viewpoint: Can We Interpret Figurines?», *Cambridge Archaeological Journal* 6, p. 281-307.

HANSCHMANN, MILOJCIĆ 1976
E. HANSCHMANN, V. MILOJČIĆ, *Die deutschen Ausgrabungen auf der Argissa-Magula in Thessalien 3. Die frühe und beginnende Mittlere Bronzezeit*.

HÄNSEL 1989
B. HÄNSEL, *Kastanas. Ausgrabungen in einem Siedlung der Bronze- und Eisenzeit Makedoniens 1975-1979. Die Grabung und der Baubefund*.

HÄNSEL, ASLANIS 2010
B. HÄNSEL, I. ASLANIS, *Das prähistorische Olynth. Ausgrabungen in der Toumba Agios Mamas 1994-1996: Die Grabung und der Baubefund. Prähistorische Archäologie in Südosteuropa*, Band 23.

HANSEN 2007
S. HANSEN, *Bilder vom Menschen der Steinzeit. Untersuchungen zur anthropomorphen Plastik der Jungsteinzeit und Kupferzeit in Südosteuropa*, vol. I-II (*Archäologie in Eurasien*, 20).

HATZIANGELAKIS 1984
L. HATZIANGELAKIS, «Ο προϊστορικός οικισμός της Πετρομαγούλας», *Ανθρωπολογικά* 5, p. 75-85.

HAUPTMANN 1981
H. HAUPTMANN, *Die deutschen Ausgrabungen auf der Otzaki-Magula in Thessalien III. Das späte Neolithikum und das Chalkolithikum*.

HEATH WIENCKE 2000
M. HEATH WIENCKE, *Lerna. A Preclassical Site in the Argolid* IV. *The Architecture, the Stratigraphy and Pottery of Lerna III*.

HELLSTRÖM, HOLMBERG 1978   P. HELLSTRÖM, E. HOLMBERG, «Excavations at Paradeisos (Klisi Tepe) on the Nestos 1976. A Preliminary Report», *OpAth* XII, p. 141-148.

HELMER 1997   D. HELMER, «Dikili Tash à l'époque néolithique : faune sauvage et domestique», *Dossiers d'archéologie* 222, p. 40-41.

HENCKEN 1955   H. HENCKEN, *Indo-European Languages and Archaeology*.

HEURTLEY 1939   W. A. HEURTLEY, *Prehistoric Macedonia: An Archaeological Reconnaissance of Greek Macedonia (West of the Struma) in the Neolithic, Bronze and Early Iron Ages*.

HEURTLEY, HUTCHINSON 1925-1926   W. A. HEURTLEY, R. W. HUTCHINSON, «Report on Excavations at the Toumba and Tables at Vardaroftsa, Macedonia, 1925, 1926», *BSA* 27, p. 1-66.

HILLER, NIKOLOV 1997   S. HILLER, V. NIKOLOV, *Karanovo, Die Ausgrabungen im Südsektor 1984-1992*.

HOCHSTETTER 1984   A. HOCHSTETTER, *Kastanas. Ausgrabungen in einem Siedlung der Bronze- und Eisenzeit Makedoniens 1975-1979. Die Handgemachte Keramik, Schichten 19 bis 1, Prähistorische Archäologie in Südosteuropa 3*.

HÖCKMANN 1968   O. HÖCKMANN, *Die menschengestaltige Figuralplastik der südosteuropäischen Jungsteinzeit und Steinkupferzeit*.

HOOD 1982   S. HOOD, *Excavations in Chios 1938-1955. Prehistoric Emporio and Ayio Gala* II.

HOOD 1986   S. HOOD, «Evidence for Invasions», dans G. CADOGAN (éd.), *The End of the Early Bronze Age in the Aegean*, p. 31-68.

HOREJS 2007a   B. HOREJS, *Das Prähistorische Olynth. Ausgrabungen in der Toumba Agios Mamas 1994-1996. Die spätbronzezeitliche handgemachte Keramik der Schichten 13 bis 1, Prähistorische Archäologie in Südosteuropa 21*.

HOREJS 2007b   B. HOREJS, «Macedonia: Mediator or Buffer Zone Between Cultural Spheres?», dans I. GALANAKI, H. THOMAS, Y. GALANAKIS, R. LAFFINEUR (éds), *Between the Aegean and Baltic Seas: Prehistory Across Borders. Proceedings of the International Conference Bronze and Early Iron Age Interconnections and Contemporary Developments Between the Aegean and the Regions of the Balkan Peninsula, Central and Northern Europe, University of Zagreb, 11-14 April 2005. Aegaeum* 27, p. 293-306.

HOURMOUZIADIS 1969   G. HOURMOUZIADIS, «Πήλινον ομοίωμα νεολιθικού οικίσκου», *AAA* 2, p. 36-39.

HOURMOUZIADIS 1973   G. HOURMOUZIADIS, *Η ανθρωπόμορφη ειδωλοπλαστική της νεολιθικής Θεσσαλίας: προβλήματα κατασκευής, τυπολογίας και ερμηνείας*.

HOURMOUZIADIS 1994   G. HOURMOUZIADIS, *Τα νεολιθικά ειδώλια*.

HOURMOUZIADIS 2002   G. HOURMOUZIADIS, *Δισπηλιό 7500 χρόνια μετά*.

HUOT, YON, CALVET 1985   J.-L. HUOT, M. YON, Y. CALVET (éds), *De l'Indus aux Balkans, Recueil à la mémoire de Jean Deshayes*.

HÜRYILMAZ 1999   H. HÜRYILMAZ, «Eine Gruppe frühbronzezeitlicher Menschenfigurinen aus Yenibademli Höyük auf Gökçeada (Imvros)», *Studia Troica* 9, p. 475-488.

HÜRYILMAZ, SEVINÇ 1999   H. HÜRYILMAZ, N. SEVINÇ, «Gökçeada-Yenibademli Höyük Kazilari
                              (Fouilles du tell de Yenibademli sur l'île de Gökçeada)», *Kazi Sonuçlari*
                              Toplantisi I, p. 311-324.

IVANOV 1981   T. IVANOV (éd.), *Pernik* I.

JOHNSON 1999   M. JOHNSON, «Chronology of Greece and South-East Europe in the
                              Final Neolithic and Early Bronze Age», *Proceedings of the Prehistoric*
                              Society 65, p. 319-336.

Jungsteinzeit in Bulgarien 1981   *Jungsteinzeit in Bulgarien. Neolithikum und Äneolithikum*, Katalog zur
                              Ausstellung, Braunschweigisches Landesmuseum.

KALICZ 1963   N. KALICZ, *Die Péceler (Badener) Kultur und Anatolien.*

KALICZ 1968   N. KALICZ, *Die Frühbronzezeit in Nordost-Ungarn: Abriss der Geschichte*
                              des 19. - 16. Jahrhunderts v. u. Z.

KAMURO, BORISOV,   H. KAMURO, B. D. BORISOV, R. V. KATINČAROV, *Djadovo: Bulgarian,*
KATINČAROV 1989   *Dutch, Japanese expedition.*

KANČEVA 1989   T. KANČEVA, «Kultplastik und Schmuck aus der Spätneolithischen Sied-
                              lung bei Nova Zagora», dans *Tell Karanovo und das Balkan-Neolithikum:*
                              gesammelte Beiträge zum internationalen Kolloquium in Salzburg, 20.-22.
                              Oktober 1988, p. 43-63.

KARALI-YANNACOPOULOU 1997   L. KARALI-YANNACOPOULOU, «Dimitra – matériel malacologique», dans
                              GRAMMENOS 1997, p. 200-211.

KATINCHAROV, MATSANOVA 1993   R. KATINCHAROV, V. MATSANOVA, «Razkopki na selištnata mogila pri
                              s. Junacite, Pazardžiško (Fouilles archéologiques sur le tell près du village
                              de Junacite, arrondissement de Pazardžik)», dans V. NIKOLOV (éd.),
                              Prähistorische Funde und Forschungen: Festschrift zum Gedenken an Prof.
                              Georgi I. Georgiev, p. 155-173.

KIRIATZI *et al.* 1997   E. KIRIATZI, S. ANDREOU, S. DIMITRIADIS, K. KOTSAKIS, «Co-Existing
                              Traditions: Handmade and Wheel Made Pottery in Late Bronze Age
                              Central Macedonia», dans LAFFINEUR, BETANCOURT 1997, p. 361-368.

KITANOSKI, SIMOSKA,   B. KITANOSKI, D. SIMOSKA, J. TODOROVIĆ, «Novi arheološki istražuvanja
TODOROVIĆ 1978   na naselbata Čuka vo Topolčani kaj Prilep (New archaeological excava-
                              tions in the settlement Čuka at Topolčani near Prilep)», *Macedoniae Acta*
                              Archaeologica 4, p. 9-32.

KORKUTI 2003   M. KORKUTI, «Researches and Studies of Prehistory in Albania», dans
                              GRAMMENOS 2003, p. 205-255.

KOUKA 2002   O. KOUKA, *Siedlungsorganisation in der Nord- und Ostägäis während der*
                              Frühbronzezeit (3. Jt. v. Chr.), Internationale Archäologie 58.

KOUKOULI-CHRYSSANTHAKI 1980   H. KOUKOULI-CHRYSSANTHAKI, «Οικισμός της ύστερης εποχής του
                              Χαλκού στον Σταθμό Αγγίστας Σερρών», *Ανθρωπολογικά* 1, p. 54-85.

KOUKOULI-CHRYSSANTHAKI 1987   H. KOUKOULI-CHRYSSANTHAKI, «Οικισμός της Πρώιμης Εποχής του
                              Χαλκού στη Σκάλα Σωτήρος Θάσου», *AEMTh* 1, p. 399-413.

KOUKOULI-CHRYSSANTHAKI 1988   H. KOUKOULI-CHRYSSANTHAKI, «Οικισμός της Πρώιμης Εποχής του
                              Χαλκού στη Σκάλα Σωτήρος Θάσου II», *AEMTh* 2, p. 421-431.

KOUKOULI-CHRYSSANTHAKI 1992   H. KOUKOULI-CHRYSSANTHAKI, *Πρωτοϊστορική Θάσος. Τα νεκροταφεία*
                              του οικισμού Καστρί.

KOUKOULI-CHRYSSANTHAKI 1993   H. KOUKOULI-CHRYSSANTHAKI, « Η Ανατολική Μακεδονία στην Πρώιμη Εποχή του Σιδήρου », dans *Ancient Macedonia* V. *Papers Read at the Fifth International Symposium Held in Thessaloniki, October 10-15, 1989*, vol. 1, p. 679-735.

KOUKOULI-CHRYSSANTHAKI 1994   H. KOUKOULI-CHRYSSANTHAKI, « Ανασκαφή προϊστορικού οικισμού Φιλίππων », *PAE* 149, p. 123-129.

KOUKOULI-CHRYSSANTHAKI *et al.* 1996   H. KOUKOULI-CHRYSSANTHAKI, S. SAMARTZIDOU, A. DUHN, R. CATLING, Ch. TZIAVOS, Ch. ANAGNOSTOU, « Αρχαιολογικές και γεωμορφολογικές έρευνες στο Δέλτα του Στρυμόνα », *AEMTh* 10, p. 673-680.

KOUKOULI-CHRYSSANTHAKI *et al.* 2008   H. KOUKOULI-CHRYSSANTHAKI, P. DARCQUE, D. MALAMIDOU, Z. TSIRTSONI, « Προϊστορικός οικισμός στη θέση "Ντικιλί Τας" (Φίλιπποι Ν. Καβάλας) », *PAE* 163, p. 69-86.

KOUKOULI-CHRYSSANTHAKI *et al.* à paraître   H. KOUKOULI-CHRYSSANTHAKI, D. MALAMIDOU, Str. PAPADOPOULOS, Y. MANIATIS, « Η Νεότερη φάση της Πρώιμης Εποχής του Χαλκού στη Θάσο: Νέα Δεδομένα », dans Chr. DOUMAS, A. GIANNIKOURI, O. KOUKA (éds), *The Aegean Early Bronze Age: New Evidence, International Conference, Athens 11-14/4/2008, Ministry of Culture-Archaeological Institute of Aegean Studies*.

KOUKOULI-CHRYSSANTHAKI, ROMIOPOULOU 1992   H. KOUKOULI-CHRYSSANTHAKI, K. ROMIOPOULOU, « Οι ανασκαφές στον ελληνικό τομέα του προϊστορικού οικισμού Ντικιλί Τας », dans *Διεθνές Συνέδριο για την Αρχαία Θεσσαλία, Μνήμη Δημήτρη Θεοχάρη*, p. 226-248.

KOUKOULI-CHRYSSANTHAKI, TREUIL, MALAMIDOU 1996   H. KOUKOULI-CHRYSSANTHAKI, R. TREUIL, D. MALAMIDOU, « Προϊστορικός οικισμός Φιλίππων Ντικιλί Τας. Δέκα χρόνια ανασκαφικής έρευνας », *AEMTh* 10 B, p. 681-704.

KULOV 2011   I. KULOV, « Early Bronze Age Pottery from the Prehistoric Settlement of Kovačevo, near Sandanski, Southwest Bulgaria », dans V. NIKOLOV, K. BACVAROV, M. GUROVA (éds), *Festschrift for Marion Lichardus-Itten, Studia Praehistorica* 14, p. 357-380.

LAFFINEUR, BETANCOURT 1997   R. LAFFINEUR, Ph. P. BETANCOURT (éds), *TEXNH, Craftsmen, Craftswomen and Craftsmanship in the Aegean Bronze Age, Aegaeum* 16.

LAMB 1936   W. LAMB, *Excavations at Thermi in Lesbos.*

LEROI-GOURHAN 1964   A. LEROI-GOURHAN, *Le geste et la parole. Technique et langage.*

LEROI GOURHAN 1965   A. LEROI-GOURHAN, *La mémoire et les rythmes.*

LESURE 2002   R. G. LESURE, « The Goddess Diffracted: Thinking About the Figurines of Early Villages », *Current Anthropology* 43(4), p. 587-610.

LETICA 1964   Z. LETICA, « The Neolithic Figurines from Vinča », *Archaeology* 17, 1, p. 26-32.

LETICA 1967   Z. LETICA, « Minijature sudovi iz Vinča (Vases miniatures de Vinča) », *Recueil du Musée National de Belgrade* V, p. 77-126.

LETICA 1973   Z. LETICA, *Antropomorfne figurine bronzanog doba u Jugoslaviji (Figurines anthropomorphes de l'âge du bronze en Yougoslavie).*

LICHARDUS-ITTEN *et al.* 2002   M. LICHARDUS-ITTEN, J.-P. DEMOULE, L. PERNIČEVA, M. GREBSKA-KULOVA, I. KULOV, « The Site of Kovačevo and the Beginnings of the Neolithic

Period in Southwestern Bulgaria. The French-Bulgarian Excavations 1986-2000 », dans M. Lichardus-Itten, J. Lichardus, V. Nikolov (éds), *Beiträge zu jungsteinzeitlichen Forschungen in Bulgarien*, Saarbrücker *Beiträge zur Altertumskunde* 74, p. 99-158.

LICHARDUS, KRASTEV-ILIEV 2001   J. Lichardus, I. Krastev-Iliev, « Die Cernavoda III Siedlung von Drama-Merdžumekja in Sudostbulgarien und ihre Bedeutung fur Sudosteuropa », dans Roman, Diamandi 2001, p. 166-198.

LICHARDUS, LICHARDUS-ITTEN 1985   J. Lichardus, M. Lichardus-Itten, *La Protohistoire de l'Europe. Le Néolithique et le Chalcolithique.*

LLOYD, MELLAART 1962   S. Lloyd, J. Mellaart, *Beycesultan* 1. *The Chalcolithic and Early Bronze Age levels.*

MALAMIDOU 2007   D. Malamidou, « Kryoneri: A Neolithic and Early Bronze Age Settlement in the Lower Strymon Valley », dans Todorova, Stefanovich, Ivanov 2007, p. 297-308.

MALAMIDOU, PAPADOPOULOS 1997   D. Malamidou, Str. Papadopoulos, « Προϊστορικός οικισμός Λιμεναρίων: Η Πρώιμη Εποχή του Χαλκού », *AEMTh* 11, p. 585-596.

MALISZEWSKI 2010   D. Maliszewski, *New Light on the Bronze Age Ceramics from H. Schliemann's Excavations at Troy, Studies on the Munich and Poznań Collections Within the Anatolian-Aegean Cultural Context.*

MANNING 1995   S. W. Manning, *The Absolute Chronology of the Aegean Early Bronze Age: Archaeology, Radiocarbon and History.*

MANZURA 2003   I. Manzura, « Innovations in the Ceramic Style and the Bronze Age Genesis in the Northeast Balkans », dans L. Nikolova (éd.), *Early Symbolic Systems for Communication in Southeast Europe*, p. 313-335.

MARAN 1998a   J. Maran, *Kulturwandel auf dem griechischen Festland und den Kykladen. Studien zur kulturellen Verhältnissen in Südosteuropa und dem zentralen sowie östlichen Mittelmeerraum in der später Kupfer- und frühen Bronzezeit.*

MARAN 1998b   J. Maran, « Die Badener kultur und der ägäisch-anatolische Bereich. Eine Neubewertung eines alten Forschungsproblems », *Germania* 76, p. 497-525.

MARANGOU 1986a   Chr. Marangou, « Problèmes d'interprétation des objets miniatures de Dikili Tash (Néolithique Récent) », dans A. Bonanno (éd.), *Archaeology and Fertility Cult, 1st International Conference on Archaeology of the Ancient Mediterranean*, p. 55-61.

MARANGOU 1986b   Chr. Marangou, « Interpretation Problems of Miniatures in the Late Neolithic – an Example: Dikili Tash, Greece », dans *Archaeological Objectivity in Interpretation (Material Culture and Symbolic Expression), Precirculated Paper for the World Archaeological Congress, Southampton, 1-7 September 1986.*

MARANGOU 1991a   Chr. Marangou, « Social Differentiation in the Early Bronze Age. Miniature Metal Tools and Child Burials », *Journal of Mediterranean Studies*, p. 211-225.

MARANGOU 1991b   Chr. Marangou, « Εικονογραφία της Νεολιθικής εποχής και της πρώιμης Χαλκοκρατίας: η (φαινομενική) σπανιότητα της ανδρικής παρουσίας », *Αρχαιολογία* 41, p. 15-23.

Marangou 1992a   Chr. Marangou, Ειδώλια. *Figurines et miniatures du Néolithique Récent et du Bronze Ancien en Grèce.*

Marangou 1992b   Chr. Marangou, «Τα νεολιθικά ειδώλια της Θέρμης B (ανασκαφικές περίοδοι 1987 και 1989)», dans Grammenos *et al.* 1992, p. 427-442.

Marangou 1993   Chr. Marangou, «Figurines néolithiques parées de Macédoine orientale (Néolithique récent, Grèce du nord)», dans J. Pavúk (éd.), *Actes du XII* congrès international des sciences préhistoriques et protohistoriques, Bratislava, 1-7 septembre 1991*, p. 327-334.

Marangou 1994   Chr. Marangou, «Μικρογραφικά αγγεία της Πολιόχνης (Πρώιμη Χαλκοκρατία)», dans *Λήμνος Φιλτάτη, Πρακτικά του 1*ου* Συνεδρίου Δήμων του Αιγαίου, Μύρινα Λήμνου, 21-24 Αυγούστου 1992*, p. 47-64.

Marangou 1996a   Chr. Marangou, «Assembling, Displaying, and Dissembling Neolithic and Eneolithic Figurines and Models», *Journal of European Archaeology* 4, p. 177-202.

Marangou 1996b   Chr. Marangou, «Figurines and Models», «Macedonia-Thrace», dans G. Papathanasopoulos (éd.), *Neolithic Culture in Greece*, p. 146-152, 209, 293-297.

Marangou 1997a   Chr. Marangou, «Anthropomorphic and Zoomorphic Figurines of the Early Bronze Age in the North Aegean», dans Doumas, La Rosa 1997, p. 649-665.

Marangou 1997b   Chr. Marangou, «Neolithic Micrography: Miniature Modelling at Dimitra», dans Grammenos 1997, p. 227-265.

Marangou 2000   Chr. Marangou, «Neolithic Figurines from Northern Greece», dans St. Hiller, V. Nikolov (éds), *Karanovo* III, *Beiträge zum Neolithikum in Südosteuropa*, p. 229-244.

Marangou 2001a   Chr. Marangou, «Evidence for Counting and Recording in the Neolithic Artifacts as Signs and Signs on Artifacts», dans A. Michailidou (éd.), *Manufacture and Measurement: Counting, Measuring and Recording Craft Items in Early Aegean Societies*, p. 9-43.

Marangou 2001b   Chr. Marangou, «Neolithic Watercraft: Evidence from Northern Greek Wetlands», dans B. Purdy (éd.), *Enduring Records, The Environmental and Cultural heritage of Wetlands*, p. 191-205.

Marangou 2001c   Chr. Marangou, «Sacred or Secular Places and the Ambiguous Evidence of Prehistoric Rituals», dans Fr. Bertemes, P. Biehl (éds), *The Archaeology of Cult and religion*, p. 139-160.

Marangou 2001d   Chr. Marangou, «Three-Dimensional Clay Representations from Dispilio, Lake of Kastoria, Northern Greece», dans B. Raftery, J. Hickey (éds), *Recent Developments in Wetland Research*, p. 171-181.

Marangou 2009   Chr. Marangou, «Gendered/Sexed and Sexless Beings in Prehistory: Readings of the Invisible Gender», dans K. Kopaka (éd.), *Fylo. Engendering Prehistoric 'Stratigraphies' in the Aegean and the Mediterranean*, *Aegaeum* 30, p. 81-95.

Marangou 2010   Chr. Marangou, «Dissentions: Magnitude, Usability and the Oddness of Neolithic Figures», dans D. Gheorghiu, A. Cyphers (éds), *Anthropomorphic and Zoomorphic Miniature Figures in Eurasia, Africa and Meso-America. Morphology, Materiality, Technology, Function and Context*, BAR Suppl. 2138, p. 17-24.

MARANGOU, GRAMMENOS 2005   Chr. MARANGOU, D. GRAMMENOS, «'Monumentality', Functionality, Animality: On an Unusual Prehistoric Clay Head from Central Macedonia, Greece, an Its Implications», *BSA* 100, p. 1-40.

MARANGOU, STERN 2009   Chr. MARANGOU, B. STERN, «Neolithic Zoomorphic Vessels from Eastern Macedonia, Greece: Issues of Function», *Archaeometry* 51 (3), p. 397-412.

MARGOMENOU 2008   D. MARGOMENOU, «Food Storage in Prehistoric Northern Greece: Interrogating Complexity at the Margins of the 'Mycenaean World'», *Journal of Mediterranean Archaeology* 21.2, p. 191-212.

MARKOVIČ, MINICHREITER 2003   Z. MARKOVIČ, K. MINICHREITER, «Investigation of Prehistoric Sites in Croatia from 1990 to 2002», dans GRAMMENOS 2003, p. 129-175.

MATEESCU, VOINESCU 1982   C. N. MATEESCU, I. VOINESCU, «Representation of Pregnancy on Certain Neolithic Clay Figurines on Lower and Middle Danube», *Dacia* 26, p. 47-58.

MATSAS 1984   D. MATSAS, «Μικρό Βουνί Σαμοθράκης: Μια προϊστορική κοινότητα σ'ένα νησιωτικό σύστημα του ΒΑ Αιγαίου», *Ανθρωπολογικά* 6, p. 73-94.

MATSAS 1991   D. MATSAS, «Samothrace and the Northeast Aegean: The Minoan Connection», *Studia Troica* 1, p. 159-179.

MAVROÏDI, ANDREOU, PAPPA 2006   I. MAVROÏDI, S. ANDREOU, M. PAPPA, «Οικισμός της Πρώιμης Εποχής Χαλκού στον Άγιο Αθανάσιο Θεσσαλονίκης. Προκαταρκτική έκθεση της μελέτης του υλικού», *AEMTh* 20, p. 479-490.

MICLEA, FLORESCU 1980   I. MICLEA, R. FLORESCU, *Preistoria Daciei (La préhistoire de la Dacie).*

MIKOV 1934   V. MIKOV, «Idolnata plastika prez Novokamennata epoha (La plastique des idoles de l'époque néolithique)», *BullInstArchBulg* VIII, p. 185-214.

MIKOV 1970   V. MIKOV, «Materiali ot poslednija period na bronzovata epoha v Severozapadna Bălgarija (Matériaux archéologiques de la dernière période de l'Âge du Bronze en Bulgarie du Nord-Ouest)», *Arheologija* XII, 3, p. 48-63.

MILOJCIĆ 1961   V. MILOJCIĆ, *Samos I. Die prähistorische Siedlung unter dem Heraion. Grabung 1953 und 1955.*

MILOJCIĆ et al. 1976   V. MILOJCIĆ, A. VON DEN DRIESCH, K. ENDERLE, J. MILOJCIĆ, V. ZUMBUSCH, K. KILIAN (éds), *Die deutschen Ausgrabungen auf Magulen um Larisa in Thessalien, 1966.*

MITREVSKI 2003   D. MITREVSKI, «Prehistory in Republic of Macedonia F.Y.R.O.M.», dans GRAMMENOS 2003, p. 13-72.

MORRIS 2008   S. P. MORRIS, «Προϊστορική Τορώνη (1986-1990): προκαταρκτικά αποτελέσματα των ανασκαφών στη θέση "Λήκυθος"», *AEMTh* 22, p. 435-442.

MOVŠA 1957   T. G. MOVŠA, «Ob antropomorfnoj plastike tripol'skoj kul'tury (Sur la plastique anthropomorphe de la culture de Tripolje)», *SovArch* 2, p. 15-34.

MÜLLER 1993   A. MÜLLER, *Étude typologique du matériel céramique du Bronze Ancien du site de Kovačevo*, Mémoire de D.E.A., université de Paris I.

MYLONAS 1929   G. E. MYLONAS, *Excavations at Olynthus* I. *The Neolithic Settlement.*

NANDRIS 1970a   J. NANDRIS, «The Nea Nikomedeia Figurine Material», dans J. FILIP (éd.), *Actes du VIIe congrès international des sciences préhistoriques et protohistoriques, Prague, 21-27 août 1966*, p. 380-391.

Nandris 1970b	J. Nandris, « The Development and Relationships of the Earlier Greek Neolithic », *Man* V, 2, p. 192-213.
Nikolov 1970	B. Nikolov, « Idolnata plastika ot s. Gradešnica (La plastique des idoles du village de Gradešnica) », *Arch(Sofia)* XII, 4, p. 56-68.
Nikolov 1974	B. Nikolov, *Gradešnica*.
Nikolov 1975	B. Nikolov, *Zaminec*.
Nikolov 1986	B. Nikolov, « Signes sur des ouvrages en argile de l'époque préhistorique en Bulgarie occidentale », *StudPraeh* 8, p. 166-184.
Nikolova 1995	L. Nikolova, « Early Bronze Age Settlement near the Village of Dubene in Thrace », dans *Studia in honorem Alexandri Fol, Thracia* 11, p. 89-106.
Nikolova 1996	L. Nikolova, « Settlements and Ceramics: The Experience of Early Bronze Age in Bulgaria », dans L. Nikolova (éd.), *Early Bronze Age Settlement Patterns in the Balkans (ca. 3500-2000 BC, Calibrated Dates), International Symposium, Karlovo, Reports of Prehistoric Research Projects* 1, nos 2-4, p. 145-186.
Nikolova 1999	L. Nikolova, *The Balkans in Later Prehistory. Periodization, Chronology and Cultural Development in the Final Copper and Early Bronze Age (Fourth and Third Millennia BC)*.
Nikolova 2003	L. Nikolova (éd.), *Early Symbolic Systems for Communication in Southeast Europe*.
Obladen-Kauder 1996	J. Obladen-Kauder, « Die Kleinfunde aus Ton, Knochen und Metall », dans A. Baykal-Seeher, J. Obladen-Kauder (éds), *Demircihüyük* 4. *Die Kleinfunde*.
Orton 1980	Cl. Orton, *Mathematics in Archaeology*.
Özdogan 2003	M. Özdogan, « The Prehistory of North-Western Turkey », dans Grammenos 2003, p. 329-368.
Özdogan, Parzinger, Karul 1997	M. Özdogan, H. Parzinger, N. Karul, « Kırklareli Kazıları (Aşağı Pınar ve Kanlıgeçit Höyüleri) (Fouilles à Kırklareli [tells d'Aşağı Pınar et de Kanlıgeçit]) », *Arkeoloji ve Sanat* 77, p. 2-11.
Panayotov 1995	I. Panayotov, « The Bronze Age in Bulgaria: Studies and Problems », dans Bailey, Panayotov 1995, p. 243-252.
Panayotov, Alexandrov 1988	I. Panayotov, S. Alexandrov, « Magura-Coțofeni », *Arch(Sofia)* 30/2, p. 1-15
Panti, Bachlas 2007	A. Panti, V. Bachlas, « Ανασκαφή στο σπήλαιο 'Πολύφημου' Μαρώνειας Ν. Ροδόπης κατά το 2007 », *AEMTh* 21, p. 465-470.
Pantos 1987-1988	P. Pantos, « Προϊστορικά ιδεογράμματα από την Παραδημή της Θράκης », *Θρακικά Χρονικά* 42, p. 93-98.
Papadopoulos 1990	J. Papadopoulos, « Excavations at Torone 1989 », *Australian Archaeological Institute at Athens, Newsletter* 4, p. 6.
Papadopoulos 2007	Str. Papadopoulos, « Decline of the Painted Pottery in Eastern Macedonia and North Aegean at the End of the Final Neolithic/Chalcolithic Period », dans Todorova, Stefanovich, Ivanov 2007, p. 317-328.
Papadopoulos, Malamidou 2008	Str. Papadopoulos, D. Malamidou, « Limenaria, a Neolithic and Early Bronze Age Settlement at Thasos », dans Erkanal *et al.* 2008, p. 427-445.

PAPADOPOULOS, MALAMIDOU 2012   Str. PAPADOPOULOS, D. MALAMIDOU (éds), *Δέκα χρόνια ανασκαφικής έρευνας στον προϊστορικό οικισμό Λιμεναρίων Θάσου, Πρακτικά Επιστημονικής Ημερίδας, Θάσος, 11 Ιουλίου 2003.*

PAPADOPOULOS, MANIATIS à paraître   Str. PAPADOPOULOS, Y. MANIATIS, «Η Πρώιμη Εποχή του Χαλκού στη Θάσο: οι αρχαιότερες φάσεις», dans Chr. DOUMAS, A. GIANNIKOURI, O. KOUKA (éds), *The Aegean Early Bronze Age: New Evidence, International Conference, Athens 11-14/4/2008.*

PAPADOPOULOS, PAPALAZAROU,   Str. PAPADOPOULOS, V. PAPALAZAROU, S. TSOUTSOUBEI-LIOLIOU, «Νέα
TSOUTSOUBEI-LIOLIOU 2007   δεδομένα από τον οικισμό της Πρώιμης Εποχής Χαλκού της Σκάλας Σωτήρος Θάσου», *AEMTh* 21, p. 427-434.

PAPAEFTHIMIOU-PAPANTHIMOU,   A. PAPAEFTHIMIOU-PAPANTHIMOU, A. PILALI-PAPASTERIOU, «Ανασκα-
PILALI-PAPASTERIOU 1980   φές στο Μάνδαλο», *AEMTh* 1, p. 173-180.

PAPAEFTHYMIOU-PAPANTHIMOU,   A. PAPAEFTHYMIOU-PAPANTHIMOU, A. PILALI-PAPASTERIOU, «Οι προϊστορι-
PILALI-PAPASTERIOU 1996   κοί οικισμοί στο Μάνδαλο και στο Αρχοντικό Πέλλας», *AEMTh* 10, p. 143-158.

PAPAEFTHYMIOU-PAPANTHIMOU,   A. PAPAEFTHYMIOU-PAPANTHIMOU, A. PILALI-PAPASTERIOU, «Die Ausgra-
PILALI-PAPASTERIOU 2002   bungen auf der Toumba von Archontiko», *PZ* 77.2, p. 137-147.

PAPPA 1990   M. PAPPA, «Εγκατάσταση Εποχής Χαλκού στο Πολύχρονο Χαλκιδικής», *AEMTh* 4, p. 385-398.

PAPPA 2010   M. PAPPA, «Die Nekropole der frühen Bronzezeit bei der Toumba Agios Mamas», dans HÄNSEL, ASLANIS 2010, p. 382-440.

PAPPA, ADAKTILOU, BILI 2000   M. PAPPA, F. ADAKTILOU, Z. BILI, «Ανασκαφική έρευνα σε οικισμό της Πρώιμης Εποχής Χαλκού στο χώρο της Balkan Export», *AEMTh* 14, p. 137-144.

PAPATHANASOPOULOS 1996   Y. PAPATHANASOPOULOS, *Neolithic Culture in Greece.*

PARLAMA 2007   L. PARLAMA, «Παλαμάρι Σκύρου. Παρατηρήσεις στην εξέλιξη του οι-κισμού κατά την 3ᵗ π.Χ. χιλιετία και προβλήματα αστικοποίησης», dans E. SIMANTONI-BOURNIA, A. A. LEMOU, L. G. MENDONI, N. KOU-ROU (éds), *Αμύμονα έργα. Τιμητικός τόμος για τον καθηγητή Βασίλη Κ. Λαμπρινουδάκη,* p. 25-48.

PARZINGER, ÖZDOGAN 1996   H. PARZINGER, M. ÖZDOGAN, «Die Ausgrabungen in Kirklareli und ihre Bedeutung für die Kulturbeziehungen zwischen Anatolien und dem Balkan vom Neolithikum bis zur Fruhbronzezeit», *BRGK* 76, p. 5-29.

PELTENBURG 2007   E. PELTENBURG, «East Mediterranean Interactions in the 3ʳᵈ Mil-lenium BC», dans S. ANTONIADOU, A. PACE (éds), *Mediterranean Crossroads: Actes de la conférence « Mediterranean crossroads », Athènes, mai 2005,* p. 141-161.

PETKOV 1950   N. PETKOV, «Classification des idoles plates en os», *AMusAPlovdiv* 2, p. 25-36.

PHELPS 1987   W. W. PHELPS, «Prehistoric Figurines from Corinth», *Hesperia* 56, p. 233-253.

PHELPS 2000   W. W. PHELPS, «The Figurines», dans RIDLEY, WARDLE, MOULD 2000, p. 192-206.

PILALI-PAPASTERIOU 1999

A. PILALI-PAPASTERIOU, « Η μυκηναϊκή παρουσία στη Μακεδονία. Προ-βλήματα και επανεκτιμήσεις », dans *Η Περιφέρεια του Μυκηναϊκού Κό-σμου, Α´ Διεθνές Διεπιστημονικό Συμπόσιο, Λαμία, 25-29 Σεπτεμβρίου 1994*, p. 103-106.

PILALI-PAPASTERIOU *et al.* 1986

A. PILALI-PAPASTERIOU, A. PAPAEFTHIMIOU-PAPANTHIMOU, K. KOT-SAKIS, Th. SAVVOPOULOU, « Νέος προϊστορικός οικισμός στο Μάνδαλο Δυτικής Μακεδονίας », dans *Ancient Macedonia IV. Papers Read at the Fourth International Symposium Held in Thessaloniki, September 1983*, p. 451-465.

POPOV 1916-1918

P. POPOV, « Kodžadermenskata mogila pri gr. Šumen (Tell de Kodžader-men près de la ville de Šumen) », *BullInstArchBulg* VI, p. 71-155.

PRENDI 1966

Fr. PRENDI, « La civilisation préhistorique de Maliq », *StudAlb* 3, p. 255-280.

PRENDI 1976

Fr. PRENDI, « Le néolithique et l'énéolithique en Albanie », *Iliria* 6, p. 49-99.

PRÉVOST-DERMARKAR 2002

S. PRÉVOST-DERMARKAR, « Les foyers et les fours domestiques en Égée au Néolithique et à l'Âge du Bronze », dans K. FECHNER, M. MESNIL (éds), *Pain, fours et foyers des temps passés*, p. 223-237.

RADUNČEVA 1976a

A. RADUNČEVA, *Vinica. Eneolitno selište i nekropol / Vinica-village énéolithique et nécropole.*

RADUNČEVA 1976b

A. RADUNČEVA, *Prehistoric Art in Bulgaria from the Fifth to the Second Millennium B.C.*

RADUNČEVA 1981

A. RADUNČEVA, *Prehistoric Sculpture.*

RENAUDIN 1921

L. RENAUDIN, « Chronique des fouilles et découvertes archéologiques dans l'Orient hellénique (novembre 1920-novembre 1921) », *BCH* 45, p. 543-544.

RENFREW 1987

C. RENFREW, « Clay Cylinders from Sitagroi », dans *Studies in Honour of M. Gimbutas*, p. 339-374.

RIDLEY, RHOMIOPOULOU 1972

Cr. RIDLEY, K. RHOMIOPOULOU, « Prehistoric Settlement of Servia (W. Macedonia), Excavations 1971 », *AAA* 5, p. 27-34.

RIDLEY, WARDLE 1979

Cr. RIDLEY, K. A. WARDLE, « Rescue Excavations at Servia 1971-73, A Preliminary Report », *BSA* 74, p. 185-230.

RIDLEY, WARDLE, MOULD 2000

Cr. RIDLEY, K. A. WARDLE, C. A. MOULD (éds), *Servia* I. *Anglo-Hellenic Rescue Excavations 1971-73 Directed by Katerina Rhomiopoulou and Cres-sida Ridley, BSA Suppl.* 32.

RODDEN 1962

R. J. RODDEN, « Excavations at the Early Neolithic Site at Nea Nikome-deia, Greek Macedonia », *PPS* 11, p. 267-288.

RODDEN 1964

R. J. RODDEN, « A European Link with Chatal Huyuk: The 7th Mille-nium Settlement of Nea Nikomedeia in Macedonia. Part II-Burials and the Shrine », *The Illustrated London News*, April 18.

RODDEN 1965

R. J. RODDEN, « An Early Neolithic Village in Greece », *Scientific Ameri-can* 212, 4, p. 82-88.

ROMAN 2001

P. ROMAN, « Die Cernavodă III – Boleráz – Kulturerscheinung an der Unteren Donau », dans ROMAN, DIAMANDI 2001, p. 13-60.

ROMAN, DIAMANDI 2001   P. ROMAN, S. DIAMANDI (éds), *Cernavoda III-Boleráz: ein vorgeschicht-liches Phänomen zwischen dem Oberrhein und der unteren Donau, Manga-lia/Neptun (18.-24. Oktober 1999), Studia Danubiana. Series Symposia* 2.

ROSETTI 1938   D. ROSETTI, «Steinkupferzeitliche Plastik aus einem Wohnhügel bei Bukarest», *IPEK* 15, p. 29-50.

ŞAHOĞLU 2005   V. ŞAHOĞLU, «The Anatolian Trade Network and the Izmir Region During the Early Bronze Age», *Oxford Journal of Archaeology* 24, p. 339-361.

SCHMANDT-BESSERAT 1978   D. SCHMANDT-BESSERAT, «The Earliest Precursor of Writing», dans *Hunters, Farmers and Civilisations: Old World Archaeology (Readings from Scientific American, June 1978)*, p. 152-161.

SCHMANDT-BESSERAT 1979   D. SCHMANDT-BESSERAT, «Reckoning Before Writing», *Archaeology* 32, 3, May/June, p. 22-31.

SCHMIDT 1902   H. SCHMIDT, *Heinrich Schliemann's Sammlung Trojanischer Altertümer.*

SCHMIDT 1945   R. R. SCHMIDT, *Die Burg Vučedol.*

SCHWARZBERG 2005   H. SCHWARZBERG, «Kultgefässe von Aşağı Pınar. 'Kulttischen' und ihre Stellung im Neolithikum und Chalkolithikum Südosteuropas und Anatoliens», dans H. PARZINGER, H. SCHWARZBERG (éds), *Aşağı Pınar* II. *Die mittel- und spätneolithische Keramik*, p. 247-316.

SÉFÉRIADÈS 1981   M. SÉFÉRIADÈS, «Dikili Tash, un grand site protohistorique de Grèce», *Archéologia* 153, p. 48-60.

SÉFÉRIADÈS 1983   M. SÉFÉRIADÈS, «Dikili Tash : introduction à la préhistoire de la Macé-doine orientale», *BCH* 107, p. 635-677.

SÉFÉRIADÈS 1985a   M. SÉFÉRIADÈS, *Troie I : Matériaux pour l'étude des sociétés du Nord-Est égéen au début du Bronze Ancien.*

SÉFÉRIADÈS 1985b   M. SÉFÉRIADÈS, «Le bâtiment absidal en briques crues de Dikili Tash (Bronze Récent)», dans HUOT, YON, CALVET 1985, p. 107-117.

SÉFÉRIADÈS 2001   M. SÉFÉRIADÈS, «Dikili Tash et Cernavoda III-Boleráz : contribution aux recherches archéologiques européennes récentes sur la période de transition et le début de l'Âge du Bronze (Europe centrale et orientale)», dans ROMAN, DIAMANDI 2001, p. 109-164.

SEURE, DEGRAND 1906   G. SEURE, A. DEGRAND, «Exploration de quelques tells de la Thrace», *BCH* 30, p. 359-432.

SIMOSKA, KITANOSKI,   D. SIMOSKA, B. KITANOSKI, J. TODOROVIĆ, «Naselbata Crnobuki i
TODOROVIĆ 1976   problemot na istojmenata kultura vo svetlinata na novite arheološki istražuvanja (L'habitat de Crnobuki et les problèmes concernant la culture du même nom à la lumière de recherches archéologiques récentes)», *Macedoniae Acta Archaeologica* 2, p. 43-83.

SIMOSKA, SANEV 1975   D. SIMOSKA, V. SANEV, «Neolitska naselba Veluška Tumba kaj Bitola (L'habitat néolithique de Veluška Tumba à Bitola. Rapport sur les fouilles de sauvetage en 1971 et 1972)», *Macedoniae Acta Archaeologica* 1, p. 25-88.

Sitagroi 1   C. RENFREW, M. GIMBUTAS, E. ELSTER (éds), *Excavations at Sitagroi: A Prehistoric Village in Northeast Greece* 1 (1986).

Sitagroi 2   E. ELSTER, C. RENFREW (éds), *Prehistoric Sitagroi: Excavations in Northeast Greece, 1968-1970* 2. *The Final Report* (2003).

SKAFIDA 1992   L. SKAFIDA, «Νεολιθικά ανθρωπόμορφα ειδώλια του Διμηνίου», dans *Διεθνές Συνέδριο για την Αρχαία Θεσσαλία στη μνήμη του Δημήτρη Ρ. Θεοχάρη*, p. 165-179.

SPERLING 1976   J. W. SPERLING, «Kum Tepe in the Troad», *Hesperia* 45, p. 305-364.

STALIO 1977   B. STALIO, *Neolit na tlu Serbije (Le Néolithique sur le territoire serbe).*

STEFANI 2010   E. STEFANI, *Αγγελοχώρι Ημαθίας: οικισμός της Ύστερης Εποχής του Χαλκού* Ι.

STEFANI, MEROUSIS 1997   L. STEFANI, N. MEROUSIS, «Incised and Matt-painted Pottery from Late Bronze Age Settlements in Western Macedonia: Technique, Shapes and Decoration», dans LAFFINEUR, BETANCOURT 1997, p. 353-360.

STEFANI, MEROUSIS 2003   L. STEFANI, N. MEROUSIS, «Τοπίο στην ομίχλη. Η 2η χιλιετία στην κεντρική Μακεδονία», dans N. KYPARISSI-APOSTOLIKA, M. PAPAKONSTANTINOU (éds), *The Periphery of the Mycenaean World, 2nd International Interdisciplinary Colloquium, Lamia 1999*, p. 227-242.

STEFANOVICH, BANKOFF 1998   M. STEFANOVICH, H. A. BANKOFF, «Kamenska Čuka 1993-1995. Preliminary Report», dans STEFANOVICH, TODOROVA, HAUPTMANN 1998, p. 255-338.

STEFANOVICH, KULOV 2007   M. STEFANOVICH, I. KULOV, «Krsto Pokrovnik. Excavations at a Late Bronze Age Site in the Middle Struma River Valley, Southwest Bulgaria. Preliminary Results-2004 Season», dans TODOROVA, STEFANOVICH, IVANOV 2007, p. 389-396.

STEFANOVICH, TODOROVA, HAUPTMANN 1998   M. STEFANOVICH, H. TODOROVA, H. HAUPTMANN (éds), *In the Steps of James Harvey Gaul* 1. *James Harvey Gaul,* in memoriam.

SYROS et al. 2007   A. SYROS, H. TSAGOULI, M. MYTELETSIS, I. VLASTARIDIS, «Σπήλαιο στη θέση 'Καταρράκτες-Φράγμα' Σιδηροκάστρου», *AEMTh* 21, p. 355-362.

TALALAY 1987   L. TALALAY, «Rethinking the Function of Clay Figurine Legs from Neolithic Greece: An Argument by Analogy», *AJA* 91, p. 161-169.

TALALAY 1993   L. TALALAY, *Deities, Dolls and Devices. Neolithic Figurines from Franchthi Cave, Greece.*

TAMVAKI 1977   A. TAMVAKI, «Καταγωγή, εξέλιξη και ερμηνεία των ανθρωπόμορφων ειδωλίων της προϊστορικής εποχής στο Αιγαίο», *Άνθρωπος* 4, p. 264-324.

TASIĆ 1967   N. TASIĆ, *Badenski i Vučedolski kulturni kompleks u Jugoslaviji (Le complexe culturel Baden-Vučedol en Yougoslavie).*

THEOCHARIS 1959   D. THEOCHARIS, «Πύρασος», *Θεσσαλικά* 2, p. 29-67.

THEOCHARIS 1973a   D. THEOCHARIS, *Νεολιθική Ελλάς.*

THEOCHARIS 1973b   D. THEOCHARIS, «Ἀνασκαφή ἐν Σέσκλῳ», *PAE*, p. 22-25.

THEOCHARIS, RHOMIOPOULOU 1961   D. THEOCHARIS, K. RHOMIOPOULOU, «Ανασκαφαί Ντικιλί Τας (ελληνικός τομεύς)», *PraktArchEt* 116, p. 81-87.

TODOROVA 1974   H. TODOROVA, «Kultszene und Hausmodell aus Ovčarovo», *Thracia* III, p. 39-46.

TODOROVA 1976   H. TODOROVA, *Ovčarovo. Praistoričeska selištna mogila (Ovčarovo, tell d'habitat préhistorique).*

TODOROVA 1978   H. TODOROVA, *The Eneolithic Period in Bulgaria in the 5th Millenium B.C.*

TODOROVA 1980

H. TODOROVA, «Classification et code numérique de la plastique du néolithique, de l'énéolithique et du bronze ancien en Bulgarie», *StudPraeh* 3-4, p. 43-64.

TODOROVA 1998

H. TODOROVA, «Der balkano-anatolische Kulturbereich vom Neolithikum bis zur Frühbronzezeit», dans STEFANOVICH, TODOROVA, HAUPTMANN 1998, p. 27-54.

TODOROVA 2003

H. TODOROVA, «Prehistory of Bulgaria», dans GRAMMENOS 2003, p. 13-72.

TODOROVA 2007

H. TODOROVA, «Die paleoklimatische Entwicklung in VII-I Jt. vor Chr.», dans TODOROVA, STEFANOVICH, IVANOV 2007, p. 1-6.

TODOROVA *et al.* 1975

H. TODOROVA, S. IVANOV, V. VASILEV, M. HOPF, G. KOHL, *Selištnata mogila pri Goljamo Delčevo (Tell d'habitat près de Goljamo Delčevo)*.

TODOROVA *et al.* 1983

H. TODOROVA, V. VASILEV, Z. JANUŠEVIČ, M. KOVAČEVA, P. VĂLEV, *Ovčarovo*.

TODOROVA, STEFANOVICH, IVANOV 2007

H. TODOROVA, M. STEFANOVICH, G. IVANOV (éds), *In the Steps of James Harvey Gaul* 2. *The Struma/Strymon River Valley in Prehistory, Proceedings of the International Symposium "Strymon Praehistorikus", Kjustendil-Blagoevgrad (Bulgaria) and Serres-Amphipolis (Greece), 27 September-1 October 2004.*

TODOROVA, ZLATARSKI 1978

H. TODOROVA, D. ZLATARSKI, «Antropomorfnata idolna plastika ot neolitnoto selište Usoe I (La plastique d'idole anthropomorphe du site néolithique d'Usoe I)», *Arch(Sofia)* XX, 1, p. 1-7.

TODOROVIĆ 1970

J. TODOROVIĆ, «Model praistorijske kuce (Un modèle de maison préhisto-rique)», *Zbornik Narodnog Museja Beograd* VI, p. 139-145.

TONCEVA 1973

G. TONCEVA, «Les palafittes des environs de Varna», dans *Symposium der Badener Kultur*, p. 471-483.

TONČEVA 1980

G. TONČEVA, «Thracia Pontica à l'âge du Bronze Récent et ses rap-ports avec le monde égéen et l'Asie Mineure», dans *5th International Colloquium on Aegean Prehistory, University of Sheffield, April 1980* (résumé).

TONČEVA 1981

G. TONČEVA, «Un habitat lacustre de l'Âge du Bronze dans les environs de la ville de Varna (Ezerovo II)», *Dacia* 25, p. 41-62.

TOUFEXIS 2003

G. TOUFEXIS, «Animals in the Neolithic Art of Thessaly», dans E. KOTJABOPOULOU, Y. HAMILAKIS, P. HALSTEAD, Cl. GAMBLE, P. ELEFANTI (éds), *Zooarchaeology in Greece: Recent Advances*, p. 263-271.

TRANDALIDOU, SKARAKI, KARA 2007

K. TRANDALIDOU, E. SKARAKI, E. KARA, «Πηγές του Αγγίτη στη λεκάνη της Δράμας. Τα κεραμικά σύνολα από το εσωτερικό του σπηλαίου», *AAA* 39, p. 107-138.

TRBUHOVIĆ 1956-1957

V. TRBUHOVIĆ, «Plastika vršačko-žutobrdske grupe (La plastique du groupe Vršac-Žuto Brdo)», *Starinar* 7-8, p. 131-139.

TREUIL 1983

R. TREUIL, *Le Néolithique et le Bronze Ancien égéens. Les problèmes strati-graphiques et chronologiques, les techniques, les hommes.*

TREUIL 2014

R. TREUIL, «A Century of Research in Dikili Tash», dans É. STEFANI, N. MEROUSIS, A. DIMOULA (éds), *A Century of Research in Prehistoric Macedonia 1912-2012, International Conference Proceedings, Archaeological Museum of Thessaloniki, 22-24 November 2012*, p. 57-65.

TREUIL, DARCQUE 1998 — R. TREUIL, P. DARCQUE, « Un "bucrane" néolithique à Dikili Tash (Macédoine orientale) : parallèles et perspectives d'interprétation », *BCH* 122, p. 1-25.

TREUIL *et al.* 2008 — R. TREUIL, P. DARCQUE, J.-Cl. POURSAT, G. TOUCHAIS, *Les civilisations égéennes du Néolithique et de l'Âge du Bronze.*

TRINGHAM 1971 — R. TRINGHAM, *Hunters, Fishers and Farmers of Eastern Europe, 6000-3000 B.C.*

TRINGHAM, BRUKNER, VOYTEK 1985 — R. TRINGHAM, B. BRUKNER, B. VOYTEK, « The Opovo Project: A Study of Socioeconomic Change in the Balkan Neolithic », *JFA* 12, p. 425-444.

TSIGARIDA 2004 — E. B. TSIGARIDA, « Προϊστορικό νεκροταφείο Νέας Σκιώνης Χαλκιδικής », *AEMTh* 18, p. 149-155.

TSIGARIDA, AVGEROS, MAVROIDI 2002 — E. B. TSIGARIDA, Ch. AVGEROS, I. MAVROIDI, « Εγκατάσταση της Εποχής Χαλκού στη Σίβηρη της Χαλκιδικής », *AEMTh* 16, p. 385-390.

TSIMPIDIS-PENDAZOS 1971 — E. TSIMPIDIS-PENDAZOS, « Αρχαιολογικαί έρευναι εν Θράκη », *PraktArchEt* 126, p. 86-118.

TSIMPIDIS-PENDAZOS 1972 — E. TSIMPIDIS-PENDAZOS, « Προϊστορικαί ακροπόλεις εν Θράκη », *PraktArchEt* 127, p. 86-93.

TSIRTSONI 2015 — Z. TSIRTSONI, « The Late Neolithic (Chalcolithic)-Early Bronze Age Transition at the Tell of Dikili Tash », dans Z. TSIRTSONI (éd.), *The Human Face of Radiocarbon: Reassessing Chronology in Prehistoric Greece and Bulgaria, 5000-3000 Cal BC.*

TSIRTSONI *et al.* 2018 — Z. TSIRTSONI, P. DARCQUE, H. KOUKOULI-CHRYSSANTHAKI, D. MALAMIDOU, R. TREUIL, « The Chronological and Social Dimensions of the Late Neolithic I-II and the Late Neolithic-Early Bronze Age Transitions in a Long-Living Settlement in Northern Greece (Dikili Tash, Kavala District) », dans S. DIETZ, F. MAVRIDIS, Ž. TANKOSIĆ, T. TAKAOĞLU (éds), *Communities in Transition: The Circum-Aegean Later Neolithic Stages (c. 5000/4800-3200/3000 BCE), International Conference, Athens, June 7-9, 2013*, p. 197-210.

TSOUNTAS 1908 — Chr. TSOUNTAS, *Αι προϊστορικαί ακροπόλεις Διμηνίου και Σέσκλου.*

TZAVELLA-EVJEN 1985 — H. TZAVELLA-EVJEN, *Lithares. An Early Bronze Age Settlement in Boeotia.*

UCKO 1968 — P. UCKO, *Anthropomorphic Figurines of Predynastic Egypt and Neolithic Crete with Comparative Material from the Prehistoric Near East and Mainland Greece.*

VALLA 2001 — M. VALLA, « Φαιά Πέτρα Σιδηροκάστρου: νεότερα ευρήματα από την πρόσφατη έρευνα στο νεκροταφείο της Ύστερης Εποχής Χαλκού », *AEMTh* 15, p. 157-164.

VALLA 2007 — M. VALLA, « A Late Bronze Age Cemetery in Faia Petra », dans TODOROVA, STEFANOVICH, IVANOV 2007, p. 359-372.

VASIĆ 1931 — M. VASIĆ, *Preistorijska Vinča* I.

VASIĆ 1936 — M. VASIĆ, *Preistorijska Vinča* III. *Plastika.*

VOKOTOPOULOU 1986 — I. VOKOTOPOULOU, *Βίτσα: τα νεκροταφεία μιας μολοσσικής κώμης, Δημοσιεύματα του Αρχαιολογικού Δελτίου* 33.

WACE, THOMPSON 1912   A. WACE, M. THOMPSON, *Prehistoric Thessaly*.

WARDLE 1996   K. A. WARDLE, « Change or Continuity: Assiros Toumba at the Transition from Bronze to Iron Age », *AEMTh* 10, p. 443-460.

WARDLE 2007   K. A. WARDLE, « Assiros Toumba. A Brief History of the Settlement », dans TODOROVA, STEFANOVICH, IVANOV 2007, p. 451-80.

WEINBERG 1951   S. WEINBERG, « Anthropomorphic Figurines and Aegean Relations », *AJA* 55, p. 121-133.

WEISSHAAR 1989   H.-J. WEISSHAAR, *Die deutschen Ausgrabungen auf der Pevkakia-Magula in Thessalien* I. *Das späte Neolithikum und das Chalkolithikum*.

WELCH 1918-1919   F. B. WELCH, « Macedonia III. Prehistoric Pottery », *BSA* 23, p. 44-50.

WINN 1981   S. WINN, *Prewriting in Southeastern Europe: The Sign System of the Vinča Culture ca. 4000 B.C.*

ZERVOS 1963   Chr. ZERVOS, *La naissance de la civilisation en Grèce*.

ZIOTA 1998   Chr. ZIOTA, « Προϊστορικό νεκροταφείο στην Κοιλάδα Κοζάνης », dans M. LILIMBAKI-AKAMATI, K. TSAKALOU-TZANAVARI (éds), *Μνείας Χάριν: Τόμος στη μνήμη Μ. Σιγανίδου*, p. 81-99.

ZIOTA 2010   Chr. ZIOTA, « Ταφές σε αγγεία της Πρώιμης και Μέσης Εποχής του Χαλκού στην ευρύτερη περιοχή της Κοζάνης », dans N. MEROUSIS, E. STEFANI, M. NIKOLAÏDOU (éds), *Ίρις: Μελέτες στη μνήμη της καθηγήτριας Αγγελικής Πιλάλη-Παπαστερίου*, p. 93-115.

Chapitre I

Les récipients en céramique :
formes et décors du Bronze Ancien et du Bronze Récent

1. LE BRONZE ANCIEN À DIKILI TASH (DIKILI TASH III)

Le passage du Néolithique à l'Âge du Bronze dans le monde égéen continue à poser de difficiles problèmes[1]. Transition, discontinuité, rupture sont les termes utilisés pour le décrire, et que l'on cherche à expliquer par un mouvement de population, par un changement climatique ou quelque autre phénomène. Sans doute le changement est-il plus marqué dans la partie méridionale de l'Égée, tandis que les régions centrales et septentrionales du monde égéen restent, semble-t-il, plus fidèles au mode de vie néolithique. Néanmoins, les transformations qui paraissent à première vue simultanées ont pu être en réalité plus espacées dans le temps. En effet, nombre d'entre elles, significatives, se sont produites pendant la dernière phase du Néolithique ou se produiront durant les phases évoluées du BA. Sur le site de Dikili Tash, l'évolution des techniques dans plusieurs domaines ne montre aucun bouleversement au passage du Néolithique à l'Âge du Bronze, alors que dans d'autres nous constatons une discontinuité considérable[2].

1.1. LA PRODUCTION POTIÈRE

La céramique est un des domaines dans lesquels le changement est le plus visible, à Dikili Tash comme ailleurs. Les séries richement décorées (surtout les céramiques peintes) de la période précédente disparaissent et sont remplacées par des poteries monochromes sans décor ou à décor sommaire (cannelures, incisions, impressions). Le changement ne se limite pas au décor, il est plus profond et touche la chaîne opératoire de la production potière. Les poteries du BA se distinguent de celles qui les ont précédées par le choix de la matière première, par le mode de finition particulier des surfaces, ainsi que par le mode de cuisson. L'étude technologique du matériel de Dikili Tash a démontré que les sources des terres utilisées pour la fabrication des poteries néolithiques sont variées, alors qu'elles sont peu nombreuses pour celles du BA. On a constaté d'ailleurs que les

---

1. Manning 1995 ; Johnson 1999 ; Maran 1998a ; Nikolova 1999 ; Kouka 2002 ; Treuil *et al.* 2008 ; Maliszewski 2010 ; Andreou 2010.
2. Voir *Dikili Tash* I, 1.

choix des terres se sont inversés au cours du temps[3]. Les céramiques lissées de couleur sombre ont été élaborées dans une terre grasse, riche en matière humique, extraite des strates argileuses des dépôts du marais de Philippes, réservée antérieurement aux poteries les plus grossières. En revanche, une terre claire, moins grasse, plus riche en éléments détritiques, extraite des formations plio-quaternaires qui affleurent à flanc de colline aux alentours de Dikili Tash, a été utilisée pour des céramiques à surface rapidement égalisée de couleur claire[4]. Ce dernier type de terre, qui était employé pendant le Néolithique plutôt pour la fabrication des poteries à parois fines, cuites à des températures élevées, devient le matériau de prédilection au BA. L'exécution du lissage est alors plus rapide et appuyée, tandis que la grande majorité des poteries sont cuites à des températures inférieures à 850-900 °C[5]. Enfin, l'utilisation de l'os pilé comme matière blanche d'incrustation dans le décor incisé ou imprimé est un élément nouveau qui apparaît au BA et remplace la matière carbonatée qui servait pendant le Néolithique[6].

Par ailleurs, l'étude des formes et des décors de ces céramiques, dans le présent volume, témoigne d'un renouvellement du répertoire typologique par rapport à la période précédente. Elle démontre, de plus, que la disparition totale des décors peints au profit de ceux incisés ou imprimés est couplée non seulement à une modification des motifs et de l'organisation de l'ornementation, mais aussi à un changement dans les méthodes mêmes d'exécution du décor incisé ou imprimé.

I.2. LES SONDAGES EXPLORÉS

Le matériel céramique datant du BA, présenté dans ce volume, provient des premières fouilles systématiques sur le site de Dikili Tash, effectuées sous la direction de J. Deshayes dans les années 1961-1975[7] (**fig. 1**). L'objectif principal de ces fouilles était d'établir la stratigraphie du site. Les recherches qui ont suivi ont confirmé la séquence telle qu'elle avait été établie par ces premières fouilles[8].

Dans le secteur A, au sommet du tell, le BA est représenté par une série de couches successives d'une épaisseur totale de 3,20 m (**fig. 2**). Les deux premières campagnes de fouille (1961, 1967) ont été consacrées aux sondages R 24 (A), R 25 (B), R 26 (C) et

---

3. L. COURTOIS, dans *Dikili Tash* I, 2, p. 12 et 21.
4. *Ibid.*, p. 17.
5. *Ibid.*, p. 19.
6. *Ibid.*, p. 18.
7. R. TREUIL, dans *Dikili Tash* I, 1, p. 12.
8. Un niveau d'occupation peu épais datant du BA avait été dégagé par D. Théocharis dans le secteur II à l'est du tell (KOUKOULI-CHRYSSANTHAKI, ROMIOPOULOU 1992). Par ailleurs, les fouilles récentes ont mis au jour, dans le secteur VI, une couche peu épaisse du BA juste au-dessous de la surface, superposée directement aux maisons du NR II (KOUKOULI-CHRYSSANTHAKI, TREUIL, MALAMIDOU 1996 ; DARCQUE *et al.* 2009). La superficie de l'habitat du BA n'a pas encore été déterminée avec certitude. Pourtant, la localisation des couches attribuées au BA suggère une diminution probable de la surface occupée par rapport au Néolithique.

R 27 (D)[9]. Des extensions successives vers le sud, c'est-à-dire les sondages S 24, T 24, U 24, T 25 et U 25, ont été réalisées en 1974 et 1975. L'ensemble de ces sondages forme le secteur A 2. Un sondage isolé à faible distance plus à l'est, le S 28, fouillé en 1969[10], forme le secteur A 1[11] (**fig. 1**).

La technique de fouille employée consistait en un décapage par couches arbitraires, explorées horizontalement dans chaque sondage, et qui ne correspondent pratiquement pas à de véritables sols d'occupation[12]. Ces couches ont été appelées sols ou niveaux et ont reçu chacune un numéro. La corrélation entre carrés a été établie ultérieurement à l'aide des altitudes des sols ou niveaux et des caractéristiques propres à chacun d'entre eux. Il existe donc une marge d'erreur pour les correspondances entre les niveaux de secteurs éloignés les uns des autres.

L'enregistrement du matériel a suivi la numérotation des niveaux des deux premières campagnes de fouille dans le secteur A 2. Les extensions successives vers le sud, c'est-à-dire les sondages S 24, T 24, U 24, T 25, U 25 et S 28, ont été fouillées avec une numérotation différente des niveaux, qui a été transformée et adaptée au système précédent dans le but d'homogénéiser la présentation.

1.3. Stratigraphie et périodisation du Bronze Ancien à Dikili Tash

Les fouilles ont dégagé 16 niveaux successifs dans le secteur A, nommés de 1 pour la couche la plus haute, près de la surface, à 16 pour la couche la plus profonde. Le niveau qui porte le numéro 17, auquel la fouille s'est arrêtée, appartient au sommet de la dernière couche de destruction du NR (phase II de DT). D'après les observations stratigraphiques dans le secteur A, confirmées par l'étude du matériel, la phase III de DT datant du BA a été divisée en deux sous-phases, III A et III B, correspondant respectivement aux phases I et II du BA dans la région[13]. Ces deux phases sont datées entre 4500 et 3800 BP (3300-3100 à 2700-2350 av. J.-C.)[14]. Le BA I (sous-phase DT III A) comprend les niveaux 16 à 12. Les niveaux 11 à 4 et une partie du niveau 3 couvrent le BA II (sous-phase DT III B).

Une stratigraphie continue pour l'ensemble de la phase DT III a été observée uniquement dans le sondage R 24 (A) du secteur A 2[15] (**fig. 2**, coupe 1-1'). Les couches correspondant à la première phase du BA (DT III A), d'une épaisseur de moins de 1,50 m, ont été fouillées sur une superficie de 2 × 4 m dans le sondage R 24 (A), ainsi que sur une

---

9. R. Treuil, dans *Dikili Tash* I, 1, p. 12.

10. *Ibid.*, p. 14.

11. *Ibid.*, p. 27.

12. *Ibid.*, p. 19.

13. Les datations provenant de ces niveaux sont toutes jugées inutilisables (R. Treuil, dans *Dikili Tash* I, 1, p. 36).

14. Treuil 1983, p. 137 ; Treuil *et al.* 2008, p. 100-103 ; Andreou, Fotiadis, Kotsakis 1996 ; Manning 1995 ; Nikolova 1999.

15. R. Treuil, dans *Dikili Tash* I, 1, p. 27-31.

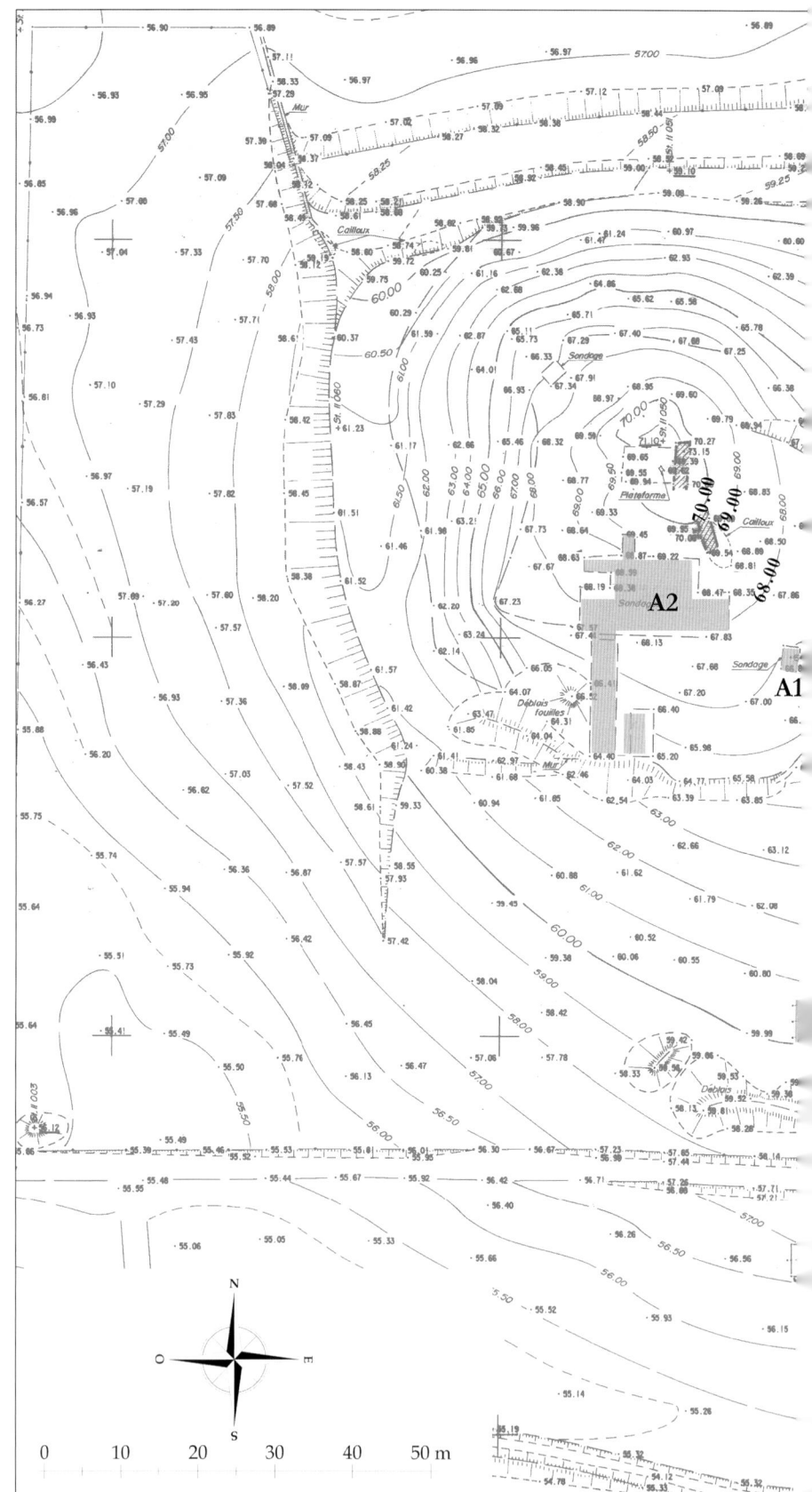

Fig. 1 — Plan général du tell de Dikili Tash avec les secteurs fouillés.

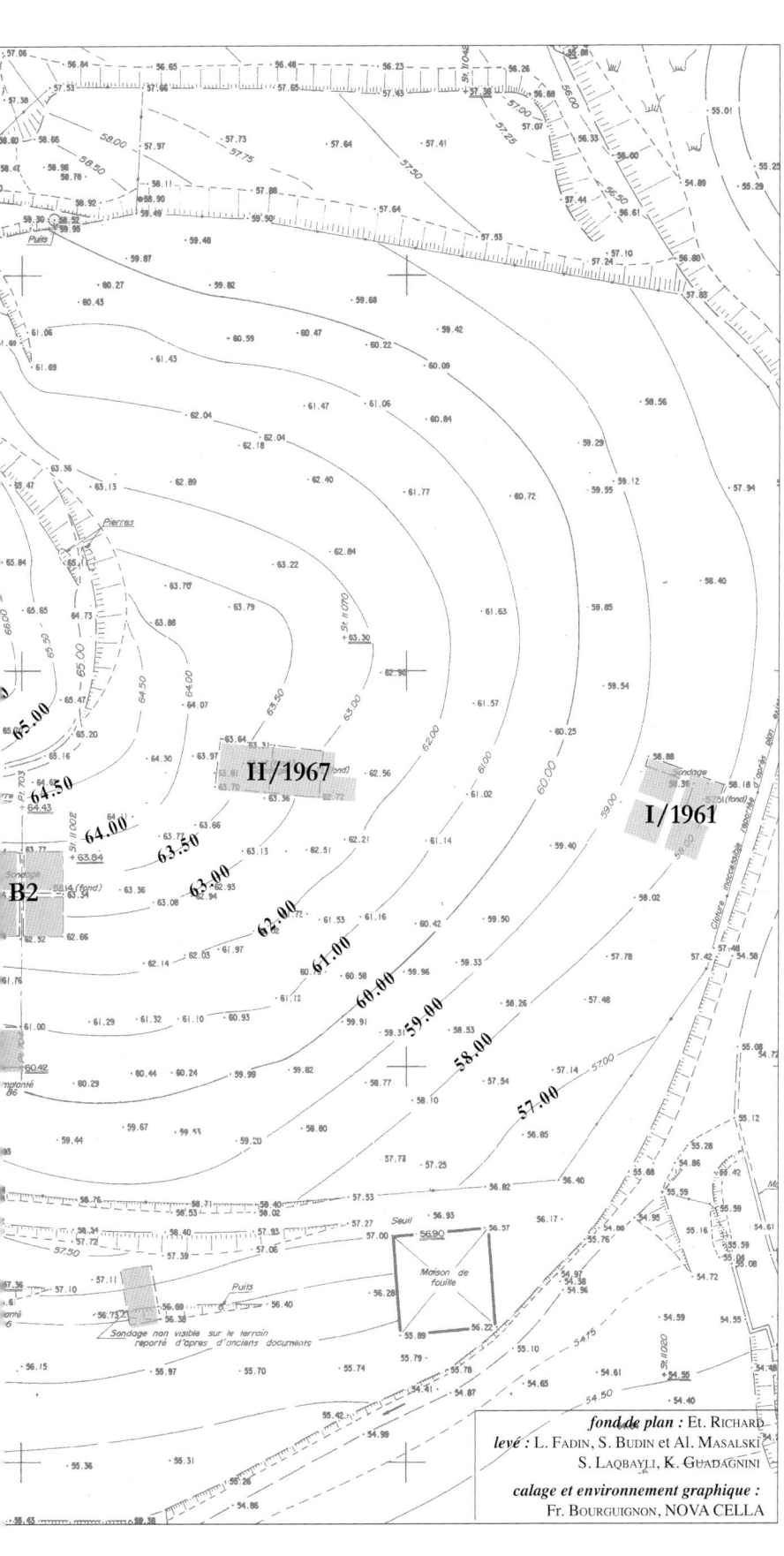

II/1967

I/1961

B2

fond de plan : Et. Richard
levé : L. Fadin, S. Budin et Al. Masalski
S. Laqbayli, K. Guadagnini

calage et environnement graphique :
Fr. Bourguignon, NOVA CELLA

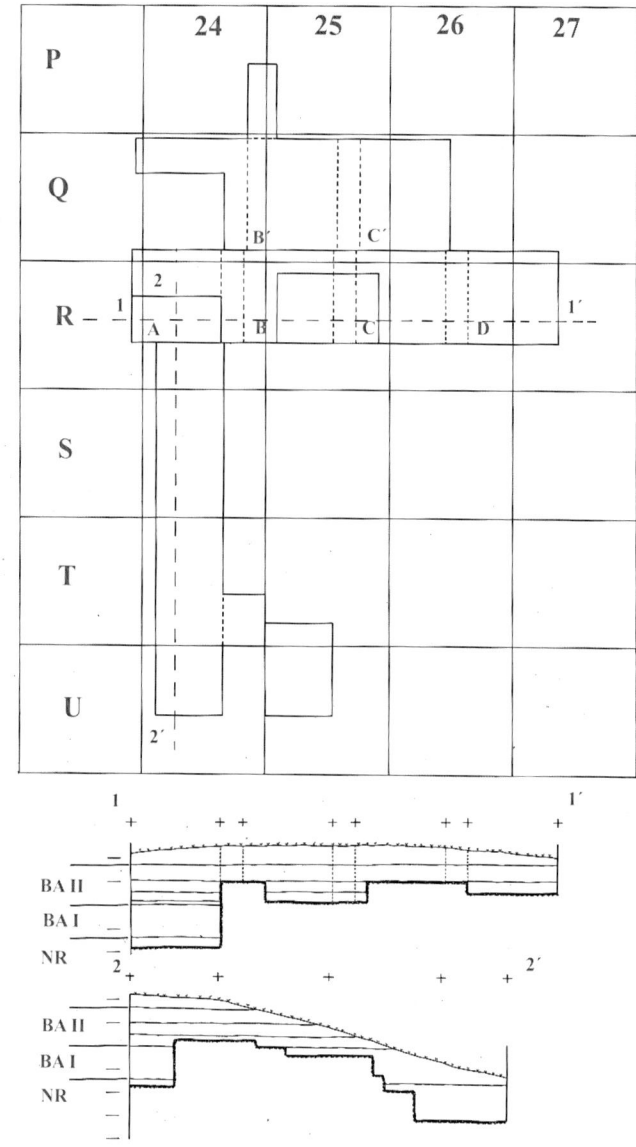

Fig. 2 — Sondages explorés et stratigraphie schématique.

superficie totale d'environ 10 × 3 m dans les sondages S 24, T 24 et U 24 (**fig. 2**, coupe 2-2′). Dans les sondages T 24 et U 24, la pente du tell, de l'ordre de 15 %, fait que l'épaisseur des couches est considérablement réduite vers le sud. La seconde phase du BA (DT III B) comprend des couches d'une épaisseur de 1,70-1,80 m sur une superficie de 19 × 4 m environ. L'ensemble des niveaux attribués à cette phase ont été explorés dans les sondages R 24 (A), R 25 (B), R 26 (C) et R 27 (D), excepté une partie de R 26 (B), où la fouille s'est arrêtée au niveau 6, et l'ensemble de R 27 (D), dans lequel elle s'est achevée après le décapage du niveau 8. De plus, sont attribuées à la même phase des couches d'une épaisseur de 1,50 m sur une superficie de 10 × 3 m dans les sondages S 24 et T 24. L'épaisseur des couches diminue également vers le sud dans ces derniers sondages si bien que, en T 24, on ne trouve que partiellement les couches 9 à 11. Enfin, dans le secteur A 1 (S 28), on a rencontré des couches épaisses de 1,5 m attribuables au BA II sur une superficie de 2,25 × 2,25 m. Elles sont toutefois fortement perturbées[16]. Par conséquent, le matériel provenant de ce sondage a été utilisé uniquement pour l'analyse typologique.

1.4. LE TRAITEMENT DU MATÉRIEL

La superficie fouillée des couches du BA est inférieure à 40 m² pour la première phase (DT III A) et d'environ 100 m² pour la seconde (DT III B)[17] (**fig. 2**). Elle était trop restreinte pour permettre la mise en évidence des structures complètes d'habitat et la compréhension de la nature des vestiges traversés. De plus, le matériel étudié a été trié et la quantité de tessons rejetés est difficile à estimer. La numérotation des tessons sélectionnés permet de restituer leur appartenance à des niveaux par sondage, sans que l'on puisse confirmer leur localisation précise par rapport à des bâtiments ou des constructions, à l'exception de quelques fours et foyers ou bien de quelques fosses à cendres[18]. Ces incertitudes rendent impossibles l'étude de la distribution spatiale et l'analyse statistique et diminuent le nombre des possibilités d'interprétation sur le fonctionnement et l'utilisation des récipients.

L'accent est mis sur la description des types de récipients par phase, leurs variantes, leurs caractéristiques techniques et morphologiques, relatives à la fois à la forme et au décor. En même temps, quelques suggestions concernant leur fonction et leur usage sont faites. Les informations sur la provenance des matières premières, la préparation des pâtes, le façonnage et la cuisson – déjà fournies par l'étude technologique de ces poteries par L. Courtois[19] – complètent cette image. La répartition stratigraphique du matériel est ensuite présentée par niveau dans chaque sous-phase, de façon à faire apparaître l'évolution des types de récipients, tout en essayant de les placer dans la périodisation interne du BA à Dikili Tash.

Pour réaliser l'analyse typologique nous avons eu recours à l'ensemble du matériel conservé, c'est-à-dire 4 vases complets et 1 890 tessons. Pour traiter de la répartition stratigraphique nous avons retenu les vases complets et 717 des tessons mentionnés, les plus grands, pour lesquels on disposait d'informations stratigraphiques sûres. Ces

---

16. *Ibid.*, p. 27.

17. *Ibid.*, p. 13, 15-16 et 27-31.

18. *Ibid.*, p. 29-31.

19. L. COURTOIS, dans *Dikili Tash* I, 2, p. 12-23 ; COURTOIS 1985.

derniers constituent 38 % de l'ensemble du matériel examiné. Sur ce total, 14 % sont à attribuer à la première phase du BA (BA I = DT III A) – faible pourcentage dû à la superficie limitée fouillée pour cette phase.

1.5. L'analyse typologique

Notre analyse adopte une typologie fondée sur la géométrie des formes, avec pour point déterminant la proportion de la hauteur sur les diamètres (maximal et d'ouverture) du récipient[20]. Le classement proposé répartit le matériel en deux grandes catégories, les récipients ouverts et les récipients fermés. Pour les récipients ouverts, le diamètre maximal coïncide avec l'ouverture. Écuelles, bols et jattes entrent dans ce premier groupe. Les récipients fermés présentent au-dessus du diamètre maximal un diamètre inférieur à celui-ci, coïncidant ou non avec l'ouverture. Les jarres, pyxides et cruches appartiennent à cette catégorie. Puisettes, tasses, plateaux, couvercles et passoires constituent des types particuliers.

Au total, onze types de récipients ont été reconnus (**fig. 3**). Sur la base de la morphologie du bord, du corps et de la base des récipients, des sous-types ont ensuite été définis. À l'intérieur de ces sous-types, il existe des variations morphologiques et dimensionnelles qui ne constituent néanmoins pas des critères de classement pertinents.

Les vases ouverts sont présentés en premier, en commençant par les formes de plus faibles dimensions. Viennent ensuite les vases fermés, puis, à la fin, les types particuliers. En dehors de la géométrie des formes et des dimensions, la finition de la surface, le décor et son emplacement servent aussi de critères pour l'attribution typologique des fragments. La description des types de récipients rend compte de ces associations, tout en faisant référence à la typologie mise au point pour les céramiques du BA découvertes sur des sites contemporains de la région. En même temps, nous émettons quelques hypothèses sur leurs usages potentiels, en tenant compte du fait que la morphologie peut suggérer certaines fonctions sans en exclure d'autres. L'analyse des motifs et de l'organisation du décor par phase présente les tendances dominantes dans la décoration et dans les associations forme-décor[21].

Les formes du Bronze Ancien I (Dikili Tash III A)

Écuelle

(Pl. 1, 14919 et 14886 ; **pl. 4**, 12179)

Récipient peu profond avec une grande ouverture, à profil simple, à parois fortement évasées rectilignes, légèrement concaves ou convexes[22]. La proportion diam./h. est de 2,5-3,5/1. La base est continue, l'assise et le fond sont plats. L'épaisseur de la

---

20. Nous adoptons la nomenclature et le système de catégorisation de BALFET, FAUVET-BERTHELOT, MONZON 1989, en l'adaptant toutefois aux exigences de notre matériel (voir aussi ORTON 1980, p. 34).
21. Voir *infra*, p. 28-33.
22. *Sitagroi* 1, fig. 13.9:8.

Fig. 3 — Types de vases du Bronze Ancien.

paroi est de 0,5-1 cm. La lèvre est le plus souvent simplement arrondie et parfois même amincie. Quelques exemplaires portent au-dessous de la lèvre des mamelons ou des tenons perforés verticalement (**pl. 1**, 14886). La pâte est moyennement dégraissée, la surface polie de couleur brun foncé à noir. Le décor, quand il existe, est imprimé et/ou incisé. Il s'organise le plus souvent en séries de triangles remplis de points imprimés (**pl. 1**, 14919) ou d'encoches courtes en forme de lunule. Il peut également se présenter sous forme de doubles lignes d'impressions triangulaires disposées librement sur la surface intérieure et extérieure du vase (**pl. 4**, 12179). Dans la variante à parois convexes, la lèvre porte des impressions digitales[23] (**pl. 1**, 14886).

Ce type de récipient est probablement destiné à la présentation et à la consommation de la nourriture, individuelle ou collective, dans des contextes quotidiens ou spéciaux.

Bol à parois évasées
(Pl. 1 et pl. A, 15056)

Récipient relativement profond, avec une ouverture qui correspond au diamètre maximal. Les parois sont évasées, rectilignes ou légèrement convexes[24]. La proportion diam./h. est de 1/1-1,5. Le diamètre de l'ouverture varie entre 15 et 30 cm. Les moyens de préhension, quand ils existent, adoptent la forme de petits boutons non perforés au-dessous de la lèvre. La pâte est moyennement dégraissée, la couleur des surfaces varie de brun rouge à brun foncé ou noir ; parfois, il existe des variations de couleur dues à une cuisson différenciée. Les surfaces sont sommairement lissées ou moyennement polies. Un exemplaire dont la surface est mieux polie porte un décor incisé et imprimé sur la surface extérieure. Des triangles juxtaposés, remplis de points imprimés, sont disposés en une bande horizontale, au-dessous de la lèvre, formant un zigzag réservé, délimité par des lignes incisées. La lèvre porte des encoches obliques.

Ces récipients, comme le type précédent, étaient probablement destinés à la présentation et à la consommation d'aliments.

Bol à parois verticales et anses sur la lèvre
(Pl. 5, 12509)

Récipient profond, peu représenté dans le matériel. L'ouverture coïncide avec le diamètre maximal, qui mesure 18-20 cm. Les parois sont droites et verticales, probablement en continuité avec une base plate, mais nous n'avons pas d'exemplaires complets. La lèvre est arrondie ou amincie. De courtes anses verticales en ruban sont implantées sur la

---

23. Nikolova 1995, fig. 1:3.
24. *Sitagroi* 1, fig. 13.5:4 ; Grammenos 1981, fig. 27:518 ; Bernabò Brea 1964, tav. XXX.

lèvre et se prolongent verticalement, le long de la paroi, au-dessus du bord[25]. La pâte est moyennement dégraissée, la surface est sommairement lissée, de couleur brun clair. Il n'existe pas de décor.

Comme les exemplaires conservés de ce type de vase dans notre matériel ne permettent pas d'en déduire la forme complète, nous nous contentons de proposer une fonction potentielle dans la préparation de la nourriture.

Bol à bord rentré

(**Pl. 2**, 46737; **pl. 4**, 9203; **pl. 5**, DT 255 et 46353; **pl. 34**, 46729)

Récipient relativement profond dont le diamètre maximal est supérieur à celui de l'ouverture. Les parois sont incurvées et le bord est rentré[26]. La proportion diam./h. est à peu près de 2/1. La base est continue, l'assise et le fond sont plats. L'épaisseur de la paroi est de 0,5-1 cm. La lèvre est arrondie et parfois amincie. Ce type porte des anses, une seule ou une paire, situées légèrement sous la lèvre, au niveau du diamètre maximal (**pl. 2**, 46737; **pl. 4**, 9203; **pl. 5**, 46353 et DT 255). Il s'agit de tenons de forme circulaire perforés horizontalement, ou de forme légèrement oblongue disposés horizontalement, à perforations verticales simples, doubles ou encore multiples. Ce genre de dispositif de préhension pouvait permettre de passer des cordelettes ou des chevilles destinées à suspendre le récipient ou à maintenir un couvercle en place. Rares sont les anses en trompette implantées sur le bord (**pl. 34**, 46729). Il s'agit essentiellement de tenons tubulaires dont le diamètre au milieu est inférieur à celui des extrémités, qui apparaissent comme élargies, avec une tendance à former une légère saillie. Ce type d'anse est presque toujours perforé horizontalement. La surface des vases est soigneusement lissée à l'extérieur, moins bien finie à l'intérieur. La couleur de la surface est brun foncé à noir, brun rouge ou présente des variations du fait de la cuisson. La pâte est moyennement dégraissée, en fonction de la taille du récipient. Ces bols ne portent pas de décor.

Leur taille moyenne et la forme rétrécie de leur ouverture rendent ces vases propices à la consommation d'aliments plutôt liquides (soupes ou boissons). Néanmoins, nous ne pouvons écarter une utilisation pour la cuisson au four ou sur le feu, en particulier pour les exemplaires de plus grande taille.

Bol à parois sinueuses

(**Pl. 2**, 12517; **pl. 3**, 45799; **pl. 4**, 12505 & 12515; **pl. 5**, 9233; **pl. 6**, 46717; **pl. 34**, 12505 & 12515 et 12680; **pl. A**, 45799 et 46717)

Type de vase légèrement fermé à l'ouverture. Il se caractérise par une partie inférieure convexe, formant une panse arrondie, parfois légèrement carénée, et une partie supérieure droite ou légèrement concave qui constitue un rebord vertical ou légèrement

---

25. *Sitagroi* 1, fig. 13.9:1.
26. *Sitagroi* 1, fig. 13.5:1, 13.6:3 et 7; Aslanis 1985, Taf. 5:1-11; Bernabò Brea 1964, tav. XXIII.

rentré[27]. Le profil est continu, la lèvre arrondie ou amincie. Un fragment porte un
bouton sur la lèvre (**pl. 6**, et **pl. A**, 46717). La base est continue et l'assise plate. Le
diamètre à l'ouverture est de 14-15 cm, légèrement inférieur au diamètre maximal de
la panse qui mesure 17-19 cm. La hauteur maximale est de 10-12 cm, la proportion
diam./h. est donc de 1-1,5/1. L'épaisseur des parois varie entre 0,5 et 1 cm. La pâte est
assez fine ou moyennement dégraissée. La surface est bien polie à l'extérieur et à l'intérieur. Elle est sombre, brun foncé ou noir. Quelques exemplaires sont fabriqués dans une
pâte plus grossière et présentent une surface simplement lissée ou moyennement polie
(**pl. 34**, 12505 & 12515). Seul l'extérieur de ces vases porte un décor cannelé, exécuté
au polissoir. Des bandes de rainures ou de cannelures courtes verticales, obliques ou en
arc de cercle, sont disposées à la hauteur de l'épaule ou de la carène. Dans certains cas,
il existe une combinaison des cannelures de la panse avec des motifs incisés et imprimés
sur le bord (**pl. 5**, 9233). Parfois, au lieu de cannelures, on trouve plutôt des séries de
courtes incisions (**pl. 34**, 12680)[28].

Comme le précédent, ce type de vase a pu être destiné à la présentation et à la
consommation d'aliments, solides ou liquides.

Jatte

(**Pl. 2**, 14890 ; **pl. 3**, 45756 ; **pl. 34**, 49002 ; **pl. A**, 14890)

Récipient ouvert profond, de dimensions plus grandes que les écuelles ou les bols.
Nous n'avons pas d'exemplaire complet. La forme peut être restituée avec un profil
en S ou à paroi légèrement incurvée. Le diamètre à l'ouverture dépasse les 30 cm et
atteint parfois 50 cm. La hauteur devait dépasser le diamètre maximal ; la proportion diam./h. serait donc de 1/1-1,5. La forme peut être munie de mamelons ou de
boutons circulaires disposés à plusieurs au-dessous de la lèvre, ou encore de petites
anses en ruban verticales (**pl. 3**, 45756)[29]. La pâte est grossière, les surfaces sont lissées
ou sommairement polies, de couleur brune ou brun rouge foncé, avec par endroits des
traces noirâtres dues à la cuisson. Il n'existe pas de décor, à moins que l'on attribue à
cette forme, sans pouvoir être affirmatif, quelques tessons de petite taille qui portent
un décor imprimé ou incisé (**pl. 34**, 49002).

Ces vases ouverts et profonds ont pu servir à la présentation et à la consommation de
liquides (soupes ou boissons) et/ou de solides, ainsi qu'au mélange (battage, délayage,
etc.) ou au trempage (mouillage) des aliments en vue de leur consommation. La fonction de stockage à court terme pourrait être également compatible avec leurs caractéristiques morphologiques.

---

27. *Sitagroi* 1, fig. 13.4:1-5, 13.6:8-9 ; GRAMMENOS 1981, fig. 27:521, 28:543, 31:602 ; PAPADOPOULOS
    2007, fig. 7 ; KULOV 2011, fig. 11:3-5 ; ALEXANDROV 1995, fig. 2:4.
28. LICHARDUS, KRASTEV-ILIEV 2001, Taf. 8,8.
29. *Sitagroi* 1, fig. 13.7, 13.9:10 ; GRAMMENOS 1981, fig. 28:541 ; ASLANIS 1985, Taf. 16:1-2.

Jarre[30]

(Pl. 34, 47182 *et al.*, 45743 et 45992)

Récipient fermé de grandes dimensions[31]. La forme n'est pas bien documentée pour la phase BA I ; elle devient plus fréquente pendant le BA II[32]. Les couches du BA I (niveaux 16-12) n'ont fourni que quelques fragments de panse et des fragments de bord de jarres à col. Au niveau 17/16, plus précisément, on a ramassé quelques fragments d'une jarre à col, à profil continu, avec un bord vertical. La jarre porte des encoches sur le col et, à la base de celui-ci, une série d'impressions peu profondes (**pl. 34**, 47182 *et al.*). La pâte est grossière, la surface sommairement polie, de couleur brun clair. Certaines anses verticales, en ruban ou de section circulaire, devaient aussi appartenir à des jarres, si l'on en juge par l'épaisseur de la paroi. Un fragment de panse porte un décor incisé : des lignes rectilignes croisées sont disposées en une zone délimitée en haut par une incision (**pl. 34**, 45743). Un autre fragment porte une bande en zigzag hachurée (**pl. 34**, 45992).

La fonction de stockage paraît évidente puisqu'il s'agit de vases d'une capacité relativement importante et dont l'ouverture peut être aisément obturée. Ces jarres devaient être utilisées pour la conservation des provisions à long ou à moyen terme.

Puisette

(Pl. 2, 47629 ; **pl. 3**, DT 118 et DT 251 ; **pl. 4**, DT 259 ; **pl. 34**, DT 143 et DT 251)

Récipient ouvert de faibles dimensions, peu profond, à fond arrondi, paroi convexe plus ou moins carénée, lèvre verticale, parfois légèrement amincie. Le diamètre ne dépasse pas les 10 cm. Le vase est pourvu d'une anse haute en ruban surélevée au-dessus du bord[33]. La pâte est moyennement dégraissée, la surface polie est brun foncé à noir. Le décor, quand il existe, est limité à une série de cannelures courtes ou d'impressions peu profondes au niveau du point d'inflexion de la paroi. Un fragment provenant du niveau 15 révèle un grand diamètre (15 cm) et l'on se demande s'il ne s'agit pas du seul exemplaire d'un type de bol peu profond à profil presque caréné et impressions peu profondes au polissoir sur la zone du changement de profil[34] (**pl. 2**, 47629).

Ce type de vase est d'habitude considéré comme un récipient servant à puiser des substances liquides ou solides dans des jarres ou d'autres dispositifs utilisés pour le

---

30. La distinction entre les jarres et les grandes jattes se fait surtout par l'épaisseur de la paroi qui est plus importante pour les jarres, supérieure à 1,5 cm, ainsi que par la consistance des pâtes, plus grossières pour les jarres.

31. *Sitagroi* 1, fig. 13.8 ; GRAMMENOS 1981, fig. 26:493-496, 30:574.

32. Voir *infra*, p. 21-22.

33. *Sitagroi* 1, fig. 13.4:6-12, 13.10:9 ; GRAMMENOS 1981, fig. 27:522, 31:603 ; BAKALAKIS, SAKELLARIOU 1981, Taf. XI:2,6, Taf. 37:2,8 ; HEURTLEY 1939, p. 192, pl. XV:139 ; BERNABÒ BREA 1964, pl. XL:b ; HANSCHMANN, MILOJCIĆ 1976, Taf. II:1,2,5, Taf. 8:1-3,7 ; BANNER 1956, Taf. CXIII:47 ; GOLDMAN 1931, p. 177, fig. 245,1.

34. Voir *Sitagroi* 1, fig. 13.10:8 ; GRAMMENOS 1981, fig. 27:523.

stockage des denrées alimentaires. Son usage pour le transvasement et l'absorption de liquides constitue une autre possibilité.

Cruche

(Pl. 6, 46289 ; pl. 34, 47000)

Vase haut fermé, muni d'une anse verticale. La forme est peu représentée dans le matériel. Un fragment de col, avec le départ d'une anse sur la lèvre, suggère une variante à ouverture horizontale. La pâte est assez dégraissée et la surface sommairement égalisée. Quelques fragments d'anses en ruban pourraient appartenir à des cruches.

Pour l'utilisation de ce type de récipient, voir *infra*, p. 23-24.

Les décors du Bronze Ancien I (Dikili Tash III A)

La céramique des niveaux du BA I est dans l'ensemble peu décorée. Bien que les trois techniques de base pour les décors du BA, l'impression, l'incision et les cannelures, soient attestées dès le début de cette première phase, il est clair que leur application est limitée. D'une part, il existe des types de vases qui ne portent aucun décor ; d'autre part, même pour les vases décorés, les motifs utilisés sont simples, tout comme leur organisation, leur exécution semble hâtive et sommaire, et ils couvrent seulement une petite partie de la surface du récipient. Aucune trace d'incrustation de pâte blanchâtre n'a pu être distinguée dans les décors imprimés ou incisés de cette phase.

Techniques de décor

Impression

La technique de l'impression a été utilisée pour décorer la surface intérieure et extérieure des vases (**pl. 1**, 14919 et 15056 ; **pl. 4**, 12179 ; **pl. 34**, 47000 et 46520). Les impressions fines en forme de petits points ont été exécutées avec un instrument fin pointu. Les impressions triangulaires proviennent d'un instrument à extrémité triangulaire en coupe (**pl. 4**, 12179). On rencontre aussi des encoches formées par l'appui d'un ongle ou d'un instrument qui laisse des impressions en lunule (**pl. 34**, 47182 *et al.* et 46520). Il existe une troisième variante de ce type de décor : des impressions peu profondes, circulaires, qui ont été probablement formées par pression avec le doigt et/ou le polissoir.

Incision

La technique de l'incision n'est pas très répandue pendant la première phase du BA. Elle est utilisée en complément du décor imprimé (**pl. 1**, 14919 et 15056 ; **pl. 34**, 46520) ou encore pour former des motifs rectilignes simples. En général, les incisions sont fines et peu profondes. L'instrument utilisé devait être mince et très pointu. L'exécution est peu soigneuse et, par conséquent, la géométrie des motifs n'est pas rigoureuse (**pl. 34**, 45984, 45743, 12680 et 45992 ; **pl. A**, 15056).

Cannelures

La technique du décor cannelé est assez fréquente, mais liée principalement au seul bol à parois sinueuses (**pl. 2**, 12517 ; **pl. 3**, 45799 ; **pl. 4**, 12505 & 12515 ; **pl. 5**, 9233 ; **pl. 6**, 46717 ; **pl. 34**, 12505 & 12515 ; **pl. A**, 45799 et 46717). Sur ce récipient, les cannelures sont larges et courtes, rectilignes ou en arc de cercle. Dans un premier temps, elles sont réalisées aux doigts ou à l'aide d'un instrument non tranchant, elles sont ensuite finies au polissoir. L'exécution plus ou moins soigneuse dépend de la qualité du polissage de chaque vase.

Organisation des décors : les motifs et leur disposition

Les décors sont placés de manière privilégiée au niveau des points de changement du profil : la base du col, l'épaule, la carène ou la courbure de la panse. Les vases ne sont que très rarement décorés à la fois à l'intérieur et à l'extérieur, comme c'est le cas des écuelles. Les bols et les formes profondes et fermées portent leur décor sur la surface extérieure et parfois sur la lèvre.

Les motifs sont linéaires, géométriques et rectilignes (**fig. 4**). Les impressions fines en forme de petits points sont groupées d'ordinaire en triangles juxtaposés, délimités

Fig. 4 — Motifs de décor du Bronze Ancien.

par des incisions, ou parfois plus libres sur la surface intérieure et extérieure des vases (**pl. 1**, 15056 ; **pl. 34**, 47000 ; **pl. A**, 15056). Les impressions en forme de lunule sont également utilisées pour remplir des triangles. Les impressions triangulaires disposées en groupes de lignes sont moins fréquentes (**pl. 4**, 12179). Des lignes incisées encadrent les triangles imprimés (**pl. 1**, 14919 ; **pl. 34**, 46520). L'incision est par ailleurs utilisée pour former de simples motifs rectilignes sur les jarres ou sur d'autres vases fermés de forme indéterminée. Ces motifs sont composés de bandes en zigzag hachurées ou de triangles hachurés disposés en zones relativement lâches (**pl. 34**, 45743 et 45992). Un tesson portant un motif plus complexe de frise de losanges remplis de croisillons est probablement un élément intrusif provenant de couches postérieures (**pl. 34**, 49002). Les cannelures larges et courtes, rectilignes ou en arc de cercle, verticales ou obliques, couvrent la zone de changement du profil sur la panse des bols (**pl. A**, 45799 et 46717), plus rarement d'autres zones, comme le bord d'un vase de forme indéterminée.

Les formes du Bronze Ancien II (Dikili Tash III B)

Écuelle

(**Pl. 12** ; **pl. 13** ; **pl. 16**, 45501 et 45520 ; **pl. 20**, D 85 ; **pl. 21**, C 81 et D 113 ; **pl. 26** ; **pl. 29**, C 156 et D 159 ; **pl. 36**, 45339 et D 26 ; **pl. 37**, A 48, B 6, B 3, B 4, D 36, A 74bis et B 173 *et al.* ; **pl. 38**, 45520 ; **pl. 39**, D 79, D 128, D 88, D 67 et C 14 ; **pl. 40**, D 158, B 69, C 149, C 141 et B 58 ; **pl. 44**, 1616 ; **pl. B**, A 63, B 14, D 37, 39202, A 74, B 174 et B 13)

La forme existe depuis la phase précédente[35]. Le diamètre de l'ouverture oscile entre 15 et 35 cm. Les variantes déjà présentées continuent à exister avec ou sans décor. Quelques exemplaires portent à l'intérieur un décor de triangles incisés, disposés en bandes concentriques (**pl. 13**, B 173 & B 15 et A 68 & B 83 ; **pl. 37**, B 173 *et al.*). L'incision est assez hâtive et irrégulière, rappelant la technique de la phase précédente.

Deux variantes de ce type, différenciées par la forme de la lèvre, sont caractéristiques de cette phase[36]. Il s'agit en premier lieu d'une écuelle évasée à lèvre amincie à l'intérieur : ainsi une surface plane se forme sur la lèvre qui est décorée de bandes à croisillons ou de triangles hachurés ou croisillonnés, disposés sur un ou deux rangs (**pl. 12**, A 48 et B 6 ; **pl. 29**, D 159 ; **pl. 36**, 45339).

L'autre variante est une écuelle évasée à lèvre épaissie à l'intérieur ; ce bourrelet est orné de lignes courtes obliques continues ou en groupes, incisées, cannelées ou en relief (**pl. 26**, B 114 et 48403 ; **pl. 43**, D 132). Sur un exemplaire, mis à part le décor de la lèvre, toute la surface porte un enduit rouge poli.

---

35. Voir *supra*, p. 8-10.
36. *Sitagroi* 1, fig. 13.12 ; Papadopoulos, Papalazarou, Tsoutsoubei-Lioliou 2007, fig. 13 ; Kulov 2011, fig. 5-6 ; Alexandrov 1995, fig. 8:110, 112-113 ; Nikolova 1999, fig. 9.2.3:3-5 ; Nikolova 1995, fig. 5 ; Aslanis 1985, Taf. 69:11-12, 98:11-13, 107:9.

Un autre groupe d'écuelles évasées très ouvertes, à lèvre simple, porte à l'intérieur une ornementation très riche et couvrante (**pl. B**, A 63, B 14, D 37, 39202, A 74, B 174 et B 13)[37]. Les décors sont linéaires, formés par des incisions dessinant des zigzags superposés, emboîtés, des zones de croisillons, des bandes de triangles pendants quadrillés à mailles très serrées, des zones hachurées ou encore des faisceaux de zigzags croisés. Il peut y avoir aussi des séries de petits triangles imprimés ou excisés en rangs horizontaux parallèles et serrés, en alternance parfois avec une ou deux lignes incisées (**pl. 16**, 45501 et 45520 ; **pl. 26**, D 132 ; **pl. 36**, A 38 ; **pl. 37**, A 74bis ; **pl. 38**, 45520 ; **pl. 39**, 19853 ; **pl. 43**, A 218). Ces rangs de triangles sont parfois opposés ; ils dessinent alors un zigzag réservé. On les rencontre également associés à des panneaux à croisillons incisés. Les damiers incisés dont les cases sont marquées d'un gros point, ou alternativement vides et marquées d'un point, ou quadrillées, sont assez fréquents (**pl. 21**, C 81 et D 113 ; **pl. 29**, D 159 ; **pl. 39**, C 7 et B 37 ; **pl. 44**, 1616). Ils se trouvent associés à d'autres motifs comme les bandes de lignes parallèles ou de points. Des points assez gros remplis de pâte blanche forment des motifs variés tels des guirlandes de demi-cercles ou de triangles pendants (**pl. 9** et **36**, D 26). Quelques exemplaires portent un décor à impressions de cordes. Les motifs, dans ce cas, sont beaucoup plus espacés, mais nous ignorons leur organisation à cause de la taille réduite des tessons.

Dans toutes les variantes, le décor incisé est rempli d'une matière blanche qui fait très nettement ressortir les riches motifs sur la surface foncée des vases. Des anses verticales en ruban, des mamelons ou des tenons horizontaux non perforés portant souvent des impressions digitales peuvent être placés au-dessous de la lèvre.

Ces récipients servaient probablement à la présentation des aliments en vue de leur consommation plutôt collective, au quotidien ou lors d'événements particuliers (fêtes, repas familiaux, repas rituels). Ces opérations sont d'ordinaire marquées culturellement, puisqu'elles impliquent le rassemblement de convives et la présentation de plats divers, selon les habitudes commensales, dans le cadre d'activités plus ou moins socialement valorisées. La richesse du décor de la majorité de ces vases vient étayer une telle hypothèse.

Bol à parois évasées

(**Pl. 8**, A 231 ; **pl. 14**, A 41 et A 210 ; **pl. 16**, B 91 ; **pl. 21**, C 130 et C 48 ; **pl. 25**, A 185 ; **pl. 27**, A 218 ; **pl. 40**, 48381 *et al.* ; **pl. B**, A 41 et A 210)

La forme existe depuis la phase précédente[38]. Habituellement, ces vases ne portent pas de décor ou très peu[39]. Les exemplaires à paroi légèrement concave sont souvent munis

---

37. *Sitagroi* 1, fig. 13.13:1-4, 8, pl. XCVII, 1-2 ; GRAMMENOS 1981, fig. 25, 458 ; PAPADOPOULOS 2007, fig. 9 ; GEORGIEV *et al.* 1979, fig. 144, 150:c-d.
38. Voir *supra*, p. 10.
39. *Sitagroi* 1, fig. 13.15:1-2, 13.16:2 ; GRAMMENOS 1981, fig. 7:65 ; KULOV 2011, fig. 4:4-11, 9:2 ; ALEXANDROV 1995, fig. 7:97-98 ; ASLANIS 1985, Taf. 12:7-8, 68:4-5 ; BERNABÒ BREA 1964, pl. XXX-XXXI.

de petits mamelons au-dessous de ou sur la lèvre (**pl. 14**, A 41 et A 210 ; **pl. 16**, B 91), ou de languettes horizontales en saillie perforées verticalement (**pl. 21**, C 48 ; **pl. 40**, 48381). Sur un autre fragment, sous l'anse en tunnel, une langue trapézoïdale est posée dans le prolongement de la paroi évasée (**pl. 27**, A 218). Dans certains cas, la lèvre plate porte des impressions digitales. Dans une variante très peu représentée dans notre matériel, la lèvre plus ou moins en saillie forme une surface plane. Un seul exemplaire est décoré à la fois d'incisions et d'impressions (**pl. 21**, C 48 ; **pl. 40**, 48381). Il existe enfin un seul tesson d'une autre variante sans décor, à lèvre en forme de T.

Ces récipients étaient probablement destinés à la préparation et à la présentation des aliments à consommer.

Bol à parois verticales et anses sur la lèvre

(**Pl. 29**, 1616)

Ce récipient profond, déjà décrit ci-dessus[40], est encore présent au cours de la seconde phase, mais les exemplaires sont peu nombreux[41].

Bol à parois verticales

(**Pl. 9** et **B**, 47251 *et al.* ; **pl. 14** et **37**, B 179 & A 50 ; **pl. 17**, B 98 ; **pl. 23**, D 112 ; **pl. 36**, A 7, A 18, 45921 et A 70 ; **pl. 37**, C 78 *et al.* et B 178 ; **pl. 39**, D 79, D 128, D 88, D 67 et C 14 ; **pl. 44**, ABCD 15, D 157, ABCD 16, A 207, 45692, 45204, ABCD 22, A 206, ABCD 14 et 48425)

La forme apparaît pour la première fois pendant la seconde phase du BA, mais elle est peu représentée[42]. Il s'agit d'un récipient ouvert assez profond à profil continu, avec une panse convexe puis la partie supérieure de la paroi verticale jusqu'à la lèvre. Il n'existe pas de moyens de préhension. La pâte est peu dégraissée ; la surface, polie à l'extérieur et lissée à l'intérieur, est de couleur brun foncé à noir.

Sur l'exemplaire le mieux préservé, le décor est incisé (**pl. 9** et **B**, 47251 *et al.*). Sur la panse, il couvre une zone horizontale, avec de grands triangles à croisillons opposés, formant entre eux de grands losanges emboîtés dont les centres sont marqués de gros points. Une autre zone de losanges quadrillés est placée au-dessous de la lèvre. Sur d'autres fragments, des séries de triangles, de lignes en zigzag, de bandes de croisillons ornent la panse en une zone continue ou dans des métopes (**pl. 14** et **37**, B 179 & A 50 ; **pl. 17**, B 98 ; **pl. 23**, D 112). Certains de ces récipients ne présentent aucun décor.

La taille et la forme de ces récipients les rendent propices à la consommation individuelle de boissons dans des contextes marqués culturellement (coupes à boire pendant

---

40. Voir *supra*, p. 10-11.
41. Voir Aslanis 1985, Taf. 56:4.
42. *Sitagroi* 1, fig. 13.13:11 ; Nikolova 1995, fig. 12:1-2.

des fêtes, par exemple). La richesse du décor est peut être un élément en faveur de cette interprétation.

Bol à bord rentré

(**Pl. 7**, 46004; **pl. 8**, 45892 et A 14; **pl. 14**, B 152 et B 172; **pl. 16**, A 226, B 94; **pl. 17**, A 79 et 45338; **pl. 20**, C 96 et DT 3; **pl. 22**; **pl. 23**, B 73, B 63, D 403, C 79 et D 146; **pl. 27**, 49025 & 49029 et B 139; **pl. 30**; **pl. 35**, 47359, A 27, A 395 et A 396; **pl. 36**, A 4 et D 15; **pl. 38**, A 79, C 302, D 42, D 43, D 80 et D 127; **pl. 40**, C 147, ABCD 13, ABCD 21, C 243, D 98, C 64, A 187, B 66 et D 105; **pl. 43**, 49025 & 49029 et B 116; **pl. 44**, 45663)

Cette forme existe depuis la phase précédente[43], mais prend toute son importance au BA II[44]. Le diamètre de l'ouverture varie entre 15 et 30 cm. La forme est le plus souvent munie d'anses, en paire ou seule, sur le bord ou légèrement au-dessous de la lèvre. Il s'agit d'anses en ruban verticales courtes, de mamelons ou de tenons qui ont la forme d'un bouton circulaire, parfois perforé verticalement ou horizontalement (**pl. 8**, A 14; **pl. 16**, B 94; **pl. 20**, DT 3; **pl. 22**, C 57; **pl. 30**, 48249; **pl. 40**, B 42; **pl. 43**, B 116; **pl. 44**, 45663). Les tenons oblongs à perforations multiples sont désormais moins fréquents. Un autre type d'appendice fait son apparition pendant cette seconde phase : une anse en oreillette oblongue horizontale, presque rectangulaire, implantée sur la lèvre, parfois la dépassant légèrement (**pl. 18**, B 106; **pl. 23**, B 63). Toutefois les moyens de préhension les plus fréquents pour ces récipients sont les tenons tubulaires, perforés horizontalement ou non, et les anses en trompette fixés sur le bord (**pl. 7**, 46004; **pl. 23**, D 403; **pl. 30**, A 203). Il peut y avoir aussi deux à quatre petits mamelons au niveau du diamètre maximal. Un seul exemplaire porte au niveau de la lèvre un bec verseur, probablement en gouttière (**pl. 39**, DT 3 : noter que la photographie a été prise après restauration)[45]. Certains fragments portent une série de perforations sous la lèvre (**pl. 8**, A 14).

La majorité de ces bols ne porte pas de décor. Quand le décor existe, il s'agit de cannelures[46] (**pl. 14**, B 172; **pl. 20**, C 96; **pl. 22**, D 105; **pl. 40**, D 105; **pl. 43**, B 116), de simples motifs incisés, d'impressions alignées juste sous la lèvre (**pl. 14**, B 152; **pl. 17**, 45338; **pl. 22**, B 56; **pl. 38**, A 79). Une série d'exemplaires est ornée de reliefs : des cordons appliqués verticaux, obliques ou en chevron, partant de la lèvre, sont disposés sur la partie haute de la panse (**pl. 22**, A 181; **pl. 23**, B 73; **pl. 30**, 45663 et A 219; **pl. 36**, D 15 et A 4; **pl. 38**, D 42; **pl. 40**, C 64, A 187, B 66, C 147, ABCD 13,

---

43. Voir *supra*, p. 11.
44. *Sitagroi* 1, fig. 13.11:3, 13.26; GRAMMENOS 1981, fig. 19:338, 24:453; KULOV 2011, fig. 3, 9:3-9; HILLER, NIKOLOV 1997, Taf. 154:8-27, 155; GEORGIEV *et al.* 1979, fig. 169-170, 181; TONČEVA 1981, fig. 17 et 20; ASLANIS 1985, Taf. 52:7, 103:3-7; BERNABÒ BREA 1964, tav. XXIII, CXXXVII.
45. MALAMIDOU 2007, fig. 20; GRAMMENOS 1981, fig. 18:300, 19:321-322; TONČEVA 1981, fig. 15,4.
46. NIKOLOVA 1995, fig. 6:4; HILLER, NIKOLOV 1997, fig. 155:1-12.

ABCD 21, C 243, D 98)[47]. Quelques anses en trompette portent des cannelures ou des incisions (**pl. 23**, D 146)[48].

Pour l'utilisation de ce type de récipient, voir *supra*, p. 11.

Bol à parois sinueuses

(**Pl. 7**, 45768 ; **pl. 14**, A 64 *et al.*, D 38 ; **pl. 23**, D 112 ; **pl. 27**, C 79 ; **pl. 31**, 48078 *et al.*, C 153, C 208 et D 161 ; **pl. 35**, 46612 ; **pl. 36**, 46601, 46070, A 15 et 46549 ; **pl. 39**, D 89, B 54, 45407 et D 81 ; **pl. 41**, C 149, C 77, B 57, C 55, C 49 ; **pl. 44**, 45464, C 154, 46379 et 4660 ; **pl. B**, 45768, A 10 et D 21 ; **pl. C**, A 64 *et al.*, A 178, C 148, B 57, C 80, D 133, C 94, C 143, A 257 et 45473)

Type de vase caractéristique de la phase précédente (BA I)[49]. Le diamètre de l'ouverture varie entre 16 et 30 cm. Ce bol présente un décor cannelé incisé ou imprimé sur la panse. Les exemplaires cannelés portent parfois aussi des cannelures horizontales sous la lèvre (**pl. 36**, A 15, 46070 et 46549). Un exemplaire est orné de tenons oblongs verticaux qui interrompent la série de cannelures très fines et peu profondes disposées verticalement sur la panse (**pl. 7** et **pl. B**, 45768).

Le décor cannelé tend à disparaître pendant la seconde phase au profit d'un décor incisé ou imprimé[50]. Le bol est souvent muni de tenons horizontaux sur la lèvre avec une, deux ou trois perforations. Le décor incisé et imprimé est le plus souvent riche et dense, très couvrant. Les motifs sont disposés dans des métopes créées par des groupes de lignes verticales accentuées par des séries d'impressions. Les motifs sont assez foison-nants : croisillons, groupes de lignes rectilignes et en zigzag en alternance, losanges en série croisillonnés ou marqués au centre d'un point imprimé (**pl. 23**, D 112 ; **pl. 31**, C 153, C 208 et D 161 ; **pl. 41**, C 77, B 57, C 55, C 49 ; **pl. 44**, 4660 ; **pl. B**, A 10 et D 21 ; **pl. C**, A 178, C 148, B 57, C 80, D 133, C 94, C 143 et A 257). Les zones de décor sont délimitées en haut et en bas par des lignes ornées de petites impressions. Au-dessous de la lèvre, on trouve souvent une série d'impressions ou de lignes inci-sées, brisées ou croisées (**pl. 14** et **pl. C**, A 64 *et al.* ; **pl. 35**, 46612). Les incisions sont remplies de pâte blanche.

Un exemplaire, dont le diamètre d'ouverture est de 19 cm, est orné sous le bord de la lèvre d'une première ligne horizontale zigzagante, réalisée par excision, puis d'une seconde en haut de la panse délimitant une zone de cercles concentriques rangés proba-blement dans des métopes (**pl. C**, 45473)[51].

Pour les propositions d'utilisation, voir *supra*, p. 11-12.

---

47. Nikolova 1995, fig. 7:4 ; Georgiev *et al.* 1979, fig. 140.
48. Alexandrov 1995, fig. 6:90.
49. Voir *supra*, p. 11-12.
50. *Sitagroi* 1, fig. 13.10:7, 13.13:9 ; Papadopoulos 2007, fig. 8 ; Kulov 2011, fig. 3:4, 3:13 ; Alexandrov 1995, fig. 7:102-105 ; Nikolova 1999, fig. 9.6 ; Maran 1998a, Taf. 9.
51. Séfériadès 1983, p. 667 ; Séfériadès 2001, p. 114 ; Nikolova 1999, p. 218.

Bol à ressaut et rebord évasé

(**Pl. 9**, 46881, 46849 et D 21 ; **pl. 17**, 46420 ; **pl. 23**, C 46 ; **pl. 41**, C 50, D 150, A 177, D 36, D 140, D 245, 8910 et C 146 ; **pl. 44**, 45464, C 154, 46379 et C 153)

Récipient ouvert assez profond, à base probablement plate et panse globulaire continue avec une épaule arrondie sur laquelle prend naissance un rebord évasé, sans pour autant qu'il y ait une rupture nette du profil. Une variante présente un rebord fortement évasé[52]. Le diamètre de l'ouverture oscille entre 20 et 30 cm. Il n'y a pas d'anses. La pâte est moyennement dégraissée ou grossière ; la surface est brun foncé à noir, lissée ou polie à l'extérieur.

La plupart de ces récipients ne portent pas de décor (**pl. 9**, 46881 ; **pl. 17**, 46420 ; **pl. 44**, 45464, C 154 et 46379). Les exemplaires décorés se caractérisent par une pâte plus fine, la finition de la surface est plus soignée et la couleur plus foncée. Le décor incisé peut être une zone hachurée sur la panse et l'épaule, souvent combinée à des séries d'impressions (**pl. 41**, C 50, D 150, A 177, D 36, D 140, D 245, 8910, C 146 ; **pl. 44**, C 153). Au-dessous de la lèvre, on trouve parfois un zigzag, des chevrons ou des losanges hachurés (**pl. 9**, 46849).

Comme le précédent, ce type de vase a pu être destiné à la présentation et à la consommation des aliments, solides ou liquides.

Jatte

(**Pl. 7**, 45735 et 46455 ; **pl. 10**, 8616 et 46844 ; **pl. 17**, A 228 ; **pl. 24**, D 141 et A 199 ; **pl. 38**, A 228 et D 121)

Récipient ouvert déjà attesté pendant la phase précédente[53]. Plusieurs fragments de ce type de vase proviennent des couches de la seconde phase[54]. Les parois peuvent être évasées rectilignes, en S ou légèrement incurvées. Quelques exemplaires portent des anses en ruban verticales, des anses tubulaires ou encore des tenons perforés (**pl. 7**, 45735 ; **pl. 10**, 46844 ; **pl. 17**, A 228 ; **pl. 38**, A 228 et D 121). Ces vases sont rarement décorés et portent de simples impressions peu profondes disposées horizontalement en série au niveau de l'inflexion de la panse ou des panneaux garnis de points imprimés sous la lèvre (**pl. 7**, 45735 et 46455). Quelques exemplaires sont ornés sur la lèvre d'une série d'impressions digitales (**pl. 24**, D 141).

Pour les propositions d'utilisation, voir *supra*, p. 12.

Jarre

(**Pl. 8**, 46783 ; **pl. 10**, 8616, D 24 et 46555 ; **pl. 11**, D 12 ; **pl. 15**, 34016 et B 286 ; **pl. 17**, 45338 ; **pl. 18**, B 106, C 24, A 223, B 258, C 256bis et C 259 ; **pl. 24**, A 167 *et al.* et A 165 *et al.* ; **pl. 25**, B 223 et B 215 ; **pl. 28**, DT 1 et 6700 ; **pl. 32**, A 237 et 45430 ;

---

52. Kulov 2011, fig. 3:8, 9:8 et 12:7 ; Aslanis 1985, Taf. 13:3.
53. Voir *supra*, p. 12.
54. *Sitagroi* 1, fig. 13.15, 13.16:1 et 3 ; Kulov 2011, fig. 3 :1-2, 4 :1-3 ; Aslanis 1985, Taf. 93:1.

pl. 35, A 422 ; pl. 38, A 228 et D 121 ; pl. 39, D 122 et DT 267 ; pl. 42, D 217, C 117, A 213, C 111, B 53 et C 121 ; pl. 44, 6094 et 46184 ; pl. C, A 167 *et al.*)

Récipient fermé de grandes dimensions ; attesté depuis la première phase, il devient plus fréquent au BA II[55]. On a pu distinguer, selon le profil et la forme de l'ouverture, trois variantes. La moins fréquente est sans col, à ouverture large, profil continu, parois légèrement incurvées et bord droit ou légèrement rentrant. Les deux autres variantes présentent soit un col large (pl. 10, D 24 ; pl. 15, 34016 ; pl. 18, B 106 ; pl. 32, A 237 ; pl. 44, 6094), soit un col étroit (pl. 28, DT 1 ; pl. 32, 45430). Les jarres à col large ont une base plate également assez large. Le corps se caractérise par une partie inférieure évasée et une partie supérieure convexe, à laquelle se superpose un rebord vertical ou évasé plus ou moins concave. La liaison entre les différentes parties du vase se fait sans rupture de profil. L'ouverture est assez large. La variante à col étroit présente une base plate elle aussi assez étroite. Les parois sont fortement convexes, formant une panse globulaire ou piriforme, à profil discontinu, avec un col cylindrique faiblement évasé. La lèvre est arrondie.

Les anses se trouvent à mi-hauteur de la panse ou un peu plus haut sur l'épaule. Elles peuvent être verticales en ruban (pl. 10, D 24), en trompette, en tunnel horizontales ou verticales (pl. 42, D 217, C 117, A 213, C 111, B 53 et C 121) ; il peut s'agir aussi de tenons perforés ou non (pl. 44, 6094), ou encore de protubérances oblongues ornées d'impressions digitales (pl. 32, A 237). Le seul exemplaire complet est muni, à la hauteur de la jonction de la panse au col, de quatre protubérances diamétralement opposées (pl. 28, DT 1).

Les pâtes, dans tous les cas, sont grossières, les surfaces simplement égalisées ou lissées, parfois sommairement polies, d'une couleur qui varie du brun au brun rouge ou au brun gris. Le décor peut être incisé, imprimé ou en relief :

– incisions courtes verticales, obliques ou en arc, au-dessous ou sur la lèvre (pl. 18, B 106, C 24 et A 223) ; sillons négligés sur la panse ; incisions ou plutôt cannelures peu profondes exécutées avec les doigts sur la panse ;

– rangs de points imprimés avec un instrument pointu ou impressions digitales sur la lèvre, juste au-dessous ou à la base du col (pl. 8, 46783 ; pl. 15, 34016 ; pl. 17, 45338 ; pl. 18, B 106 ; pl. 39, D 122). Il existe, par ailleurs, un groupe de tessons de panse de jarres décorés sur leur surface extérieure d'impressions de cordes (pl. 24, A 167 *et al.* et A 165 *et al.* ; pl. C, A 167 *et al.*) ;

– rubans appliqués portant des impressions digitales ou des encoches faites à l'ongle ou avec un instrument tranchant, disposés sur l'épaule, au niveau du passage de la panse au col (pl. 28, 6700 ; pl. 32, 45430 ; pl. 35, A 422).

Pour les propositions d'utilisation, voir *supra*, p. 13.

---

55. *Sitagroi* 1, fig. 13.18:2, 13.19:2 et 13.22 ; Malamidou 2007, fig. 19 ; Kulov 2011, fig. 7-8 ; Hiller, Nikolov 1997, Taf. 147, 156:10-13 et 157:1-7 ; Aslanis 1985, Taf. 16, 36 et 37:6-7.

Pyxide

(**Pl. 7**, 46675 ; **pl. 11**, A 170 *et al.* ; **pl. 32**, 45476 et 46184 ; **pl. 33**, D 160 et A 217 ; **pl. 35**, 46675 ; **pl. 38**, B 14 et D 70)

Récipient fermé, à panse globulaire, épaule plus ou moins marquée et ouverture assez rétrécie, munie ou non d'un petit bord vertical. La base n'est préservée sur aucun exemplaire dans notre matériel. Nous supposons soit une base plate simple, soit une base convexe continue. La pâte est assez grossière. La surface lissée est de couleur brun foncé. Cette forme est représentée dans notre matériel par un faible nombre de fragments. Trois fragments qui préservent une partie de l'épaule et de la lèvre proviennent d'un même vase, dont le diamètre à l'ouverture est estimé à 15 cm (**pl. 11**, A 170 *et al.*). Son décor consiste en impressions obliques de cordons qui naissent à la base du bord et rayonnent sur la panse[56]. Un autre fragment, à la jonction entre la panse et l'épaule, porte un décor incisé de lignes doubles hachurées en zigzag, disposées dans une zone délimitée par une double incision sur l'épaule (**pl. 33**, A 217). La pâte est moyennement dégraissée et la surface, assez usée, a une couleur brun clair. D'autres exemplaires présentent des groupes d'incisions ou d'impressions disposés à la base du col (**pl. 32**, 45476 et 46184 ; **pl. 33**, D 160 ; **pl. 38**, B 14 et D 70), ou des séries de triangles incisés alternant avec des points imprimés autour de l'ouverture (**pl. 7**, 46675 ; **pl. 35**, 46675). Il existe par ailleurs quelques exemplaires non décorés.

L'embouchure rétrécie de ces vases facilite l'obturation nécessaire tant pour le stockage que pour le transport. Nous pensons que ces pyxides ont pu contenir des denrées liquides, même si le diamètre interne du col n'interdit pas l'introduction de solides de petit ou moyen volume (graines, fruits…).

Puisette

Ce type de récipient, très caractéristique de la phase précédente[57], perdure dans les premiers niveaux du BA II, mais il n'est plus représenté que par quelques fragments.

Cruche

(**Pl. 15**, A 215 ; **pl. 19**, 8287 & 46978, C 285 et 22226 ; **pl. 20**, DT 267, D 120 & D 186 ; **pl. 25**, A 185, D 36 et DT 4 ; **pl. 27**, 49027 ; **pl. 35**, A 137, 45865, A 143, A 142, 45911 et 45908 ; **pl. 38**, 8287 & 46978, D 116, A 78, D 87, B 88 et 45340 ; **pl. 44**, D 152)

Vase haut fermé, muni d'une anse verticale[58]. Le seul exemplaire intact présente une base étroite plate, une panse globulaire, un col cylindrique et une ouverture oblique (**pl. 20**, DT 267). Une anse verticale de section circulaire joint la panse à la lèvre en

---

56. *Sitagroi* 1, fig. 13.10:6 ; Tončeva 1981, fig. 15:8-9 ; Georgiev *et al.* 1979, fig. 188:e ; Séfériadès 1985a, pl. XXI:4 ; Aslanis 1985, Taf. 84:9.

57. Voir *supra*, p. 13-14.

58. *Sitagroi* 1, fig. 13.14, 13.25:2 et 11 ; Georgiev *et al.* 1979, fig. 183:a-d ; Aslanis 1985, Taf. 87:11-13 ; Dova 2003, fig. 4:9.

dépassant celle-ci légèrement. La morphologie des fragments qui sont attribués à cette forme indique que ces caractéristiques sont à peu près typiques des cruches, excepté certains exemplaires dont la panse est faiblement carénée ou à profil continu. Les anses peuvent être de section ovale, en ruban ou à bourrelets latéraux. Le vase complet n'est pas décoré. Il existe pourtant des exemplaires qui portent un décor sur la partie supérieure de la panse (**pl. 20**, D 120 & D 186), sur le col et même sur l'anse. Plusieurs fragments d'anses en ruban sont décorés de cannelures (**pl. 35**, A 137, 45865, A 143, A 142, 45911 et 45908; **pl. 38**, D 116, A 78, D 87, B 88 et 45340), d'incisions (**pl. 27**, 49027; **pl. 38**, D 116, A 78, D 87, B 88 et 45340), d'impressions (**pl. 19**, 8287 & 46978; **pl. 38**, 8287 & 46978, D 116, A 78, D 87, B 88 et 45340) ou de rubans appliqués (**pl. 19**, C 285).

Les cruches sont normalement destinées aux fonctions de transvasement des liquides.

Tasse

(**Pl. 20**, D 77; **pl. 25**, D 98; **pl. 42**, C 131)

Type de vase représenté seulement par quelques tessons dans le matériel étudié. Il s'agit d'un récipient profond de petite taille, à panse globulaire et col cylindrique[59]. Une anse en ruban est disposée verticalement, joignant la lèvre à la panse. La pâte est fine à moyenne, la surface lissée, brun foncé à noire, sans décor.

La taille de ce type de vase le rend propice au transvasement, au transport ou à la consommation de liquides en faibles quantités.

Couvercle

(**Pl. 15**, A 211; **pl. 19**, B 112; **pl. 33**, 45336)

Ustensile à face supérieure plate qui déborde au-delà d'un rebord vertical cylindrique ou légèrement conique. La surface, brune ou brun rouge, est bien polie à l'extérieur, simplement lissée à l'intérieur[60]. Un seul exemplaire existe d'un second type de couvercle de section semi-circulaire, avec une anse en panier (**pl. 33**, 45336).

Cet élément servait probablement à la fermeture des jarres, ou d'autres récipients à ouverture rétrécie, pour assurer la conservation de leur contenu.

Plateau

(**Pl. 8**, A 21; **pl. 19**, A 120 & A 220; **pl. 35**, A 116; **pl. 37**, A 60, B 11 et B 147; **pl. B**, A 120 & A 220)

Objet ouvert de grandes dimensions. Il s'agit d'une sorte de grande assiette à base plate et à rebord vertical ou légèrement évasé sur une partie. Une série de perforations est

---

59. *Sitagroi* 1, fig. 13.20, pl. XCIX:1-18; Papadopoulos, Papalazarou, Tsoutsoubei-Lioliou 2007, fig. 9; Georgiev *et al.* 1979, fig. 189; Aslanis 1985, Taf. 113:9, 126:7.
60. Voir *Sitagroi* 1, fig. 13.21:4-5 et 13.22:7; Bernabò Brea 1964, tav. LXVII:d et g.

disposée au-dessous de la lèvre[61]. Nous ne disposons que de fragments, dont l'un, recollé à partir de plusieurs tessons, nous amène à suggérer une forme non pas circulaire mais plutôt oblongue, avec une partie de la paroi plus inclinée. La pâte est grossière et la surface simplement lissée, de couleur brun rouge ou brun foncé. Il n'y a pas de décor. Un autre exemplaire pourrait appartenir à une variante de plan régulier, c'est-à-dire d'un diamètre circulaire, sans la série de perforations sous la lèvre (**pl. 8**, A 21).

Cet objet est associé à la cuisson des aliments, sans que l'on puisse raisonner sur d'autres critères que la morphologie.

Passoire

De ce type de récipient il ne subsiste que des fragments : nous ne sommes donc pas en mesure de restituer la forme. Il s'agit de tessons de panse portant des perforations irrégulières. La pâte est assez grossière, la surface brun rouge ou brun foncé est simplement lissée ou sommairement polie.

Les décors du Bronze Ancien II (Dikili Tash III B)

Les niveaux du BA II ont livré une céramique plus richement décorée que celle de la phase précédente. Malgré l'état très fragmentaire du matériel étudié, nous pouvons reconstituer les tendances dans les techniques employées ainsi que distinguer les principaux motifs choisis et les modes les plus courants d'organisation sur les surfaces des vases.

Il ne faut pas oublier que la majorité des vases du BA II, comme pour la première phase, n'était pas décorée ou alors très peu. D'un autre côté, la richesse du décor de certains types de vases est remarquable, comparable à celle des vases néolithiques. Elle les dépasse même parfois par la finesse des motifs et par la complexité des schémas et des techniques.

L'incision et l'impression sont les techniques de décor les plus souvent utilisées. La technique du cannelé, en revanche, tend à diminuer, bien qu'elle soit encore employée pour orner plusieurs types de vases. La technique de l'excision complète l'incision dans quelques cas (**pl. C**, A 178, C 148, B 57, C 80 et 45473). On soupçonne l'utilisation d'instruments à roulette pour l'exécution de certains motifs imprimés et/ou incisés-excisés complexes et répétitifs (**pl. B**, A 10, D 21, A 63, B 14, D 37, 39202, A 74, B 174 et B 13). Le décor plastique à rubans appliqués et le décor en relief deviennent de plus en plus fréquents. Ce fait est dû probablement à l'augmentation du nombre des vases de dimensions importantes (jarres), récipients qui sont le plus souvent décorés dans ces techniques.

L'utilisation de l'incrustation blanche dans les décors imprimés, incisés ou excisés, est très répandue pendant toute la période. Cette technique fait ressortir les motifs sur le

---

61. ASLANIS 1985, Taf. 7:7-9, 80:9-12, 88:7, 9, 10, 12, 92:11, 109:4, 118:5 et 8 ; DOVA 2003, fig. 3:11-12.

fond sombre de la paroi du vase. Enfin, certains fragments, décorés ou non, présentent une surface flammée – résultat d'une cuisson irrégulière de terres riches en matière organique –, créant une polychromie (**pl. B**, 47251, A 210 et A 41). Néanmoins, il n'est pas certain que cet effet décoratif ait été voulu.

Techniques de décor

Impression

La technique ne diffère pas beaucoup de celle de la phase précédente[62]. Les petits motifs (points, triangles ou carrés) sont réalisés avec un outil effilé dont l'extrémité adopte la forme recherchée (ronde, triangulaire ou quadrangulaire). Ce type d'impression décore la céramique fine (**pl. 36**, D 26 et A 38 ; **pl. 40**, D 158, B 69, C 149, C 141 et B 58 ; **pl. 43**, D 132 ; **pl. 44**, 4660, ABCD 15, D 157, ABCD 16, A 207, 45692, 45204, ABCD 22, A 206, ABCD 14 et 48425). Les encoches à l'ongle et les impressions plus grandes et profondes, de même que les impressions digitales, constituent un deuxième groupe d'impressions employées pour décorer les jattes ou les jarres (**pl. 39**, D 122 ; **pl. 42**, D 217, C 117, A 213, C 111, B 53 et C 121). Les impressions digitales ornent aussi les protubérances et les rubans appliqués. Les impressions de cordes constituent une technique que l'on rencontre uniquement pendant la seconde phase. Ce type de décor est obtenu en appuyant fortement une corde ou une ficelle contre la surface du vase avant séchage pour que la trace de la corde reste (**pl. 38**, A 79, 8287 & 46978).

Incision

Largement utilisée au cours de la seconde phase du BA, la technique de l'incision est pratiquée dans la plupart des cas à l'aide d'un instrument tranchant très fin. En effet, rares sont les cas où les incisions sont relativement larges et hâtivement dessinées (**pl. 37**, B 173 *et al.*). On se demande si ce n'est pas une sorte de peigne qui aurait pu couvrir une surface assez large d'incisions parallèles ou de croisillons très fins et denses (**pl. 36**, A 7, A 18, 45921 et A 70 ; **pl. 41**, C 76, B 238, D 109, B 68, B 72, C 47 et D 97 ; **pl. 44**, C 153). Dans quelques cas, sur les lignes incisées ont été ajoutés de courts traits verticaux ou obliques, ou encore des séries de petits points incisés. L'effet très dense évoque une « broderie » (**pl. 37**, B 179 & A 50, A 53 et A 56 ; **pl. B**, 47251, A 10, D 21, A 63, B 14, D 37, 39202, A 74, B 174 et B 13).

Excision

La technique consiste à enlever une quantité de pâte au moyen d'un instrument tranchant. Sont formées de cette manière des séries de triangles excisés, souvent opposés de façon à créer des zigzags (**pl. C**, 45473). Dans certains cas, nous ne pouvons dire si la technique utilisée est vraiment l'excision ou une impression poussée, réalisée à l'aide

---

62. Voir *supra*, p. 14.

d'un instrument à roulette (**pl. 36**, A 38 ; **pl. 38**, 45520 ; **pl. 43**, C 82, D 175 et 48892 ; **pl. 44**, 4660 ; **pl. B**, A 10 et D 21 ; **pl. C**, A 178, C 148, B 57, C 80 et D 133).

Cannelures

Cette technique, qui prédominait au cours de la phase précédente, se marginalise au BA II. L'exécution des cannelures est également modifiée : celles-ci sont moins larges et légèrement plus profondes qu'auparavant (**pl. 36**, A 15 ; **pl. B**, 45768).

Décor en relief

Ce décor résulte de l'addition d'une petite quantité de pâte sur la surface du vase afin de créer des éléments qui font faiblement saillie. Ainsi sont formés de petits boutons appliqués sur la lèvre ou sur la surface des vases, des nervures, des filets (**pl. 36**, D 15 et A 4 ; **pl. 38**, D 42 et D 43 ; **pl. 40**, C 64, A 187, B 66, C 147, ABCD 13, ABCD 21, C 242 et D 98) ou encore des figures (**pl. 35**, A 422). Les éléments ainsi créés sont donc décoratifs et non fonctionnels comme les moyens de préhension (protubérances ou languettes).

Décor plastique

Le décor plastique résulte de l'addition de bandes ou de rubans appliqués sur la surface des vases. Ces bandes portent des empreintes digitales ou des encoches faites à l'ongle ou avec un outil pointu ou tranchant (**pl. 42**, D 217, C 117, A 213, C 111, B 53 et C 121 ; **pl. 43**, 49027). Ce décor est appliqué principalement sur les jarres.

Organisation des décors : les motifs et leur disposition

Les choix pour l'emplacement du décor suivent dans leurs grandes lignes les mêmes principes qu'au BA I[63]. Le bord, la panse et les points d'inflexion reçoivent les éléments décoratifs. Dorénavant, plus aucun type de vase n'est décoré à la fois à l'intérieur et à l'extérieur. En revanche, certains types de récipients portent un décor riche et très couvrant. Les écuelles évasées, dont l'ensemble de la surface interne est couverte d'un décor incisé et/ou imprimé, en sont l'exemple le plus caractéristique. Les bols présentent leur décor sur le bord et/ou sur la panse ; les jarres surtout au niveau des changements du profil.

Les motifs sont linéaires rectilignes (**fig. 4**). Ils sont fondés sur les lignes parallèles ou croisées, les zigzags, les chevrons, les tresses et les formes géométriques (triangle, carré, losange). Ces dernières peuvent être remplies de pointillés, ou hachurés, ou quadrillés. Rares sont les motifs curvilignes (**pl. 44**, ABCD 15, D 157, ABCD 16, A 207, 45692, 45204, ABCD 22, A 206, ABCD 14 et 48425).

Les motifs principaux participent à des compositions plus ou moins complexes, disposées dans des zones plus ou moins larges qui couvrent une partie ou, plus rare-

---

63. Voir *supra*, p. 15-16.

ment, toute la surface du vase (**pl. B**, 47251, A 63, B 14, D 37, 39202, A 74, B 174 et B 13). Les triangles peuvent être suspendus, juxtaposés ou emboîtés les uns dans les autres, opposés par une pointe et formant un sablier, disposés sur des zones couvrant la lèvre des écuelles, la panse des bols, etc. (**pl. 37**, A 48, B 6, B 4, B 3, D 36, A 74bis, B 173 *et al.*, C 78 *et al.* et B 178 ; **pl. 41**, C 149, C 77, B 57, C 55, C 49, C 50, D 150, A 177, D 36, D 140, D 245, 8910 et C 146 ; **pl. 44**, 46184). Des bandes de pointillés, de zigzags composés de petits traits parallèles ou encore des cannelures obliques de sens alterné, formant un motif de tresse (**pl. 40**, D 158, B 69, C 149, C 141, B 58 et D 105 ; **pl. 44**, 46184), ainsi que des chevrons imbriqués (**pl. C**, A 64 *et al.*) décorent le bord de plusieurs types de récipients.

Des triangles quadrillés, opposés par la pointe, délimitant des séries de losanges inscrits les uns dans les autres et dont le centre est orné d'un point, couvrent toute la panse des bols (**pl. B**, 47251). Le motif en damier serré, encadré de groupes de lignes incisées, disposé obliquement, tapisse la totalité de la surface interne des écuelles (**pl. 40**, D 158, B 69, C 149, C 141 et B 58 ; **pl. 44**, 1616). La technique des cordes imprimées est également employée pour dessiner et remplir des triangles suspendus, analogues à ceux des décors incisés.

Dans certains cas, plusieurs techniques sont utilisées conjointement pour enrichir les motifs. Ainsi les lignes sont ornées de points ou de traits (**pl. 37**, B 179 & A 50, A 53 et A 56), les incisions alternent avec des impressions ou des excisions de forme circulaire, triangulaire ou en demi-lune (**pl. 38**, 45520 ; **pl. B**, A 63, B 14, D 37, 39202, A 74, B 174 et B 13). Des séries de triangles ou de demi-lunes excisés qui alternent avec des lignes ou des zigzags incisés forment des compositions en « broderie », générale-ment disposées en bandes horizontales, assez couvrantes (**pl. 43**, C 82, D 175 et 48892 ; **pl. 44**, 4660 ; **pl. B**, A 10 et D 21).

Les motifs curvilignes sont très rares. On compte parmi eux les cannelures en demi-lune obliques sur la panse des bols à paroi sinueuse, quelques faisceaux de lignes pointillées formant des guirlandes (**pl. 44**, ABCD 15, D 157, ABCD 16, A 207, 45692, 45204, ABCD 22, A 206, ABCD 14 et 48425) ou les impressions de cordes sur les fragments d'une jarre, disposées en groupes de lignes courbes superposées assez espacés (**pl. C**, A 167 *et al.*). Parfois, les bandeaux digités ou à encoches sur les jarres sont également courbes.

Une tendance générale veut que le décor se déroule horizontalement et qu'il résulte de la juxtaposition de registres géométriques. Pourtant, la rigidité de l'organisation peut être compensée par la richesse des motifs, leur liberté d'exécution et la combinaison des motifs entre eux et des techniques décoratives. Il nous semble également que l'emplace-ment du décor et le choix des motifs sont déterminés tant par la géométrie des formes que par le type de récipient à décorer, ce qui nous incite à penser que les éléments du décor interviennent et interagissent avec l'utilisation des récipients ainsi qu'avec leurs fonctions symboliques.

1.6. La répartition stratigraphique et l'évolution des formes et des décors

La présentation stratigraphique détaillée du matériel céramique conforte la chronologie établie lors des fouilles de J. Deshayes à Dikili Tash, malgré les incertitudes liées aux nombreuses perturbations et le caractère arbitraire des niveaux fouillés. Elle fait apparaître une série de changements plus ou moins nette et ne contredit pas la périodisation interne en sous-phases déjà proposée par le fouilleur.

Bronze Ancien I (Dikili Tash III A) *(niveaux 16-12)*

(Pl. 1-6 ; 34 ; A)

La première phase du BA a été repérée dans les niveaux 16-12 des carrés R 24, T 24, S 24, TU 24, U 24 et U 25 (**fig. 1** et **2**).

L'ensemble du *niveau 16*, dans les carrés R 24, TU 24 et T 25, contenait de la céramique néolithique mélangée avec du matériel du BA[64]. Une puisette (**pl. 3** et **34**, DT 251), des fragments d'écuelles évasées à décor de pointillés et quelques fragments de bols à paroi évasée caractérisent ce niveau.

Le *niveau 15*, repéré uniquement dans le carré T 24, est plus homogène. Plusieurs fragments de bols à bord rentré, de bols à parois sinueuses à décor cannelé et un fragment de jatte ont été enregistrés.

Le *niveau 14*, repéré dans le carré R 24, constitue, semble-t-il, un niveau d'habitation lié aux vestiges des deux fours du carré T 24[65]. Sont présents les bols à bord rentrant, les écuelles évasées, les bols à profil sinueux, les bols à parois verticales. Les puisettes sont abondantes, tandis que les jattes, les jarres et les cruches sont peu nombreuses. Quelques tessons à décor imprimé ou incisé de motifs rectilignes simples font leur apparition.

Les restes d'un four et d'une couche d'habitation marquent le *niveau 13*, dans les carrés S 24 et T 24. Prédominent les fragments de bols sinueux cannelés. Les tessons provenant de bols à paroi évasée et de bols à bord rentrant sont également abondants. Quelques anses en ruban pourraient appartenir à des cruches. Le décor imprimé et incisé est déjà présent, quoique peu fréquent.

Le *niveau 12* est bien attesté dans le carré S 24, avec la présence d'un four et d'un foyer[66]. Quelques vestiges dans les carrés T 24 et R 24 lui sont également attribués. Un bol à bord rentré complet muni d'un unique mamelon perforé horizontalement (**pl. 5** et **A**, DT 255), plusieurs fragments de la même forme, dont l'un est muni d'une anse en trompette, ou de bols à paroi sinueuse à décor cannelé, ont été découverts dans ce

64. La situation nous rappelle la succession des couches du NR II et du BA dans le secteur VI/6 des nouveaux programmes de recherches. La grande surface fouillée dans ce secteur nous a permis de comprendre que le matériel du BA se trouve dans des fosses creusées directement dans la couche de destruction néolithique sous-jacente (Koukouli-Chryssanthaki *et al.* 2008, p. 76 ; Darcque *et al.* 2009, p. 533).

65. R. Treuil, dans *Dikili Tash* I, 1, p. 28 et 49, pl. 24B.

66. *Ibid.*, p. 28 et 49, pl. 25A.

niveau. Les fragments de jattes ainsi que de jarres, dont une anse en ruban verticale, sont assez nombreux. Enfin, le col d'une cruche et un fragment de pyxide à décor incisé sont représentatifs des formes qui font leur apparition.

Bronze Ancien II (Dikili Tash III B) *(niveaux 11-3)*
(Pl. 7-28 ; 35-43 ; B-C)

La seconde phase du BA à Dikili Tash est une continuation de la première, sans rupture. Elle comprend les niveaux 11 à 4 et une partie du niveau 3, sur toute la surface fouillée du secteur A 2. De nouveaux types de récipients s'ajoutent progressivement au répertoire, tandis qu'un changement graduel dans la fréquence des types est observé. Une augmentation de la proportion des vases décorés est constatée, accompagnée par un enrichissement dans les techniques de décor et les motifs. Du point de vue technique, nous observons une amélioration dans la finition des surfaces, surtout pour les vases décorés. Les étapes de ces changements correspondent à peu près à trois sous-phases.

Bronze Ancien IIa (niveaux 11-9)
(Pl. 7 ; 8 ; 35)

Le *niveau 11*, mal défini, a été fouillé dans le carré R 24. Les bols à bord rentré et ceux à profil sinueux et à décor cannelé sur la panse sont les plus abondants. Les bols à parois verticales et anses sur la lèvre sont bien représentés, les jattes et les jarres également.

Nous avons une image plus claire du *niveau 10* dans les carrés R 24, R 25 et S 24. Une portion de foyer marque une véritable couche d'habitation en R 25[67]. Un fragment assez grand de bol à profil sinueux à décor cannelé provient de ce niveau, mais en général cette forme est devenue rare (**pl. 7** et **B**, 45768). Les bols à bord rentré sont, en revanche, très présents, surtout la variante avec les anses en trompette. Les jattes et les jarres sont communes. Des anses en ruban peuvent appartenir à des cruches. Les puisettes ont quasiment disparu. Nous rencontrons pour la première fois des fragments de plateaux présentant une série de perforations au-dessous de la lèvre.

Le *niveau 9*, fouillé dans les carrés R 24 et R 25, est marqué par la présence d'un foyer et des restes d'une couche d'habitation. Ont été découverts dans ce niveau quelques fragments d'écuelles à lèvre épaissie décorée d'incisions et plusieurs fragments de bols à bord rentré munis d'anses en ruban, de tenons perforés et surtout d'anses tubulaires et en trompette. Deux fragments jointifs d'un bol du même type portent une série de perforations au-dessous de la lèvre. Plusieurs anses en ruban appartenant probablement à des cruches, dont certaines sont ornées d'un décor cannelé, proviennent aussi de ce niveau. Les fragments de puisettes sont rares. Enfin, nous avons enregistré des fragments de plateaux avec ou sans perforations au-dessous de la lèvre. Pour la première fois, on a

---

67. *Ibid.*, p. 28.

noté la présence de quelques tessons à impressions de cordes provenant d'une forme de vase fermée. Les décors restent relativement peu répandus et simples, comme les bandes de points imprimés ou de motifs incisés.

Bronze Ancien IIb (niveaux 8-6)
(Pl. 9-19 ; 36-38)

Le *niveau 8* a été fouillé sur une assez vaste étendue. On l'a rencontré dans les carrés R 24, R 25, R 26, R 27 et S 24. Il contenait un four et deux foyers dans le carré S 24[68], deux fours dans R 25, une construction en argile dans R 27[69] et les restes d'une couche de destruction (masses de torchis brûlé, cendres, céramique) sur toute la surface des carrés R 26 et R 27. Il semble que l'on ait affaire à un véritable niveau d'habitation.

Les trouvailles céramiques de ce niveau se caractérisent par une richesse considérable des formes et des décors qui distingue nettement ce niveau des précédents. Beaucoup de types apparaissent pour la première fois : un bol à parois verticales à décor incisé (**pl. 9** et **B**, 47251 *et al.*), un autre à parois sinueuses à décor excisé ou encore des fragments à ressaut et à rebord évasé. On note, en particulier, la présence de trois fragments d'une pyxide à impressions de cordes (**pl. 11** et **36**, A 170 *et al.*). L'un de ces fragments a été trouvé dans le niveau 4, mais il est présenté ici puisqu'il fait partie du même vase. Les écuelles avec un décor imprimé, incisé ou excisé à l'intérieur sont nombreuses, de même que les bols à bord rentrant. Certains de ces derniers portent un décor en relief sur le bord (filets saillants verticaux ou obliques), inédit. Plusieurs tessons portent un décor très élaboré, résultant de la combinaison de plusieurs techniques (incision, impression, excision). Nous regrettons, pour cela, le caractère très fragmentaire du matériel. Les fragments de jarres sont eux aussi nombreux (**pl. 10**) : l'un d'entre eux est orné d'impressions de cordes, tandis que d'autres portent un décor plastique.

Le *niveau 7* a été repéré sur une surface considérable, dans les carrés R 24, R 25, R 26, R 27 et S 24[70]. La présence d'un four dans le carré R 25, d'un autre dans les carrés R 26 et R 27, en combinaison avec les vestiges assez étendus d'une couche de destruction (torchis brûlé, cendres, grandes quantités de céramique et d'ossements), témoigne encore d'un vrai niveau d'habitation.

Toute la gamme des formes et des décors de la phase est représentée dans ce niveau. Nous notons en premier lieu le nombre et la variété des écuelles avec un décor riche à l'intérieur (**pl. 12** ; **37** ; **B**). Les bols à bord rentré sont aussi fréquents, soit avec des anses en trompette, soit avec des protubérances ou des languettes de formes variées. Certains exemplaires portent sur leur bord un décor incisé, cannelé, imprimé ou en relief. Un exemplaire de bol à ressaut à rebord évasé et quelques fragments indéterminés d'autres

68. *Ibid.*, p. 29 et 49, pl. 25B.
69. *Ibid.*, p. 29, pl. 26.
70. *Ibid.*, p. 29, pl. 27.

bols sont ornés d'un décor incisé assez couvrant sur la surface extérieure (**pl. 14** ; **C**). Le décor cannelé est attesté sur des exemplaires de bols à parois sinueuses, mais également sur des fragments de cruches. Deux exemplaires de bols à parois évasées et un fragment de panse de jarre arborent une surface flammée (**pl. 14** et **B**, A 210). Les fragments de jarres sont nombreux. S'ajoutent encore plusieurs fragments de plateau à bord perforé et deux exemplaires de couvercles à surface supérieure plate. Enfin, on devine la présence de cruches au travers de quelques anses en ruban.

La situation est moins claire pour le *niveau 6*, attesté dans les carrés R 25, R 26 et R 27. Quelques trous de poteau en relation, par endroits, avec de la terre rouge brûlée ou cendreuse délimitent un ensemble mal déterminé.

Le matériel provenant de ce niveau ne diffère guère de celui des deux précédents. En particulier, quelques exemplaires d'écuelles portent un décor extrêmement riche à l'intérieur (**pl. 16** et **B**, 45501 et 45520 ; **pl. B**, A 63, B 14, D 37, 39202, A 74, B 174 et B 13). Deux petits fragments de bols à parois évasées sont munis de languettes à perforations verticales sur la lèvre. Nous rencontrons le décor à impression de cordes sur la surface de plusieurs types de récipients (bols, cruches, jarres) (**pl. 17**, A 79 ; **pl. 38**, A 79, B 14, D 70 et 8287 & 46978). Les bols à bord rentré sont toujours très fréquents, avec la même variété pour les anses et le décor. Les fragments de jarres sont nombreux, avec une prédominance de la variante à col. Un fragment de plateau assez large nous offre des informations plus précises sur la forme. Ce niveau a, par ailleurs, livré un exemplaire de couvercle.

Bronze Ancien IIc (niveaux 5-3)
(Pl. 20-28 ; 39-43)

Le *niveau 5* a été fouillé dans les carrés R 24, R 25 et R 26[71]. Il comprenait une couche d'habitation caractérisée par une terre rouge avec cendres et des quantités d'os et de céramique, quelques trous de poteau et un amas de pierres formant une plate-forme en maçonnerie.

Dans le matériel céramique, on note la présence de deux vases complets : un bol à bord rentré à bec verseur et une cruche à panse globulaire et ouverture oblique (**pl. 20** et **39**, DT 3 et DT 267). Deux fragments de tasses à panse globulaire et col appartiennent aussi à ce niveau. Les écuelles sont bien représentées, avec des exemplaires de toutes les variantes. Nous signalons un fragment de lèvre d'une écuelle dont la surface porte les traces d'un enduit rouge, cas très rare dans le matériel de Dikili Tash.

Le *niveau 4* a été identifié dans les carrés R 24, R 25, R 26 et S 24. Des masses de torchis brûlé et une couche de cendres ont été observées dans le carré R 26[72] et dans les carrés R 24/R 25, où l'on a dégagé les fragments d'un grand vase. Ce niveau, comme le précédent, était en partie perturbé par les fondations de murs postérieurs.

---

71. *Ibid.*, p. 30 et 49, pl. 28.
72. *Ibid.*, p. 30, pl. 29.

Les fragments d'écuelles portant un riche décor à l'intérieur sont toujours abondants. Les bols à parois évasées avec impressions de doigts sur la lèvre sont également assez bien représentés. La proportion des bols à bord rentré reste stable, alors que l'on constate une augmentation de celle des jarres. Les plateaux sont représentés par de nombreux fragments. Il existe aussi quelques tasses à anse surélevée, de deux types différents : l'un à panse globulaire et col, l'autre à profil continu. Nous rencontrons par ailleurs plusieurs exemples de riche décor incisé, sur la surface extérieure de tessons impossibles à identifier. Le décor à impressions de cordes est notable, en particulier sur deux grands fragments d'un vase fermé (**pl. 24** et **C**, A 167 *et al.* et A 165 *et al.*).

Des portions du *niveau 3* repéré dans les carrés R 24 et R 26 sont attribuées à cette dernière phase du BA. Dans le carré R 24, notamment, des trous de poteau, des masses de torchis et les restes d'un four forment un ensemble assez perturbé par les éléments architecturaux postérieurs[73].

L'abondance des jarres est impressionnante au cours de cette phase (**pl. 28**, DT1 et 6700 ; **pl. 43**, DT 1). Pour le reste, les types rencontrés sont analogues à ceux du niveau précédent. Parmi eux, les écuelles décorées à l'intérieur et les bols à bord rentré prédominent.

Surface

(Pl. 29-33 ; 44)

Un nombre réduit de fragments provenant de la surface dans les carrés fouillés est ici présenté à titre indicatif. Ces fragments ont été attribués au BA d'après la typologie établie. Il est intéressant de constater que, suivant l'analyse typologique et la répartition stratigraphique décrite ci-dessus, ce matériel allait être attribué uniquement aux dernières sous-phases du BA II, BA IIb et BA IIc. Ce fait n'est pas sans conséquences, croyons-nous, pour la représentativité du matériel collecté en surface à Dikili Tash, comme sur les sites préhistoriques en général.

1.7. LES IMPLICATIONS CHRONOLOGIQUES ET HISTORIQUES

Les enseignements à tirer des fouilles de J. Deshayes au sujet de la céramique du BA de Dikili Tash concernent d'abord la position de cette période dans le cadre des séquences stratigraphiques établies depuis les Balkans jusqu'à l'Europe centrale et occidentale[74]. Au moment de la fouille, cette question était fondamentale et, à cet égard, les résultats de Dikili Tash ont été complémentaires de ceux de Sitagroi. La postériorité du BA par rapport au Néolithique, l'établissement d'une périodisation interne et la preuve de l'existence d'une phase antérieure à Troie I constituent les avancées majeures de nos connaissances sur la succession des périodes chronologiques dans la région. L'étude des formes et des décors du matériel céramique en vue de cette publication a fait apparaître, croyons-nous, une richesse considérable d'informations et de précisions supplémentaires que l'on va tenter de résumer ici.

---

73. *Ibid.*, p. 30, pl. 30.
74. *Ibid.*, p. 36-37.

Le site de Dikili Tash connaît un développement remarquable durant le NR. La transition du Néolithique à l'Âge du Bronze apparaît comme une période trouble, aussi bien à Dikili Tash que dans la région[75]. Changement soudain par des invasions de peuples venus du Nord[76], changement climatique majeur provoquant des déplacements de populations[77] ou problèmes dans la documentation et dans la méthode de datation par le radiocarbone[78] ont été les scénarios suggérés pour interpréter cette rupture. L'importante série de datations par le radiocarbone et l'étude géomorphologique et micromorphologique effectuée dans le cadre du troisième programme de recherches sur le site[79] suggèrent qu'une grande partie du tell de Dikili Tash, sinon sa totalité, a été abandonnée après 4000 av. J.-C., et l'est restée pendant plusieurs siècles[80]. Le même phénomène est observé pour plusieurs sites de la région, qui ne semblent être réoccupés que quelques siècles plus tard au début du BA, daté à Dikili Tash, comme ailleurs, du dernier quart du IVe millénaire av. J.-C.

Le BA I porte ainsi le poids d'une phase de réoccupation du tell de Dikili Tash après un abandon assez long. Réoccupation par qui et sous quelles conditions ? À quoi peuvent correspondre ces couches archéologiques, épaisses de 1,20 m, fouillées sur une surface totale[81] de moins de 40 m² ? La céramique peut-elle nous éclairer sur ce point ?

Le matériel céramique du BA I se distingue clairement de celui de la dernière phase du NR, malgré l'absence de hiatus stratigraphique et la présence d'une couche à l'interface où le matériel des deux phases se trouve mêlé. D'autre part, il diffère aussi, d'une certaine façon, de celui de la phase qui suit (BA II). Il se présente avec une gamme de formes relativement réduite par rapport à la phase précédente. Les types de récipients se multiplient de nouveau pendant la phase suivante. La puisette, récipient sans parallèle auparavant, se perpétue, mais tend à se raréfier dans la phase suivante. Le décor peint de la phase précédente n'existe plus. Les techniques de décor sont plus simples, les motifs et la complexité des ornements sont moins riches. Pourtant, à Dikili Tash comme sur d'autres sites, on a constaté récemment l'existence d'une phase au passage du Ve au IVe millénaire, pendant laquelle les formes et les décors des récipients céramiques néolithiques deviennent déjà plus simples, d'une exécution plus hâtive et négligée. De plus, la technique du décor cannelé, la plus répandue pendant le BA I, existait depuis la dernière phase du Néolithique. Au cours du BA II, se développent la technique de l'excision, les impressions de cordes, les reliefs et le décor plastique. En revanche, les techniques de fabrication et l'approvisionnement en matières premières, radicalement modifiés depuis le Néolithique, restent à peu près inchangés jusqu'à la fin du BA[82].

---

75. J.-P. Demoule, dans *Dikili Tash* I, 2, p. 184.
76. Bojadžiev 1995 et 1998.
77. Todorova 1998 et 2007.
78. Treuil 1983, p. 134 et 139 ; J.-P. Demoule, dans *Dikili Tash* I, 2, p. 184-185.
79. Darcque *et al.* 2009.
80. Tsirtsoni *et al.* 2018 ; Tsirtsoni 2015.
81. Voir *supra*, p. 3-6.
82. Voir *supra*, p. 1-2.

L'étude combinée des types de récipients et de leurs caractéristiques morphologiques et techniques aide à cerner certains paramètres qui gouvernent les modifications décisives dans la tradition potière. Celle-ci est soumise aux changements qui se produisent dans les pratiques alimentaires et/ou sociales qui imposent des innovations dans la gamme des formes et des décors[83]. Sous cet angle, le BA I, dans le domaine de la production potière, apparaît comme une phase de changements importants. En même temps, certains traits techniques et morphologiques, comme le décor cannelé, peuvent être vus comme des marqueurs de continuité. Par conséquent, il n'est pas nécessaire d'envisager un effondrement de civilisation ou un brusque changement de population provoqué par des vagues migratoires. Les mécanismes de continuité et de perpétuation de la mémoire collective développés par les habitants des tells néolithiques, comme c'est le cas à Dikili Tash, ont eu, croyons-nous, un impact dans le renouvellement de l'occupation et dans l'adaptation des sociétés à des priorités et à des conditions de vie différentes, sans pour autant perdre toute connexion avec le passé.

La seconde phase du BA apparaît comme une continuation de la précédente, sans rupture mais avec un développement très net. Les couches d'une épaisseur totale de 1,50-1,70 m, fouillées sur une surface de moins de 100 m², ont livré un matériel intéressant sur ce point[84]. Les changements dans la production potière témoignent d'un renouvellement de l'intérêt pour les céramiques en tant qu'objets porteurs de messages sociaux. Mise à part la gamme des récipients, l'enrichissement est surtout attesté dans la variété et la quantité des décors. Par ailleurs, on voit apparaître de nouvelles techniques, de nouvelles manières dans leur exécution et une tendance à les combiner dans d'impressionnantes synthèses décoratives. Les étapes du développement sont schématisées dans trois sous-phases.

La première sous-phase (BA IIa, niveaux 11-9) ne voit pas de changement important dans la gamme des récipients, excepté l'apparition des plateaux à bord perforé. La proportion des écuelles à parois évasées augmente sans pour autant dépasser celle des bols à bord rentrant. Les anses en trompette, nouveauté de la fin de la phase précédente, deviennent majoritaires. Le décor cannelé est encore assez répandu. Du point de vue technique, on observe une amélioration dans la finition des surfaces, surtout pour les vases décorés. Dans les grandes lignes, cette étape est encore proche de la phase précédente.

La deuxième étape (BA IIb, niveaux 8-6) connaît une expansion quantitative dans les données, en partie liée à une surface fouillée plus étendue. Pourtant nous constatons également des différences d'ordre qualitatif par rapport à l'étape précédente. Le décor prend désormais son essor. Les changements sont assez marqués dans le répertoire des formes et dans la fréquence des types de récipients. L'augmentation du nombre des jarres est à noter, surtout à la fin de la sous-phase, combinée à l'enrichissement du décor.

---

83. A. SHERRATT, dans *Sitagroi* 1, p. 440.
84. Voir *supra*, p. 6-7.

Pendant la dernière sous-phase (BA IIc, niveaux 5-3), les fragments de jarres se multi-plient. Ils forment presque la moitié du matériel céramique collecté. Cette augmenta-tion du nombre des vases de grandes dimensions est accompagnée d'une diminution des décors. Cette tendance rappelle le changement que l'on observe dans la phase Vb de Sitagroi. Elle est, de plus, analogue à l'évolution de la troisième phase du BA dans la région (Pentapoli, Skala Sôtiros…). Pourtant l'augmentation proportionnelle des grands vases de stockage est à l'opposé de ce qui se passe à Sitagroi où A. Sherratt émet l'hypo-thèse que, pendant la phase Vb, le stockage à grande échelle se faisait dans des structures construites (*bin complex*). Ces différences montrent bien que des solutions étaient loca-lement recherchées et qu'elles ne se diffusaient pas nécessairement à l'échelle régionale.

La production potière du BA II à Dikili Tash (DT IIIB) paraît, donc, cohérente, bien établie et dynamique. Elle présente les caractéristiques de continuité et de déve-loppement d'une production bien intégrée dans le système de l'expression des valeurs et des codes sociaux des groupes humains. Que se passe-t-il vers la fin de cette période ? Le BA III est supposé absent à Dikili Tash. Il est clairement attesté sur le site voisin de Sitagroi (Vb), à Pentapoli et à Skala Sôtiros. Toutefois certains types de vases de la fin de la séquence de Dikili Tash ne sont pas sans évoquer quelques types du BA III, comme par exemple les tasses à une anse ou quelques bols à bord rentré et décor en relief. La fin du BA à Dikili Tash coïncide-t-elle vraiment avec la fin du BA II dans la région ? En l'absence de dates absolues pour celle-ci, nous ne pouvons être affirmatifs pour le moment. Par ailleurs, nous ne disposons pas non plus d'éléments concernant la durée et le caractère de la période que nous appelons BM, une autre phase d'abandon probable jusqu'à la réoccupation du BR.

1.8. Parallèles et comparaisons

L'étude des formes et des décors de la poterie indique une évolution graduelle, un déve-loppement sans ruptures importantes, du début jusqu'à la fin de l'occupation du BA à Dikili Tash. Il en va de même sur les sites voisins de Macédoine orientale, Sitagroi[85], la grotte de Maara[86], Pentapoli[87], Kryonéri[88], Sidérokastro[89]. La région voit apparaître et évoluer durant le BA une tradition potière avec des éléments distincts que l'on rencontre sur une aire géographique plus vaste.

La plupart des formes et des décors se retrouvent dans le Nord-Est de l'Égée, en Thrace grecque (Paradimi[90], Maronée[91]…) et en Thrace turque (Kırklareli[92],

---

85. *Sitagroi* 1.
86. Trandalidou, Skaraki, Kara 2007.
87. Grammenos 1981.
88. Malamidou 2007.
89. Syros *et al.* 2007.
90. Bakalakis, Sakellariou 1981.
91. Tsimpidis-Pendazos 1971 et 1972 ; Panti, Bachlas 2007.
92. Özdogan, Parzinger, Karul 1997 ; Parzinger, Özdogan 1996.

Kanlı Geçit[93]), dans les îles de Thasos (Skala Sôtiros[94], Liménaria[95]…), Samothrace (Mikro Vouni[96]), Imbros (Yenibademli[97]), Lemnos (Myrina[98], Koukonisi[99], Poliochni[100]) et un peu plus loin dans les îles de Lesbos[101], Chios[102], Samos[103], ainsi qu'en Troade et sur la côte d'Asie Mineure (Kum Tepe[104], Troie[105], Liman Tepe[106], Bakla Tepe[107]) jusqu'en Anatolie occidentale[108] (Beycesultan[109]). Ainsi sont aisément repérables les tenons tubulaires et les anses en trompette sur les bols à bord rentré. Les écuelles à lèvre épaissie et décorée à l'intérieur sont typiques de Troie I (type A6 de Blegen), comme le sont les bols à bord rentré des dernières couches qui montrent un profil assez anguleux (type A16 de Blegen) ou encore la cruche à bord oblique (type B13 de Blegen). Pourtant, plus on s'éloigne vers le sud-est, plus l'évolution paraît diversifiée[110]. Il en va de même vers Palamari[111] (Skyros) dont la tradition potière semble plutôt liée aux Cyclades. Ainsi, les traditions les plus éloignées géographiquement commencent elles aussi par une gamme réduite de vases, puis les types, qui semblent parfois être une imitation des vases en métal, se multiplient avant l'adoption du tour de potier (après Troie III et Poliochni rouge), fait qui ne survient pas à Dikili Tash ni en Grèce du Nord au cours du BA.

Vers l'ouest et le sud-ouest, la poterie des sites de Macédoine centrale et occidentale (Thessalonique[112], Kastanas[113], les sites de Chalcidique[114], Axiochori[115],

---

93. Özdogan 2003, p. 355-356.
94. Koukouli-Chryssanthaki 1987, 1988, 1993 et 1994 ; Koukouli-Chryssanthaki *et al.* à paraître ; Papadopoulos, Papalazarou, Tsoutsoubei-Lioliou 2007 ; Papadopoulos, Maniatis à paraître.
95. Papadopoulos, Malamidou 2008 et 2012 ; Malamidou, Papadopoulos 1997.
96. Matsas 1984 et 1991.
97. Hüryilmaz, Sevinç 1999.
98. Dova 1997 et 2003.
99. Boulotis 1997.
100. Bernabò Brea 1964 ; Doumas, La Rosa 1997.
101. Lamb 1936.
102. Hood 1982.
103. Milojcić 1961.
104. Sperling 1976 *et* Séfériadès 1985a ; Maliszewski 2010.
105. Blegen *et al.* 1950.
106. Erkanal 2008 ; Şahoğlu 2005.
107. Erkanal, Özkan 1999 ; Şahoğlu 2005.
108. Efe, Ilasli 1997 ; French 1997.
109. Lloyd, Mellaart 1962.
110. Peltenburg 2007.
111. Parlama 2007.
112. Pappa, Adaktilou, Bili 2000 ; Mavroïdi, Andreou, Pappa 2006.
113. Aslanis 1985.
114. Pappa 1990 et 2010 ; Tsigarida, Avgeros, Mavroidi 2002 ; Tsigarida 2004 ; Asouhidou *et al.* 2000 ; Morris 2008.
115. Heurtley 1939.

Mandalo et Archontiko[116], Pella[117], Kozani[118], Kastro Néokaisareias[119], Servia[120]…)
et de Thessalie (Argissa[121], Petromagoula[122], Pyrasos[123], Pefkakia[124]…) a des
éléments formels communs avec celle de Dikili Tash[125]. Nous notons les puisettes
omniprésentes, les bols à bord rentrant, ceux à bec verseur ou à goulot, certains
types de jarres, et en particulier ce type de plateau à bord perforé qui est plus
fréquent de l'autre côté de l'Égée pendant le NF. En revanche, les décors sont plus
riches à Dikili Tash et beaucoup plus fréquents que dans ces régions, bien que les
techniques et les motifs soient comparables. Plus au sud, en Grèce continentale,
les formes et les décors appartiennent à des productions assez différentes, comme
l'Urfirnis[126].

Les sites de Bulgarie[127] offrent un matériel assez proche dans les formes
et dans les décors de celui de Dikili Tash, en particulier dans les vallées de la
Struma[128] (Kovačevo[129], Hotovo[130], Sedlare[131]…) et du Nestos (Radomir[132],
Dubene-Sarovka[133]…), ainsi qu'un peu plus loin (Junacite[134], Ezero[135], Diadovo[136],
Sozopol[137], Ezerovo[138], Drama-Merdžumekja[139]…). Ces sites d'habitat des Balkans
sont supposés avoir des contacts plus intensifs avec la dynamique de la culture de
Baden[140] qui couvre l'Europe centrale et sud-orientale. La céramique de cette aire
géographique est caractérisée dans une première phase par un décor cannelé qui est

---

116. Papaefthymiou-Papanthimou, Pilali-Papasteriou 1996 et 2002.
117. Akamatis 2009.
118. Ziota 1998 et 2010.
119. Gimatzidis, Jung 2008.
120. Ridley, Wardle, Mould 2000.
121. Hanschmann, Milojcić 1976.
122. Hatziangelakis 1984.
123. Theocharis 1959.
124. Christmann 1996.
125. Voir A. Sherratt, dans *Sitagroi* 1, p. 448.
126. Treuil 1983, p. 482.
127. Panayotov 1995 ; Nikolova 1996.
128. Alexandrov 1995 ; Grebska-Kulowa, Kulow 2007, fig. 9.
129. Müller 1993 ; Demoule, Lichardus-Itten 1994.
130. Alexandrov, Gotzev 1990.
131. Communication personnelle de G. Ivanov.
132. Alexandrov 1994.
133. Nikolova 1995.
134. Katincharov, Matsanova 1993.
135. Georgiev *et al.* 1979. Le matériel de Sitagroi Vb est plus proche de celui d'Ezero : voir A. Sherrrat, dans *Sitagroi* 1, p. 446.
136. Kamuro, Borisov, Katinčarov 1989.
137. Draganov 1995.
138. Tončeva 1981.
139. Lichardus, Krastev-Iliev 2001.
140. Banner 1956 ; Kalicz 1968 ; Maran 1998b ; Manzura 2003.

également répandu dans la culture de Cernavodă III-Boleráz[141], dans les régions du Danube et de la Tisza, et dans celle de Coțofeni[142], en Transylvanie. Les phases suivantes sont celles du Baden tardif qui voit le développement parallèle des entités culturelles de Kostolac puis de Vučedol[143]. Dans ces phases évoluées, du sud vers le nord, on retrouve des similitudes dans les techniques de décor (motifs incisés ou excisés, impression et relief), de même que dans l'utilisation de l'incrustation blanche et la prépondérance du motif du triangle et l'organisation des décors en panneaux sur les bols de Vučedol. Sans doute, le Danube était-il déjà un axe de circulation important, ce qui avait des répercussions vers le sud[144], jusqu'aux rivages du Nord de l'Égée. Ainsi, le décor à impressions de cordes, qui est considéré comme un élément steppique, issu des cultures nord-pontiques[145], est toutefois présent aussi dans des contextes de Cernavodă III-Boleráz en Europe centrale et même plus près de Dikili Tash (Ezero[146], Haghios Mamas[147]...), et existe également, en quantités beaucoup plus réduites il est vrai, en Grèce centrale et septentrionale (Argissa[148], Pefkakia[149], Eutrésis[150]).

1.9. CONCLUSIONS

Globalement la céramique du BA de Dikili Tash correspond à une tradition potière adaptée, semble-t-il, à un nouveau code de messages sociaux qui se transmettait par les récipients en terre cuite[151]. L'interruption de l'occupation avant le BA, dont la durée et le caractère restent à définir, n'a pas empêché la continuation des traditions néolithiques dans plusieurs domaines (architecture, outillage). En revanche, la production céramique a été profondément touchée. Ce changement a été couplé ou même provoqué par des modifications dans l'exploitation des produits secondaires de l'élevage (lait, laine...), un intérêt plus grand pour les animaux sauvages, etc. Ce genre de modifications a pu entraîner des transformations dans la préparation des aliments elle-même (soupes, bouillies...). La présence probable de vases en métal et, plus généralement, la prédominance des métaux parmi les objets de prestige ont pu avoir un impact important sur les habitudes et les cérémonies, conduisant à une réorganisation de la vie quotidienne[152]. Ainsi, le renouvellement des types

---

141. SÉFÉRIADÈS 1985a et 2001 ; ROMAN 2001.

142. PANAYOTOV, ALEXANDROV 1988.

143. TASIĆ 1967 ; MARKOVIČ, MINICHREITER 2003 ; LICHARDUS, LICHARDUS-ITTEN 1985, p. 403-412.

144. A. SHERRATT, dans *Sitagroi* 1, p. 445.

145. HOOD 1986.

146. GEORGIEV *et al.* 1979, fig. 138, 144, 152, 165.

147. HANSCHMANN, MILOJCIĆ 1976, Taf. 75,3.

148. HANSCHMANN, MILOJCIĆ 1976, p. 41-42, Taf. 2.

149. HANSCHMANN, MILOJCIĆ 1976, Taf. 64,14.

150. GOLDMAN 1931, p. 123, fig. 169.

151. Voir A. SHERRATT, dans *Sitagroi* 1, p. 441.

152. BAILEY 2000, p. 259-261.

de récipients correspond à des changements d'habitudes et de gestion des matériaux. La modification des techniques et des méthodes dans la fabrication souligne
la spécificité des savoir-faire en fonction de la diversification de la production et de
la valorisation sociale différenciée des céramiques. Les hommes à Dikili Tash, leur
comportement et leurs traditions, ont suivi de près le réaménagement économique
et les changements dans les routes de circulation des produits et des idées dans les
régions voisines pendant le BA.

2. LE BRONZE RÉCENT À DIKILI TASH (DIKILI TASH IV)

Les fouilles de J. Deshayes à Dikili Tash (1961-1975) ont permis d'atteindre pour
la première fois en Macédoine orientale des couches stratigraphiques du BR. Ces
couches témoignent d'une nouvelle occupation du site après son éventuel abandon
à la fin du BA II. Les caractéristiques de l'occupation pendant le BR, période mieux
connue aujourd'hui en Grèce du Nord grâce à des fouilles postérieures à celles de
J. Deshayes[153], étaient à peine perceptibles à cette époque[154]. Pourtant, on a pu restituer en partie le plan d'un bâtiment[155] dont le soubassement est construit en gros
moellons et la superstructure en briques crues, et dont le petit côté sud est très faiblement incurvé (**fig. 5**).

Les matériaux et les techniques de construction subissent des changements majeurs
entre le BA et le BR et semblent refléter une situation régionale[156]. L'association d'un
mur courbe à une construction par ailleurs rectangulaire évoque toutefois encore la
tradition des maisons à abside du BA[157]. Du reste, l'évolution entre le BA et le BR est
toujours mal connue ; ni à Dikili Tash ni sur les autres sites de Macédoine orientale,
les traits qui caractériseraient une phase intermédiaire (BM) n'ont pu être clairement
identifiés pour le moment.

Les artefacts attribués aux couches du BR étant peu nombreux à Dikili Tash (un outil
de pierre polie[158], une alène de cuivre[159], une dent de loup en pendeloque[160], quelques
fusaïoles et une pointe de cuivre[161]), il ne reste que la céramique pour illustrer la culture
matérielle de cette phase.

---

153. Angista, Kastri à Thasos, Assiros, Toumba Thessalonikis, Kastanas, Haghios Mamas, etc., voir *infra*,
     p. 53-55.
154. Elles ont été décrites en Macédoine centrale par Heurtley 1939.
155. R. Treuil, dans *Dikili Tash* I, 1, p. 31 et 54, pl. 40 ; Séfériadès 1985b.
156. Par exemple, Kastri à Thasos : Koukouli-Chryssanthaki 1992, p. 685 ; Toumba Thessalonikis :
     Andreou 2001, p. 167, fig. 11.4 ; Kastanas : Hänsel 1989, p. 77, fig. 22.
157. Comme la maison brûlée de Sitagroi, voir Elster 1997, ou encore les bâtiments à Ezero, voir Georgiev
     et al. 1979, fig. 47-57.
158. M. Séfériadès, dans *Dikili Tash* I, 1, p. 97.
159. *Ibid.*, p. 118.
160. R. Jullien, dans *Dikili Tash* I, 1, p. 151.
161. Séfériadès 1985b, p. 115.

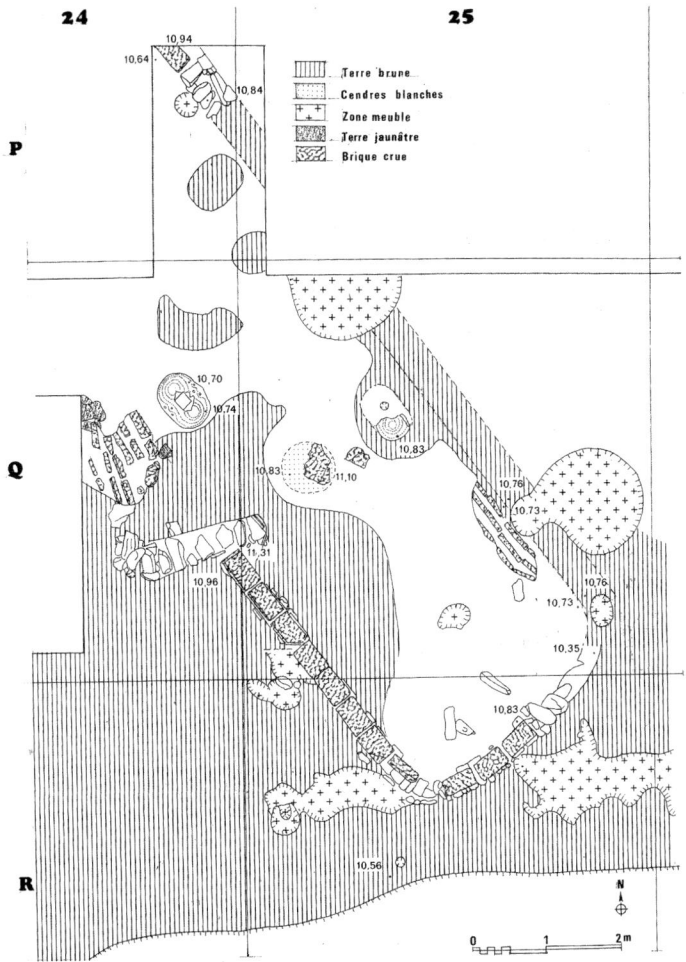

Fig. 5 — Le « bâtiment absidal » du Bronze Récent dans le secteur A1.

2.1. LA PRODUCTION POTIÈRE

Les poteries du BR de Dikili Tash présentent en général les mêmes caractéristiques de pâtes que celles du BA[162] ; le choix de la matière première et les sources des terres utilisées ne semblent pas avoir changé. Le façonnage des pots est toujours effectué à la main ; le tour de potier n'est pas employé. Le mode de finition des surfaces ainsi que celui de la cuisson restent quasiment inchangés[163]. En revanche, des éléments nouveaux apparaissent dans le mode de décoration. Certains vases portent un engobe au graphite couvrant toute la

---

162. L. COURTOIS, dans *Dikili Tash* I, 2, p. 23.

163. Voir *supra*, p. 1-2, et L. COURTOIS, dans *Dikili Tash* I, 2, p. 23.

surface, sans autre décor. Dans d'autres cas, l'engobe au graphite est combiné à un décor en croûte appliqué après cuisson sur des zones préalablement rendues rugueuses par un réseau d'incisions irrégulières[164]. Le répertoire des formes s'appauvrit, tandis que l'on observe une présence proportionnellement plus forte des récipients de grandes dimensions.

2.2. Les sondages explorés

Dans le secteur A, au sommet du tell, le BR est représenté par des remblais d'une épaisseur totale de 0,20-0,30 m, déposés sur les couches du BA[165].

La technique de fouille employée consistait en général en un décapage par couches arbitraires, fouillées horizontalement dans chaque sondage[166]. Ces couches ont été appelées sols ou niveaux et ont reçu chacune un numéro. Dans les sondages A, B, C et D (R 24, R 25, R 26 et R 27), en 1961, sur une surface de 19 × 4 m, les niveaux 1 à 3 appartenant au BR ont été traversés et les niveaux du BA II atteints. La partie nord de ces sondages a été reprise partiellement en 1974 et 1975, en parallèle des nouveaux sondages A′ (Q 24) (surface de 4 × 1,5 m), B′ (Q 25) et C′ (Q 26) d'une superficie de 10 × 4 m, et P 24-P 25 (3 × 1,5 m) où se trouve la limite nord du secteur A 2. Cette extension a été pratiquée dans le but de retrouver des vestiges architecturaux du BR in situ et de dégager le plan des bâtiments. Dans le même temps, dans les années 1974 et 1975, des couches du BR ont été fouillées sur une surface de 2 × 3 m dans la partie sud du sondage A (R 24) et, plus au sud, dans les sondages STU 24 sur une surface de 15 × 3 m) (**fig. 1** et **2**).

L'enregistrement du matériel dans les sondages du sommet du tell (A′ à C′ et P 24-P 25) a suivi la numérotation des niveaux dans les sondages A-D de la première campagne de fouille (1961). Les extensions vers le sud, c'est-à-dire les sondages STU 24, ont été explorées en 1974 et 1975 avec une numérotation des niveaux différente, qui a été transformée et adaptée au système précédent dans le but d'homogénéiser la présentation.

2.3. Stratigraphie du Bronze Récent à Dikili Tash

La phase IV de Dikili Tash date du BR que l'on situe pour la Grèce du Nord entre 1550/1500 et 1100/1050 av. J.-C. En Macédoine orientale plus particulièrement, on place le début de cette période vers 1300 av. J.-C., d'après la présence de céramiques de l'Helladique Récent III B-III C[167]. DT IV est représentée dans la stratigraphie par une épaisseur de couches de 30 cm environ au sommet du tell, dans le secteur A 2[168] (**fig. 1** et **2**). La surface totale fouillée des couches du BR en place ne dépasse pas 126,5 m²

164. L. Courtois, dans *Dikili Tash* I, 2, p. 23.
165. Voir *supra*, p. 2-7.
166. R. Treuil, dans *Dikili Tash* I, 1, p. 19.
167. Andreou, Fotiadis, Kotsakis 1996, p. 538-539 ; Treuil *et al.* 2008, p. 256 et 477-479.
168. R. Treuil, dans *Dikili Tash* I, 1, p. 31.

	Bâtiment absidal et son périmètre immédiat Carrés B, C, A′, B′, C′		Alentours du bâtiment absidal Carrés A, D, S 24, T 24, S 28	
	Surface, Niv. 0-1	Niv. 2, 3, 4	Surface, Niv. 0-1	Niv. 2, 3, 4
Bol (tous types)	7	9	7	7
« Canthare »	22	30	15	12
Récipient double		3		
Jarre	16	35 + 1 vase		16
Plateau à rebord		1 vase		
Divers	2		2	1

Fig. 6 — Répartition spatiale et stratigraphique des fragments et des vases ayant une provenance sûre.

(sondages A, B, C, D, A′, B′, C′ et P 24-P 25). Le *niveau 2* avec une partie du *niveau 3*, d'une épaisseur totale de 10-15 cm, incluent le bâtiment absidal (**fig. 5**). Cet édifice a été construit en briques crues sur un soubassement de pierre. Son sol présente une phase de réfection. Le *niveau 1*, au-dessus du *niveau 2*, d'une épaisseur de 10-15 cm, avait été très perturbé par les fondations de bâtiments des époques historiques. Ce niveau est suggéré par l'existence d'un mur (mur 11), comparable aux murs du bâtiment précédent, et par les traces d'une couche de destruction, incluant des éléments de terre à bâtir dont la datation reste incertaine. La couche de surface, épaisse de 30-50 cm, contenait une quantité considérable de tessons du BR provenant apparemment des couches sous-jacentes[169].

Dans l'extension sud du sondage R 24 et dans les sondages STU 24, d'une surface totale de 51 m², la couche de surface et les niveaux 1-3 ont livré du matériel du BR, sans aucune relation avec des structures in situ et mélangé avec du matériel du BA. Le sondage S 28 (2,5 × 2,5 m), c'est-à-dire le secteur A 1, n'a livré qu'un nombre très limité de tessons datés du BR.

2.4. LE TRAITEMENT DU MATÉRIEL

La superficie fouillée des couches du BR est trop restreinte pour permettre la compréhension complète des vestiges architecturaux dégagés[170]. De plus, le matériel étudié a subi un tri et seuls les tessons qui portaient un décor ou qui provenaient de bords, de bases ou d'anses ont été conservés. Nous ne possédons pas d'information sur la quantité

---

169. Darcque *et al.* 2009, p. 536.
170. *Dikili Tash* I, 1, pl. 31 et 40.

de tessons rejetés. La numérotation des fragments gardés permet de restituer l'appartenance de ceux-ci à des niveaux par carré, sans autre indication dans la plupart des cas sur leur lieu de découverte exact. Par conséquent, l'étude de la distribution spatiale des céramiques s'avère difficile, puisqu'il n'est pas toujours possible de vérifier leur localisation précise par rapport au bâtiment absidal (intérieur ou extérieur) ou aux autres structures[171]. Ainsi, l'analyse statistique devient impossible et la compréhension du fonctionnement et de l'utilisation des récipients n'est pas aisée.

Nous présentons donc en premier lieu les différents types de récipients, leurs caractéristiques techniques et morphologiques, relatives à la fois à la forme et au décor. En même temps, nous faisons quelques suggestions concernant leur fonction et leur usage. Nous étudions enfin la répartition spatiale du matériel par niveau, de façon à faire apparaître les connexions avec le bâtiment absidal.

Pour réaliser l'analyse typologique, nous avons eu recours à l'ensemble du matériel conservé, c'est-à-dire 2 vases complets et 538 tessons. Pour traiter de la répartition stratigraphique, nous avons retenu les vases complets et 184 fragments, les plus grands, pour lesquels on disposait d'informations de provenance sûres.

2.5. L'ANALYSE TYPOLOGIQUE

Nous suivons le même système d'analyse typologique, fondé sur la géométrie des formes, que nous avons adopté pour les céramiques du Bronze Ancien[172]. Le classement se fait en deux grandes catégories, les récipients de forme ouverte et ceux de forme fermée. Les bols et une forme particulière de récipient double entrent dans le groupe des récipients ouverts. Les pots, les jarres et les cruches appartiennent à la catégorie des récipients fermés. Un exemplaire de plateau à rebord constitue à lui seul un type particulier.

Au total, huit types de récipients ont été reconnus. Comme on l'a déjà fait auparavant, des sous-types peuvent parfois être définis en fonction de la morphologie de chacune des parties.

La description des types commence avec les vases ouverts de faibles dimensions, suivie par celle des vases fermés et s'achève par les types particuliers. Les dimensions, la finition de la surface, le décor et son emplacement servent aussi de critères pour l'attribution typologique des fragments. La présentation des types de vases ainsi identifiés à Dikili Tash comportera des références à des ensembles du BR des sites contemporains de la région. Nous faisons, enfin, quelques propositions sur leurs usages potentiels.

Nous abordons, ensuite, les techniques et l'organisation du décor en essayant de tracer les tendances dominantes dans le choix des motifs, l'exécution et les associations de ceux-ci aux formes[173].

---

171. Voir *supra*, p. 40, **fig. 5**.
172. Voir *supra*, p. 8.
173. Voir *infra*, p. 51.

Les formes du Bronze Récent (Dikili Tash IV)

Bol à bord rentré et anses en lunette

(Pl. 45, D 181)

Ce type de récipient est représenté par un seul exemplaire. Il est caractérisé par une paroi convexe inclinée et un bord rentrant[174]. Il portait probablement deux anses horizontales sur le bord, le dépassant nettement. Il peut s'agir d'anses cylindriques ou en lunette, forme bien connue dans le matériel de cette phase sur d'autres sites. Le diamètre de l'ouverture atteint 22 cm. La base serait plate ou munie d'un pied tronconique. La pâte est relativement fine et la surface est brune, lissée, mais non décorée.

Ce type de vase a pu être destiné à la présentation et à la consommation d'aliments, solides ou liquides.

Bol à parois sinueuses

(Pl. 45, B 75, 36907, B 115 et 45530 ; **pl. 50**, B 25 ; **pl. 53**, C 212 et 18922 ; **pl. 58**, 36907, B 115 et D 134 ; **pl. D**, 45530 et B 75)

Cette forme, très peu attestée, présente une partie inférieure droite ou légèrement convexe et une partie supérieure rectiligne ou légèrement concave, le profil étant toutefois continu[175]. Le bord peut être en légère saillie. Le diamètre à l'ouverture ne dépasse pas les 20 cm. La forme de la base n'est pas certaine, le type des anses non plus. L'argile, de granulométrie moyenne, est rendue noirâtre par la cuisson. La plupart des exemplaires portent un décor linéaire incisé sur la panse avec une incrustation de pâte blanche ou rosâtre (**pl. 58**, B 115 et D 134). Un enduit au graphite est visible sur certains d'entre eux.

Comme le précédent, ce type de vase pouvait être destiné à la présentation et à la consommation d'aliments, solides ou liquides.

Bol à ressaut et rebord évasé (« cratère »)

(Pl. 46, A 132 & A 279, D 191, D 182 et 48870 & 48875 ; **pl. 48**, 47886 ; **pl. 48** et **58**, 48/84 & 48785 ; **pl. 54**, A 216, D 156 et 47338)

Cette forme est caractérisée par une partie inférieure convexe et une partie supérieure concave très évasée. La liaison entre les deux s'effectue par un ressaut marqué[176]. Le diamètre à l'ouverture varie de 25 à 35 cm. Ces récipients arborent une paire d'anses cylindriques horizontales recourbées vers le haut, placées au niveau du diamètre maximal

---

174. *Sitagroi* 1, fig. 13.27:16, 18 et 19 ; HOCHSTETTER 1984, Taf. 14:7, 9.
175. GRAMMENOS 1979, fig. I:4, 7, VIII:2, XI:1 ; KOUKOULI-CHRYSSANTHAKI 1980, fig. 18:169, 208 ; KOUKOULI-CHRYSSANTHAKI 1992, pl. 9 ; HOCHSTETTER 1984, Taf. 12:1-2, 14:6, 41:6 ; ANDREOU, PSARAKI 2007, fig. 9:KA895.
176. GRAMMENOS 1979, fig. III:2, IX:2 et XI:2, pl. IΔ:β et IE:α ; VALLA 2007, fig. 13 ; DELEV, VULCHEVA 2002, fig. 22 et 27 ; ALEXANDROV, PETKOV, IVANOV 2007, tabl. 5:c-d.

de la panse. Dans d'autres cas, il peut y avoir des protubérances en forme de langue
(**pl. 58**, 48784 & 48785). La base est plate ou, plus fréquemment, de forme tronconique, parfois assez haute – qui aurait pu être attribuée à une amphore[177]. Les dimensions relativement grandes de ces bols nous conduisent à les appeler «cratères». Les
exemplaires qui nous sont parvenus ne portent pas de décor, mais leur surface sombre
est souvent couverte d'un enduit au graphite.

Étant donné leur taille, ces récipients servaient probablement à la présentation des
aliments ou des boissons en vue de leur consommation collective, lors d'événements
exceptionnels (fêtes, repas familiaux, repas rituels…).

Récipient double à anse de panier
(**Pl. 49**, 47511 et 47401 ; **pl. 57**, 47401)

Ce récipient, de dimensions assez grandes, est constitué de deux bols assez profonds
de profil simple arrondi et à base aplatie, unis par un pont au-dessus duquel passe une
courte anse cylindrique verticale[178]. Le diamètre de chacun des bols des exemplaires
préservés atteint 30 cm. La pâte est assez grossière et la surface, sans engobe, est hâtivement lissée. Cette forme est représentée dans le matériel étudié par les fragments de trois
vases comportant encore l'anse et quelques petits autres appartenant aux bols.

L'utilisation de ce type de récipient n'est pas évidente.

Jarre
(**Pl. 46**, D 138 & D 139 et D 137 ; **pl. 47**, D 59, D 136, C 104 et 48518 ; **pl. 50**, 47688,
47532 et 47510 ; **pl. 51**, DT 5 ; **pl. 53**, C 86 et C 87 ; **pl. 54**, C 157 ; **pl. 55**, 45189 ;
pl. 56, 47408, 47416, A 308, 47647, 46807 et 45429 ; **pl. D**, DT 137, DT 5 et 47549
et al.)

Récipient de grandes dimensions[179], dont on ne possède qu'un seul exemplaire complet.
Selon le profil et la forme de l'ouverture, deux variantes ont pu être distinguées : la jarre
à parois verticales ou évasées et la jarre à parois sinueuses.

La première est la moins fréquente. Les parois sont légèrement convexes, verticales
ou faiblement évasées (**pl. 50**, 47688 et 47532). Le diamètre de l'ouverture peut varier
de 30 à 50 cm. Des anses cylindriques verticales sont attachées à la partie supérieure de
la panse. La pâte est grossière, rougeâtre ou jaunâtre ; la surface simplement égalisée. Le

---

177. Voir Hochstetter 1984, Taf. 48:4-5 ; Stefanovich, Bankoff 1998, fig. 28:D.

178. Koukouli-Chryssanthaki 1980, fig. 4:6 ; Valla 2007, fig. 14 ; Delev, Vulcheva 2002, fig. 25:10 ;
Hochstetter 1984, Taf. 30:3 et 44:1.

179. Grammenos 1979, fig. VI:1, 3-6, 10, 12 et VIII:3 ; Koukouli-Chryssanthaki 1980, fig. 4:1-2, et
fig. 5-6 ; Delev, Vulcheva 2002, fig. 29:2-5, 26, 12:2-4, 18, 19 ; Alexandrov, Petkov, Ivanov 2007,
tabl. 8:2-4, 19 ; Stefanovich, Bankoff 1998, fig. 30:C-D, 31 ; Hochstetter 1984, Taf. 16, 19, 26,
38 et 44:2-4.

décor consiste en une série d'impressions digitales ou d'encoches effectuées à l'aide d'un instrument pointu immédiatement au-dessous de la lèvre.

La seconde variante est représentée par un vase quasi complet, reconstitué par recollage (**pl. 51**, DT 5). Les parois sont sinueuses et la base plate. Le fond présente un trou qui a été pratiqué après cuisson. La hauteur est de 23 cm ; le diamètre maximal de 20,5 cm. Deux anses en forme de lune sont posées au-dessous de la lèvre. La surface sommairement lissée ne porte pas d'engobe. Le décor consiste en deux cordons digités, disposés horizontalement sur le bord et sur l'épaule. Cette variante est représentée par de nombreux autres fragments dont le diamètre et la hauteur des vases oscillent considérablement, le plus grand exemplaire mesurant 68 cm de diamètre au niveau de l'épaule (**pl. 53**, C 87). La forme de la panse peut être plus ou moins convexe ; le diamètre de la partie supérieure plus ou moins rétréci, jusqu'à former un col de faible hauteur (**pl. 47**, C 104). Le bord est parfois en saillie, créant ainsi une lèvre aplatie (**pl. 53**, C 86). Des anses verticales ou horizontales, cylindriques ou en ruban, anguleuses ou arrondies, sont disposées sur la panse, sur l'épaule ou sur le col (**pl. 50**, 47510 ; **pl. 56**, 47408 et 47416). Il existe également de grandes anses en forme de double protubérance (**pl. 56**, 47647, 46807 et 45429)[180].

Le décor de ces jarres pouvait être très varié. Il consiste souvent en cordons digités, en séries d'encoches ou d'impressions de doigt, disposés horizontalement au-dessous de la lèvre et sur la panse, le plus souvent au niveau de l'épaule (**pl. 46**, D 138 & D 139 et D 137 ; **pl. 47**, D 59 ; **pl. 50**, 47510 ; **pl. 51**, DT 5 ; **pl. 53**, C 86), mais on note également la présence de protubérances circulaires ou rectangulaires (**pl. 47**, D 59 et D 136), de mamelons ou de languettes, disposés seul, par deux ou en série sur l'épaule ou sur le bord de la lèvre. Des cannelures peu profondes réalisées aux doigts sont aussi attestées (**pl. 46**, D 137). Des incisions courtes ou des impressions de doigt en série au-dessous de la lèvre sont assez fréquentes (**pl. 50**, 47688 et 47532 ; **pl. 54**, C 157). Ces techniques de décoration sont souvent combinées sur un même vase.

Le stockage des provisions pour une conservation à long ou à moyen terme devait être la fonction principale de ces récipients.

Pot globulaire à anses surélevées (« canthare »)

(**Pl. 45**, 45806 ; **pl. 48**, 48874 ; **pl. 51**, 48800 et B 138 ; **pl. 53**, A 232 ; **pl. 55**, 45421 ; **pl. 58**, 45683, 48401, A 236, B 55, C 39bis, 47146, 48221 et 45688 ; **pl. E**)

Récipient à profil continu. La panse est globulaire, la base aplatie. Le col est tronconique et étroit. Deux anses anguleuses verticales, de section circulaire ou ovale, prennent naissance sur le bord et rejoignent l'épaule. Leur partie supérieure dépasse

---

180. Koukouli-Chryssanthaki 1992, pl. 14:35.

nettement le bord[181]. Le diamètre de la panse peut atteindre 30 cm tandis que celui de l'embouchure mesure environ 10 cm. La pâte, moyennement dégraissée, est rendue noirâtre par la cuisson. La surface est lissée ou hâtivement polie et est recouverte dans la plupart des cas d'un enduit au graphite. La panse est ornée d'un décor incisé et incrusté de motifs géométriques linéaires, rectilignes et curvilignes, disposés dans des métopes entre les anses (**pl. 58**, 45683, 48401, A 236, B 55, C 39bis, 47146, 48221 et 45688 ; **pl. E**).

La taille et la forme de ces récipients suggèrent que ces derniers servaient à la consommation individuelle de boissons dans des contextes de repas partagés. La richesse de leur décor pourrait être un indice dans ce sens. Toutefois, on ne peut exclure que ces pots aient été utilisés pour le transport et le transvasement de denrées liquides ou solides[182].

Cruche à embouchure oblique

(Pl. 54, A 151 ; **pl. 55**, 45277 ; **pl. 58**, 46025)

Seules quelques anses et deux fragments de panse pourraient être attribués à cette forme par ailleurs typique du BR dans la région[183]. L'un des fragments de panse provient de la zone d'inflexion vers le col et porte un décor de lignes horizontales incisées encore remplies d'une croûte rosâtre. L'autre fragment, dont la surface extérieure est couverte d'un engobe au graphite, est orné d'une série de triangles pendants hachurés, incisés (**pl. 58**, 46025). Les deux fragments pourraient aussi appartenir à des amphores[184].

Plateau à rebord

(Pl. 52 et **57**, DT 2)

Grand ustensile de forme particulière. Un seul exemplaire a été recollé à partir de plusieurs fragments. Il se caractérise par une base quasi ovale, de 59 cm de longueur et 54 de largeur, légèrement relevée du côté qui forme l'ouverture. Sur le reste du contour, les parois convexes se referment graduellement plus on s'éloigne vers le côté opposé à l'ouverture de façon à former comme une bouche aplatie. Au point culminant de cette

---

181. Grammenos 1979, fig. I:9, III:1, VI:7, pl. ΙΓ:ε, ΙΔ:α ; Koukouli-Chryssanthaki 1980, fig. 12, 14:673, 54 et 106 ; Koukouli-Chryssanthaki 1992, pl. 2, 7:B-1 et 8:1-2 ; Valla 2001, fig. 7 ; Delev, Vulcheva 2002, fig. 14:5-8, 21:1-6 et 23 ; Alexandrov, Petkov, Ivanov 2007, tabl. 6:d et f ; Stefanovich, Bankoff 1998, fig. 26 ; Andreou, Psaraki 2007, fig. 6:KA139, pl. 4 ; Hochstetter 1984, Taf. 13:5, 18:1, 27:8, 35 et 47.

182. L'hypothèse émise récemment d'une utilisation comme conteneurs d'huiles parfumées devrait être confirmée par des analyses de résidus, voir Andreou, Psaraki 2007 ; Andreou *et al.* 2013.

183. Grammenos 1979, fig. VI:8 ; Koukouli-Chryssanthaki 1980, fig 9:a ; Delev, Vulcheva 2002, fig. 28:4 et 15:5 ; Alexandrov, Petkov, Ivanov 2007, Taf. 3:i, 6:b ; Stefanovich, Bankoff 1998, fig. 25:A ; Hochstetter 1984, Taf. 42:5, 45:2 et 67:1.

184. Grammenos 1979, fig. XI:3, pl. ΙΖ:α-δ ; Delev, Vulcheva 2002, fig. 17:2, 24:10 ; Valla 2007, fig. 12 ; Andreou, Psaraki 2007, fig. 6:KA626.

« voûte », on observe le départ d'une anse (la restitution d'une anse en ruban dans l'axe du rebord supérieur est purement hypothétique). La paroi à l'extrémité extérieure de la voûte forme une surface plane sur laquelle le récipient peut tenir à la verticale. La pâte, grossière, est devenue gris brun à la cuisson. La surface est sommairement lissée, non décorée, et porte des traces de feu par endroits.

Cet objet énigmatique pourrait avoir été destiné à la cuisson ou à la torréfaction des aliments, tel un four amovible ; il pourrait aussi avoir contenu des braises pour le chauffage des pièces d'habitation[185].

Les décors du Bronze Récent (Dikili Tash IV)

Bien que le matériel étudié soit très fragmentaire, nous sommes en mesure d'identifier les tendances dans les techniques du décor et de faire quelques observations sur le choix des motifs et leur organisation.

En général, les techniques du décor sont assez limitées et leur application est peu soigneuse sur des surfaces rougeâtres, brun gris clair ou noirâtre, résultant d'une cuisson enfumante sur la fin. L'impression globale est que les poteries du BR ne portent pas de riches décors, que les motifs sont répétés, suggérant une certaine standardisation ou un intérêt réduit pour la production de poteries sophistiquées.

L'incision et l'impression sont les techniques de décoration le plus souvent utilisées (**pl. D**, DT 137 ; **pl. E**). Ce décor consiste essentiellement en des incisions remplies ou recouvertes de poudre blanche ou colorée (rosâtre, jaune) et/ou en des zones recouvertes d'un engobe au graphite qui donne aux surfaces des reflets gris à éclat submétallique (**pl. E**). De tels mélanges plus ou moins riches en graphite ont servi à la fabrication de peintures pour les décors peints très élaborés du NR. Au BR, on se contente de poser cet engobe sur toute la surface du vase.

Le décor peint en peinture mate sur une surface de couleur beige/brune (*matt painted*) n'est pas attesté dans le matériel étudié. Ce type de décor peint est caractéristique en Macédoine centrale et occidentale pendant le BR[186]. Aucun exemple de céramique de type mycénien n'y a été non plus repéré[187].

La technique du décor cannelé n'existe pas, alors que le décor plastique à rubans appliqués sur la surface des vases est très courant (**pl. D**, DT 137), du fait du nombre important de grands vases de stockage qui sont le plus souvent décorés selon cette technique.

---

185. Voir Séfériadès 1985b, p. 115, où l'on rapproche la forme des « pommiers » normands destinés à cuire les pommes sur la braise. Voir la forme de Kastanas dite « Backwannen » : Hochstetter 1984, p. 164-168, ainsi que la forme d'un four domestique à Kastanas : Hänsel 1989, Taf. 20,1. Voir encore le vase miniature de Kastri (Thasos) : Koukouli-Chryssanthaki 1992, p. 548, fig. 148.

186. Voir Treuil *et al*. 2008, p. 478.

187. Un seul fragment d'une tasse à décor peint imitant un prototype mycénien, datant de l'HR IIIC, a été livré par les fouilles du nouveau programme de recherches à Dikili Tash, voir Darcque *et al*. 2009.

Techniques de décor

Engobage au graphite

Le graphite est un minéral, l'un des allotropes naturels du carbone, qui se trouve surtout dans les roches métamorphiques. En tant que matière première, il a l'apparence d'un solide noir à l'éclat submétallique. Sa dureté est faible et il laisse des traces quand on le frotte contre une surface, comme les crayons à papier. Pour le décor des récipients en céramique, il a été utilisé dans son état naturel sous forme de cônes à dessiner ou dilué dans une solution argilo-micacée[188], permettant la réalisation de peintures ou d'engobes qui contiennent du graphite. Ces peintures ou engobes ont été appliquées à l'aide d'un pinceau, d'un tissu ou d'un autre moyen. Sur les céramiques étudiées, elles apparaissent souvent dégradées et rendues pulvérulentes par les agents d'altération au cours de l'enfouissement, mais d'autres ont gardé leur éclat submétallique, offrant l'aspect d'un vernis métallique transparent (**pl. E**, B 138, 46487, 46806, 47407, 46392, 47722, 48866, 48925, 48838, 47576, 45506, 45536 et 48879), ce qui montre une diversité certaine dans la préparation des enduits au graphite.

Incision

La technique de l'incision est la plus répandue pendant le BR pour décorer la surface extérieure des vases (ex. **pl. 45**, B 75 et 45530 ; **pl. 51**, B 138 ; **pl. 53**, C 212 et 18922 ; **pl. 58** ; **pl. E**). En général, les incisions sont fines et peu profondes. L'instrument utilisé devait être fin et très pointu. L'exécution des incisions est peu soigneuse : celles-ci se chevauchent ou se recoupent souvent et, par conséquent, la géométrie des motifs n'est pas rigoureuse. Cette technique est régulièrement utilisée en association avec le décor imprimé : incisions et/ou impressions sont toujours remplies d'une pâte de couleur vive (voir *infra*, « incrustation »).

Impression

La technique de l'impression est utilisée en combinaison avec l'incision. De fines impressions en forme de petits points sont exécutées avec un instrument effilé et pointu. Elles servent de remplissage dans des zones délimitées par des lignes doubles incisées. Dans d'autres cas, les points imprimés encadrent les lignes incisées (**pl. E**, 48878, C 152, A 234 et 46777).

Incrustation

La technique de l'incrustation consiste à ajouter sur la surface des vases une substance colorée après cuisson. Dans le cas des poteries du BR, des incisions et/ou des impressions qui rendent la surface rugueuse par zones sont pratiquées dans un premier temps ; les zones non incisées sont quant à elles enduites de graphite. Après la cuisson, des peintures

188. COURTOIS 1985, p. 103 ; L. COURTOIS, dans *Dikili Tash* I, 2, p. 23.

pâteuses (probablement à liant organique) sont appliquées sur les incisions irrégulières, qui ne servent donc qu'à faciliter l'adhérence (**pl. D**, 45530, B 75 et DT 5, **pl. E**). La bande à décorer est ainsi recouverte d'une épaisse couche de pâte blanche, rosâtre ou rouge ou jaune. Ces couleurs vives contrastent avec l'éclat gris noir des zones graphitées.

Décor plastique

Le décor plastique résulte de l'addition de bandes ou de cordons appliqués sur la surface des vases. Ces bandes ou cordons portent des impressions digitales ou des encoches faites à l'ongle ou à l'aide d'un outil pointu ou tranchant. Ce type de décor est appliqué principalement sur les jarres (**pl. 46**, D 138 & D 139 et D 137 ; **pl. 47** ; **pl. 50**, 47510 ; **pl. 51**, DT 5 ; **pl. 53**, C 86 ; **pl. D**, DT 5 et DT 137).

Organisation des décors : les motifs et leur disposition

La nature très fragmentaire du matériel étudié ne donne pas la possibilité de restituer de manière satisfaisante les motifs et l'organisation du décor. Pourtant nous arrivons à les comprendre dans leurs grandes lignes grâce aux exemplaires de vases complets provenant des sites voisins.

Les vases du BR ne portent de décor qu'à l'extérieur. La zone privilégiée pour celui-ci est la panse, à l'exception des jarres qui portent également un décor au niveau des points de changement du profil : le bord, la base du col, l'épaule ou la courbure de la panse.

Les motifs du décor incisé et incrusté sont linéaires, géométriques, rectilignes et curvilignes. Ils ornent des bols, des « canthares » et des « cratères ». Des faisceaux de lignes incisées forment alors des bandes spiraliformes ou rectilignes, parfois associées à des triangles ou à des cercles. L'ensemble devait être délimité dans des cadres rectangulaires formant des métopes sur les deux faces du vase. Souvent, ces motifs, avec la couleur vive de la pâte incrustée, se détachent sur un engobe au graphite qui couvre les zones intermédiaires (**pl. E**). De la même manière, les impressions combinées aux incisions, toujours incrustées, forment des motifs de chevrons bordés de points, des spirales remplies de points ou encore des bandes en zigzag. Les triangles pendants hachurés sont très rares (**pl. 58**, D 134).

Le décor plastique, les cordons digités, les mamelons ou les protubérances s'organisent quant à eux de manière linéaire dans les axes verticaux et horizontaux des jarres, mais sont rarement positionnés sur les anses ou autour de leur point d'attache (**pl. 46**, D 138 & D 139 ; **pl. 47**, D 136 ; **pl. 54**, C 157 ; **pl. D**, DT 5, 47549 *et al.* et DT 137).

2.6. LA RÉPARTITION STRATIGRAPHIQUE ET SPATIALE

Si nous regrettons que bien après la fouille, un grand nombre de fragments de panse de vases sans décor aient été rejetés – nous privant de la possibilité de matérialiser des recollages qui auraient pu offrir des informations sur les dimensions des vases de stockage principalement –, nous avons eu la possibilité d'établir l'appartenance stratigraphique du matériel et sa répartition spatiale en dépit des incertitudes dues à de nombreuses perturbations et au caractère arbitraire des niveaux fouillés.

À l'appui des indications de provenance par carré que les fragments portent, nous avons essayé de distinguer les fragments céramiques qui auraient pu appartenir à des vases en usage lorsque le bâtiment absidal fonctionnait[189]. En effet, comme le montre la **fig. 6**, il existe une concentration importante de fragments à l'intérieur ou à proximité immédiate de cet édifice. Le plateau à rebord (**pl. 52** et **57**, DT 2) a été mis au jour dans l'angle sud du bâtiment. La petite jarre complète (**pl. 51**, DT 5) a été découverte à l'extérieur, très près du mur sud-ouest. Plusieurs fragments de grandes jarres ont été trouvés dans les limites du bâtiment, plus ou moins au niveau du sol. La grande majorité des fragments de « canthares » et de bols proviennent de la même couche, comme les trois fragments de récipients doubles (**pl. 49**, 47511 et 47401 ; **pl. 57**, 47401). Faut-il penser à un modèle d'organisation de l'espace comparable à celui proposé pour les sites de Macédoine centrale[190] ? Dans ce cas, on aurait affaire, à Dikili Tash aussi, à une organisation collective du stockage, à une échelle plus large que celle de la maisonnée. Le stockage dans des contextes plus larges que la maisonnée est supposé être une activité plus ou moins spécialisée. Nous suggérons que cette activité suivait les différentes étapes d'un processus qui commençait avec la moisson ou la récolte et se prolongeait par la préparation collective des denrées pour un stockage en grandes quantités et pérenne (torréfaction, enfumage…). Dans un tel contexte, les récipients de forme particulière comme les doubles vases, le plateau à rebord ou encore la jarre à fond percé et surtout les jarres de grandes dimensions ont pu remplir des fonctions spécialisées.

L'importance du nombre des vases de stockage est indéniablement à noter même dans les couches supérieures (niveaux 0-1 et surface) et constitue une indication solide de la continuité du caractère de l'occupation jusqu'à l'abandon du site à la fin du BR.

2.7. Les implications chronologiques et historiques

Les données des fouilles de J. Deshayes concernant le BR à Dikili Tash sont peu abondantes et assez disparates. Nous ne disposons pas d'assez d'éléments sur la véritable durée et le caractère de cette période. L'interface avec la phase précédente n'est pas claire. La surface fouillée au-dessous du niveau 3, caractérisé par le bâtiment absidal, a livré du matériel attribué au BA II. Ce que nous appelons « Bronze Moyen » constitue donc une phase d'abandon probable du site de Dikili Tash après le BA II et jusqu'à la réoccupation du BR. Pourtant, l'augmentation proportionnelle des grands vases de stockage pendant la dernière sous-phase du BA[191] suggère à quel point les caractéristiques du BR s'enracinent dans le substrat local, bien que les données stratigraphiques soient encore très incomplètes[192].

---

189. Voir *Dikili Tash* I, 1, pl. 40.

190. Voir Margomenou 2008, p. 205 ; Wardle 1996 ; Andreou 2001, p. 167-170.

191. Voir *supra*, p. 32-33.

192. On a déjà proposé de faire commencer le BR en Macédoine orientale beaucoup plus tôt que dans les régions où la phase du Bronze Moyen (Mésohelladique) est définie par la recherche depuis longtemps

La production potière du BR, telle qu'elle est représentée dans le matériel étudié, paraît cohérente, même si nous ne connaissons pas exactement son contexte socio-économique. Elle porte les caractéristiques d'une production intégrée dans un système de fonctions bien définies, participant à la communication de codes sociaux concrets. L'absence totale de décor en peinture mate, pourtant assez répandu dans le reste de la Grèce du Nord, est une autre caractéristique du matériel de Dikili Tash. Cette céramique peinte s'amoindrit en fonction du développement de la céramique mycénienne locale qui utilise des motifs différents. À Dikili Tash, la gamme limitée des formes et des décors nous conduit à suggérer que le poids des symboles ne se trouve plus dans la céramique, bien moins encore qu'au BA, et que ce phénomène se poursuit jusqu'à la fin de l'Âge du Bronze[193].

Ce qui se passe vers la fin de la période (vers 1100 av. J.-C. ?) et la transition vers le premier Âge du Fer n'est pas facile à définir. Aucune trace de l'Âge du Fer, qui se caractérise dans la région par un nouveau type de céramique cannelée, n'a été découverte à Dikili Tash. L'occupation du sommet rocheux de l'acropole de Philippes à cette époque est probablement liée à l'abandon du site de Dikili Tash[194].

La reprise de la fouille des niveaux du BR, près du sommet du tell, va permettre de déterminer le caractère de l'occupation, en particulier sa situation par rapport aux évolutions que l'on constate à la même époque ailleurs. La combinaison des nouvelles données à celles des fouilles d'Angista[195] et de Faia Petra[196] du côté de la vallée du Strymon, celles d'Exochi et de Potami[197] du côté de la vallée du Nestos, ainsi que celles de Kastri dans l'île de Thasos[198], ou encore de fouilles à venir sur d'autres sites, vont jeter les bases d'une séquence stratigraphique régionale.

2.8. Parallèles et comparaisons

L'étude des formes et des décors de la poterie du BR de Dikili Tash montre qu'un « langage commun » existe en Macédoine orientale, notamment avec l'habitat d'Angista, les *tumuli* d'Exochi, de Potami et de Faia Petra. Nous constatons également des similitudes avec l'habitat de Kastri et ses nécropoles dans l'île de Thasos, les sites maritimes

---

sur la base de quelques caractéristiques dont la céramique minyenne est la plus courante, voir Andreou, Fotiadis, Kotsakis 1996, p. 539.

193. En fait, les niveaux du BR fouillés par J. Deshayes ne sont pas les seuls de cette époque à Dikili Tash. La fouille du secteur 7, dans le cadre du nouveau programme de recherches depuis 2008, a mis en évidence toute une série de niveaux d'occupation légèrement postérieurs au bâtiment absidal : voir Darcque *et al.* 2009, fig. 16-17.

194. Koukouli-Chryssanthaki 1993, p. 688.

195. Koukouli-Chryssanthaki 1980.

196. Valla 2007.

197. Grammenos 1979.

198. Koukouli-Chryssanthaki 1992.

de Thrace[199] (Assar Tepe, Strymi, grotte de Maronée, Haghios Georgios de Maronée), ainsi qu'avec des sites à l'ouest, Profitis Ilias/Eion à l'embouchure du Strymon[200], et avec les sites de Macédoine centrale (Assiros[201], Haghios Mamas/Olynthe[202], Toumba Thessalonikis[203]…), de Chalcidique (Toronè[204]) et de la vallée de l'Axios (Kastanas[205], Axiochori[206]…). Les productions potières plus lointaines, vers la Macédoine occidentale (Archondiko[207], Angélochori[208], Kastro Néokaisareias[209]), l'Épire (Vitsa[210]) et l'Illyrie[211], paraissent différentes : les décors en peinture mate sont relativement fréquents de l'Illyrie orientale jusqu'à la Chalcidique, alors qu'ils ne se retrouvent ni en Macédoine orientale ni en Thrace.

Les sites de l'actuel territoire bulgare se caractérisent par un matériel assez proche dans les formes et dans les décors de celui de Dikili Tash, surtout dans les vallées de la Struma (Sandanski[212], Kamenska Čuka[213], Krsto Pokrovnik[214]) et de la Mesta (Koprivlen[215]), ainsi qu'un peu plus loin dans la région de Plovdiv[216], où les rapports sont en effet nombreux. La production céramique y a aussi pour caractéristique le décor incisé et rempli de pâte – tradition potière plus fréquente dans l'intérieur des Balkans. D'autres parallèles nous orientent vers les contrées septentrionales, depuis la Bulgarie et jusqu'en Roumanie avec les cultures de Verbicioara et de Tei[217] et d'autres groupes ou faciès culturels qui ont en commun une partie des formes et des motifs de décor attestés à Dikili Tash.

L'Est de l'Égée et la Troade semblent avoir trouvé pendant le BR une orientation différente et se sont tournés vers le sud : des affinités se sont alors créées cette fois avec le monde égéen et le monde mycénien[218]. Depuis des années, les relations au BR entre les communautés du Nord de l'Égée et des Balkans avec le monde mycénien constituent le sujet d'une discussion majeure. À vrai dire, des contacts sont assurés en Macédoine

---

199. Tsimpidis-Pendazos 1971 et 1972.
200. Koukouli-Chryssanthaki *et al.* 1996.
201. Wardle 1996 et 2007.
202. Horejs 2007a.
203. Andreou, Psaraki 2007 ; Andreou 2001 et 2010.
204. Cambitoglou, Papadopoulos, Jones 2001.
205. Hänsel, Aslanis 2010.
206. Heurtley, Hutchinson 1925-1926 ; Heurtley 1939.
207. Papaefthymiou-Papanthimou, Pilali-Papasteriou 1996 et 2002 ; Deliopoulos 2006.
208. Stefani 2010 ; Stefani, Merousis 1997 et 2003.
209. Gimatzidis, Jung 2008 ; Horejs 2007b.
210. Vokotopoulou 1986.
211. Mitrevski 2003 ; Korkuti 2003.
212. Alexandrov, Petkov, Ivanov 2007.
213. Stefanovich, Bankoff 1998.
214. Stefanovich, Kulov 2007.
215. Delev, Vulcheva 2002.
216. Séfériadès 1985b, p. 111 ; Todorova 2003.
217. Séfériadès 1985b, p. 111.
218. Cline 2010, p. 849.

et même, de façon très sporadique, jusqu'en territoire bulgare. Toutefois, leur nature est sujette à débat [219] : s'agit-il d'indices d'un déplacement de personnes (installation de communautés mycéniennes dans le Nord du monde égéen), d'une influence en profondeur (allant parfois jusqu'à l'acculturation) ou de simples échanges sans impact majeur sur les cultures locales? Il est encore trop tôt pour entrer dans cette discussion en se fondant sur le matériel étudié provenant des fouilles de Dikili Tash.

2.9. CONCLUSIONS

La production potière de Dikili Tash au BR présente des rapports plus marqués avec les Balkans qu'avec le monde égéen. Pourtant, les vases étudiés répondent, semble-t-il, aux demandes de la période et correspondent à différentes traditions potières qui coexistent[220] dans une région plus vaste. Même si l'habitat du BR à Dikili Tash n'atteint jamais l'échelle des sites de Macédoine centrale et encore moins celle des sites de Grèce méridionale, il ne reste pas à l'écart du modèle socioéconomique égéen développé pendant cette période.

Les modifications observées dans les formes et dans les décors, ainsi que dans les techniques de fabrication des vases, par rapport à ce qui existait dans les phases antérieures, trouvent apparemment leur explication dans les transformations profondes de l'organisation de la production et des structures sociales qui marquent la fin de l'Âge du Bronze dans le monde égéen.

Dimitra MALAMIDOU

---

219. PILALI-PAPASTERIOU 1999.
220. KIRIATZI *et al.* 1997.

Les figurines et les maquettes
du Néolithique Moyen au Bronze Récent[1]

Les fouilles de J. Deshayes à Dikili Tash ont permis de mettre au jour un matériel important de figurines anthropomorphes et zoomorphes, de maquettes d'objets et de vases miniatures en terre cuite, comparable à celui des cultures néolithiques et chalcolithiques de l'Europe du Sud-Est qui ont produit des miniatures en terre cuite ; ce matériel présente de plus des particularités propres qui le distinguent parfois même des sites voisins (Sitagroi, Dimitra) de la plaine de Drama, avec lesquels cependant ses affinités sont naturellement plus étroites.

Ce sont surtout les figurines anthropomorphes de toutes les régions et de toutes les périodes, en l'occurrence celles du Néolithique, du Chalcolithique et de l'Âge du Bronze, qui ont attiré très tôt et partout l'attention des chercheurs ; la littérature correspondante est extrêmement prolifique[2]. Ces figurines anthropomorphes, surtout féminines, ont fait l'objet de plusieurs théories ayant trait aux religions plus tardives et à leurs origines dans le Néolithique[3]. Les études concernant le matériel en miniature non anthropomorphe sont en revanche d'une relative rareté. En effet, les figurines anthropomorphes ne constituent qu'un aspect d'un microcosme composé de tout ce qui peuplait la réalité : animaux, maisons, fours, meubles, vases,

---

1. Ce texte, rédigé dans les années 1980, a été révisé en 1993 ; sa publication ayant été différée pour des raisons techniques, il a été réactualisé en 2007-2008. Pour des présentations préliminaires de cette étude, voir Marangou 1986a, 1986b, 1992a, p. 12-20. Dans ce chapitre, nous avons suivi la périodisation et la stratigraphie de R. Treuil, dans *Dikili Tash* I, 1, p. 19-37 ; la division par phases et la typologie de la céramique de C. Commenge-Pellerin, dans *Dikili Tash* I, 2, p. 27-61, pour le NM (DT I, NR I), et de J.-P. Demoule, dans *Dikili Tash* I, 2, p. 63-270, pour le NR (DT II, NR II). Nous souhaitons remercier J. Blécon pour son aide précieuse concernant la lecture des plans des fouilles de J. Deshayes. La publication du matériel de Dikili Tash provenant des recherches de L. Renaudin, ainsi que de la collection Kapousouz, est en préparation par l'auteur. Pour la permission d'étude et de publication, nous remercions respectivement l'École française d'Athènes et l'Éphorie des Antiquités préhistoriques et classiques de Kavala.
2. Pour un aperçu, voir, entre autres : Ucko 1968 ; Tamvaki 1977 ; Treuil 1983, p. 402-424 ; Hamilton *et al.* 1996 ; Biehl 2003 ; Bailey 2005 ; Hansen 2007.
3. Voir surtout les ouvrages de M. Gimbutas, parmi lesquels Gimbutas 1982 ; voir, entre autres critiques, Lesure 2002.

embarcations[4]. Parce que l'étude de la figure humaine a longtemps été privilégiée, les miniatures non anthropomorphes peuvent sembler à première vue être en nombre très restreint ; or il n'en est rien. Les cultures thessaliennes (NA à Chalcolithique), celles de Karanovo (surtout V-VI), Gumelniţa, Kodžadermen, (Pré-)Cucuteni, Tripolje, Vinča (toutes périodes) ont fourni de nombreuses miniatures de toute sorte, encore que les proportions des différentes catégories iconographiques varient. Cependant, en contraste avec l'importance attribuée pour des raisons traditionnelles évidentes à la céramique, l'architecture et l'outillage, et pour des raisons esthétiques et facilement « transcendantales » aux figurines anthropomorphes, ces objets ont souvent été ignorés ou négligés à cause de leurs petites dimensions et des difficultés liées à leur identification ; d'ailleurs, plusieurs d'entre eux restent et resteront encore indéchiffrables. À ces problèmes s'ajoutent le manque relativement fréquent de données précises, dans les publications utilisées à titre comparatif, sur la situation stratigraphique et la description du matériel des autres sites, ainsi que la pauvreté de l'illustration, en particulier en ce qui concerne tout ce qui était moins beau, plus petit et plutôt incompréhensible, bref, le non sensationnel.

LES DONNÉES

Le nombre total des objets et êtres miniaturisés provenant des fouilles de J. Deshayes à Dikili Tash s'élève à 243, petits fragments compris, dont 67 figurines anthropomorphes (FA), 88 zoomorphes (FZ), 34 (ou 32) maquettes (MQ), 45 (ou 47) vases en miniature (VM) et 9 objets divers/non identifiables (DI). La plus grande partie du matériel provient des niveaux du NR (DT II : 185 objets, dont 53 FA, 50 FZ, 31 MQ, 8 DI et 43 VM), un certain nombre des niveaux du NM (DT I : 16 objets, dont 10 FA, 3 FZ, 2 MQ ou VM et 1 DI), et de rares exemplaires des niveaux du BA II (DT III : 5 objets, 1 FA, 1 FZ de type DT II, 1 MQ, 2 VM), des niveaux NR/BA (3 FZ de type DT II), du BR (DT IV : 2 objets, dont 1 FA et 1 FZ de type DT II) ou du BR ou historiques (2, dont 1 FA, 1 FZ). Une figurine anthropomorphe découverte en surface date de DT I ; 4 figurines zoomorphes fragmentaires provenant de la surface ou d'origine inconnue sont de datation incertaine, mais l'une d'elles pourrait dater de DT II, ainsi que 21 petits fragments zoomorphes, tandis que 3 autres petits fragments sont inidentifiables. Au total, par phase, nous avons (**graph. 1**) :

- DT I : 17 objets (11 FA, 3 FZ, 2 MQ ou VM, 1 DI) ;
- DT II : 212 objets (53 FA, 77 FZ, 31 MQ, 8 DI, 43 VM) ;
- DT III : 4 objets (1 FA, 1 MQ, 2 VM) ;
- DT IV : 1 FA ;
- DT IV ou historiques : 2 (ou 3) objets (1 FA, 1 [ou 2] FZ) ;
- Datation incertaine : 6 FZ.

---

4. Les maquettes d'embarcations sont absentes de Dikili Tash mais attestées en Macédoine occidentale et Thessalie : MARANGOU 1992a, fig. 80g ; 1996b ; 2001b.

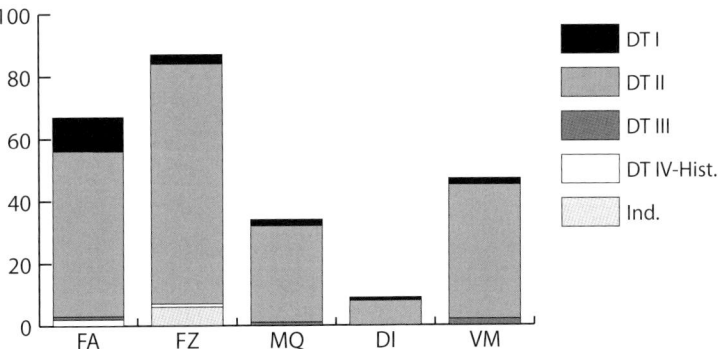

Graph. 1 — Nombre de maquettes et de figurines par phase (FA = figurines anthropomorphes ; FZ = figurines zoomorphes ; MQ = maquettes ; DI = divers ; VM = vases miniatures).

Figurines et maquettes néolithiques/chalcolithiques ont en commun le fait qu'elles ont été trouvées sous forme de fragments[5], sans que des pièces entières puissent être reconstituées, sauf exception. Il est possible que certains de ces fragments, surtout de pattes d'animaux, aient appartenu à une même figurine, ce qui diminuerait le nombre des exemplaires, surtout de figurines zoomorphes à Dikili Tash ; cependant, même dans cette hypothèse, le pourcentage de figurines animales reste beaucoup plus important que celui des différentes catégories iconographiques, en particulier anthropomorphes, en comparaison avec le matériel d'autres sites néolithiques ou chalcolithiques.

Il est regrettable que les renseignements précis fassent souvent défaut concernant le contexte de découverte, situation qui découle des objectifs stratigraphiques et chronologiques des anciennes fouilles de Dikili Tash, mais aussi de certaines perturbations des couches archéologiques[6] ; il est aussi regrettable que certains éléments d'information aient été dispersés ou aient disparu, laissant seulement quelques traces de description sommaire sur des fiches ou des photographies. On a pris le parti de fournir ici tout renseignement disponible, mais il est évident que certaines lacunes ne peuvent être comblées. Il faut donc garder toute réserve concernant les conclusions, en attendant une confirmation des nouvelles fouilles.

Les objets proviennent (**tabl. 1-5**)[7] en grande partie du secteur B 2 (carrés W 29, W 30, X 29 et X 30) (NM-NR) de la fouille et dans une moindre mesure des secteurs A 2 (carrés Q/R/S/T/U 24/25/26/27) (NR-BA-BR-historique) et B 1 (carré AA 29 et son extension) (NM). 158 objets proviennent de niveaux précis du secteur B 2, avec une importante concentration de figurines anthropomorphes, en particulier, suivies de figurines zoomorphes, dans le carré W 29 ; ces dernières sont plus nombreuses que

---

5. Thème traité par CHAPMAN 2000.
6. *Dikili Tash* I, 1, p. 19, et I, 2, p. 90.
7. Dans ces tableaux, la séparation en phases est fondée sur J.-P. DEMOULE, dans *Dikili Tash* I, 2, p. 94, 98-99 et 192, tabl. 1.4.

Carré W 29, NM-NR					
Phases DT	Niveaux	Figurines anthropomorphes	Figurines zoomorphes	Maquettes - *Divers*	Vases miniatures	Total
II C	couches surface	M 418 M 156				2
	1			M 648		1
	sous 1	M 154	M 224			2
	au-dessus de 2	M 237 M 322 M 271				3
	sur 2	M 263 M 270 M 272 M 284	M 221		M 10 M 44 M 64	8
	2		M 197			1
	sous 2	M 238				1
	sur 3	M 317 M 357 M 367	M 241			4
II B	sous 3				M 82	1
	sous 4		M 415 M 412	*M 413 M 414 M 451 M 416*		6
	4-6		M 417 M 430			2
	sur 5				M 109	1
	sous 5		M 638 M 454 M 741			3
	sur 6		M 445		M 117	2
	sous 6	M 489		M 461/M 468 (1/2)		2
	sous 7	M 491 M 508		M 525		3
II A	8			M 1284		1
	sous 8			M 748 M 1296		2
	9	M 1212 M 1219		M 1223 M 1768		4
	sous 9	M 1246				
II ?	berme N		M 668			1
	berme S	M 659				1
	?		M 662	M 421	M 48 M 66 M 111	5
I	sur 10				M 128	
	Total	21	14	9 + 4 = 13	10	57

Tabl. 1 — Provenance par niveau d'occupation et par phase des maquettes et figurines du carré W 29.

Phases DT	Niveaux	Figurines anthropomorphes	Figurines zoomorphes	Maquettes - *Divers*	Vases miniatures	Total
				Carré W 30, NM-NR		
II C	surface				M 9	1
	sur I				M 38	1
	de berme S sur I		M 324			1
	sur II	M 226 M 233 M 220			M 40	4
	II	M 262 M 330				2
	sous II		M 234 M 235			2
	sous III		M 222 1/3			1
	entre III-IV				M 65	1
	III-IV		M 286			1
II B	sous IV	M 356	M 325 M 351 M 411	M 305		5
	V		M 665 M 727	M 1298		3
	sous V, angle S-O sous V	M 1300	M 716 M 749 M 1301			4
	VI-V		sans n° 1			1
	VI VI, quart N-E		M 782 M 1302	*M 767*		3
	sous VI			M 1272		1
	sous VII			M 461/M 468 (1/2)		1
	entre VIII-VI			M 1207		1
	VIII a-b	M 1276				1
II A	sous VIII	M 1226				1
II	centre berme N	M 732				1
I	sous IX déblais	M 1262				1
	X, κ-λ	M 631				1
	Total	12	16	6	4	38

Tabl. 2 — Provenance par niveau d'occupation et par phase des maquettes et figurines du carré W 30.

Carré X 29, NM-NR					
Phases DT	Niveaux	Figurines anthropomorphes	Figurines zoomorphes	Maquettes	Vases miniatures	Total
II C	couches de surface	M 643	M 150			2
	sur 1	M 195				1
	1	M 219				1
	entre 1-2	M 209				1
	avant 2	M 196				1
	2		M 197			1
	sous 3		M 222 (1/3)			1
	sur/dans 4		M 288			1
II B	sur 5		M 326 M 222 (1/3)			2
	sur 6			M 633		1
	sur 9	M 444				1
II A	sur 10				M 128	1
	11			M 636		1
	sous 12	M 1237		M 1291 M 1293 M 1290 M 1268		5
II	berme		M 645			1
	remblai		M 647			1
	?			M 654		1
I	14	M 1726 M 1478 M 1479 M 1585 M 1577	M 1484	M 204 M 1761	(M 204) (M 1761)	8
	Total	12	9	9	1	31

Tabl. 3 — Provenance par niveau d'occupation et par phase des maquettes et figurines du carré X 29.

les figurines anthropomorphes dans le carré W 30. Les niveaux les plus récents du NR (secteur A 2) ont livré plusieurs figurines anthropomorphes de types tardifs, mais aussi un certain nombre de figurines zoomorphes.

MÉTHODOLOGIE

Si le tout (maquettes et figurines) forme un ensemble, tout ne doit pas forcément être interprété de la même façon : une variété des fonctions paraît plus proche de la réalité que la solution unique[8]. Or, pour faciliter l'étude, les figurines et les maquettes en terre cuite, qui forment néanmoins un ensemble cohérent, seront réparties selon des critères

---

8. MARANGOU 1992a, p. 5, et 1996b, p. 150.

Carré X 30, NM-NR						
Phases DT	Niveaux	Figurines anthropomorphes	Figurines zoomorphes	Maquettes - *Divers*	Vases miniatures	Total
II C	surface		M 223			1
	sous 1	M 272				1
	sur 2	M 1774				1
	sous 2	M 321	M 327	M 331		3
	3		M 333			1
II B	sur 4		M 388			1
	4			M 527		1
	4 dans cendres foyer	M 479				1
	sous 4, bande E sous 4	M 419		M 526		2
	sur 5 sur 5, berme E	M 482 M 740				2
	entre 5-6		M 661			1
	6 contre paroi four		M 664			1
	entre surface et 6	M 651				1
	entre 6-7			M 1285		1
II A	8	M 790	M 751	M 750 M 1287 M 766	M 172	6
	sous 8	M 789				1
	10	M 1270		*M 1264*		2
I	sommet NM		M 1218			1
	sous 11	M 1555				1
	entre 11-12		M 1737			1
	déblais NM			M 1274 *M 1239*		2
	Total	12	9	8 + *2* = 10	1	32

Tabl. 4 — Provenance par niveau d'occupation et par phase des maquettes et figurines du carré X 30.

iconographiques en quatre rubriques : 1) les figurines anthropomorphes, 2) les figurines zoomorphes, 3) les maquettes – 3.1) les maquettes de mobilier, 3.2) les maquettes de dispositifs domestiques fixes, 3.3) les maquettes de maison, 3.4) les objets divers (inclassables) – et 4) les vases miniatures. À l'intérieur de chaque rubrique, sauf exception[9], les objets seront examinés séparément par période chronologique : NM, NR, BA, BR (DT I à IV). Les objets hors stratigraphie, dont le classement chronologique sur critères

---

9. Il n'a pas été jugé utile de traiter séparément les objets de l'une ou l'autre rubrique datant d'une période autre que le NR lorsque leur nombre est extrêmement restreint ; dans ce cas, ils ont été étudiés en bloc.

Secteurs B1 et A2, NM-BR/historiques						
Phases DT	Carré/niveau	Figurines anthropomorphes	Figurines zoomorphes	Maquettes - *Divers*	Vases miniatures	Total
IV/Hist.	R 25/berme surf.		M 1900			1
IV/Hist.	R 25/niv. 1	M 1855				1
IV	R 25/niv. 2 ?	M 1883				1
III	Q 24/12-9			M 642		1
III	R 27/niv. 5	M 13				1
III	R 24/niv. 12				M 113	1
III	R 24/niv. 16				M 124	1
II C	R 25	B 30				1
II C	R 25/26	C 38				1
II C	R 26/27	D 40				1
II C	T 24/7,28-6,70	M 1858			M 258	2
II B-C	T 25/5,95				M 265	1
II B-C	TU 25/6,50 (398)		M 1937			1
II B-C	TU 25/(391)		M 1938			1
II B-C	U 24/6,60 (336)		M 1913			1
II B-C	U 24/6,44 (350)				M 1935	1
II B-C	U 25/4,92 (321)		M 1890			1
II B-C	U 25/surf.		M 1904			1
II B-C	P 25/surf. (305)		M 1920			1
II B-C	R 25/surf.		M 1809			1
II B-C	R 25/surf.		M 1793			1
II B-C	R 24/(306)		M 1903			1
II B-C	R 25/26 berme		M 1902			1
II B-C	R 26/surf. 74/200			M 1818		1
II A	AA 29/surface	M 658				1
I	AA 29/surface	M 1560		M 649		2
?	R 26/surface		M 1788			1
Total		9	12	3	5	29

Tabl. 5 — Provenance par niveau d'occupation et par phase des maquettes et figurines des secteurs A 2 et B 1.

typologiques est possible, seront inclus dans les périodes majeures, ceux dont la datation reste incertaine étant classés à part. L'étude par rubriques est suivie des conclusions principales.

Les différentes rubriques comprennent l'étude de cinq aspects principaux. Les méthodes de *fabrication* (technique) ont rarement reçu dans le passé l'importance qui leur est due[10] ; nous avons donc voulu présenter ici un maximum d'informations, malgré l'absence regrettable d'analyses physico-chimiques.

---

10. À l'exception de Hourmouziadis 1994 ; voir aussi Ucko 1968 et Marangou 1992a ; 1997b.

Dans la *typologie* (forme), les différents types ont été définis en prenant en compte en même temps et dans l'ordre : les méthodes de fabrication, l'iconographie et la fonction inhérente (suspension, stabilité ou absence de stabilité). La classification selon les parties des figurines et leurs combinaisons possibles, utile pour des études déjà effectuées sur les figurines anthropomorphes[11] et avec des objectifs différents de ceux d'une publication, n'a pas été considérée pertinente pour la présentation compréhensible d'un matériel aussi complexe. D'ailleurs, en voulant traiter de l'ensemble des miniatures, et non seulement des figurines anthropomorphes, un système analogue aurait créé beaucoup plus de problèmes qu'il n'en aurait résolus. Comme on voulait également insister sur les miniatures qui ont généralement été négligées dans le passé, on a suivi le même schéma de présentation que pour les figurines. Dans le cas des figurines anthropomorphes, la distinction traditionnelle arbitraire entre figurines naturalistes et figurines schématiques a été suivie. Or tous les degrés et toutes les combinaisons de schématisme et de naturalisme sont possibles, ne serait-ce que par la possibilité de combiner des parties du corps plus ou moins abstraites, et le risque existe de classer un fragment sans connaître la partie perdue. Cependant, cette distinction a un sens surtout pratique à l'intérieur d'un matériel donné, si l'on fixe les limites de façon ponctuelle, sans vouloir généraliser – dans ce cas les innombrables possibilités de variation finiraient par brouiller la vue d'ensemble, et ce qui serait schématique sur un site pendant une phase donnée pourrait être naturaliste sur un autre site et/ou pendant une autre phase.

L'*évolution* trace la continuité durant les phases des périodes majeures[12] et procède à des rapprochements avec les sites culturellement et géographiquement proches. Il est cependant évident que les changements sont moins rapides d'une phase à l'autre par rapport à la céramique, les maquettes et figurines pouvant être conservées pendant des périodes plus longues. Leur périodisation est donc forcément moins détaillée ; leur fabrication et leur typologie plus conservatrices. Le contexte décrit la provenance, lorsqu'elle est connue ; et, finalement, l'*utilisation* présente les indices concernant les possibilités d'utilisation ou de fonction (caractères morphologiques, traces d'utilisation).

1. LES FIGURINES ANTHROPOMORPHES

1.1. Néolithique Moyen (Dikili Tash I)

M 631 (pl. 59 ; pl. 77)
Dimensions[13] : h. max. 5,8 ; l. max. 5,7 ; ép. max. 4,3.
Provenance[14] : W 30, dans les tessons entre k et l (niveau X).

---

11. Todorova 1980, Bartel 1981 et Talalay 1993.
12. Voir *supra*, p. 58.
13. Les dimensions sont exprimées en centimètres (cm).
14. La provenance des objets fait référence au secteur, puis au niveau où ils ont été trouvés. Concernant les objets égarés, qui n'ont donc pas pu être examinés, la description provient des fiches et photos des archives de la fouille et/ou des publications préliminaires.

Description : la partie inférieure du corps est conservée, modelée d'une seule pièce à partir des hanches jusqu'au bas du torse. La pâte est de couleur brun gris et de texture plutôt poreuse ; la surface est rouge, noire par endroits. Le ventre est marqué, les fesses sont très proéminentes, la taille cambrée ; les hanches sont larges et la taille plus fine. Le travail est soigné. Les jambes se dirigeaient vers l'avant.

Décor : il est composé d'incisions et de points. Partie avant : trois lignes incisées au centre descendent verticalement de la cassure vers le ventre. À droite et à gauche de la taille, deux cercles concentriques sont incisés. Des zigzags verticaux parallèles sont disposés entre les deux cercles, couvrant également le ventre. Au-dessous, une ligne horizontale sépare le haut du bas du corps, s'infléchissant légèrement en avant. Parallèle à la précédente, une autre ligne est visible en arrière et entourait probablement à l'origine les hanches. Entre les deux lignes parallèles, un décor est composé de motifs géométriques, de chevrons et de lignes parallèles. Au centre, on retrouvait probablement le même motif d'incisions que sur le dos.

Au dos, on observe sur les hanches des lignes horizontales incisées en deux groupes (5 à gauche et 4 à droite) et entre ces deux groupes un motif de chevrons opposés par la pointe ; ce dernier motif est séparé des deux groupes de lignes par des incisions verticales. Enfin, sur les fesses, deux cercles concentriques pointés sont incisés ; au-dessous, on voit le départ de lignes incisées verticales qui couvraient les cuisses. Sous les fesses et au milieu, on remarque de nouveau des traces d'un motif de chevrons. Sur le dos, au-dessus de la taille, des chevrons sont opposés symétriquement. Plus haut, des lignes verticales parallèles descendaient aussi du centre de la cassure vers la taille.

M 1237 (pl. 59 ; pl. 77)

Dimensions : h. max. 5,4 ; l. max. 6,8 ; ép. max. 2,25 ; l. cou 2,2 et ép. 1,4.

Provenance : X 29, sous le sol 12 (déblais).

Description : le torse et le cou de la figurine sont conservés. Celle-ci est façonnée dans une pâte relativement poreuse de couleur brun rouge clair, dont la surface n'est pas travaillée, à dégraissant minéral moyen à gros. Son profil est plat. Deux excroissances sur le dos figurent probablement les omoplates ; la gauche est plus grande. Entre elles un sillon vertical représente la colonne vertébrale. Seul le sein gauche est conservé, appliqué sur le torse (traces de l'ébauchoir). Le contour des bras est figuré sommairement, les épaules sont perforées de trous horizontaux d'un diamètre de 3 mm environ. Sans décor.

M 1270 (pl. 77 ; pl. F)

Dimensions : h. max. 2,6 ; l. max. 2 ; ép. max. 1,9 ; fente des yeux L. 1,7, l. 0,2, prof. 0,2.

Provenance : X 30, niveau 10, 2ᵉ zone de pierres, déblais.

Description : tête et cou. Pâte grise, poreuse à la cassure, contenant du gravier, à surface brun foncé non travaillée, avec des traces rouges sur le nez et le front. Le sommet du crâne est triangulaire, presque plat, modelé entre trois doigts. La tête est aplatie, légèrement concave à l'arrière. Le nez est pointu, les yeux renflés en amande, incisés profondément à l'horizontale, sur toute la largeur des joues. Angles marqués. Le cou semble avoir été assez long. On observe enfin une petite incision transversale légèrement oblique sur l'extrémité du nez.

M 1478 (pl. 59 ; pl. 77)

Dimensions : h. max. 3,1 ; l. max. 4,1 ; ép. max. 1,5.

Provenance : X 29, niveau 14.

Description : le torse, le cou et les bras pliés sur la poitrine sont conservés. La pâte est rouge brun à l'intérieur, à dégraissant minéral moyen, et contient de petits cailloux ; la surface est rouge noirâtre. La taille est cambrée. Les mains sont posées à plat, les doigts vers le bas. Les bras ont été modelés en relief, avec des bouts d'argile ajoutés qui auraient pu se décoller ; les doigts par contre sont indiqués par trois incisions pour chaque main.

Décor : deux incisions entourent chaque avant-bras. Trois chevrons sont incisés sur le cou, pointes en bas.

Publication : Deshayes 1973, p. 465, fig. 2 et p. 466.

M 1479 (pl. 59)

Dimensions : h. max. 3 ; L./l. 2 ; ép./l. 0,8.

Provenance : X 29, niveau 14.

Description : fragment de figurine humaine schématique (?). Pâte fine de couleur jaune gris, contenant un peu de gravier. Le fragment ressemble à certaines figurines humaines qui représentent des personnages avec leur siège quadripode. Un pied est conservé, trois sont cassés à leur naissance. Brisé au niveau de la taille – ou du cou.

M 1555 (pl. 59 ; pl. 77)

Dimensions : h. max. 5,3 ; l. max. 3,7 ; ép. max. 2,8.

Provenance : X 30, à 16-15 cm sous le niveau 11 (?).

Description : la partie inférieure du corps est conservée à partir de la taille. Elle est façonnée dans une pâte gris noir, à dégraissant minéral fin à moyen. Le modelé est prononcé, les fesses sont très proéminentes, la taille cambrée. Le haut des fesses est plat. Les jambes s'amincissent progressivement vers le bas et se terminent presque en pointe ; les pieds ne sont pas indiqués ; la jambe droite avance légèrement par rapport à la gauche. Les jambes ont été modelées séparément et collées ensemble ensuite : on distingue bien leur séparation. Des traces d'outil et des empreintes digitales sont visibles. La figurine peut tenir assise. La taille cassée était fine.

Décor : sans décor ; seules deux petites incisions (accidentelles ?) sont visibles au-dessus de l'aine.

M 1560 (pl. 59 ; pl. 77)

Dimensions : h. max. 5,1 ; l. max. 2,5 ; ép. max. 2,2.

Provenance : AA 29, couche de surface.

Description : la partie inférieure du corps, à partir du bas du torse, est conservée. La pâte est rouge, à dégraissant minéral fin à moyen ; en surface la couleur est changeante, gris noir au dos et sur les côtés, rouge devant avec des traces de noir. Le torse est plat, la taille et les hanches ont la même largeur, le profil avant est presque rectiligne, les cuisses sont étroites, tandis que les fesses sont très saillantes. Les fesses et les jambes sont séparées à l'avant et au dos par une incision. Les extrémités des pieds sont cassées. On remarque des trous (accidentels ?) entre les jambes, devant et derrière, et un autre encore, devant, sur la hanche droite. Le triangle pubien est incisé maladroitement, avec une fente (?) au milieu. La figurine pourrait tenir assise, les jambes en avant, légèrement pliées aux genoux, le dos penché vers l'arrière, mais elle semble plutôt avoir été représentée debout.

Décor : des incisions légères et irrégulières ; sur la partie supérieure du corps, à l'avant et au dos, des chevrons superposés, pointe en bas.

M 1577 (pl. 59)

Dimensions : h. max. 3,2 ; l. max. 3,6 ; ép. max. 2,2.

Provenance : X 29, niveau 14.

Description : la moitié droite du bassin est conservée. Pâte rouge, à dégraissant minéral moyen à gros ; surface noire, abîmée du côté droit. La fesse est arrondie et très proéminente. Les deux moitiés du bassin ont été modelées séparément puis collées. Une incision séparait les fesses et les cuisses à l'arrière. Il reste des traces d'empreintes digitales. La figurine peut tenir assise.

Décor : sur le dos, une incision horizontale et au-dessus quatre autres formant un M (?). Entre le ventre et le haut de la cuisse, trois incisions obliques parallèles se dirigent de la hanche vers l'aine.

M 1585 (pl. 60 ; pl. 77)

Dimensions : h. max. 7,4 ; l. max. 7,8 ; ép. max. 2,75.

Provenance : X 29, niveau 14.

Description : le torse est conservé, la tête manque. La pâte a une couleur rouge brun partiellement brûlée, l'intérieur est brun ; le dégraissant est minéral, moyen à gros. La figurine est grossièrement réalisée, d'un profil très plat. Les dorsaux sont très marqués, un sillon plat sépare les omoplates, les seins ne sont pas figurés. La taille, creusée des deux côtés, est très cambrée, ce qui suggère peut-être que la figurine faisait partie d'un support. La section est courbe devant, rectiligne au dos, l'épaisseur augmente vers la cassure. Les bras sont rendus sommairement, le moignon droit étant cassé au bout ; ils sont dirigés vers l'avant. Deux doubles perforations, dont l'une est cassée, traversaient horizontalement les bras ; leur diamètre est de 2 à 2,5 mm. Une perforation axiale d'environ 2 cm traverse le cou dans le sens de la longueur. Du côté droit, il y a une cassure. La surface du dos était égalisée, pas celle de l'avant. Sans décor.

M 1726 (pl. 60)

Dimensions : h. max. 4,6 ; l. max. 2,2 ; ép. max. 3,5.

Provenance : X 29, niveau 14, 5ᵉ passe.

Description : la fesse saillante et arrondie et la cuisse gauches sont conservées. Pâte jaunâtre gris, à dégraissant minéral moyen, jaunâtre en surface, grise entre les jambes et sur les fesses. La cuisse est perforée dans le sens de la longueur jusqu'à une profondeur d'au moins 2,5 cm, ce qui pourrait indiquer l'emplacement d'un noyau en bois. Les deux moitiés de la partie inférieure du corps ont été modelées séparément. Une empreinte digitale est visible à l'intérieur de la cuisse, à l'endroit où l'autre cuisse aurait dû être collée. La figurine peut tenir assise.

Décor : il est constitué d'une incision à l'avant, entre la hanche et l'aine, indiquant la séparation de la cuisse et du bassin et formant le triangle pubien, ce dernier marqué par une incision verticale.

D 17 (pl. 60)

Dimensions : h. 3,7 ; L. 4,8 ; l. 2,7.

Provenance : inconnue.

Description : fragment de fesse et cuisse droites (?) de figurine assise. Pâte brune, à dégraissant minéral moyen, à surface grise. La partie gauche manquante avait probablement été modelée séparément et collée ensuite.

Technique

Les figurines de cette période ont été modelées dans une pâte de couleur rouge, brun ou gris, à dégraissant minéral fin à gros. La surface présente parfois des parties noires ou grises, résultant probablement d'une mauvaise cuisson. La partie supérieure du corps a été façonnée dans un seul noyau de pâte ; la partie inférieure est composée de deux moitiés qui ont été modelées séparément et par la suite collées (**pl. 59 et 77, M 1555 ; pl. 59, M 1577 ; pl. 60, M 1726 et D 17**). Dans un cas (M 1726), nous distinguons sur le côté intérieur de la cuisse une empreinte digitale à l'endroit même de l'attache, la cuisse étant elle-même perforée sur une longueur de 2,8 cm : une cheville en bois avait apparemment été utilisée lors du modelage. Les détails anatomiques, seins (**pl. 59**, M 1237) et bras repliés (**pl. 59** et **77**, M 1478), étaient appliqués dans un second temps. Les doigts étaient ensuite incisés au point d'attache sur la poitrine.

Malheureusement, aucune figurine entière du NM ne nous est parvenue ; par conséquent les rapports entre têtes, parties supérieures et parties inférieures du corps conservées ne sont qu'hypothétiques. Étant donné que les têtes sont brisées, nous ne savons pas de quelle façon elles ont été collées sur les épaules dont elles se sont détachées. Selon toute probabilité elles avaient été modelées séparément avec le cou, comme l'unique tête conservée M 1270, et par la suite introduites ou, plus probablement, fixées à l'aide de chevilles en bois qui s'inséraient dans une perforation axiale du torse, comme semble l'attester l'exemplaire M 1585, pourtant schématique, qui est perforé sur une profondeur de 1,5 cm. Ce système de fabrication rapproche les figurines de DT I des figurines plus anciennes de Néa Nikomédia[15] (NA) ou de Jasa Tepe[16] (Karanovo III) à jambes, bras et tête articulés, mais aussi de celles, plus ou moins contemporaines, de Dimitra I-II[17].

M 631 (**pl. 59** et **77**) diffère par son riche décor incisé[18] et par sa forme des autres figurines du NM de Dikili Tash. Ses jambes ne sont pas conservées, cependant leur fabrication aussi a dû être différente : rien ne prouve un modelage séparé ; il s'agirait plutôt, d'après la partie des fesses conservée, d'un modelage en bloc, à partir d'une boule d'argile.

M 1560 (**pl. 59** et **77**) a été modelée sur un seul noyau de pâte, le haut et le bas ensemble. Seuls quelques trous fins entre les jambes et une incision verticale à l'avant et à l'arrière les séparent. Le profil est très plat à l'avant, le dos est beaucoup plus soigné, les fesses très proéminentes.

Les figurines schématiques ont été fabriquées de façon différente : le modelage plus simple de la partie conservée a été effectué sur une motte d'argile aplatie. Par contre, la tête a pu être fixée à l'aide d'une cheville[19].

Forme

Les dix exemplaires provenant de niveaux du NM, ainsi qu'un objet de type similaire, trouvé en surface, sont divisés en trois types, figurines naturalistes, figurines schématiques et tête.

Type A

Il englobe quatre catégories de figurines naturalistes.

---

15. RODDEN 1964, NANDRIS 1970a.
16. GEORGIEV 1961, fig. 4, 1a-c.
17. MARANGOU 1997b, pl. 62 et 68a-c.
18. Voir *infra*, p. 70-71.
19. Voir *supra*, p. 68.

a) La première comprend quatre fragments qui représentent la partie inférieure d'un corps féminin (assis?). Les parties inférieures de figurines naturalistes (**pl. 59** et **77**, M 1555 ; **pl. 59**, M 1577 ; **pl. 60**, M 1726 ; auxquelles il faut sans doute ajouter D 17 [**pl. 60**], trouvé en surface) ont des fesses très saillantes, leurs jambes sont collées entre elles et s'amincissent vers leurs extrémités, aboutissant à des pointes ; si l'on en juge par la cambrure de la taille fortement indiquée, dans un cas même excessive, le haut des fesses étant très plat, et par l'avancement des jambes, les figurines pourraient être représentées semi-assises. Leur section à la hauteur de la taille est en demi-lune. Le triangle pubien est incisé sur un exemplaire (M 1726). Les dimensions maximales conservées des exemplaires de ce type[20] montrent qu'il s'agissait de figurines qui ne dépassaient pas, ou à peine, la dizaine de centimètres.

b) M 1478 (partie supérieure) (**pl. 59** et **77**) a été trouvé sur le même sol que M 1577 (**pl. 59**) et M 1726 (**pl. 60**), ainsi que l'exemplaire schématique M 1585 (**pl. 60** et **77**) ; il pourrait provenir d'une figurine de type similaire naturaliste dont il manque la partie inférieure, mais il est peu probable qu'il ait appartenu au même objet que l'un des autres fragments naturalistes, même si ses dimensions d'origine ne devaient pas s'en éloigner tellement. Il faut noter par contre que les autres torses conservés du NM (de type schématique)[21], très différents du point de vue technique des types naturalistes, sont en outre de dimensions plus importantes par rapport à la moyenne des parties inférieures naturalistes.

c) La figurine fragmentaire M 1560, représentée debout, qui provient d'une couche de surface, est classée ici (**pl. 59** et **77**), mais ce qui en reste la rapproche plutôt du point de vue typologique de quelques fragments de figurines de Sitagroi I ou II, à jambes plus étroites vers les pieds et légèrement aplaties ; une ligne incisée de haut en bas délimite la cuisse et la jambe mince[22] ; un autre exemplaire provient de Dimitra Ib[23] ; elle se rapproche même de celles de Karanovo I, debout, fesses très saillantes, jambes séparées par une incision à l'avant comme à l'arrière et torse plat et fin[24]. La taille de l'exemplaire de Dikili Tash n'est pourtant pas marquée, les pieds sont plus petits ; son décor incisé en chevrons parallèles la rapproche en outre de l'exemplaire de Sitagroi I, orné d'un zigzag incisé. La figurine M 1560, qui présente un torse combiné à une partie inférieure du corps bien plus volumineuse, pourrait fournir un indice supplémentaire pour associer le torse plat M 1478 à une partie inférieure de figurine à fesses saillantes. Ses dimensions d'origine seraient comparables à celles des deux premières catégories.

d) M 631 (**pl. 59** et **77**) présente des caractères exceptionnels dans le matériel du NM de Dikili Tash ; en fait, elle a été découverte dans un niveau ancien du NM. Cette

---

20. Entre 5,8 et 3,1 cm pour la hauteur, 5,7 et 2,2 cm pour la largeur et 4,3 et 1,5 cm pour l'épaisseur.
21. Voir *infra*, p. 71.
22. M. GIMBUTAS, dans *Sitagroi* 1, fig. 9.103 (nᵒ 3, décorée, phase I) et 9.110 (nᵒ 61, « phase II ou III »).
23. MARANGOU 1997b, pl. 64c.
24. GEORGIEV 1961, fig. 3, 1a-c (Karanovo I). Voir STALIO 1977, fig. 86 (Vinča, NM, musée de Belgrade).

partie inférieure de corps modelée en une pièce des hanches au début du torse a le ventre marqué, les fesses très proéminentes, les hanches larges et la taille plus fine et cambrée. Probablement était-elle représentée assise. Elle aurait été plus grande que les autres exemplaires naturalistes, dépassant sans doute les 15 cm.

Type B

Il comprend deux catégories de figurines schématiques.

a) Deux fragments de torses aplatis à bras moignons perforés horizontalement. Dans l'un des deux, il s'agit de perforations doubles. Les omoplates sont rendues en relief, la colonne vertébrale est indiquée par un creusement ; les bras avancent légèrement ; dans un cas, le sein gauche est représenté en relief. Dans l'autre, conservé jusqu'au début des hanches, la taille est rentrée (**pl. 59** et **77**, M 1237 ; **pl. 60** et **77**, M 1585). Il n'est pas exclu que ces fragments aient appartenu à l'origine à des récipients : cela expliquerait qu'un seul côté ait été égalisé (sur M 1585, le côté rentré) et que la section de la taille forme un ovale allongé qui s'élargit vers le bas (M 1585). Les perforations des bras, très courantes dans l'aire Vinča, pourraient indiquer une suspension ou la fixation d'appendices périssables. Les dimensions maximales conservées[25] suggèrent que, à l'origine, les exemplaires étaient relativement grands, de l'ordre d'une quinzaine de centimètres dans le cas de figurines debout.

b) Un exemplaire tétrapode (**pl. 59**, M 1479) devrait sans doute être classé dans les figurines schématiques, encore qu'il faille démontrer qu'il s'agit effectivement d'une représentation anthropomorphe. Cela pourrait être une figurine schématique unie à son siège. Le site voisin de Sitagroi a fourni des exemplaires similaires à quatre (phase II) ou à trois pieds (phase III)[26]. Les dimensions d'origine étaient très petites, sans doute d'environ 5 cm.

Type C

Une unique tête naturaliste (**pl. 77** et **F**, M 1270) constitue cette catégorie, puisqu'elle ne peut être combinée à aucun des torses ou parties inférieures des catégories naturalistes précédentes, même si ses dimensions d'origine ne devaient probablement pas en être très éloignées. De toute manière, elle a été trouvée dans un niveau plus récent que les autres et son appartenance au NR est également envisageable. Le cou est assez long, mais rien n'indique qu'il ait été fixé dans une perforation prévue entre les épaules, selon le système utilisé pour la fabrication des figurines du NM[27]. La tête est modelée entre les doigts, le nez est pointu et les yeux rendus par des incisions profondes et longues à bords épais, parallèles au front triangulaire. Une petite incision a été pratiquée sur l'extrémité du nez.

---

25. H. 5,4 et 7,4 cm ; l. 6,8 cm ; ép. 2,25 cm.
26. M. GIMBUTAS, dans *Sitagroi* 1, n°ˢ 97 et 16, fig. 9.81-82.
27. Voir *supra*, p. 69.

Décor

Le décor incisé sur les figurines naturalistes (les figurines schématiques n'étant pas décorées) est relativement rare. Un motif de chevrons superposés, pointe en bas, orne le cou de M 1478, dont les poignets portent en outre de petits traits incisés, ainsi que le torse et le dos de M 1560 (**pl. 59** et **77**). Par ailleurs, M 1577 (**pl. 59**) présente un motif de trois lignes parallèles obliques sur la région pubienne et un autre, composé d'une ligne horizontale surmontée de quatre traits obliques, sur le dos[28]. M 631 (**pl. 59** et **77**) a un décor exceptionnellement riche, composé de lignes incisées verticales, de lignes parallèles, de chevrons et de cercles concentriques sur le dos, de lignes verticales, de cercles concentriques, de zigzags et de chevrons opposés sur le devant. La richesse de son décor et la forme de la partie conservée le rapprochent des figurines de Gradešnica (Karanovo V)[29] et de celles de Kalojanovec (Stara Zagora, Karanovo IV), avec des spirales sur les fesses et des chevrons sur le dos[30]. Quelques figurines de Sitagroi (phase II) portent également des spirales sur les fesses, des lignes et des zigzags[31].

Évolution

J. Deshayes s'étonnait, en 1970, de l'absence de figurines dans les niveaux du NM, en particulier dans le carré AA 29, ce qui contrastait avec le riche matériel de Vinča[32]. Cette absence s'est avérée, avec la poursuite des fouilles, être plutôt une rareté relative dans les autres carrés du NM. Les figurines de DT I proviennent en effet (**tabl. 1-5**) surtout du carré X 29, dont cinq du niveau 14 (M 1478, M 1479, M 1577, M 1585, M 1726) et une sous le niveau 12 (M 1237); deux figurines du carré X 30 (sous le niveau 11, M 1555, et niveau 10, déblais, M 1270; la dernière pouvant dater du NR); une figurine (M 631) a été trouvée dans des strates plus anciennes, entre les niveaux k et l (X) du carré W 30[33]. Types schématiques et naturalistes coexistent : ils ont été découverts dans le même niveau 14 du carré X 29, qui correspond, avec le niveau 13 du même carré et les niveaux 11 et 12 de X 30, aux dernières phases du NM[34]. Si deux figurines sont plus anciennes que les autres, dont l'une trouvée en stratigraphie (M 631) et l'autre en surface (M 1560), la plupart des figurines anthropomorphes mais aussi les zoomorphes et les meubles/vases miniatures[35] du NM proviennent des phases récentes de la période[36]. Deux figurines (la schématique M 1237 et la tête M 1270) ont été découvertes dans des niveaux plus récents (respectivement sous le niveau 12 de X 29 et

---

28. Voir Höckmann 1968, n° 1295, ainsi que Mylonas 1929, n° 8.
29. Nikolov 1970, fig. 3,8 (niveau C) et 13 ; Nikolov 1974, fig. 56 (niveau B, Karanovo V).
30. Georgiev 1967, fig. 22.
31. Voir, par exemple, M. Gimbutas, dans *Sitagroi* 1, n° 57 et 59, fig. 9.15 et 9.18 ; également, fig. 9.12, n° 39, accroupie, à torse décoré de profil relativement plat.
32. Deshayes 1970b, p. 808.
33. Étapes 2 et 3 du NM selon C. Commenge-Pellerin, dans *Dikili Tash* I, 2, p. 45.
34. L'étape 4, selon le même, *ibid.*, p. 46.
35. Voir *infra*, p. 132-134.
36. Niveaux 11 et 12 de X 30 et 13 et 14 de X 29 : *ibid.*

dans les déblais du niveau 10 de X 30, ces deux niveaux étant les premiers du NR[37]), et l'une d'entre elles au moins (M 1270) pourrait appartenir au NR[38].

La méthode de fabrication avec des parties chevillées, recouvertes ensuite d'argile, a déjà été rapprochée plus haut des figurines de Néa Nikomédia et de Jasa Tepe, auxquelles il faudrait ajouter celle de Kovačevo déjà au NA[39]. La fabrication, en particulier, de la partie inférieure du corps (fesses et cuisses-jambes), proportionnellement plus volumineuse que le torse, en deux moitiés séparées après le modelage et avant la cuisson est également attestée à Servia au NM[40], où l'on remarque en plus les trous qui témoignent de l'utilisation de chevilles dans la partie intérieure des fesses/cuisses ; ces dernières seront par la suite séparées de nouveau[41]. La même technique est utilisée à Usoe I (NM)[42] et sur le site près de Nova Zagora datant de Karanovo IV[43]. Le site de Ruse a également fourni des jambes de figurines en terre cuite perforées par des chevilles[44], tout comme celui de Dimitra, où l'on distingue même une évolution dans ce système de fabrication d'une phase à l'autre[45].

Les torses plats et les parties inférieures à fesses saillantes de DT I ne sont pas sans rappeler les figurines de Vinča[46] qui ont un torse relativement mince et dont les fesses sont arrondies et extrêmement volumineuses[47] ; la combinaison d'un torse plat et d'un bas stéatopyge se situe dans les « normes ». D'autres figurines encore, à Goljamo Delčevo[48], à Karanovo (déjà au niveau III)[49] et à Servia[50], présentent ces mêmes caractères.

La disposition des mains sur la poitrine est ancienne et très répandue ; on en connaît plusieurs exemples au NA et au NM : en Thessalie[51], à Néa Nikomédia[52] et à Servia[53]. Par ailleurs, les figurines de Vinča adoptent elles aussi la position assise et leur triangle

---

37. Voir *Dikili Tash* I, 1, p. 24 et 25.

38. Les carrés X 29 et X 30 sont localisés sur le flanc du tell et, à cause de sédiments de ruissellement accumulés qui ont pu ne pas être identifiés lors de la fouille, une partie du matériel du NM risque d'être hors contexte : *Dikili Tash* I, 2, p. 45.

39. LICHARDUS-ITTEN *et al.* 2002, p. 125 et 158, pl. 22, nos 12 et 15.

40. RIDLEY, WARDLE 1979, pl. 26 (d) ; PHELPS 2000, p. 198, fig. 4.29 (SF 219 et 216), pl. 4.14.

41. *Ibid.* et RIDLEY, RHOMIOPOULOU 1972, fig. 11-12. Le même procédé a été utilisé à Vassilika (GRAMMENOS 1984, phot. 60, 34) et à Dimitra (MARANGOU 1997b, pl. 62).

42. Deux moitiés collées et chevillées, recouvertes d'une couche d'argile : TODOROVA, ZLATARSKI 1978, p. 2.

43. Perforations du corps et à l'endroit de fixation des membres : KANČEVA 1989, p. 43.

44. GEORGIEV, ANGELOV 1952, fig. 150.

45. MARANGOU 1997b, pl. 62, 65, a, c, f (Dimitra Ib et II) et pl. 68, a-b (Dimitra Ia et II).

46. LETICA 1964, fig. 2 à gauche ; GIMBUTAS 1982, fig. 2 ; GIMBUTAS 1976, pl. 12, catalogue no 1 (période Ib).

47. Voir PHELPS 2000, pl. 4.15, SF 145 (NM).

48. TODOROVA 1976, p. 122, fig. 1 et 3.

49. GEORGIEV 1961, fig. 3, 2a-c, et GEORGIEV 1967, fig. 20.

50. PHELPS 2000, pl. 4.14, SF 219, fig. 4.29, SF 219 et SF 145 (NM).

51. Plusieurs dans HOURMOUZIADIS 1994.

52. RODDEN 1964, fig. 1.

53. RIDLEY, WARDLE 1979, pl. 26d ; PHELPS 2000, fig. 4.28, pl. 4.13, SF 716 (NA), fig. 4.29, SF 219 (NM).

pubien est marqué ; tout au long de ces périodes, le triangle incisé qui entoure le cou est récurrent[54] : sur l'exemplaire de Dikili Tash, il s'agit de trois chevrons superposés pointe en bas. Un autre parallèle provient de Sitagroi[55].

La ressemblance de M 631, unique en son genre à Dikili Tash, avec des exemplaires de Gradešnica, Sitagroi II et Kalojanovec (Karanovo IV-V) a déjà été soulignée plus haut. D'autres similitudes apparaissent à Banjata[56], Jasa Tepe[57] ou même Ovčarovo[58] dans les motifs peints de certaines figurines de la « scène de culte », ainsi qu'à Nova Zagora (Karanovo IV)[59].

Les figurines schématiques à épaules perforées trouvent des parallèles à Sitagroi (phase II surtout) – la moitié des figurines schématiques de ce site (qui sont cependant décorées) ont des perforations à travers les épaules ou en diagonale[60] ; dans les figurines naturalistes[61], mais aussi dans celles qui sont schématiques, en forme de planche, de Vinča[62] ; dans celles aux bras indiqués et perforations doubles sur le torse d'Ovčarovo (horizons XI et XII)[63]. Du site de Paradimi provient aussi une figurine plate, à perforations à travers les épaules[64]. Certaines figurines de Dimitra Ib ont une partie supérieure plate et décorée ; d'autres, également plates, de la phase II, ont des perforations à travers les épaules[65]. Un autre parallèle du NR a été découvert à Hasan Magoula[66]. Une figurine schématique à profil plat, taille cambrée et bras moignons, sans perforations, est aussi répertoriée à Čuka (phase III, continuation du groupe de Porodin, NR de Pélagonie)[67].

La figurine (?) tétrapode unie à son siège rappelle des exemplaires, également non décorés, de Sitagroi II[68].

Des têtes de types proches de M 1270 (**pl. 77** et **F**) ont été trouvées à Servia et paraissent montrer une évolution depuis des phases plus anciennes du Néolithique[69],

---

54. VASIĆ 1936, p. 94, fig., pl. XCI (nᵒˢ 423, 427), CVI (nᵒ 500), CVII (nᵒ 502), CXVIII (nᵒ 550). Voir aussi HÖCKMANN 1968, T. 34, nᵒ 1295, pour les chevrons, et l'exemplaire cité plus haut, nᵒ 1291, pour les « bracelets » qui rappellent ceux de M 1478.

55. M. GIMBUTAS, dans *Sitagroi* 1, fig. 9.11, nᵒ 159 : chevrons à l'avant et à l'arrière.

56. DETEV 1950, fig. 25, deuxième à partir de la droite (« couche supérieure »).

57. DETEV 1960, fig. 49, troisième rang, à gauche : spirales sur les fesses.

58. TODOROVA *et al.* 1983, pl. 89, 4-7.

59. KANČEVA 1989, pl. 3, nᵒˢ 20, 23, 24.

60. M. GIMBUTAS, dans *Sitagroi* 1, fig. 9.2, 4, 12, 13, 87, pl. XLV:2 et XLVIII:1.

61. VASIĆ 1931, pl. XXX.

62. VASIĆ 1936, nᵒˢ 450, 451, 468, 471, 480, fig. à la p. 95 et 96, pl. XCV, XCVII.

63. TODOROVA *et al.* 1975, pl. 71 (5), 78 (9) et 79 (9).

64. BAKALAKIS, SAKELLARIOU 1981, p. 69, pl. 72,5 et XLV, 7.

65. MARANGOU 1997b, pl. 64a-b.

66. HOURMOUZIADIS 1973, pl. 73 à droite.

67. KITANOSKI, SIMOSKA, TODOROVIĆ 1978, nᵒ 74 et fig. à la p. 27.

68. M. GIMBUTAS, dans *Sitagroi* 1, fig. 9.56 et 9.81 (nᵒˢ 13 et 16) ; fig. 9.82, nᵒ 97 (phase III) ; voir *supra*, p. 71.

69. RODDEN 1962, pl. XLI, 1-2 ; NANDRIS 1970a ; PHELPS 2000.

tels les *rod heads*[70], comme par exemple à Néa Nikomédia[71]. Certaines figurines de Sitagroi (phase II)[72] de type schématique, d'Anza II[73] ou de Gradešnica (niveau B)[74], à front triangulaire, avec des yeux profondément incisés, ou même des yeux « en grain de blé » typiquement thessaliens[75], pourraient offrir des parallèles plus convaincants.

Contexte et utilisation

Nous avons des renseignements sur le contexte de découverte de cinq des figurines anthropomorphes des dernières étapes du NM : dans un cas (M 1555 ; sous le niveau 11 de X 30), la figurine a été mise au jour avec des ossements ; dans un autre (M 1726), la figurine était accompagnée de tessons et d'ossements dans une zone de pierres ; cette dernière figurine, ainsi que M 1479 et M 1726, la zoomorphe M 1484 (**pl. 65**) et la maquette de meuble ou de vase M 204 (**pl. 70**) proviennent des mêmes carré et niveau (carré X 29, niveau 14) que trois autres figurines anthropomorphes (M 1478, M 1577, M 1585) qui ont été trouvées plus ou moins ensemble, accompagnées d'un tabouret ou vase miniature (**pl. 70**, M 1761), d'un pied de vase et d'outillage lithique. Cette association pourrait être significative[76] et, en tout cas, montre une concentration dans le temps et l'espace de maquettes et de figurines diverses au NM.

Les perforations des bras des torses schématiques ont pu servir à accrocher une sorte de parure[77] ou bien à suspendre la figurine. Par contre, les figurines dont la partie inférieure est conservée et dont les pieds se terminent pratiquement en pointe pourraient avoir été posées sur un support ou par terre, assises. La figurine « debout » M 1560 a les extrémités des pieds brisées, mais il paraît peu probable qu'elle ait pu à l'origine reposer sur eux : les chevilles sont trop fines et les fesses trop saillantes pour qu'elle ait pu garder l'équilibre ; elle serait plutôt semi-assise.

Les cassures des figurines naturalistes du NM se situent au cou, à la taille ou encore à la jonction entre les fesses (et les cuisses). Or, les figurines schématiques sont aussi cassées au niveau de la taille. La cassure peut être intentionnelle, mais ces endroits précis représentent techniquement les points faibles de la figurine fabriquée en noyaux séparés.

La fréquente découverte de cuisses/jambes isolées a en effet fait penser à une séparation intentionnelle des cuisses/fesses des figurines, modelées séparément et réunies après cuisson. Cela a été constaté surtout dans le sud de la Grèce, pour le NM dans le nord

---

70. Nandris 1970a.

71. Qui sont cependant différents : Rodden 1962 et Nandris 1970a.

72. M. Gimbutas, dans *Sitagroi* 1, n° 83, fig. 9.127.

73. Gimbutas 1976, pl. 19 (« ornithomorphe ») et catalogue n°s 12-14.

74. Nikolov 1974, fig. 8.

75. Σταρόσχημα au lieu de *coffee-bean eyes* : Hourmouziadis 1994, p. 217, n. 72, fig. 26, surtout en bas à droite.

76. Voir *infra*, p. 103-105.

77. Gimbutas 1974 parle longuement des perforations des bras et de la tête ; voir Marangou 1992a, p. 206-208, et 1993.

du Péloponnèse (Franchthi, Corinthe, Lerne, Akratas, Aséa : *split-leg* figurines)[78]. Parmi ces figurines, l'un des fragments de Corinthe[79] porte devant le même type d'incisions que M 1577. On ne peut étayer l'hypothèse proposée qu'il s'agisse ici d'objets utilisés lors d'une alliance quelconque entre individus ou villages, mais la question mérite d'être posée et suivie à l'avenir. En tout cas, cette séparation a pu être influencée par la technique, peut-être même anticipée sciemment lors de la fabrication.

1.2. Néolithique Récent (Dikili Tash II)

M 154 (pl. 60)

Dimensions : h. max. 4 ; l. max. 2 ; ép. max. 2,15.

Provenance : W 29, sous le niveau 1.

Description : moitié inférieure droite de figurine féminine, fesse et cuisse. Pâte fine rouge clair, à dégraissant minéral fin, avec des traces noires sur le côté extérieur de la jambe. La figurine était assise.

Décor : au moins trois incisions légères unissent la hanche à l'aine.

M 156 (pl. 60 ; pl. 78)

Dimensions : h. max. 7,5 ; l. max. 2,95 ; ép. max. 3,8.

Provenance : W 29, 2e couche de surface.

Description : fesse, cuisse et genou droits. Pâte rouge, à dégraissant minéral moyen, à surface noire, sauf entre les jambes/cuisses, à l'endroit où elles étaient collées à la moitié gauche. Figurine bien modelée, les fesses étaient arrondies, les genoux pliés.

Décor : double incision profonde horizontale sur les hanches, formant le triangle pubien. Des traces d'incrustation blanche dans les incisions.

M 195

Dimensions : h. max. 3,3 ; l. max. 2,25 ; ép. max. 2,8.

Provenance : X 29, niveau 1.

Description : partie de fesse et de cuisse gauches de figurine féminine. Pâte rouge brun, poreuse, à dégraissant minéral moyen ; surface égalisée. La figurine tient assise. On distingue l'endroit où l'autre cuisse était collée.

Décor : incisions verticales légères le long des cuisses, d'autres plus petites en oblique.

M 196 (pl. 60 ; pl. 78 ; pl. F)

Dimensions : h. max. 5,9 ; l. max. 3,55 ; ép. max. 1,5.

Provenance : X 29, couche jaune avant le niveau 2.

Description : manquent la tête, le sein gauche, une partie du bras gauche et le bras droit. La pâte est rouge clair en surface, brune à l'intérieur, avec un dégraissant minéral moyen. Le profil est assez plat, à l'exception des saillies du ventre, du sein et des fesses. Les jambes sont soudées et s'amincissent vers le bas, se terminant presque en pointe ; leur séparation est indiquée par une incision à l'avant comme à l'arrière. Les bras étaient tendus sur les côtés. On remarque une perforation verticale (1,5 cm) à l'inté-

---

78. Phelps 1987 et Talalay 1987.
79. Phelps 1987, n° 10, p. 243, pl. 34.

rieur du cou. La figurine paraît avoir été aplatie par accident au niveau des hanches : elle peut tenir couchée. Certains des traits profonds semblent avoir été réalisés avec un instrument fourchu.

Décor : des incisions légères couvrent les fesses et les cuisses à l'arrière ; au-dessus des fesses une ligne horizontale est profondément incisée. Une rangée de points au-dessus et une en dessous de cette ligne. Sur le dos, des incisions en arc de cercle ; entre la cassure du cou et les épaules, de nombreuses incisions verticales. Le triangle pubien est incisé. Sur le ventre, quatre incisions dont trois plus profondes se dirigent en oblique vers la hanche gauche. Une autre (accidentelle ?) unit le ventre au bras gauche. Sur le devant des cuisses, des traits plus ou moins profonds sont incisés, dont certains sont esquissés de façon irrégulière. Sur les deux côtés du dos, au-dessus de la ligne horizontale incisée, une excroissance arrondie est entourée d'une incision.

Publication : Marangou 1992a, fig. 71b.

M 209 (pl. 61)

Dimensions : h. max. 4,5 ; l. max. 4,1 ; ép. max. 1,35.

Provenance : W 29, trouvé parmi les tessons, entre les niveaux 1 et 2.

Description : la partie conservée pourrait être le cou et le haut du corps ou la taille et les hanches. La pâte est gris noir à dégraissant minéral fin et la surface de couleur brune. Le profil est très plat. Les côtés du cou/taille jusqu'à l'épaule/hanche forment des lignes courbes. On remarque une dépression horizontale sur l'une des faces plates, comme pour séparer les hanches (?) du torse.

M 219 (pl. 61 ; pl. 78)

Dimensions : h. max. 4,1 ; l. max. 3,7 ; ép. max. 1,6.

Provenance : X 29, niveau 1.

Description : partie supérieure de figurine humaine à partir de la taille. Pâte jaunâtre mal épurée, à gros dégraissant minéral, à surface grise. Il manque un bras, l'autre est tendu sur le côté (gauche) en forme d'aile triangulaire. Le dos est droit, la tête levée, avec un front horizontal et un nez pointu. La bouche (ou le menton) est proéminente. Les yeux en amande sont indiqués par deux incisions horizontales. Empreintes digitales ?

M 220 (pl. 61 ; pl. 78)

Dimensions : h. max. 7,4 ; l. max. 4,55 ; ép. max. 2,8.

Provenance : W 30, niveau II.

Description : fragment de la partie supérieure d'un corps féminin de la tête au début des hanches (manquent les bras). Argile gris rougeâtre, à dégraissant minéral moyen, avec des traces noires (bras, sein droit, menton, cheveux, œil droit), grises et rouges en surface. Le bas du corps, au moins, a été modelé en creux ou avec un noyau intérieur organique. La forme du visage est triangulaire, le menton pointu, le nez droit, étroit, proéminent, cassé à son extrémité, le front horizontal. Des lignes incisées horizontales indiquent les yeux et la bouche, ainsi que les arcades sourcilières. La chevelure est rendue par des lignes incisées légèrement ondulées jusqu'aux épaules, tombant entre des omoplates nettement marquées. Les cheveux tombent sur le front jusqu'aux sourcils. Les seins sont pointus, avec un trou profond de 1 mm à chaque mamelon.

Décor : deux lignes incisées entourent le cou et s'arrêtent de part et d'autre de la chevelure ; une troisième descend en U entre les seins et forme deux lignes convergentes sur le dos ; celles-ci passent entre les omoplates et forment un V jusqu'à la taille. À l'attache du bras, sur l'épaule droite, on note un trou profond ; sur l'épaule gauche, un autre trou se trouve plus haut, dans l'incision extérieure qui souligne le cou. Sur le haut du bras droit, on distingue une incision horizontale ; une autre unit le bras et le sein droit. Une autre encore est visible autour de chaque bras, avant la cassure. Trois incisions verticales profondes partent du côté droit, sous le bras et se poursuivent au-delà de la cassure; les traces de trois autres sont visibles sous le bras gauche. Les deux trous profonds des épaules, réalisés avec un instrument pointu, ont pu servir à fixer quelque chose.

Publication : Marangou 1992a, fig. 71f.

M 226 (pl. 61 ; pl. F)

Dimensions : h. max. 9,8 ; l. max. 4,2 ; ép. max. 4,65.

Provenance : W 30, un peu plus haut que le niveau II.

Description : partie gauche du corps, à laquelle manquent la tête, la poitrine, la partie supérieure du bras et la partie inférieure de la jambe; la pâte est rouge noirâtre, à dégraissant minéral fin, à surface gris noir avec des tâches rouges et des concrétions. Des traces blanches sont visibles dans les incisions. La forme générale est presque biconique; le ventre et la fesse sont proéminents, la hanche large, tandis que la taille et le haut du corps sont nettement plus minces. L'avant-bras est plié au coude, la main est posée sur le ventre, près du nombril marqué par un trou. Les cuisses étaient séparées à l'origine.

Décor : deux lignes incisées et une ligne de pointillés parallèles courent autour des hanches. Quatre lignes incisées partant du coude (qui est collé au corps) aboutissent à un point dans les lignes horizontales des hanches. Trois traits verticaux parallèles se terminent par un point entre le poignet et les hanches. Le poignet est lui-même décoré de trois lignes parallèles (bracelets?); six doigts sont figurés au moyen de cinq incisions. Une incision horizontale sépare les incisions du poignet et celles du ventre. À l'emplacement du sein gauche, une incision circulaire est encore visible, entourant une cavité également circulaire. Une incision horizontale suivait le relief du bras, un peu au-dessus du coude, au moins du côté extérieur. Sur la partie inférieure, des lignes verticales couvrent la fesse et la cuisse; les deux lignes les plus courtes se terminent par deux points sur la fesse. Un pointillé délimite verticalement la partie ainsi décorée de la cuisse. Des points sont disposés dans l'incision horizontale inférieure des hanches, dans les incisions sous le rein gauche et au-dessus de la double ligne des hanches, au milieu. La partie avant de la cuisse, ainsi que le triangle pubien, en léger relief, sont décorés d'un motif de deux points et deux traits parallèles verticaux. Le genou est marqué d'un pointillé formant un cercle presque entier; les traces d'un autre pointillé sont perceptibles sur le côté du genou.

Publication : Daux 1968, p. 1073, fig. 18.

M 233 (pl. 61 ; pl. 78)

Dimensions : h. max. 5,4 ; l. max. 7,9 ; ép. max. 3,9.

Provenance : W 30, niveau II, contre la paroi ouest.

Description : une partie du haut du corps est conservée, de l'épaule gauche aux hanches. La pâte est rouge, contient des particules noires et un peu de calcaire fin; la surface est décorée en peinture noire. Le sein gauche, en relief, est conservé, ainsi que le haut du bras gauche qui porte des traces de perforation (?). Les mains viennent se poser entre la taille et le ventre, en légère saillie. Il manque les parties rapportées des avant-bras. Sur le dos, la partie conservée des hanches est droite. Sans doute la figurine a-t-elle été fabriquée à partir d'au moins un élément creux. Elle a pu faire à l'origine partie d'un récipient.

Décor : il est peint en noir sur rouge. Une bande horizontale est peinte au-dessous du ventre et des mains; une deuxième est peinte au-dessus; à cette dernière aboutissent trois lignes obliques, qui commencent au-dessous du sein, entouré de traits noirs. Des traces de peinture sont également conservées sur les mains; il est possible que les doigts aient été ainsi figurés. Deux lignes verticales soulignent les côtés et une ligne à dents de loup horizontale se trouve au bas du dos, au-dessus de la cassure.

Publication : Marangou 1992a, fig. 72c.

M 237 (pl. 62 ; pl. 78)

Dimensions : h. max. 9,4 ; l. max. 5 ; ép. max. 4,3.

Provenance : W 29, au-dessus du niveau 2.

Description : moitié droite, du torse aux cuisses, d'une figurine féminine brisée en dessous des genoux. La pâte, à noyau noir à l'intérieur, rouge à l'extérieur, contient du gravier ; la surface est noire (devant : ventre, cuisse, aine) et rouge. La figurine est massive, le ventre est proéminent et les cuisses s'amincissent vers le bas ; la cuisse conservée avance vers l'avant. Elle peut difficilement tenir assise, peut-être à cause de la cassure (en revanche, elle peut rester couchée sur le dos).

Décor : il est constitué d'incisions profondes ; deux lignes horizontales et parallèles entourent les hanches, plusieurs lignes parallèles recouvrent les fesses et les cuisses dans le sens de la longueur jusqu'au-dessus des genoux. Au-dessus des hanches, des incisions en ligne brisée forment des V. Au-dessus, encore, une autre ligne horizontale se dirige vers le dos. Deux petits traits sont incisés au-dessus de la double incision des hanches, au milieu du dos. Des traces de substance blanche subsistent dans les incisions.

M 238 (pl. 78)

Dimensions : h. max. 5,2 ; l. max. 5,6 ; ép. max. 3,5.

Provenance : W 29, sous le niveau 2.

Description : fragment de torse. Pâte gris noir à dégraissant minéral fin à moyen. Les seins pointus, un peu pendants, ont les extrémités cassées. Les omoplates saillantes de part et d'autre d'un évidement descendent jusqu'au bas du dos. La taille est mince, les épaules fortes, et le cou paraît assez épais. Traces d'ébauchoir autour de la taille et des bras.

Décor : sur la nuque, des lignes parallèles incisées figurent la chevelure. Une incision profonde entoure le haut du bras droit, et nous distinguons les traces d'une autre derrière le bras gauche brisé. Les bras étaient écartés à l'origine des deux côtés.

M 262

Dimensions : h. max. 5.

Provenance : W 30, niveau II ?

Description : fragment de cuisse de figurine (?). Objet égaré.

Décor : incisions parallèles verticales.

M 263 (pl. 62 ; pl. 79)

Dimensions : h. max. 5 ; l. max. 3,3 ; ép. max. 1,55.

Provenance : W 29, niveau 2.

Description : la figurine est presque complète ; il manque l'extrémité du bras gauche, ainsi qu'une partie de la jambe gauche. La pâte est brun clair, relativement poreuse, à dégraissant minéral fin. Elle a été modelée rapidement par pincement (traces d'empreintes digitales), sans soin ni décor. Des bras moignons de forme triangulaire sont tendus sur les côtés, courbés légèrement vers le bas. Les hanches sont relativement larges, les fesses arrondies ; les jambes séparées et sommaires, se terminant en pointe, se rejoignaient probablement. La tête, dont le profil courbe est marqué, est levée. Les yeux sont incisés presque verticalement, le menton est pointu et le cou épais. La figurine peut tenir assise, penchée vers l'arrière.

Publication : MARANGOU 1992a, fig. 71c.

M 270 (pl. 79)

Dimensions : h. max. 2,8 ; l. max. 2,05 ; ép. max. 2.

Provenance : W 29, niveau 2.

Description : tête et cou. Pâte brun gris, à dégraissant minéral fin, contenant du gravier, avec des traces de couleur rouge sur le nez, le menton et le sommet de la tête. La tête est constituée de trois plans : un front triangulaire et horizontal et deux autres plans verticaux. Le visage est délimité par les angles. La bouche est profondément incisée horizontalement, donnant l'impression d'être ouverte, les yeux légèrement en oblique (le droit est plus profond). Une ou deux perforations sont visibles à travers le cou.

Décor : on remarque quatre incisions parallèles obliques sur le sommet du crâne du côté gauche, une seule du côté droit.

M 271 (pl. 62 ; pl. 79)

Dimensions : h. max. 3,6 ; l. max. 2,5 ; ép. max. 1,9.

Provenance : W 29, au-dessus du niveau 2.

Description : fragment de corps de la taille aux pieds. Pâte brunâtre à dégraissant minéral moyen, à surface rouge. Les jambes courtes étaient séparées à l'origine jusqu'aux extrémités. La taille est mince, les fesses arrondies, les hanches larges, le ventre en légère saillie. Position semi-assise.

Publication : Marangou 1992a, fig. 72h.

M 272 (pl. 79 ; pl. F)

Dimensions : h. max. 3,9 ; l. max. 4 ; ép. max. 1,9.

Provenance : W 29, niveau 2.

Description : fragment de torse féminin avec des amorces de bras. Argile grisâtre à dégraissant minéral moyen à gros ; surface rouge grisâtre, sans doute à cause de la cuisson. Sur un cou épais et court, la tête est plus ou moins ronde : le front est presque horizontal (ou plat ?), le nez proéminent et le menton indiqué, tandis que les yeux et la bouche sont rendus par des incisions horizontales. Les bras séparés s'écartaient du corps, au moins dans leur partie supérieure ; l'extrémité des petits seins en relief est brisée.

Décor : sur le dos plat, il reste des traces d'incisions qui représentaient les cheveux. Quatre incisions fines et parallèles entourent le cou à l'avant ; trois autres entourent le haut du bras gauche, sur le côté visible (pas sous l'aisselle). De petits traits sont incisés entre et sous les seins ainsi que sur les épaules.

M 283 (pl. 79)

Dimensions : h. max. 9,7 ; l. max. 6,2 ; ép. max. 4,2.

Provenance : X 30, sous le niveau 1.

Description : fragment de corps féminin, du torse jusqu'aux hanches avec une partie de la cuisse droite. Le sein gauche est brisé. La pâte est noire à l'intérieur, rouge brun en surface, noire sur le dos et les fesses. Le dégraissant est minéral, moyen. Le modelage soigné a été fait par pincement. La taille est très mince, les hanches très larges, le ventre proéminent et les fesses arrondies. La figurine peut tenir semi-assise, penchée en arrière. Les incisions ont été faites avec un instrument pointu.

Décor : trois incisions obliques et parallèles sur le dos descendent jusqu'à la taille. Des traces des cheveux (?) sont visibles. Deux lignes incisées courent le long du dos de chaque côté et se terminent par une croix à deux bras horizontaux. Au-dessus du ventre se trouve une autre croix, dont chaque bras se termine par un petit trait perpendiculaire. Deux petits points sont disposés à l'horizontale au-dessous du ventre, à 7 mm l'un de l'autre. Une incision verticale a été pratiquée sur la hanche droite. Les hanches sont soulignées par d'autres incisions parallèles verticales, plus profondes, qui recouvrent la fesse et la cuisse droites conservées. Sur l'aine, nous distinguons encore trois petites incisions parallèles verticales.

M 284 (pl. 79)

Dimensions : h. max. 4,7 ; l. max. 6 ; ép. max. 2,7.

Provenance : W 29, niveau 2.

Description : le torse est conservé des épaules à la taille ; les bras sont brisés. La pâte poreuse, à gros dégraissant minéral, est de couleur brune en surface, noir gris au cœur, rouge sur les épaules et le dos ; elle n'a pas été bien épurée et a craqué par endroits. Le dos plat présente un léger creux à l'emplacement de la colonne vertébrale. Les seins sont proéminents, les bras se dirigent vers le bas (partie conservée).

M 317 (pl. 62 ; pl. 79)

Dimensions : h. max. 8,9 ; l. max. 4,2 ; ép. max. 3,1.

Provenance : W 29, niveau 3.

Description : moitié gauche de figurine, de la taille jusqu'à la pointe du pied. Pâte grise au cœur, à dégraissant minéral moyen, fine et plutôt poreuse, noire (ventre, devant de la cuisse, aine) et rouge (côté, fesse, arrière de la cuisse et entre les jambes) en surface. Le ventre est proéminent, la hanche large par rapport à la taille (brisée), la fesse proéminente et arrondie. La jambe s'amincit vers le bas presque en pointe et se termine en dessous du genou. La figurine pourrait tenir assise, penchée légèrement en arrière.

Décor : il est incisé ; une double ligne horizontale entoure les hanches, une autre marque la séparation entre l'aine et la cuisse et se prolonge jusqu'à la cassure vers l'arrière. Un méandre est visible sur la fesse et l'arrière de la cuisse. Une croix a été réalisée sur le rein gauche. Parmi les doubles incisions des hanches, on observe quatre paires de trous, une en arrière, deux sur le côté, une à l'avant ; ces derniers sont disposés presque à la verticale, un dans chaque incision. Dans le dos, les extrémités de deux lignes incisées se terminent par un trou (cheveux ?). De petits traits sont incisés horizontalement, trois à la droite de ces lignes, deux à leur gauche.

M 321 (pl. 62 ; pl. 79 ; pl. F)

Dimensions : h. max. 7,95 ; l. max. 4,4 ; ép. max. 2,55.

Provenance : X 30, sous le niveau 2.

Description : figurine bien modelée dont il manque la tête, le cou, l'extrémité des bras et la majeure partie des jambes. Pâte grise, à dégraissant minéral moyen ; la surface porte des traces rouges du côté gauche, sur le ventre et le torse. Une couche d'argile a dû être appliquée sur un noyau, visible à la cassure du cou. Des traces blanches subsistent dans les incisions. Les seins sont petits et saillants, les fesses arrondies mais pas exagérément ; le ventre est légèrement proéminent et les jambes séparées. Le triangle pubien est incisé avec une fente au milieu. Le dos est légèrement cambré et large ; le haut du corps est disproportionnellement petit par rapport à la hauteur de la partie inférieure. Dans les incisions du décor, nous distinguons parfois des stries longitudinales.

Décor : une double incision profonde entoure les hanches ; au-dessous, des incisions verticales recouvrent les fesses et les cuisses, sauf à l'intérieur. Trois incisions parallèles partant des épaules décorent la poitrine en arc de cercle ; l'incision inférieure passe au milieu des seins ; il y en avait probablement une quatrième plus près du cou, mais la cassure ne permet pas de le vérifier ; nous voyons par contre la continuation d'une incision sur les épaules (sur le dos). De part et d'autre du cou, deux des incisions qui descendent vers la partie médiane du dos se croisent sous les omoplates, en formant une boucle (trapèze aux angles arrondis) d'un diamètre de 8 à 10 mm, marquée d'un point en son milieu. Entre les seins et les hanches, le décor est constitué par des groupes de 2 ou 3 petites incisions verticales ; nous retrouvons ce motif également à l'arrière, entre les hanches et la taille, sur la partie non abîmée. Sous les bras, de chaque côté, deux incisions verticales descendent vers les hanches et se terminent par deux points. Des deux côtés extérieurs de cette paire d'incisions part une série de 6 ou 7 petits traits parallèles et obliques, qui se dirigent vers le bas et forment en quelque sorte une arête de poisson ; le côté gauche est abîmé, mais nous pouvons encore distinguer les dix points des extrémités des incisions.

Publication : DESHAYES 1972, fig. p. 204 ; SÉFÉRIADÈS 1981, fig. p. 58 ; MARANGOU 1992a, fig. 71d.

M 322 (pl. 62 ; pl. 79)

Dimensions : L. max. 4,7 ; l./ép. max. 1,5.

Provenance : W 29, parmi les tessons du niveau 2 (au-dessus).

Description : un fragment de bras droit brisé au-dessus du coude, collé à l'origine à un corps de vase. Pâte rouge assez fine, à dégraissant minéral fin ; surface lissée. Les cinq doigts sont séparés par de légères incisions. Le bras était plié au coude presque à angle droit. L'avant-bras est perforé ; trois autres trous, dont un très petit, du côté extérieur, sont peut-être accidentels.

Décor : décor peint en noir sur rouge. On observe de petites lignes sur les trois doigts du milieu, un losange sur l'intérieur du poignet ; quatre lignes parallèles entourent la partie inférieure de l'avant-bras, quatre autres décorent le bras plus haut, jusqu'au coude, qui est lui-même orné d'un losange (?). Un trait grisâtre, entourant peut-être à l'origine le bras, est encore visible au-dessus du coude.

M 330 (pl. 79)

Dimensions : h. max. 5,8 ; l. max. 3,7 ; ép. max. 3,6.

Provenance : W 30, trouvé parmi les tessons du niveau II.

Description : cuisse gauche cassée au bout. Pâte à noyau gris noir, rouge et noire en surface, à dégraissant minéral moyen ; des traces blanches (jaunâtres) sont conservées dans les incisions. La figurine tenait assise.

Décor : profondes incisions verticales le long des cuisses.

M 356 (pl. 79)

Dimensions : h. max. 5,3 ; l. max. 3,25 ; ép. max. 1,7.

Provenance : W 30, sous le sol IV.

Description : partie inférieure d'une figurine féminine conservée de la taille à l'extrémité des jambes ; la pâte est fine, de couleur gris crème, à dégraissant minéral moyen, la surface est rouge devant (ventre), noire derrière (fesses, jambes). La figurine est massive et bien modelée par pincement, recouverte d'une couche d'argile. La taille est très mince, les hanches larges et les fesses proéminentes. Les jambes s'amincissent et se terminent en pointe un peu au-dessous des genoux. Les cuisses sont bien séparées entre l'aine et les genoux. Le ventre forme une légère saillie, le nombril est indiqué par un trou horizontal ovale, profond de 4 mm. Deux trous symétriques profonds de 2 à 3 mm se trouvent au bas du dos. La ligne double incisée des hanches est oblique et la taille est décalée, la partie gauche entre la taille et la hanche étant plus longue que la partie droite. La figurine peut tenir assise, semi-allongée.

Décor : une incision horizontale sous le ventre joint les hanches ; une autre oblique commence à l'arrière et se termine à l'avant, sur le haut des cuisses. Une incision indique la séparation des jambes devant et à l'arrière, sous les genoux. Deux petites incisions horizontales partent à droite et à gauche sous l'incision horizontale jusqu'à l'aine, délimitant le triangle pubien. De très fines incisions verticales couvrent les cuisses entre les hanches et l'extrémité des jambes ; elles forment sur les fesses des angles imbriqués, pointes en bas.

M 357 (pl. 63 ; pl. 79)

Dimensions : h. max. 3,75 ; l. max. 3,3 ; ép. max. 3.

Provenance : W 29, niveau 3.

Description : fragment de tête. Pâte brune, à dégraissant minéral moyen à gros, noire à l'extérieur. Des traces blanches sont visibles dans les incisions, des traces de couleur rouge sur le côté droit de la nuque et sur l'œil gauche. Le nez large et proéminent est brisé au bout. La tête est bombée, le visage triangulaire, le menton pointu. Les sourcils (?) ont une forme anguleuse.

Décor : incisé ; les yeux sont incisés en oblique, le coin extérieur tombant, avec un point au milieu, profond de 3 mm. Sur les joues, des triangles aux côtés concaves marqués d'un point ; sur les côtés du visage, deux paires de points profonds de 2 mm sont disposées verticalement (pour fixer des boucles d'oreille ?). La bouche est rendue par une incision horizontale avec un point au milieu. La chevelure est incisée à partir des sourcils jusqu'à la cassure de la nuque. Autour du cou, au moins deux incisions parallèles s'arrêtent à la chevelure.

Publication : DAUX 1968, p. 1073, fig. 19.

M 367 (pl. 63 ; pl. 80)

Dimensions : h. max. 6,8 ; l. max. 3,45 ; ép. max. 1,7.

Provenance : W 29, niveau 3.

Description : elle est presque entière, il ne manque que l'extrémité de la jambe droite. La pâte est rouge clair, à dégraissant minéral moyen, avec des traces noires sur le côté droit. La figurine est travaillée grossièrement. La forme du corps est plus ou moins triangulaire. La tête est indiquée par un pincement, les bras et les jambes sont réduits à des moignons. Le nez et le menton sont à peine indiqués. Les hanches sont très larges par rapport au torse. Le sexe (?) est représenté en léger relief. Les jambes sont écartées et dirigées vers l'avant, comme si le personnage était représenté assis. La figurine pourrait être inachevée.

M 418

Dimensions : h. max. 4,8.

Provenance : W 29, sous le niveau 0.

Description : fragment de figurine. Partie supérieure gauche du corps ; début du ventre conservé. Dos lisse et légèrement concave. Objet égaré.

Décor : incisé ; une ligne autour des hanches ; d'autres parallèles sur le côté ; incision en ligne brisée.

M 419 (pl. 80)

Dimensions : h. max. 6,3 ; l. max. 3,9 ; ép. max. 2.

Provenance : X 30, bande est, sous le niveau 4 (?).

Description : fragment de corps conservé depuis le dessus de la taille jusqu'aux pieds. Pâte rouge à cœur noir, noire en surface, à dégraissant minéral moyen. La taille est mince, les hanches larges, le ventre proéminent avec indication du nombril (cavité et trou rectangulaire). Les fesses sont arrondies, les genoux légèrement pliés. Les jambes sont séparées entre l'aine et les genoux par une incision à l'avant et une à l'arrière, elles se rejoignent à partir des genoux, s'amincissent vers le bas et leurs extrémités sont arrondies. Deux trous symétriques se trouvent au bas du dos.

Décor : une double incision profonde horizontale entoure les hanches. Deux autres délimitent le triangle pubien. Plusieurs lignes incisées verticales profondes décorent par groupes de trois les fesses et les cuisses à l'arrière et sur le côté. Deux petites incisions forment un V entre les fesses. Une double ligne est incisée sur les côtés, se terminant au-dessus des lignes horizontales des hanches.

M 444 (pl. 63 ; pl. 80)

Dimensions : h. max. 8,9 ; l. max. 4,3 ; ép. max. 5,3.

Provenance : X 29, niveau 9.

Description : moitié inférieure droite conservée de la taille aux pieds. Pâte rouge à dégraissant minéral moyen et surface noire. Les jambes, bien séparées, se terminaient sous les genoux plats (elle pourrait tenir debout) ; le pied conservé n'est pas formé. La taille est mince, la hanche large, les fesses arrondies et saillantes. Cuisse et fesse ont été modelées ensemble. Le ventre est proéminent et a pu être ajouté dans un second temps.

Décor : une incision représente le triangle pubien et le nombril est marqué par un point ovale profond ; un point analogue se trouve sur le rein droit. Les trous ont été réalisés à l'aide d'un instrument pointu.

M 479

Dimensions : h. max. 3,9 ; l. max. 1,8 ; ép. max. 2.

Provenance : X 30, dans la cendre du foyer du niveau 4.

Description : fragment de cuisse gauche (?). Pâte gris brun, à dégraissant minéral moyen ; surface brune lissée. Pied en pointe. La figurine était assise, les jambes collées, à l'origine.

Décor : une double incision entoure les hanches, sauf là où était soudée l'autre cuisse.

M 482 (pl. 63 ; pl. 80)

Dimensions : h. max. 8,1 ; l. max. (hanches) 5,3 ; l. taille 2,1 ; ép. max. 3,4.

Provenance : X 30, niveau 5.

Description : fragment de corps féminin semi-allongé, de la taille aux genoux (les jambes se terminaient peu après). Pâte brun rouge clair, à dégraissant minéral moyen, avec des parties grises en surface. La figurine est bien modelée, les fesses sont saillantes, la taille très mince, les hanches très larges, le ventre proéminent perforé de haut en bas. Les traces d'arrachement des mains sont visibles de part et d'autre du ventre. Les cuisses sont jointes, les jambes séparées par une incision et une fente. Le personnage tient assis.

Décor : une double incision horizontale entoure les hanches et forme à l'avant le triangle pubien. Entre la taille et la ligne double des hanches, trois rangées verticales de petits traits horizontaux sont incisées, ainsi que cinq traits de chaque côté du dos, trois au milieu. Au-dessus de la taille, sur le dos et du côté gauche, on distingue une rangée de quatre petits trous disposés horizontalement (extrémités des cheveux ?). Partant de la double incision des hanches vers le bas, des lignes incisées verticales recouvrent les fesses à des longueurs différentes et se terminent souvent par des points. Sur le côté des cuisses, trois lignes incisées verticales s'achèvent également par des points ; le même motif se trouve à l'intérieur des cuisses, mais composé de deux lignes. Une autre incision curviligne part de chaque cuisse pour aboutir à un point, à côté des précédentes, au-dessus des genoux. Un petit trou se trouve au-dessus de l'extrémité de la jambe droite.

M 489 (pl. 80)

Dimensions : h. max. 6,2 ; l. max. 2,5 ; ép. max. 3,1 ; ép. du cou 2,9.

Provenance : W 29, sous le sol 6.

Description : tête et cou. Pâte noir rougeâtre et grossière, à gros dégraissant minéral ; concrétions en surface. Le cou est épais et long, presque cylindrique. Le visage est triangulaire, avec indication du menton, le front horizontal et triangulaire, le nez pointu, les sourcils angulaires marqués. Des cavités indiquent les yeux et la bouche.

Décor : six petites lignes obliques parallèles sont incisées sur la partie gauche du front.

M 491 (pl. 63 ; pl. 80)

Dimensions : h. max. 6,2 ; l. max. 3,15 ; ép. max. 2,1.

Provenance : W 29, sous le niveau 7.

Description : fragment de figurine masculine semi-assise, dont manque le haut du torse. En tout cas, la figurine devait se terminer peu après la cassure ; sa largeur à cet endroit n'est que de 0,75 cm. La pâte est de couleur brun rouge clair et de texture fine, à dégraissant minéral fin, la surface rouge et gris noir flammé. Le haut du corps s'amincit vers le cou, les hanches sont larges ; les jambes, entièrement séparées, s'amincissent jusqu'aux extrémités arrondies. Le ventre est proéminent et le nombril indiqué par un point profond. Le sexe est marqué en relief. Les fesses sont arrondies. La figurine tient assise.

Décor : une double incision entoure le corps au niveau de la taille. Du côté gauche, nous distinguons avant la cassure du haut une partie d'une double incision curviligne.

Publication : MARANGOU 1992a, fig. 72d.

M 508 (pl. 80)

Dimensions : h. max. 4,9 ; l. max. 3,1 ; ép. max. 2,8.

Provenance : W 29, sous le niveau 7.

Description : partie inférieure de la moitié droite d'une figurine féminine, brisée sous les genoux et à la taille. Pâte brun gris, à dégraissant minéral fin ; surface noire avec des traces blanches dans les incisions. La figurine a été modelée avec un noyau et des couches d'argile. La taille est fine, la hanche arrondie, la fesse en saillie, la jambe s'amincit vers l'extrémité. Le personnage tient assis.

Décor : à l'arrière, deux incisions parallèles entourent les hanches, et des incisions verticales couvrent la fesse et la cuisse. On note encore la présence de trois incisions horizontales parallèles au-dessous du ventre, une verticale sur le côté ; une autre se termine par un trou sur le haut du corps. D'autres lignes courbes partent de la ligne verticale vers le ventre. De petits points ont été pratiqués à l'extrémité des incisions à l'avant de la cuisse. Un trou de 5 mm se trouve au-dessus de l'incision des hanches à l'arrière. Perforation entre les fesses ?

M 643 (pl. 80)

Dimensions : h. max. 7,05 ; l. max. 4,5 ; ép. max. 2,3.

Provenance : X 29, surface, 2ᵉ couche.

Description : partie inférieure de figurine (?) schématique. Pâte fine grise relativement poreuse, à dégraissant minéral moyen ; surface brun gris égalisée. Le corps est rectangulaire, en forme de planche à bords concaves. Légère saillie en haut ; la taille (?) est légèrement rentrée et les jambes moignons, très courtes, se dirigent vers le bas et l'avant ; à l'arrière, elles sont arrondies. Il pourrait s'agir d'une ébauche ou d'un noyau de figurine (?).

M 651 (pl. 80)

Dimensions : h. max. 7,1 ; l. max. 3,3 ; ép. max. 3,85.

Provenance : X 30, terre écroulée entre surface et niveau 6.

Description : moitié gauche de partie inférieure de figurine, avec le bout du pied cassé. Pâte rouge clair fine, à dégraissant minéral moyen à gros ; à l'intérieur, le noyau est noir rouge. Fesse exagérément proéminente. Position semi-assise. Le ventre était à l'origine en légère saillie.

Décor : une ligne double incisée autour des hanches. Un trou profond de 2 mm, d'un diamètre de 2-3 mm, sur la fesse.

M 658 (pl. 80)

Dimensions : h. max. 3,75 ; l. max. 1,9 ; ép. max. 1,5 ; diam. taille 1,1.

Provenance : AA 29, surface, avant la fouille.

Description : moitié droite de figurine à partir de la taille jusqu'à l'extrémité de la jambe. Pâte fine rouge clair, à dégraissant minéral fin ; à l'intérieur le noyau est noirâtre (visible dans la partie épaisse de la cuisse). La taille est mince, les hanches larges, arrondies, les fesses et le ventre légèrement saillants ; les jambes s'amincissent vers le bas. Le personnage peut tenir assis. Les jambes/cuisses étaient séparées ; une couche d'argile, appliquée sur le corps, les recouvre.

Décor : une double ligne est incisée autour des hanches et forme le triangle pubien. Trois incisions parallèles verticales, de la taille à la hanche, se terminent par des points profonds. En dessous, deux autres points sont disposés verticalement dans les incisions horizontales des hanches ; un point à l'extrémité supérieure de l'incision verticale du côté. Des lignes verticales décorent les fesses et les cuisses à l'arrière et sur le côté. On note encore, sur les cuisses, des paires de courts traits verticaux se terminant par de petits points, ainsi qu'un trou au-dessous du ventre.

M 659 (pl. 80)

Dimensions : h. max. 5,1 ; l. max. 5,3 ; ép. max. 3,6 ; diam. au haut des cuisses 2.

Provenance : W 29, terre écroulée contre la berme sud.

Description : partie inférieure (bassin) de figurine féminine bien modelée, de la taille au haut des cuisses. Pâte grise, rouge sous les fesses, à surface bien égalisée et dégraissant minéral moyen. Les cuisses sont séparées dans la partie conservée, les fesses arrondies, le ventre en légère saillie, la taille fine. Position assise.

Décor : deux incisions légères marquent le triangle pubien.

M 732 (pl. 64 ; pl. F)

Dimensions : h. max. 9,6 ; h. assise 6,5 ; l. max. 6,9 ; ép. max. 3,3 ; l. hanche 2,5 ; l. taille 7.

Provenance : W 30, à 2,33 m de la paroi ouest, au milieu de la berme nord.

Description : moitié inférieure d'un corps féminin, de la taille jusqu'au-dessous des genoux. Pâte brun foncé, à dégraissant minéral moyen ; surface noir jaunâtre, légèrement lissée, avec des traces de substance blanche dans les incisions. Figurine bien faite : la taille est mince, les hanches larges et arrondies, comme les fesses, les genoux sont étroits, les jambes s'amincissent vers le bas ; les cuisses sont séparées, mais se joignent à certains endroits. Position assise. Traces des doigts (?) de la main gauche juste au-dessous du nombril ; on distingue aussi l'emplacement des avant-bras au-dessous du ventre.

Décor : des incisions profondes ; une double ligne autour des hanches, qui forme aussi le triangle pubien, avec fente au milieu ; trois groupes de trois incisions profondes entourent chaque cuisse (sauf à l'intérieur) ; deux autres groupes de trois incisions concentriques sur les fesses, au-dessous de la double ligne ; deux petites incisions profondes parallèles obliques sur chaque côté au-dessous de la taille. Deux points profonds sont disposés symétriquement au bas du dos au-dessus de la double ligne. Le nombril est marqué par un trou de 1,5-2 mm de profondeur. Au-dessus, un peu plus bas que la taille, trois motifs de paires de traits verticaux se terminant par des points ; sur le côté droit, deux points de forme ovale. Les genoux sont indiqués par deux trous larges et profonds de 2 mm environ. À des distances de 1,5-2 cm, des motifs de paires de trous sont disposés verticalement autour des hanches : trois motifs à l'arrière et trois à l'avant. À droite et à gauche de l'aine, deux trous sont visibles, ainsi que trois autres, moins profonds, dans chacune des incisions des fesses.

Publication : Deshayes 1970b, p. 802, fig. 8 ; Marangou 1992a, fig. 72i.

M 740 (pl. 64 ; pl. 81)

Dimensions : h. max. 5,75 ; l. max. 4,05 ; ép. max. 2,75 ; l. taille 1,8.

Provenance : X 30, dans la berme est, au niveau 5.

Description : fragment de figurine féminine conservée de la taille aux genoux. La pâte est brun gris, à dégraissant minéral moyen, la surface noirâtre égalisée, avec des traces blanches dans les incisions, rouges sur les genoux, le ventre, la fesse gauche et l'arrière du genou droit. La figurine est massive et a été modelée soigneusement. La taille est mince, les hanches larges, les fesses et les hanches arrondies, le ventre proéminent presque en pointe. Les cuisses sont séparées, la gauche avance par rapport à la droite. Le personnage a probablement pu tenir assis quand il était complet.

Décor : il est incisé, très soigné et complexe. Avant : six lignes parallèles, légèrement courbées, joignent les hanches et remplissent l'espace entre la taille et le nombril, indiqué par un point. Deux incisions profondes entourent les hanches, dont la plus basse vient former le triangle pubien et la séparation des cuisses ; deux courtes lignes verticales sont placées entre le nombril et les incisions précédentes. Sur chaque cuisse, un motif légèrement incisé est composé d'un V, pointe en bas, dans lequel deux paires de traits verticaux se terminent chacun par un point. Le même motif se retrouve sous le nombril, ainsi que sur les côtés des cuisses. Une paire de traits se trouve sur les cuisses du côté intérieur, ainsi qu'au-dessous du V de la cuisse droite. Sur les côtés, deux lignes partent de la taille et s'achèvent par des points. Arrière : deux autres trous de 3 et 4 mm de profondeur se trouvent sur les reins, dans le prolongement des points précédents. Deux lignes verticales descendant de la taille se rejoignent en un arrondi (U) entre les deux derniers points. Des trous de 2 à 5 mm de profondeur sont disposés par paires dans les incisions entourant les hanches ; un trou semblable se trouvait probablement à l'arrière du genou droit. Au-dessous de la double ligne des hanches, un motif de zigzags ou de chevrons est incisé. Des lignes parallèles et verticales recouvrent les fesses et les cuisses.

Publication : Marangou 1992a, fig. 72e.

M 789 (pl. 64 ; pl. 81)

Dimensions : h. max. 4 ; l. max. 2,7 ; ép. max. 1,4.

Provenance : X 30, sous le niveau 8.

Description : figurine en forme de planche ; la tête manque. Pâte brun gris, à dégraissant minéral fin. Le personnage a des bras moignons triangulaires, une base élargie ovale, concave en dessous. Le profil est plat, son axe légèrement cambré, comme si le haut du corps était rejeté en arrière.

M 790 (pl. 81)

Dimensions : h. max. 5,35 ; l. max. 2,2 ; ép. max. 2.

Provenance : X 30, niveau 8.

Description : moitié droite de la partie inférieure d'une figurine féminine, de la taille à l'extrémité de la jambe (presque en pointe). Argile fine, gris jaunâtre, à dégraissant minéral fin, surface noire, avec des traces rouges à l'arrière. La taille est mince, les fesses arrondies et larges, saillantes. Technique du noyau avec couche couvrante.

Décor : il est constitué d'incisions légères ; trois au moins entourent les hanches, d'autres verticales recouvrent les fesses et les cuisses. Un petit trait oblique croise les trois incisions sur la hanche ; deux trous de 1 mm de profondeur sont disposés horizontalement sur la fesse.

M 1212 (pl. 64 ; pl. 81)

Dimensions : h. max. 6,15 ; l. max. 2,5 ; ép. max. 3,35.

Provenance : W 29, niveau 9 (déblais).

Description : moitié gauche de figurine féminine, de la taille à l'extrémité des pieds. Pâte rouge clair fine, un peu poreuse à la cassure de la taille, modelée sur noyau cuit (?) et couverte d'une épaisse couche d'argile. Le fragment a été décollé de l'autre moitié. La taille est mince, les hanches larges, le ventre et la fesse proéminents. À l'origine, les jambes étaient collées et s'amincissaient vers l'extrémité (sous les genoux).

Décor : traces du triangle pubien incisé et ligne légère derrière les hanches. Trou profond de 2 mm, fait avec un instrument pointu, sur la hanche.

M 1219 (pl. 64 ; pl. 81 ; pl. F)

Dimensions : h. max. 5,75 ; l. max. 3,35 ; ép. max. 2,3 ; l. taille 1,5.

Provenance : W 29, niveau 9.

Description : figurine fragmentaire bien modelée à laquelle manquent la tête et le bras droit. Pâte rouge à dégraissant minéral fin (calcaire ?) ; surface incisée avec des traces blanches dans les incisions. Les petits seins sont en relief, les bras étaient tendus sur les côtés, la taille est mince, les hanches disproportionnellement larges, les fesses et le ventre proéminents. Les jambes courtes sont collées entre elles, sauf à leurs extrémités (un peu en dessous des genoux). Un trou profond de 1 cm marque le nombril. Le personnage peut tenir assis, les jambes vers l'avant, mais il est très instable.

Décor : de nombreuses incisions à l'avant et à l'arrière de la figurine. Avant : entre les épaules et les seins, deux petites incisions à droite, une à gauche, une autre du côté gauche du sein gauche. Deux autres sous les seins joignent les aisselles ; une encore entoure le ventre du côté gauche ; d'autres, irrégulières ou formant parfois des V, se trouvent entre le ventre et les hanches. Une croix est incisée sur l'estomac et un triangle à fente centrale sur la région pubienne. Des incisions couvrent toute la longueur des cuisses, devant comme derrière. Arrière : trois incisions horizontales à la taille. Sur les fesses, les incisions forment des losanges parfois pointés, parfois des V, ou des lignes parallèles horizontales. Petit trou visible sur le sein gauche (l'autre n'est pas conservé).

Publication : Marangou 1992a, fig. 71a.

M 1226 (pl. 81)

Dimensions : h. max. 3,7 ; l. max. 3,95 ; ép. max. 1,55 ; l. tête 1,3, cou 1,1 et bras 1,2.

Provenance : W 30, sous niveau VIII.

Description : la tête (triangulaire, regardant vers le haut), le torse, le cou et une partie des bras tendus sur les côtés sont conservés. La pâte est de couleur noire à l'intérieur (noyau), relativement poreuse, à dégraissant minéral moyen, rouge brun vers l'extérieur et gris noir dans la fine couche de surface. Les omoplates et les seins sont figurés en relief, le nez est pincé, le front horizontal, le menton proéminent. Traces de pâte blanchâtre dans les incisions.

Décor : les yeux (deux cavités de part et d'autre du nez) et la bouche sont incisés horizontalement, avec un point profond au milieu. Deux traits incisés (accidentels ?) marquent le bout du menton. Au-dessous de chaque œil se trouve un triangle pointé. Des lignes légèrement incisées sur la tête tombent jusqu'aux épaules ; deux cercles concentriques sont incisés au sommet du crâne, avec un point du côté inférieur. Les cheveux incisés tombent sur le front. De minuscules points sont visibles dans la chevelure, à l'arrière de la tête et sur le haut du dos, sous la nuque, à gauche. Une double ligne incisée partant de chaque épaule passe du côté droit entre les seins et du côté gauche entoure le sein gauche, aboutissant à la cassure de la taille. Une croix est incisée à droite. Sur les épaules, les doubles lignes s'unissent en une seule qui bifurque deux fois du côté droit au niveau de l'épaule et se divise en trois du côté gauche au niveau de l'omoplate. Toutes les lignes se dirigent vers la taille. Un demi-cercle incisé entoure le haut de chaque bras ; il est double sur le bras droit.

M 1246 (pl. 81)

Dimensions : h. max. 5,7 ; l. max. 2,35 ; ép. max. 2,45 ; l. taille 1,2.

Provenance : W 29, sous le sol 9.

Description : moitié droite de torse jusqu'aux genoux. Pâte rougeâtre, à noyau central visible entre la taille et l'aine, à dégraissant minéral moyen, à surface brun noir avec des traces blanches dans les incisions. La taille est mince, les hanches larges, les fesses arrondies, le ventre proéminent ; les jambes, collées à l'origine, s'amincissent vers le bas et sont pliées aux genoux. La figurine, complète, pouvait probablement tenir assise.

Décor : incisé, très élaboré. Une incision entoure les hanches, triple à l'arrière, et d'autres verticales couvrent la fesse et la cuisse. Sur le dos, des losanges pointés. Le triangle pubien est indiqué. Sur le ventre trois incisions horizontales ; au-dessous du ventre, deux petits traits et un point sont peut-être les traces d'un autre losange.

M 1262 (pl. 81)

Dimensions : h. max. 3,3 ; l. max. 3 ; ép. max. 1,7.

Provenance : W 30, sous le niveau IX, déblais.

Description : fragment de torse féminin avec haut du bras droit conservé. Pâte mal épurée, à gros dégraissant minéral, de couleur brun foncé, craquelée par endroits, à surface noirâtre égalisée. Les petits seins sont en relief, le dos plat.

Décor : une légère incision transversale à partir du milieu des seins jusqu'à la taille pourrait être accidentelle.

M 1276 (pl. 81)

Dimensions : h. max. 2,9 ; l. max. 3,6 ; ép. max. 1,6 ; l. bras 3,7 ; l. taille 1,8 ; ép. taille 1,3.

Provenance : W 30, à 4,76 m (niveaux VII-V ?).

Description : fragment de torse féminin avec amorces de bras baissés. Pâte brun noir, en partie brûlée, à gros dégraissant minéral. Dos rougeâtre, avant noirci, très abîmé ; il manque le sein droit.

Décor : une double incision entoure le cou et descend parallèlement en arrière de chaque épaule jusqu'à la taille ; une autre entoure le bras gauche brisé, et deux doubles incisions le bras droit. Les cheveux sont incisés jusqu'aux omoplates. Un trou sur chaque épaule, sur ou entre les incisions, deux autres sur et au-dessus du sein gauche. Au-dessous de chaque bras, une paire d'incisions descend verticalement vers la taille. De très petits trous sont visibles autour des bras, sur ou entre les incisions qui les entourent.

M 1300

Dimensions : h. max. 2,4 ; l. max. 2,2 ; ép. max. 2,5.

Provenance : W 30, angle sud-ouest, sous niveau V.

Description : fragment de cuisse (gauche ?). Pâte brun rouge, à surface égalisée de couleur brune. L'emplacement de la seconde cuisse est visible.

Décor : une incision horizontale, d'où partent d'autres incisions, verticales, qui couvraient la fesse/cuisse.

M 1774

Dimensions : h. max. 6,5 ; l. max. 2,5 ; ép. max. 2,9.

Provenance : X 30, niveau 2.

Description : fragment de corps de la taille à la fesse (côté droit) d'une figurine masculine ? Pâte brun noir, à surface rouge, non travaillée. Taille relativement mince, hanche large, fesse arrondie, proéminente, dos droit.

Décor : deux incisions autour des hanches montent sur le ventre.

M 1858 (pl. 82 ; pl. F)

Dimensions : h. max. 8,4 ; l. max. 8,5 ; ép. max. 4,7 ; section cassure inférieure 8,5 × 3,9.

Provenance : T 24, entre 7,28 et 6,70 m.

Description : fragment de figurine à laquelle manquent la tête, la partie droite (sauf les doigts de la main droite) et la partie inférieure au-dessous des hanches. Terre cuite à surface noire, intérieur rougeâtre, mal cuit, à dégraissant minéral moyen à gros, contenant des cailloux. Le personnage, très large au niveau des hanches, s'amincit progressivement jusqu'aux bras qui sont posés sur le ventre au-dessus du nombril ; la distance entre les doigts des deux mains est de 1 cm. Le cou s'amincit également. Le ventre est fortement prononcé et percé verticalement – la perforation étant plus large en haut ; le nombril est indiqué par une cavité de 6 mm de diamètre environ. On note une perforation verticale à l'avant-bras gauche et une autre oblique sur la partie supérieure du même bras, près de l'épaule. Les doigts sont indiqués par des incisions irrégulières, 4 sur chaque main. Les bras sont disproportionnellement maigres et petits. Le dos est droit et légèrement concave au niveau de la taille. Au milieu du dos, la colonne vertébrale est indiquée par un sillon. Bien que le dos soit lissé, la figurine donne l'impression d'avoir été faite pour être vue de face.

Décor : traces d'un décor au graphite : des groupes de lignes parallèles qui s'entrecroisent. Traces également de décor incisé : trois incisions verticales sur l'avant-bras gauche, la première unissant les deux trous de la perforation.

Publication : Marangou 1992a, fig. 72a.

B 30 (pl. 82)

Dimensions : h. max. env. 5,4 ; l. max. env. 5,8 ; ép. max. env. 3,2.

Provenance : R 25 (?).

Description : figurine schématique de couleur claire, se terminant au niveau des hanches. Les bras sont ouverts et à l'horizontale. Objet égaré.

C 38 (pl. 82)

Dimensions : h. max. env. 5 ; l. max. env. 4 ; ép. max. env. 3.

Provenance : R 25/R 26, niveau 1 (?).

Description : la partie inférieure, de la taille au haut des cuisses, est seule conservée. Taille mince, hanches larges.

Décor : une double incision horizontale autour des hanches forme le triangle pubien. Des lignes verticales parallèles commencent au-dessous de la double ligne vers le bas. Deux trous symétriques figurent au bas du dos. À l'avant, sur le ventre et la taille, des lignes incisées forment des méandres (?).

D 40 (pl. 82)

Dimensions : h. max. 7,9 ; l. max. 4,1 ; ép. max. 3,8.

Provenance : R 26/R 27 (?).

Description : fragment de corps à partir des seins jusqu'aux hanches. Manquent les bras. Pâte rouge orangé assez fine, contenant un dégraissant minéral et des particules noires très fines. La surface est égalisée, les seins sont rendus en relief ; les bras avaient été appliqués à l'origine, les mains s'unissent sur le ventre. Une incision est visible au-dessous de l'emplacement des bras, peut-être une ligne directrice avant leur application. La figurine était assise à l'origine ; son profil est incliné.

Décor : décoré en style Dikili Tash noir sur rouge. Des traces de peinture noire sont encore visibles entre les bras ; une ligne peinte qui s'élargit vers le bas commence en dessous des mains. Dans la partie supérieure du dos, au milieu, deux V superposés sont dessinés, pointes en bas. On distingue aussi des traces de lignes verticales plus larges à droite et à gauche au bas du dos.

Publication : Marangou 1992a, fig. 72c.

Technique

Les figurines du NR ont été modelées dans une pâte de couleur rouge clair ou grise ou brun gris à dégraissant minéral surtout moyen ou fin, mais aussi gros, contenant exceptionnellement des cailloux, et leur surface est de couleur rouge, noire ou encore flammée. Le corps de plusieurs exemplaires est constitué par un noyau intérieur, noirâtre dans certains cas (**pl. 62** et **78**, M 237 ; **pl. 81**, M 1226), sur lequel une ou plusieurs couches d'argile ont été appliquées (**pl. 62** et **79**, M 321 ; **pl. 79**, M 330 et M 356 ; **pl. 80**, M 508, M 651 et M 658 ; **pl. 81**, M 790, M 1226, M 1246) ; dans un cas (**pl. 64** et **81**, M 1212), le noyau semble avoir été préalablement cuit, et la couche qui le recouvre envelopperait plusieurs noyaux. M 1226 présente une surface en fine argile brune, tandis que son cœur est relativement poreux et noirâtre ; le noyau de M 1246 comprend la partie entre la taille et l'aine. Le cou de M 196 (**pl. 60**, **78** et **F**) est perforé, celui de la tête M 270 (**pl. 79**) l'aurait même été deux fois, comme pour fixer la tête sur les épaules par des chevilles en matière organique, méthode couramment utilisée au NM.

Les cuisses et les jambes étaient modelées séparément, sans doute par pincement à partir de la motte de pâte qui constituait le tronc, ou en rajoutant de la pâte, pour être recouvertes ensuite par une ou plusieurs couches d'argile, une dernière couche couvrant toute la figurine. Les jambes sont ensuite collées l'une à l'autre : sur M 156 (**pl. 60**), M 226 (**pl. 61** et **F**), M 659 (**pl. 80**), M 732 (**pl. 64** et **F**) et M 1300, nous distinguons clairement la jointure des jambes. La moitié gauche de la figurine (de la taille au pied) M 1212 (**pl. 64** et **81**) a été décollée de sa partie droite. Cette méthode de collage sans chevilles, mais en laissant un petit espace vide entre les jambes/cuisses, est bien attestée à Dimitra, en particulier pendant la phase III[80]. Les nombreux fragments d'une seule cuisse ou fesse prouvent que les figurines étaient souvent brisées, intentionnellement ou non, aux endroits fragiles de l'attache de deux bouts de pâte modelés séparément à l'origine, comme au NM.

M 238 (**pl. 78**) montre des traces d'ébauchoir autour de la taille et de la partie conservée des bras. Ces derniers, qu'il s'agisse de bras tendus sur les côtés ou repliés sur le ventre, sont aussi de petits bouts de pâte ajoutés après le modelage du corps ; comme les mains posées sur le ventre constituent le deuxième point de fixation après l'épaule, les doigts incisés sont encore conservés, alors que les bras, eux-mêmes trop fragiles, sont brisés. Ces bras repliés caractérisent surtout les figurines fabriquées en creux[81], mais aussi de rares exemplaires semi-assis (**pl. 61** et **78**, M 233 ; **pl. 63** et **80**, M 482 ; **pl. 64** et **F**, M 732 ; **pl. 82** et **F**, M 1858 ; **pl. 82**, D 40). Dans un cas, une légère ligne incisée sous l'emplacement des bras a pu servir de guide pour leur application (**pl. 82**, D 40). Une ligne incisée est visible sur M 226 (**pl. 61** et **F**), autour d'une cavité, à l'emplacement du sein gauche ; les seins aussi étaient appliqués dans un deuxième temps sur le corps. Le point d'attache de ces détails anatomiques, seins ou sexe, modelés ou parfois appliqués sur la première couche d'argile, est ébauché ensuite.

---

80. MARANGOU 1997b, p. 232, pl. 62, 68, d et f.
81. Voir *infra*, p. 94-95.

Le fait que les têtes, avec ou sans cou, sont souvent perdues et que d'autres ont été trouvées sans corps est sans doute dû à la fragilité du cou : ces têtes ont été modelées séparément puis fixées sur le corps et donc brisées par la suite. Celles conservées seules, dont les yeux et la bouche sont incisés, ont été façonnées entre trois doigts. Le nez et le menton sont pincés. Certaines têtes conservées avec ou sans torse ont été façonnées très soigneusement.

L'outil qui a marqué les points et les trous à la surface des exemplaires décorés était pointu ; celui qui a tracé les motifs incisés a laissé parfois des stries parallèles suivant le sens de l'incision (**pl. 62** et **79**, M 321) ; il était fourchu dans le cas d'une figurine aplatie et décorée maladroitement (**pl. 60, 78** et **F**, M 196). Il pourrait s'agir d'une baguette de bois[82] ou d'une pointe en os. Dans de nombreux cas, les incisions gardent encore des traces d'une matière blanche incrustée (**pl. 61** et **78**, M 220 ; **pl. 62** et **78**, M 237 ; **pl. 62, 79** et **F**, M 321 ; **pl. 63** et **79**, M 357 ; **pl. 64** et **81**, M 740 ; **pl. 79**, M 330 ; **pl. 80**, M 508)[83]. Par ailleurs, des traces d'ocre sont encore visibles à la surface de certains objets (M 272, M 357, M 740, M 788), mais toutes ces traces ont pu disparaître sur d'autres objets lors du lavage après la fouille.

Une autre méthode de fabrication a vraisemblablement été utilisée parallèlement, celle du «vide intérieur», comme semble l'attester surtout la partie inférieure du corps de certaines figurines anthropomorphes (**pl. 61** et **78**, M 220 et M 233 ; **pl. 82** et **F**, M 1858 ; **pl. 82**, D 40) qui est creuse. L'intérieur peut ne pas être bien cuit (**pl. 82** et **F**, M 1858). Les détails de la mise en œuvre de cette méthode rare ne sont pas connus : s'agit-il de noyau organique, de modelage en creux[84] ou, ce qui paraît plus probable, d'assemblage d'éléments massifs et d'éléments creux ? En tout cas, une méthode analogue était utilisée, tout aussi rarement, pour fabriquer des figurines zoomorphes[85].

La surface a été dans la plupart des cas égalisée et souvent lissée et décorée d'incisions, plus rarement de peinture au graphite ou en noir sur rouge sur des exemplaires modelés en creux[86]. Si les quelques exemplaires schématiques demandent moins de travail, les figurines naturalistes, indépendamment de leurs dimensions, ont été généralement façonnées avec beaucoup de soin et sont en principe bien cuites. Un fragment de torse du même type que les autres mais non décoré, à pâte mal épurée, craquelée, pourrait ne pas avoir été terminé (**pl. 81**, M 1262). Quelques figurines de très petites dimensions, typologiquement proches du type naturaliste majoritaire, font exception ; elles ont été modelées sommairement, « maladroitement », et leur surface n'est ni décorée ni même traitée (**pl. 61** et **78**, M 219 ; **pl. 62** et **79**, M 263 et M 271). Une autre figurine aplatie (accidentellement ?) porte un décor plutôt maladroit et irrégulier – un objet raté ou façonné par quelqu'un d'inexpérimenté (**pl. 60, 78** et **F**, M 196).

---

82. Treuil 1983, p. 196.
83. Dans un cas de pied de vase anthropomorphe (M 319), la matière incrustée est rouge : *Dikili Tash* I, 2, p. 276, pl. 110.
84. Voir Hourmouziadis 1994, p. 55-56.
85. Voir *infra*, p. 122.
86. Voir *infra*, p. 94-95.

Il est évident que les figurines schématiques plates ont été façonnées à partir d'une boule de pâte, leur forme simple dont résulte leur solidité ne nécessitant pas de modelage très soigné (**pl. 61**, M 209 ; **pl. 63 et 80**, M 367 ; **pl. 64 et 81**, M 789 ; **pl. 80**, M 643[?] ; **pl. 82**, B 30) ; un exemplaire possède, à la place des jambes, une base concave (**pl. 64 et 81**, M 789) sur laquelle il peut être posé. On serait tenté d'interpréter deux de ces figurines (?) schématiques (**pl. 63**, M 367 ; **pl. 80**, M 643), à cuisses et dans un cas aussi à bras et tête en forme de moignons et dont la forme rappelle la position semi-assise du type majoritaire, comme des noyaux ou guides de modelage de figurines, sur lesquels on n'avait pas encore appliqué ou complété les membres et la tête, et qu'on allait dans un deuxième temps recouvrir d'une première couche épaisse d'argile.

Forme

Les figurines humaines du NR sont classées en trois types, dont deux naturalistes et un schématique.

Type A

Ce type naturaliste comprend la majorité des figurines (40). Celles-ci représentent des femmes et exceptionnellement des hommes dans la position dite semi-assise ou semi-allongée, rarement assise (sans siège soudé). Elles ont les bras tendus sur les côtés dans la partie conservée (**pl. 79** et F, M 272 ; **pl. 79**, M 283 et M 284), exceptionnellement les mains posées sur le ventre (**pl. 63 et 80**, M 482 ; **pl. 64** et F, M 732) ; la taille est mince, sauf dans le cas de deux figurines volumineuses de forme biconique à taille non cambrée, malgré le fait que la position du corps reste la même (**pl. 61** et F, M 226 ; **pl. 62 et 78**, M 237) ; les fesses et le ventre sont proéminents ou du moins bien marqués, même dans le cas de la figurine masculine ; le ventre est exceptionnellement exagéré (femme enceinte [?] : **pl. 64, 81** et F, M 1219 ; ventre en pointe, couvert de lignes incisées[87] : **pl. 64 et 81**, M 740) et les seins, parfois aussi les omoplates (**pl. 61 et 78**, M 220 ; **pl. 78**, M 238), sont rendus en relief ; les jambes se dirigent vers l'avant et sont jointes, néanmoins leur séparation est nettement marquée ; elles s'amincissent vers les extrémités, se terminant presque en pointe ; les pieds ne sont pas indiqués[88]. Le nombril est parfois marqué par un trou profond (**pl. 61** et F, M 226 ; **pl. 63**, M 444 ; **pl. 63 et 80**, M 491 [figurine masculine] ; femme au ventre accentué ; **pl. 64, 81**, M 740 ; **pl. 79**, M 356 ; **pl. 80**, M 419) ou une perforation verticale (**pl. 63 et 80**, M 482 ; voir *infra* **pl. 82** et F, M 1858) ; le triangle pubien est incisé et porte parfois une fente au milieu (**pl. 62, 79** et F, M 321 ; **pl. 64** et F, M 732) ; dans un cas, trois petits traits sont incisés dans la partie conservée de l'aine (**pl. 79**, M 284).

---

87. Voir WELCH 1918-1919, fig. 3, t-u.

88. Voir au contraire les pieds des vases anthropomorphes (Chr. MARANGOU, dans *Dikili Tash* I, 2, p. 286) et certains types thessaliens, comme ceux du NA d'Otzaki ou du NM du Péloponnèse (Lerne).

Une double ligne incisée entoure les hanches des figurines (féminines, **pl. 63**, M 482) ou leur ventre (masculines, **pl. 63** et **80**, M 491). Un autre détail qui revient souvent est constitué par les deux trous symétriques au bas du dos et au-dessus des lignes incisées séparant horizontalement le corps au niveau des hanches (**pl. 79**, M 356 ; **pl. 80**, M 419 ; **pl. 81**, M 740). Les fesses et les cuisses sont couvertes, dans le plus grand nombre de cas, de lignes incisées[89].

Six torses et trois têtes pourraient avoir appartenu à des figurines de ce type. Les détails du visage triangulaire sont rendus par pincement (nez) et par des incisions, souvent avec un point central (yeux, bouche) ; les cheveux longs sont rendus par des incisions parallèles, des sourcils jusqu'aux omoplates.

Nous avons inclus dans ce type la figurine masculine M 491 (**pl. 63** et **80**), qui a la même forme de jambes, mais écartées, la même position semi-assise, le ventre proéminent et la double ligne incisée : celle-ci entoure cependant la taille, pas les hanches. Le fragment M 1774 pourrait appartenir aussi à une figurine masculine : la double ligne incisée habituelle entoure plutôt le ventre que les hanches.

Les dimensions conservées[90] de ces figurines montrent une hauteur d'origine qui pourrait varier entre 10 et 15 cm environ. M 263 (**pl. 62** et **79**), complet, présente les mêmes caractéristiques, mais ses dimensions sont très petites – hauteur 5 cm. M 356 (**pl. 79**), M 419 (**pl. 80**) et M 1212 (**pl. 64** et **81**), tout comme certaines figurines maladroitement réalisées, sans indication de sexe (**pl. 61** et **78**, M 219 ; **pl. 62** et **79**, M 263, M 271), sont caractérisées, de même, par leur très petites dimensions. Il y a en fait au moins deux échelles différentes : une avec une dimension d'origine maximale de 5 à 10 cm et l'autre de 10 à 15 cm environ.

Type B

Ce type comprend un petit nombre de figurines féminines naturalistes, représentées souvent avec les bras repliés et les mains posées au-dessus du nombril. La méthode de fabrication est généralement celle du « vide intérieur », du moins pour la partie inférieure du corps. Certains exemplaires sont décorés de motifs incisés (**pl. 61**, M 226 [?] ; **pl. 82** et **F**, M 1858) ; dans un cas, les incisions coexistent avec un décor au graphite (M 1858) ; d'autres sont peints en noir sur rouge selon la technique dite de Dikili Tash (**pl. 61** et **78**, M 233 ; **pl. 82**, D 40 ; auxquels il faut ajouter le fragment de bras M 322, **pl. 62** et **79**).

Certaines de ces figurines sont composites. Du point de vue de la position représentée, nous distinguons ainsi des figurines assises, solidaires de leur siège[91], comme D 40 (**pl. 82**) ; des figurines aux hanches exagérément larges par rapport au torse[92], comme M 233 (**pl. 61** et **78**) ; et celles qui ont pu constituer des éléments de vase,

89. Voir *infra*, p. 95-96.

90. Entre 9,7 et 2,6 cm pour la h. max., 6,2 et 1,8 cm pour la L. max. et 4,3 et 1,5 cm pour la l. max.

91. M. GIMBUTAS, dans *Sitagroi* 1, pl. XLVIII, 2 et XLIX, 1.

92. Un exemplaire de Dimitra II fournit un parallèle pour cette position et ces proportions : MARANGOU 1997b, pl. 64e.

dont la partie inférieure n'est pas conservée : à l'origine, M 1858 (**pl. 82** et **F**) a pu faire partie d'un récipient en céramique, encore que sa forme ne soit pas connue[93]. Un objet fragmentaire, décoré au graphite, appartenant à une collection privée en Allemagne[94] et provenant de Dikili Tash, serait du même type : la figurine est assise, appliquée sur un support (vase?). Le bras M 322 pourrait appartenir à une figurine composite, solidaire de son siège ou, plus probablement, à une figurine faisant partie d'un vase – la distinction peut être difficile à faire[95].

Type C

Il comprend des figurines «schématiques» à profil plat ou en forme de planche, mais celles-ci constituent plusieurs sous-catégories. Deux exemplaires de types différents s'arrêtent au-dessous de la taille sans distinction de jambes (**pl. 64** et **81**, M 789 ; **pl. 82**, B 30) ; l'un présente une cavité sous la base (M 789). Leurs bras moignons presque triangulaires sont tendus sur les côtés. Dans d'autres cas, les bras ne sont pas conservés ou pas représentés, mais les deux côtés du torse sont concaves et la taille (ou le cou?) est marquée (**pl. 61**, M 209 ; **pl. 80**, M 643). Des jambes (?) moignons se dirigent vers l'avant dans deux cas (M 367, M 643), le torse (?) est plat ; l'un des deux conserve une tête et des bras moignons en plus (**pl. 63** et **80**, M 367). La forme générale du corps de ce dernier est triangulaire ; le sexe (?) est marqué en relief et les cuisses, légèrement écartées, se dirigent vers l'avant, comme si la figurine était représentée assise. Ces dernières figurines pourraient être des ébauches ou des noyaux en cours de fabrication[96].

Les dimensions conservées des exemplaires schématiques varient entre 4 et 7,05 cm pour la h. max., 2,7 et 4,1 cm pour la L. max., 1,35 et 2,3 cm pour la l. max. Elles auraient donc été plus grandes que les figurines naturalistes. M 789, qui paraît être complet, est au contraire particulièrement petit (h. max. 4 ; l. max. 2,7 ; ép. max. 1,4 cm).

Décor

Le décor est presque de règle pour les figurines naturalistes, mais il est absent des figurines schématiques. Le plus souvent, il s'agit d'un décor incisé : des doubles lignes horizontales entourent presque toujours les hanches (la taille pour les figurines masculines), comme d'autres lignes verticales couvrent les cuisses décorées dans la majorité des cas (M 1300 ; **pl. 62**, **79** et **F**, M 321 ; **pl. 63** et **80**, M 482 ; **pl. 64** et **81**, M 740 ; **pl. 79**, M 283 et M 356 ; **pl. 80**, M 419 et M 508) ; rarement elles sont remplacées par des spirales ou des lignes horizontales. Des traits parallèles horizontaux (M 321, M 482)

---

93. Voir, pour la Thessalie, GRUNDMANN 1953, p. 5, fig. 1-3 ; également une figure debout sur l'embouchure d'un récipient ouvert de Prodromos, THEOCHARIS 1973a, p. 42, fig. 12 ; pour Kapitan-Dimitrijevo, DETEW 1960, fig. 142.

94. Nous remercions vivement W. Schubert pour cette information.

95. Vases anthropomorphes ou «figurines-vases», voir Chr. MARANGOU, dans *Dikili Tash* I, 2, p. 286-287.

96. Voir *supra*, p. 93.

ou des paires de traits verticaux (**pl. 62** et **79**, M 317 ; **pl. 64** et **81**, M 740) se terminant par des points (M 317, M 740) décorent le corps ; les lignes brisées, les chevrons
(M 237), les méandres spirales (M 317), les croix[97] (M 283, M 317), les losanges ou
triangles pointés (**pl. 64**, **81** et **F**, M 1219), les motifs curvilignes (M 508) constituent
des motifs moins communs. Comme nous l'avons déjà vu plus haut, deux points se
trouvent constamment au-dessus des hanches ; le triangle pubien est souvent incisé,
parfois il porte une incision verticale au milieu (**pl. 64** et **F**, M 732 ; **pl. 64**, **81** et **F**,
M 1219), des points (M 1219) ou de petites incisions verticales (M 283). Les points
et les lignes de pointillés sont également attestés et, dans certains cas, se trouvent dans
les incisions mêmes (M 317, M 740). Sur M 226, des pointillés entourent les genoux
(**pl. 61** et **F**). Les incisions sont souvent remplies de pâte blanche. Des traces d'ocre sont
parfois conservées à la surface des figurines[98]. Les exemplaires naturalistes non décorés
(**pl. 63** et **80**, M 444) ou avec un décor très restreint (M 195, M 479, M 1774 ; **pl. 60**,
M 154 ; **pl. 63** et **80**, M 491 ; **pl. 79**, M 330 et M 356 ; **pl. 80**, M 651) sont relativement rares – l'absence de décor caractérise surtout les petites figurines grossièrement
faites –, mais il peut aussi s'agir d'objets non finis[99].

Les cheveux sont incisés sur les épaules (**pl. 61** et **78**, M 220 ; **pl. 62**, **79** et **F**,
M 321 ; **pl. 63** et **79**, M 357 [?] ; **pl. 79**, M 283 ; **pl. 81**, M 1226)[100] et les détails
du visage sont incisés et pointés. Dans deux cas, les cheveux ne sont pas indiqués,
mais quelques lignes obliques sont incisées sur le sommet de la tête (**pl. 79**, M 270 ;
pl. 80, M 489). Sur M 357, les oreilles portent deux trous profonds et les joues deux
triangles pointés[101]. La parure est, elle aussi, incisée ou peinte et représentée par des
lignes qui entourent le cou à la manière de colliers (?) (**pl. 61** et **78**, M 220 ; **pl. 62**, **79** et **F**,
M 321 ; **pl. 78** (M 238) ; **pl. 79** et **F**, M 272 ; **pl. 81**, M 1226, M 1276)[102], les avant-bras
de bracelets (**pl. 61** et **78**, M 233 ; **pl. 61** et **F**, M 226 ; **pl. 62** et **79**, M 322 ; **pl. 82** et **F**,
M 1858) ou le haut des bras (bracelets ?) (M 740, M 1276). La tête M 1226 porte ce
qui pourrait être un coquillage[103], fixé par une épingle dans les cheveux, élément qui
peut aussi apparaître sur le dos. Les représentations de rangs de perles forment des
« jupes », des ceintures ou des colliers doubles ou multiples.

Le décor au graphite, exceptionnel[104], comporte des motifs linéaires (double ligne
des hanches, groupes de lignes parallèles qui s'entrecroisent) et il est combiné avec des

---

97. Voir Daux 1962, p. 918, fig. 9 (en bas, au milieu), et Theocharis, Rhomiopoulou 1961, pl. 45a
    (en bas au milieu).
98. Voir *supra*, p. 92.
99. Voir *supra*, p. 92-93.
100. Voir Zervos 1963, fig. 564-565.
101. Voir Renaudin 1921, p. 543, fig. 15.
102. Voir Theocharis 1973a, fig. 173.
103. Glycimeris (information orale de J. Shackleton, que nous remercions) ; Marangou 1993.
104. Voir un objet similaire décoré au graphite qui se trouve dans une collection privée en Allemagne et
     proviendrait de Dikili Tash (*supra*, p. 95).

incisions. Le style de Dikili Tash[105], en peinture noire sur rouge, est rare et ses motifs sont également linéaires : larges bandes, traits parallèles (bracelets) et chevrons.

Il y a eu plusieurs tentatives d'interprétation des motifs du décor des figurines néolithiques ; il pourrait s'agir de la représentation de tatouages, de vêtements, d'ornements, de la morphologie du corps ; nous n'aborderons pas ici le côté symbolique ou philosophique de la question[106], mais nous nous limiterons à la seule constatation des difficultés inhérentes à cette réflexion et de l'absence d'indices sûrs. Plus concrètement toutefois, s'il ne peut être prouvé de façon certaine que les lignes verticales incisées sur les cuisses, les fesses et les jambes représentaient des vêtements, bien que cela semble évident, par contre la représentation de la ceinture et de la parure (colliers et bracelets, pendentif et élément porté sur la tête) ne fait aucun doute : elle est confirmée par les découvertes dans les cimetières chalcolithiques des Balkans[107]. D'ailleurs, à Dikili Tash même, les bracelets en spondyle abondent[108], plusieurs catégories de perles sont attestées à Dimitra[109] et de nombreux objets de parure ont été découverts à Sitagroi[110].

Évolution

Les types naturalistes et schématiques du NR ont eu des précurseurs déjà au NM : figurines à la taille mince et aux fesses saillantes, aux bras posés sur la poitrine, aux jambes se terminant presque en pointe et au torse plat ; figurines plates aux épaules perforées et figurine (?) unie à son siège.

Sous réserve de perturbations des couches archéologiques[111], nous constatons (**graph. 2**) que le nombre (45) de figurines trouvées dans des niveaux du NR dont le contexte est connu (8 autres[112] proviennent de la surface ou leurs associations sont inconnues) augmente progressivement : la plupart proviennent en effet des couches les plus récentes (22 objets), les niveaux médians ayant livré 13 exemplaires, les couches les plus anciennes seulement 9[113].

Dans les trois phases du NR, de rares figurines schématiques (une [?] par phase) et de rares représentations masculines (deux naturalistes, une schématique/ébauche) coexistent avec les figurines naturalistes, qui sont largement majoritaires. Parmi ces dernières, rares sont celles de très petites dimensions, celles de la phase la plus récente, en particulier, étant en même temps grossièrement modelées. Or, ce manque de soin ou d'habileté est

---

105. J.-P. DEMOULE, dans *Dikili Tash* I, 2, p. 97.
106. GIMBUTAS 1974, 1982 et 1989.
107. MARANGOU 1992a, p. 175-177 ; 1997b, p. 238-239.
108. Voir *Dikili Tash* I, 1, p. 163-164.
109. KARALI-YANNACOPOULOU 1997, p. 205-209.
110. *Sitagroi* 2, p. 331-402.
111. Voir *supra*, p. 59, n. 6.
112. Deux au moins parmi elles ont des chances d'appartenir plutôt à la phase la plus récente du NR : une figurine schématique (B 30) et une figurine de type soudé à son siège, peinte en noir sur rouge (D 40).
113. Voir J.-P. DEMOULE, dans *Dikili Tash* I, 2, p. 192, t. 1.4.

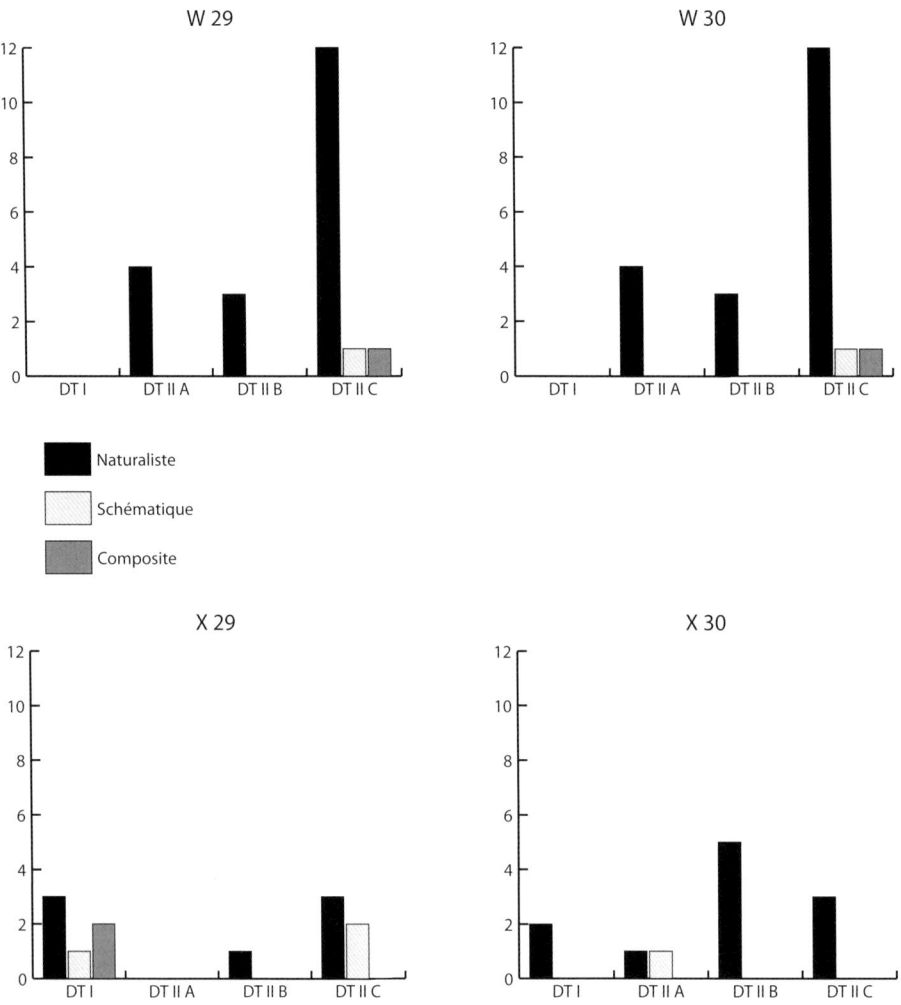

Graph. 2 — Évolution par phases de la typologie et du nombre des figurines anthropomorphes de provenance connue dans le secteur B 1.

également attesté, toujours exceptionnellement, dans la phase la plus ancienne. Au cours de toutes les phases, les caractéristiques faciales du type majoritaire habituel, comme les parties du corps – ventre, fesses et cuisses, sexe et bras – sont soulignées. Le décor, surtout incisé, est toujours d'une grande importance et parmi les éléments reconnaissables, parure, chevelure et ceinture avec un vêtement couvrant la partie inférieure du corps continuent d'être représentés. La méthode des noyaux intérieurs est attestée dans les trois phases ; celle, rare, du « vide intérieur », combinée surtout à la peinture en noir sur rouge ou au graphite (**pl. 61** et **78**, M 233 ; **pl. 62** et **79**, M 322 ; **pl. 82** et **F**, M 1858 ; **pl. 82**, D 40), ainsi qu'au thème de la femme assise unie à son siège ou aux hanches exagérément larges (**pl. F**, M 732, M 1858), n'est attestée que dans la dernière phase (DT II C) ; les deux figurines provenant de récipients de la phase DT I sont très différentes tant du point de vue de la technique de fabrication que du sujet[114].

Les mêmes méthodes de fabrication sont attestées à Sitagroi : des chevilles traversaient le corps, comme le montrent les perforations du cou ou au niveau de la taille brisée[115] ; les membres sont joints au corps[116] ; les cassures se situent également souvent à la tête ou à la taille. Le « vide intérieur » et le décor noir sur rouge trouvent leurs parallèles les plus proches à Sitagroi[117] et à Dimitra[118], ainsi qu'avec certaines figurines zoomorphes également rares de Dikili Tash et de Sitagroi[119]. En plus, la tête d'une figurine anthropomorphe en noir sur rouge de Dimitra porte sur le visage un décor[120] très similaire au décor incisé de certaines figurines de Dikili Tash. Une méthode en creux a été également utilisée pour une figurine de Thespies[121], ainsi que pour une autre de Tsangli (NR), piriforme à hanches larges[122]. Une figurine de Vinča assise, faisant partie d'un support de forme indéterminée[123], pourrait être rapprochée de la figurine de Dikili Tash et de celle conservée dans une collection privée[124]. Un fragment de Sitagroi décoré au graphite représente un animal qui a pu appartenir à un récipient[125], tout comme une autre figurine de Sitagroi[126], anthropomorphe, peinte en noir sur rouge, et qui n'a pas été complètement cuite à l'intérieur, sans doute à cause de son épaisseur[127].

La représentation de la tête et des yeux serait à rapprocher des exemplaires de Vinča C-D selon O. Höckmann[128] ; elle le serait aussi de ceux de Karanovo VI[129]. Les sites de Sitagroi, Dimitra et Paradisos en ont fourni des parallèles géographiquement et (pour Paradisos et Dimitra) typologiquement les plus proches[130]. La position caractéristique « semi-allongée », déjà présente au NA en Thessalie[131], ainsi que la forme géné-

---

114. Voir *supra*, p. 71.
115. M. GIMBUTAS, dans *Sitagroi* 1, fig. 9.122-123, n°s 140 et 142. Voir LETICA 1964 : noyaux chevillés et recouverts d'une couche d'argile.
116. Voir HÖCKMANN 1968, p. 32, pour la méthode dite « macédonienne » de modelage séparé des jambes traversées par des chevilles, collées ensuite entre elles.
117. M. GIMBUTAS, dans *Sitagroi* 1, fig. 9.14, 20, 38, 54, 140, n°s 160, 165, 166, 167, 169, 170.
118. GRAMMENOS 1997, pl. 36, 16 ; MARANGOU 1996a, p. 191, fig. 7 ; 1997b, p. 232-233.
119. Voir *infra*, p. 124-125.
120. MARANGOU 1991a, p. 328, fig. 1d ; 1996a, p. 191, fig. 7.
121. BASS 1959, pl. 74, n° 6.
122. WACE, THOMPSON 1912, p. 124, fig. 75f ; HOURMOUZIADIS 1994, p. 284, pl. 68a.
123. VASIĆ 1936, p. 107, n° 510.
124. Voir *supra*, p. 95 et n. 94.
125. M. GIMBUTAS, dans *Sitagroi* 1, fig. 9.183, n° 187.
126. *Ibid.*, fig. 9.143, n° 143.
127. Voir ZERVOS 1963, fig. 548-549, figurine faisant partie d'un vase (?).
128. HÖCKMANN 1968, p. 84.
129. Par exemple, RADUNČEVA 1981, n°s 13, 17, 19 : Gradešnica, Balbounar, Kalekovec (Plovdiv), du Chalcolithique bulgare.
130. *Sitagroi* 1, fig. 9.25 (42), pl. L 3 (phase II) ; BLENNOW 1987, pl. 37, n°s 1-3 ; MARANGOU 1997b.
131. HOURMOUZIADIS 1994, p. 150-152.

rale des figurines du type A de Dikili Tash[132], présentent des ressemblances avec des parallèles plus ou moins lointains dans le temps ou l'espace des sites de Gumelniṭa,[133] Karanovo VI[134], Tripolje[135] ou Pré-Cucuteni[136], jusqu'à Goljamo Delčevo vers la mer Noire[137], ainsi que de Mandalo[138], Maliq[139] et Crnobuki[140], en Pélagonie, Albanie du Sud-Est et Macédoine occidentale grecque. Ces ressemblances sont frappantes avec les fragments de cuisses provenant de Sultan[141] : des incisions parallèles verticales couvrent les jambes, remplies parfois de pâte blanche. La ligne incisée simple ou double qui sépare le corps en deux et entoure les hanches existe aussi sur les exemplaires de Banjata[142] et de Gradešnica[143]. Quelques figurines provenant de Sitagroi[144] et de Dimitra[145], mais aussi de Vassilika[146], des découvertes provenant de sondages telle une figurine d'Amphipolis[147], constituent sans doute les parallèles les plus proches de notre matériel, non seulement du point de vue géographique, mais aussi en ce qui concerne la forme des hanches et de la taille, la position et les motifs décoratifs.

Le décor a été rapproché de celui des figurines de Cucuteni et de Gumelniṭa/Karanovo VI. Des motifs spécifiques sont communs : des incisions autour du cou[148], autour des poignets ou des bras[149], de petits traits pointés[150], les oreilles percées[151]. Les

---

132. Voir ZERVOS 1963, fig. 543-544, 546-547.

133. Par exemple BERCIU 1961, fig. 248, 2.

134. DETEV 1959, fig. 75-78.

135. Voir, par exemple, MOVŠA 1957, p. 15-34, fig. 1 (1), 2.

136. Par exemple, COMŞA 1975, fig. 95-96 (« Precucuteni », fs. 74, 76, 77, 78) et de Sabatinovka, Cucuteni ancien, GIMBUTAS 1974, f. 26.

137. TODOROVA et al. 1975, t. 18, n⁰ˢ 5, 8, 13, ainsi que t. 43, n° 11, provenant tous de l'horizon III-IV, et t. 85, n⁰ˢ 10, 11 de l'horizon XIII.

138. PILALI-PAPASTERIOU et al. 1986, fig. 12.

139. PRENDI 1966, pl. X(a) ; 1976, pl. XXI, 9, 11.

140. SIMOSKA, KITANOSKI, TODOROVIĆ 1976, p. 68, pl. I, n⁰ˢ 1, 3.

141. GAUL 1948, pl. LVIII.

142. DETEV 1950, fig. 23.

143. NIKOLOV 1970, p. 56-68, fig. 6a-b.

144. Très nombreux exemples de la position semi-assise ; position des bras vers les côtés : M. GIMBUTAS, dans *Sitagroi* 1, entre autres fig. 9.48 (n° 133) et 9.120 (n° 100) ; cheveux longs peints : *ibid.*, fig. 9.26-27 (n⁰ˢ 135, 168).

145. GRAMMENOS 1984, phot. 57, n⁰ˢ 4 et 8 ; MARANGOU 1997b.

146. GRAMMENOS 1984, phot. 60, n° 34, et phot. 61, n° 21.

147. *BCH* 90 (1966), *Chronique des fouilles*, p. 883, fig. 17.

148. NIKOLOV 1970, 4 f. 12a, b ; GIMBUTAS 1974, f. 15.

149. GEORGIEV, ANGELOV 1957, f. 63, 1, de Ruse ; COMŞA 1974, p. 7, etc.

150. Voir Sitagroi, M. GIMBUTAS, dans *Sitagroi* 1, fig. 9.21 et 9.37 (n⁰ˢ 154 et 153). Voir TODOROVA et al. 1975, t. 79, 11, sous les bras.

151. Très nombreux parallèles, entre autres : *Sitagroi* 1, fig. 9.134, de Sitagroi ; ROSETTI 1938, pl. 20(6), de Vidra (Gumelniṭa B1) ; voir RADUNČEVA 1981, fig. 12, 13, 19, de Gradešnica et Kalekovec (Plovdiv), le dernier également avec des cheveux incisés ; de Plovdiv : DETEV 1959, fig. 75(6) ; du Tell Dinja : *Jungsteinzeit in Bulgarien* 1981, fig. 152. Plus près, de Paradisos : BLENNOW 1987, p. 80, n° 1, fig. 42. Voir aussi la tête de grandes dimensions de Dikili Tash : THEOCHARIS 1973a, pl. 57 ; MARANGOU 1996b, p. 294, n° 192 ; MARANGOU 2010, p. 17-24, en particulier fig. 3.

« tatouages » sur les joues sont attestés aussi sur une tête de Doxat-Tepe[152] et au moins une autre de Dimitra[153].

Les points symétriques situés au bas du dos, comme ceux cités ci-dessus, se retrouvent aussi sur des exemplaires provenant de Sitagroi[154], de Dimitra[155], de Plovdiv[156] et de Ruse[157]. Ces paires de points sont fréquentes sur les figurines en os, celles du type III de Petkov, en particulier[158]; elles se répètent sur les jambes de ces dernières. Nous les retrouvons également sur la figurine en marbre de Blagoevo (Razgrad)[159], qui est représentée debout, les genoux légèrement fléchis. La spirale sur les fesses se rencontre au NM à Dikili Tash, à Sitagroi II-III[160], mais aussi, entre autres, dans la culture de Boian[161] et sur les sites bulgares de la région de Plovdiv[162], de Banjata[163], de Sultan et de Vitbov[164]. De Plovdiv[165], proviennent plusieurs figurines à cuisses et jambes décorées de lignes parallèles horizontales, qui rappellent le motif de M 732 (**pl. 64** et **F**); Sitagroi en offre encore un parallèle[166]. Quelques motifs curvilignes profondément incisés, exception-nels, sur un exemplaire (**pl. 82**, C 38) rappellent des figurines Cucuteni A[167]. Les lignes concentriques caractéristiques des figurines de Cucuteni ont, par ailleurs, été interpré-tées comme la représentation des formes du corps humain[168].

Les thèmes figurés à Dikili Tash ne sont pas exceptionnels, mais appartiennent à un ensemble Néolithique Récent/Chalcolithique qui comprend cependant des groupes locaux présentant des particularités. C'est ainsi que la figurine féminine assise sur siège soudé se retrouve dans la région de Drama (Sitagroi, Dimitra), également décorée en noir sur rouge[169], mais aussi toujours dans l'aire Karanovo VI et Gumelniţa, à Čatalka[170]

---

152. GRAMMENOS 1975, pl. 97, 31, et p. 225.
153. MARANGOU 1997b, pl. 67a.
154. M. GIMBUTAS, dans *Sitagroi* 1, par exemple pl. LII, 1b, et XLVII, 1b (avec point central).
155. MARANGOU 1997b.
156. DETEV 1959, fig. 76 (7).
157. GEORGIEV, ANGELOV 1957, fig. 60.
158. PETKOV 1950, p. 25-36, surtout fig. 11 (n°s 1-2), 7 (n° 8), 6, 10 (n° 9).
159. GEORGIEV 1955.
160. M. GIMBUTAS, dans *Sitagroi* 1, fig. 9.15, 16 et 18, n°s 57, 59 (phase II) et 106 (phase III).
161. COMŞA 1975, fig. 94.
162. DETEV 1959, fig. 78 (2-3); DETEV 1960, fig. 49 (avant-dernier rang, deuxième à partir de la gauche).
163. DETEV 1950, fig. 25 (4).
164. MIKOV 1934, fig. 130 (1, 4).
165. Plusieurs dans DETEV 1959, fig. 76-78; DETEV 1960, fig. 49 en haut.
166. M. GIMBUTAS, dans *Sitagroi* 1, fig. 9.10, no 144.
167. DUMITRESCU 1979, fig. 160.
168. DUMITRESCU 1972.
169. M. GIMBUTAS, dans *Sitagroi* 1, fig. 9.14, n° 169; à motifs linéaires, entre autres de chevrons au-dessus de la ligne incisée des hanches sur le dos, *ibid.*, fig. 9.38, n° 165; à décor incisé, *ibid.*, fig. 9.52 et 9.39, n°s 161 et 162.
170. *Jungsteinzeit in Bulgarien* 1981, fig. 151a.

et Zaminec[171], et dans l'aire Vinča[172]. La Thessalie du NA et du NM montre une prédilection pour les figurines masculines assises sur siège intégré[173], mais il y a aussi la « *kourotrophos* » du NR de Sesklo, peinte en noir sur rouge[174], et une figurine à quatre pieds (NM ?) d'Otzaki[175]. Deux des figurines trouvées dans une maquette de maison à Platia Magoula Zarkou, du début de NR, qui sont en fait asexuées, mais généralement présumées masculines, ont également quatre pieds[176].

Les positions typiques du sud de la Grèce, représentations féminines assises par terre, à genoux, jambes tendues sur le côté, croisées ou repliées, comme en Thessalie ou en Crète, ne sont pas représentées à Dikili Tash[177]. La figurine féminine aux hanches excessivement larges, fabriquée à Dikili Tash selon la technique du vide intérieur pour le bas du corps, existe aussi à Sitagroi[178] et à Dimitra[179].

Si les figurines féminines et les représentations asexuées sont attestées sur tous les sites[180], les figurines masculines sont généralement rares[181]. Quelques exemplaires de ces dernières proviennent de Dimitra[182] et de Dikili Tash (fouilles du secteur grec, musée de Philippes). Un exemplaire de Dimitra III est très proche, tant par la position que par le décor de lignes autour de la taille, de la figurine masculine de Dikili Tash[183]. Le thème de la femme enceinte, par contre, devait être moins courant que ce que l'on croit[184]. En tout cas, on peut souvent expliquer par une simple obésité un ventre en saillie sans exagération, du moins en ce qui concerne les figurines de Dikili Tash, où même une figurine masculine présente un ventre relativement accentué, à l'exception de M 1219 (**pl. 64**, **81** et **F**) dont le ventre est clairement prononcé et le nombril perforé en profondeur. Entre autres cas qui semblent certains, citons ceux de Ruse[185] et de Sesklo[186].

---

171. Nikolov 1975, fig. 45-47 (certaines sans indication de sexe apparente), niveau A.

172. Stalio 1977, fig. 232 (Vinča, NR).

173. NM : Tsountas 1908, pl. 33, 4-5 ; Hourmouziadis 1994, pl. 7-9 ; Theocharis 1973a, pl. 37 et 55 ; NA de Pyrasos : Theocharis 1959, pl. IIIb, p. 62. Nandris 1970b ; Gallis, Orphanidis 1996, p. 176-183 et 185-187. Un exemplaire du musée de Thessalonique peut être une exception pour la Macédoine centrale, puisqu'il figure apparemment un personnage masculin sur siège intégré.

174. NR, Style B3a : Tsountas 1908, pl. 31, 2 ; voir une « *kourotrophos* » Vinča (NR) : Stalio 1977, fig. 201.

175. Hauptmann 1981, pl. 13, n° 16.

176. Gallis 1985, pl. 15.

177. Theocharis 1973a, fig. 73 (figurine féminine aux jambes croisées de Hiérapetra) ; Ucko 1968, p. 310 ; Gallis, Orphanidis 1996, p. 242-245 et 254-261 ; voir Weinberg 1951.

178. M. Gimbutas, dans *Sitagroi* 1, fig. 9.11 (n° 159), et fig. 9.145, pl. LXII, 1 (n° 149).

179. Marangou 1997b, pl. 64e (Dimitra II) ; voir Zervos 1963, fig. 536-537 (« NR ») et 433, de Sesklo (« NR III »).

180. Marangou 1992a, p. 163.

181. Voir, par exemple, Radunčeva 1981, fig. 7 (Krushno, Chalcolithique) ; Nikolov 1974, fig. 60 (Gradešnica, niveau B).

182. Grammenos 1984, photo 57, n° 10 ; Marangou 1997b, pl. 64d (Dimitra Ib) et pl. 67c (Dimitra III).

183. Grammenos 1997, pl. 36:19 ; Marangou 1997b, pl. 67c.

184. Voir Mateescu, Voinescu 1982 et Marangou 2009.

185. Georgiev, Angelov 1952, p. 173, fig. 163 (1-2).

186. Tsountas 1908, pl. 34 (2).

De très petites figurines proviennent aussi de Sitagroi, avec ou sans décor[187]; certains exemplaires sont très grossièrement réalisés[188]. Ces figurines en miniature sont en fait attestées dès le NA en Thessalie (de types différents de ceux des grandes figurines : Sesklo, Otzaki)[189], jusqu'au Chalcolithique de Crnobuki (strate I)[190]. La maquette de maison de Platia Magoula Zarkou contenait aussi quelques figurines (?) minuscules.

Les figurines schématiques à profil plat sont assez répandues : des parallèles lointains de B 30 (**pl. 82**) proviennent de Sălcuţa[191], de Pernik[192] et de la culture de Boian[193]; la tendance thessalienne[194] de la fin du Chalcolithique (Rachmani) à la production de figurines schématiques comme à Pefkakia[195], Rachmani[196], Sesklo et Dimini[197], mais aussi Haghia Sophia[198], tout comme plusieurs exemplaires de Maliq II et en général du groupe de Crnobuki-Bakarno Gumno, est bien connue. Emporio IX a fourni également une partie médiane de figurine avec une taille rentrée, de section ovale[199]. Un exemplaire de Mandalo[200], une des figurines du cimetière de Platia Magoula Zarkou[201] et une autre de Pyrgos[202], éloignées entre elles dans le temps, rappellent M 789 (**pl. 64** et **81**), découvert dans les niveaux anciens du NR à Dikili Tash. Un exemplaire d'Olynthe, provenant de niveaux perturbés, offre des ressemblances avec le type à jambes moignons de Dikili Tash[203]. Les figurines schématiques de Sitagroi sont, par contre, généralement décorées; un fragment plat et incisé représentant probablement la hanche et le cou[204] peut être rapproché de M 209.

Contexte et utilisation

Dans certains cas, des figurines humaines ont été mises au jour en même temps que des maquettes de meubles et/ou de maisons et des vases miniatures[205]. Souvent, l'appellation

---

187. À Sitagroi, décorés : M. GIMBUTAS, dans *Sitagroi* 1, fig. 9.119, n° 99, à comparer avec fig. 9.120, n° 100; non décorés : *ibid.*, fig. 9.50, 63, 138, n°s 145, 174, 148. À Dimitra, décorés : GRAMMENOS 1997, pl. 35:15; MARANGOU 1997b, pl. 66g et 67d (phase III); non décorés : *ibid.*, pl. 64d (phase Ib) et pl. 67e (phase III).

188. M. GIMBUTAS, dans *Sitagroi* 1, fig. 9.142, 146, 148, n°s 173, 158, 150.

189. THEOCHARIS 1973a, fig. 175; HOURMOUZIADIS 1994, fig. 11; voir aussi MARANGOU 2000 pour les différentes dimensions des figurines en Grèce du Nord.

190. SIMOSKA, KITANOSKI, TODOROVIĆ 1976, pl. I, n° 4.

191. BERCIU 1961, p. 330, fig. 153, 1 (Sălcuţa III); HÖCKMANN 1968, pl. 46, 1661.

192. IVANOV 1981, fig. 20, 4, seconde moitié de l'Énéolithique

193. COMŞA 1975, fig. 74, 2.

194. HOURMOUZIADIS 1994, pl. 64; GALLIS, ORPHANIDIS 1996, p. 386-395.

195. WEISSHAAR 1989, pl. XVI (10-15), 66 (6, 8, 9), 82 (24, 26), phases moyenne et récente.

196. *Ibid.*, pl. 91,1.

197. TSOUNTAS 1908, pl. 35 (3, 6, 7); HOURMOUZIADIS 1994, pl. 70, 73; SKAFIDA 1992, pl. 25a-b.

198. Torses légèrement élargis aux deux extrémités, à base épaissie et côtés concaves : MILOJCIĆ *et al.* 1976, pl. 19, 2.

199. HOOD 1982, II, fig. 285, pl. 130, clay 10.

200. PAPAEFTHIMIOU-PAPANTHIMOU, PILALI-PAPASTERIOU 1980, fig. 1.

201. GALLIS 1982, pl. 21 en bas.

202. TSOUNTAS 1908, fig. 225.

203. MYLONAS 1929, fig. 75b, n° 9.

204. M. GIMBUTAS, dans *Sitagroi* 1, fig. 9.97, n° 34 (phase I/II).

205. Par exemple, TRINGHAM 1971, DIMITROV 1974.

de «sanctuaire» a été donnée à l'endroit de la découverte et celle de «scène de culte» à l'ensemble composé par ces objets[206]. Des hypothèses analogues ont été faites à propos de Sabatinovka, en Moldavie, d'Ovčarovo ou de Néa Nikomédia, ainsi que du «trésor» des tablettes de Tărtăria. D'un autre côté, des objets du même type ont été interprétés comme des jouets d'enfants[207], ou comme des accessoires de magie ou de rites d'initiation[208]. Les interprétations varient des plus théocentriques aux plus pragmatiques. Il est impossible de se prononcer de façon catégorique pour l'une ou l'autre des interprétations proposées : mais n'y aurait-il qu'une seule solution ?

Les données de Dikili Tash n'apportent que peu d'indices sur le contexte des figurines anthropomorphes, tant du NR que du NM. Pour un total de vingt-cinq associations connues, l'outillage lithique (dix-neuf cas) et la poterie (seize cas) l'emportent, comme on pouvait s'y attendre. En revanche, les associations avec des figurines animales, des vases ou instruments anthropomorphes ou zoomorphes sont extrêmement rares. Par ailleurs, il y a moins d'associations que celles que l'on aurait tendance à attendre avec des maquettes de meubles (deux cas, trois maquettes[209]). Nous connaissons quatre cas où les figurines humaines sont associées à des vases miniatures, dont deux comprennent deux vases chacun. Dans quatre cas, elles ont été trouvées au voisinage d'ossements, dans un cas avec un fragment de cuivre (?). Quatre cas d'associations avec des pointes en os (dont deux comprennent deux pointes chacun) et un cas unique d'association avec une pointe en cuivre (?) sont connus.

Les associations les plus courantes, en dehors de la céramique et de l'outillage lithique, comprennent :

– les groupements de figurines humaines (sept) dont un à cinq, un à quatre, un à trois et quatre à deux figurines ;

– les objets de parure (cristal de roche, spondyle travaillé, perles, objets en os perforés, coquillages, bracelets) ; six sur sept comptent dans la même association deux ou plusieurs objets de parure ;

– les balles de fronde (sept cas, dont deux comprennent deux balles de fronde chacun) ;

– les fusaïoles (quatre cas, dont un inclut deux fusaïoles).

Nous avons globalement des associations avec d'autres figurines humaines (sept cas), avec des figurines animales (deux), avec des coquillages ou des bracelets (sept), avec des aiguilles ou des pointes en os (six), avec des balles de fronde (quatre), avec des fusaïoles (quatre), avec des vases miniatures (quatre) et avec des vases zoomorphes (un ou deux). Sans tenir compte de la poterie ou de l'outillage lithique, très fréquents et donc peu

---

206. MARANGOU 1992a, p. 219-222, pour un aperçu avec la bibliographie antérieure.
207. TREUIL 1983, p. 403-423, avec des références.
208. Voir UCKO 1968 et TALALAY 1993.
209. Voir *infra*, p. 141.

significatifs sauf pour indiquer la présence d'un niveau d'occupation, nous remarquons que dans plus de 50 % des cas (treize sur vingt-cinq) deux au moins parmi les associations suivantes sont significatives : parure, balles de fronde, fusaïoles, vases miniatures, maquettes de meubles, pointes et aiguilles en os[210].

Les figurines semi-allongées peuvent être saisies à la main, voire manipulées. L'existence de trous dont la raison d'être n'est pas évidente, lorsqu'ils semblent placés de façon aléatoire, ainsi que les traces d'ocre conservées sur quelques têtes – encore que ces traces puissent témoigner plutôt d'un décor composé comme il arrive souvent à propos de la céramique décorée[211] – pourraient être des éléments en faveur d'une utilisation rituelle. Des perforations des épaules, des avant-bras, des bras (verticales) ou des oreilles (horizontales), ne servant probablement pas à la suspension de l'objet[212], ont pu être utilisées pour fixer des appendices perdus depuis, tels que des bracelets ou des boucles d'oreille, comme l'attestent de nombreux exemples balkaniques[213].

Si les figurines semi-assises ne peuvent parfois pas rester stables sans être soutenues par un support quelconque, les maquettes de mobilier[214] pourraient avoir été fabriquées justement dans ce but, à moins qu'il ait existé un autre dispositif inconnu de nous. Ailleurs, un dispositif du type du support perforé de Kostisi[215] a été utilisé pour les figurines de Cucuteni AB/B-Tripolje B2. À Dikili Tash, des sièges auraient été plus convaincants, comme à Ovčarovo ou Sabatinovka[216]. Reste à savoir pourquoi de rares figurines étaient soudées à leur siège (elles sont cependant souvent plus tardives à Dikili Tash) et pourquoi toutes n'en possédaient pas un, puisque de toutes façons, sauf exception (Ovčarovo), les maquettes de sièges sont moins nombreuses que les figurines en question.

1.3. BRONZE ANCIEN (DIKILI TASH III)

M 13 (pl. 82)

Dimensions : h. max. env. 6,5 ; l. max. env. 5.

Provenance : R 27, niveau 5.

Description : partie supérieure plutôt plate d'une figurine. Pâte foncée. La tête a une forme cylindrique ou tronconique ; les bras se devinent à la forme triangulaire du contour et les détails du visage (yeux et bouche) sont marqués par des points. Les seins ne sont pas indiqués.

---

210. MARANGOU 1992a, p. 20 et fig. 72g pour une figurine trouvée dans une zone de coquilles.
211. J.-P. DEMOULE, dans *Dikili Tash* I, 2, p. 83-84, 92.
212. MARANGOU 1992a, p. 206-208.
213. MARANGOU 1992a, p. 207 ; 1993.
214. Voir *infra*, p. 137.
215. TRINGHAM 1971, p. 177.
216. GIMBUTAS 1982, fig. 25-26.

Décor : une incision horizontale entoure le sommet de la tête, trois autres le cou ; elles sont bordées vers le bas par de petits traits incisés verticaux ; deux autres incisions descendent du sommet de la tête jusqu'à l'incision inférieure du cou. Objet égaré : la description provient des publications et photographies antérieures.

Publication : Daux 1962, p. 931, fig. 25 ; Deshayes 1972, p. 200 et fig. p. 201 ; Deshayes 1970a, p. 36 et fig. 40 ; Séfériadès 1985, pl. XXV, 1-2 ; Marangou 1992a, p. 62, fig. 81a-b.

Un fragment de figurine anthropomorphe (M 13) a été publié par J. Deshayes[217]. Il s'agit d'un type de figurine dont le haut du corps, de profil plat, est assez abstrait, la tête trapézoïdale et les bras sommairement représentés, la taille rentrée et le bas du corps (non conservé ici) élargi en forme de jupe longue. Certains détails du visage sont indiqués par des trous circulaires et des traits ; des incisions horizontales ornent la tête, le cou et le haut de la poitrine. Un collier incisé se poursuit sur le dos. La figurine a dû, à l'origine, être représentée vêtue d'un long vêtement.

Cette figurine fragmentaire a été rapprochée par J. Deshayes du groupe de Dubovac[218] ou de Kličevac-Žuto Brdo[219], dans la vallée du Danube, entre la Serbie et la Roumanie[220], apparenté à celui de Cîrna[221] en Olténie, culture considérée comme plus tardive, mais que la découverte de Dikili Tash aurait permis de situer sur une période plus longue[222]. Notre figurine présente en effet des ressemblances avec des exemplaires du groupe précité. D'autres parallèles proviennent de Novo Selo (Bulgarie du Nord-Ouest)[223] et de Balta Verde (Roumanie)[224]. J. Deshayes a surtout rapproché l'exemplaire de Dikili Tash du type 2 de Trbukhovic[225], provenant en particulier de Ghirla (Olténie), plus simple que les autres et sans doute antérieur[226].

Pendant cette période, en domaine égéen, les figurines anthropomorphes de terre cuite se raréfient[227], ce qui n'est pas le cas des figurines zoomorphes qui ont souvent été mises au jour dans des régions différentes, en particulier du sud de la Grèce, suivant la séparation par sites/régions et par thèmes des figurines et des maquettes du BA[228]. Or, les figurines anthropomorphes ne sont pas aussi exceptionnelles, puisque certains groupes de terre cuite proviennent surtout des régions du nord-est de la mer Égée et de l'Anatolie

---

217. Deshayes 1970a, fig. 40.
218. Daux 1962, p. 932, fig. 25.
219. Deshayes 1972, p. 200 ; Garašanin 1958, p. 86, fig. 15 ; voir Höckmann 1968, p. 38, n° 438, pl. 17, 15 (« Bronze Ancien »).
220. Voir aussi Garašanin 1958, fig. 15-16, et p. 85-86 ; Letica 1973, pl. VI, VII et IX, en particulier pl. VI, 3 (Gardinovci) et surtout VII, l (Dubovac) pour les détails du visage et le « collier ».
221. Voir les figurines « avec robe en cloche » de Cîrna-Gîrla Mare : Miclea, Florescu 1980, n°s 350-357, 359-360, et Dumitrescu 1980, pl. LXXX, 1-2.
222. Voir Letica 1973, p. 88 et 91.
223. Mikov 1970, fig. 8-9.
224. Berciu, Comşa 1956, fig. 20 (3), 23 (4-5) et 29.
225. Trbuhović 1956-1957, p. 134, fig. 5-8.
226. Voir Séfériadès 1985b, p. 231 et pl. XXIV, 1-2.
227. Certains groupes constituent des exceptions, comme à Thermi : Lamb 1936 ; voir *infra*, p. 107, n. 231.
228. Marangou 1992a, p. 199 ; 1997a.

du Nord[229] ; on trouve aussi des figurines anthropomorphes fabriquées dans d'autres matériaux[230], comme la pierre, l'os ou le bois de cervidé. Malgré cette relative rareté des figurines anthropomorphes en terre cuite au BA, des figurines de types différents, plus ou moins fragmentaires, ont été trouvées dans certaines maisons de Thermi et de Troie[231]. Une figurine fragmentaire datant du BA a été découverte sur un sol d'habitation contenant un foyer à Toronè[232] ; Mandalo en a fourni d'autres[233]. Le contexte des parallèles balkaniques (datant du BM ou du BR) n'est que rarement précisé et, dans ce cas, ceux-ci proviennent, au contraire, de cimetières[234] à incinération (Dubovac, Vršac, Kličevac, Korbovo, Cîrna), où ils ont été trouvés, souvent à l'état de fragments, soit à l'intérieur soit à l'extérieur des urnes funéraires. Quelques exemplaires ont été mis au jour en association avec des chars (Dupljaja) et lorsque, rarement, ils proviennent de sites d'habitat, le contexte n'est pas précisé[235].

La figurine de Dikili Tash a été trouvée sur le niveau d'habitation 5 du carré R 27, qui s'étend sur une grande partie du secteur A 2 et comprend des trous de poteau ou de piquet, de nombreux tessons, ossements d'animaux et objets et peut-être les restes d'une plate-forme[236]. Il faut pourtant noter que ce niveau était perturbé au moment de la fouille et que des intrusions de périodes plus tardives sont avérées[237]. La question de la datation de cette figurine n'est donc pas encore définitivement résolue.

1.4. Bronze Récent (Dikili Tash IV)

M 1883 (pl. 82)

Dimensions : h. max. 4,1 ; l. max. 3,7 (bras) ; ép. max. 1,9 ; section du corps 1,4 × 1,8.

Provenance : R 25, démolition du mur 6 (niveau 2 ?).

Description : partie supérieure d'une figurine. Pâte rouge. Les bras moignons sont coniques, les seins (le droit est cassé) pointus. L'extrémité du bras gauche est également brisée. La « tête » a une forme conique et est perforée d'un trou horizontal dans le sens de la largeur. Le corps a une section plus ou moins cylindrique. Le dos est plat. La figurine a pu être suspendue par le trou de la tête. Sans décor.

M 1855 (pl. 82)

Dimensions : h. max. 5,1 ; l. aux bras 5,8 ; l. tête 2,7 ; h. visage 3 ; section à la cassure à mi-corps 3,5 × 1,9.

Provenance : R 25, niveau 1.

229. Obladen-Kauder 1996 ; Hüryilmaz 1999.
230. Marangou 1992a, p. 146-147, avec des références antérieures ; 1997a.
231. Marangou 1992a, p. 73-79 et 83-91 ; 1997a, avec des références antérieures ; voir aussi *supra*, p. 106 n. 227.
232. Papadopoulos 1990.
233. Pilali-Papasteriou *et al.* 1986, p. 462, fig. 11a.
234. Voir les figurines de Kastri (Thasos), trouvées à l'extérieur d'une tombe proprement dite : les anthropomorphes présentent des ressemblances stylistiques avec des exemplaires du BA ; *infra*, p. 108 n. 240.
235. Letica 1973, p. 93-94.
236. Voir *Dikili Tash* I, 1, p. 30.
237. Communication orale de H. Koukouli-Chrysanthaki et de R. Treuil que nous remercions vivement.

Description : moitié supérieure d'une figurine féminine aplatie. Le visage est triangulaire, le nez et le menton saillants étant seuls marqués. Les bras triangulaires sont courts et les seins pointus. Sans décor. Objet égaré, description faite à partir de la fiche et de la photographie.

Une figurine fragmentaire (**pl. 82**, M 1883) en pâte rouge, à corps cylindrique et dos plat, à bras moignons et seins en relief, provient d'un mur (11b) d'un niveau du BR (DT IV)[238]. Un trou de suspension traverse dans le sens de la largeur son «cou», terminé en une crête conique qui remplace la tête : c'est une figurine humaine de type unique, qui a pu servir de pendentif. Sa découverte est d'autant plus intéressante que les parallèles sont en fait sinon inexistants à cette période[239], du moins extrêmement rares, telles les figurines (anthropomorphes et zoomorphes) de la fosse de la tombe T18 de Kastri à Thasos[240], quelques exemplaires rares de Thrace[241], les figurines (masculines et féminines) trouvées dans un bâtiment du BR de Sava-Conevo et celle (masculine) d'Ezerovo (BR)[242].

La moitié supérieure de la figurine féminine M 1855 (**pl. 82**), par la forme de son visage triangulaire, nez et menton saillants, ses bras courts triangulaires et son allure générale, ne serait pas trop dépaysée en contexte NR. Cependant, elle a été mise au jour dans un niveau de surface perturbé, contenant du matériel BR et hellénistique, et son attribution à une période précise reste problématique.

1.5. CONCLUSIONS

Au NM et au NR, nous remarquons un parallélisme entre figurines anthropomorphes schématiques et naturalistes. Les niveaux les plus récents du NR ont fourni le plus grand nombre de figurines anthropomorphes.

Au NR, l'existence concomitante de figurines masculines[243], asexuées et féminines est attestée, ainsi que celle de deux échelles de dimensions au moins, trois si l'on prend en compte les figurines sur siège ou faisant partie d'un vase. L'utilisation simultanée de trois techniques de fabrication (un seul noyau, plusieurs noyaux, vide intérieur combiné à des parties pleines), dont l'une est très rare et tardive, ainsi que la coexistence de figurines bien et mal modelées sont aussi certaines. Les utilisations paraissent aussi multiples : il y a des figurines stables, sur siège soudé, des figurines assises sans siège et celles (semi-assises) qui peuvent avoir parfois, mais pas toujours, besoin d'un support (siège séparé), sans oublier certains exemplaires qui portent des «trous de suspension». L'importance de la représentation de la parure, des vêtements et des caractéristiques

---

238. Ainsi qu'une fusaïole et une herminette polie : SÉFÉRIADÈS 1983, p. 672 ; 1985b, p. 115.

239. «Absence complète des figurines en Macédoine au BR» : KOUKOULI-CHRYSSANTHAKI 1980, p. 72.

240. KOUKOULI-CHRYSSANTHAKI 1992, p. 624-626, fig. 157, pl. 359, 6-8. Ces figurines anthropomorphes présentent des ressemblances avec des types du BA.

241. *Ibid.*, p. 625, n. 451.

242. TONCEVA 1980.

243. La figuration en relief d'hommes sur la céramique est attestée tant au NM qu'au NR à Dikili Tash : DESHAYES 1970a, fig. 11 ; MARANGOU 1991b, pl. 8, 3.

faciales sur les figurines naturalistes du NR est frappante. Et finalement, les contextes connus à Dikili Tash pourraient nous faire soupçonner des groupements de figurines anthropomorphes et/ou leurs associations avec des maquettes de meubles, des vases en miniature, des objets de parure, des pointes et aiguilles en os, des balles de fronde et des fusaïoles. Mais des incertitudes demeurent sur ces points.

2. LES FIGURINES ZOOMORPHES

2.1. Néolithique Moyen (Dikili Tash I)

M 1218 (pl. 65 ; pl. 83)

Dimensions : h. max. 3,3 ; L. max. 3,35 (4,5 ?) ; ép. max. 3,2 (2,5 ?).

Provenance : X 30, sommet du NM (déblais), vers 4 m.

Description : arrière-train de quadrupède. Pâte de couleur brun noirâtre à dégraissant minéral moyen, contenant des cailloux ; surface brune, noircie. Le corps a une section triangulaire. La queue est dans le prolongement du corps, légèrement arquée vers le bas, pointue et longue. Sur le dos à droite, on distingue de légères traces linéaires, provenant sans doute d'un outil.

M 1484 (pl. 65)

Dimensions : h. max. 4,4 ; L. max. 3,3 ; ép. max. 3,4.

Provenance : X 29, niveau 14.

Description : fragment de corps. Le cou et les pattes sont brisés. Pâte grise à l'intérieur et rougeâtre à l'extérieur, dont la surface a été égalisée, à dégraissant minéral moyen. La section du corps est triangulaire.

M 1737 (pl. 65 ; pl. 83)

Dimensions : h. max. 4,4 ; L. max. 2,25 ; ép. max. 2,65.

Provenance : X 30, entre niveaux 11 et 12.

Description : tête triangulaire levée et cou très long d'animal, qui donne l'impression de constituer un manche. Pâte non épurée, à gros dégraissant minéral, gris à surface rouge. Le museau est proéminent, aplati au bout, les oreilles sont rendues par de petites protubérances et les yeux par de légères cavités. Empreintes digitales. Espèce indéfinie.

Trois fragments du NM sont fabriqués en pâte grise ou brun noirâtre, à la surface rouge ou noircie et dépourvue de décor. Deux corps ont une section triangulaire et dans un cas une queue arquée vers le bas (chien ?) se trouve dans le prolongement du dos (**pl. 65** et **83**, M 1218 ; **pl. 65**, M 1484). La tête M 1737 (**pl. 65** et **83**) est portée par un cou très long, le museau est proéminent et aplati au bout, oreilles et yeux sont rendus par des protubérances et des cavités. Les figurines zoomorphes, tout comme la plupart des figurines anthropomorphes du NM, proviennent des derniers niveaux de la période[244] : M 1737 et M 1218 du carré X 30 (niveau 11/12, d'où provient également la figurine anthropomorphe M 1555 [**pl. 59** et **77**], et «sommet du NM» respectivement) et

---

244. Voir aussi *supra*, p. 72.

M 1484 du carré X 29 (niveau 14), qui a aussi fourni la majorité des figurines anthropomorphes. Par conséquent, même si nous ne disposons que de peu d'informations étant donné le petit nombre des objets et leur provenance limitée à deux carrés, il ne paraît pas y avoir une différenciation marquée par niveau ou dans l'espace entre figurines anthropomorphes et zoomorphes pendant les dernières phases du NM.

2.2. Néolithique Récent (Dikili Tash II) et Bronze Récent (Dikili Tash IV)

Niveaux Néolithique Récent (Dikili Tash II)

M 150 (pl. 65 ; pl. 83)

Dimensions : h. max. 4,7 ; L. max. 3,5 ; ép. max. 4,05 ; h. max. tête 3,95 ; l. des oreilles à l'extérieur 3,3.

Provenance : X 29, surface.

Description : tête triangulaire, légèrement bombée, et cou. Pâte rouge brun, à surface brun rouge, avec gros dégraissant minéral. Le museau est indiqué, les oreilles nettement marquées, le cou court et épais. Le profil est légèrement bombé. La surface n'a pas été travaillée ; on voit partout des empreintes digitales.

M 167 (pl. 65 ; pl. 83)

Dimensions : h. max. 3,7 ; L. max. 6,7 ; ép. max. 3,8.

Provenance : W 29, sous le niveau 1.

Description : fragment de corps dont il manque la tête et les pattes antérieure gauche et postérieure droite. Pâte brun rouge à dégraissant minéral moyen. Une petite protubérance représente sans doute la queue ; le corps est allongé. La patte postérieure gauche, entièrement conservée, se termine en pointe à base aplatie en dessous. Des empreintes digitales sont visibles sous les pattes. La patte antérieure est arrondie, la postérieure tendue vers l'arrière.

M 172 (pl. 66)

Dimensions : h. max. 8,3 ; L. max. 9,3 ; ép. max. 5,1 ; h. tête 5.

Provenance : W 29, sous le niveau 1 (en fait sur le niveau 2).

Description : tête, cou et une partie du poitrail. Pâte grossière rouge grisâtre, poreuse, à surface grisâtre, à dégraissant minéral moyen. La tête est allongée, le visage triangulaire bombé. Une oreille (ou corne ?) est brisée, l'autre arrachée. Les yeux sont indiqués par deux petites protubérances ; celle de gauche porte une empreinte digitale.

M 197 (pl. 66 ; pl. 83)

Dimensions : h. max. 6,2 ; L. max. 6,4 ; ép. max. 5,7.

Provenance : X 29, niveau 2.

Description : tête et une partie du cou. Pâte rouge brun craquelée par endroits, à surface gris brun, à gros dégraissant minéral contenant des particules noires. Le museau est pointu, la tête triangulaire est bombée ; les yeux sont indiqués par deux protubérances ; deux autres plus haut, nettement marquées, représentent les oreilles (?). Une incision (accidentelle ?) est visible près de l'oreille droite ; des traces d'outils sur la face.

M 221

Dimensions : h. max. 7,2 ; L. max. 6,3 ; ép. max. 8,25.

Provenance : W 29, bande sud-nord, sous le niveau 2 (?).

Description : avant-train brisé au niveau du cou et des épaules. Pâte rouge grossière et poreuse, à dégraissant minéral moyen, contenant des traces de charbon (?) ; surface grise.

Décor : des cannelures concentriques autour de la naissance des membres irradient vers le dos.

M 222 (pl. 67 ; pl. 83 ; pl. G)

Dimensions : h. max. 11,5 ; L. max. 20,3 ; ép. max. 9,3 ; l. tête au niveau des yeux 3 ; L. tête 4,5.

Provenance : tête W 30, sous niveau III ; avant-train brisé X 29, sous niveau 3 ; reste du corps X 29, niveau 5.

Description : l'objet a été reconstitué à partir de trois fragments ; une partie de l'arrière-train est cassée, mais il était probablement bicéphale à l'origine. Pâte rougeâtre, poreuse, contenant du gravier et des cailloux ; surface gris verdâtre. La section du corps est plus ou moins triangulaire. Les pattes tronconiques et courtes sont plates au-dessous. La tête est petite par rapport au corps et de forme triangulaire ; une arête descend du sommet du crâne vers le museau ; trois protubérances au sommet du front, deux plus petites (yeux) des deux côtés du museau. Le cou est épais, une arête prononcée descend du museau, légèrement brisé, vers la poitrine ; la colonne vertébrale est marquée, du cou jusqu'à la croupe. À l'arrière, une arête en relief doit représenter le fanon de la seconde poitrine. Des incisions accidentelles sont visibles par endroits. Au milieu du ventre une protubérance assez prononcée (sexe ou ventre ?). Bovidé. Type A du NR.

Décor : quatre cannelures commencent des deux côtés de la colonne vertébrale, traversent les flancs et aboutissent au ventre, comme si elles marquaient des lignes de graisse ; leur largeur est de 0,5 cm en haut et de 1 cm à leur extrémité inférieure ; d'autres entourent la naissance des membres.

Publication : DAUX 1968, p. 1072, fig. 17 ; DESHAYES 1972, fig. p. 205 ; MARANGOU 1992a, fig. 78a.

M 223 (pl. 84)

Dimensions : h. max. 3,5 ; L. max. 4,1 ; ép. max. 3,4.

Provenance : X 30, surface.

Description : tête et haut du cou. Pâte rouge, à dégraissant minéral moyen ; surface grise. Trois protubérances au sommet du front, profil légèrement bombé ; petits arrachements aux protubérances des deux côtés, surtout à droite ; indication de museau ; deux petites incisions accidentelles (?) au-dessus du museau. Type A du NR ?

M 224 (pl. 68 ; pl. 84)

Dimensions : h. max. 4,5 (5 ?) ; L. max. 4,2 (5 ?) ; ép. max. 6,4.

Provenance : W 29, bande centrale est-ouest sous le niveau 1.

Description : tête et haut du cou. Pâte rougeâtre brun, à dégraissant minéral moyen ; surface grise. Tête triangulaire très large par rapport à la hauteur ; museau et oreilles indiquées.

M 234 (pl. 84)

Dimensions : h. max. 5 ; L. max. 7,8.

Provenance : W 30, sous le niveau II.

Description : quadrupède presque entier. Pâte rouge, avec des taches noires en surface. La tête est pointue, les oreilles ou cornes arrondies, les pattes écartées ; la queue (?) est brisée. Un trou de suspension traverse le col. Objet égaré, description faite d'après la fiche et la photographie.

M 235 (pl. 84 ; pl. G)

Dimensions : h. max. 5,9 ; L. max. 5,5 ; ép. max. 5,8.

Provenance : W 30, sous le niveau II.

Description : tête et cou. Pâte rouge fine, à dégraissant minéral très fin, contenant des particules noires. La tête est massive, mais aurait pu être appliquée sur un corps creux séparé ou sur un récipient : l'attache du cou court et droit est de section circulaire ; la tête s'élargit vers le haut, en formant deux protubérances triangulaires symétriques (oreilles). Le front et le haut du museau forment également un triangle. Le front est presque horizontal, le museau levé ; la tête n'est pas symétrique, la partie gauche étant plus étroite que la partie droite. Dans la cavité du cou, nous distinguons les traces d'utilisation d'un outil, sans doute un ébauchoir.

Décor : peint en noir sur rouge, en style de Dikili Tash. Des lignes soulignent la forme du visage, d'autres plus fines forment un V renversé sous le museau, deux autres plus épaisses et parallèles courent autour de la base du cou ; à partir de la ligne inférieure rayonnent de petits traits noirs irréguliers, séparés d'environ 0,5 cm, sur le dos et la poitrine ; les yeux sont indiqués par deux traits horizontaux peints sur deux cavités des deux côtés du museau, sous le front ; des traces de noir subsistent aussi sous l'oreille gauche. Au sommet du crâne, deux bandes parallèles, légèrement curvilignes, unissent les deux protubérances en suivant la ligne du front.

Publication : MARANGOU 1992a, fig. 78e.

M 241 (pl. 68 ; pl. 84)

Dimensions : h. max. 7,4 ; L. max. 7,3 ; ép. max. 6,35 ; l. tête au niveau des yeux 6.

Provenance : W 29, niveau 3.

Description : la tête, le cou et une partie de l'épaule droite sont conservés. Pâte rougeâtre, à dégraissant minéral moyen ; surface grisâtre. La tête légèrement bombée est triangulaire, le museau et la bouche sont indiqués ; trois protubérances au sommet du front, dont deux sont légèrement brisées ; les protubérances situées sur les côtés, représentant les yeux, sont incisées légèrement en oblique ; le cou est relativement long et cambré en arrière ; le corps a sans doute été creux. Des traces d'outil sont visibles sous le museau, des deux côtés et dans les cannelures. Il s'agit sans doute d'un bovidé.

Décor : deux cannelures concentriques d'une largeur de 0,5 cm environ entourent la naissance de la patte antérieure droite ; les traces d'une autre sont visibles sur le côté gauche.

M 286 (pl. 84)

Dimensions : h. max. 10 ; L. max. 9,7 ; ép. max. 7,2.

Provenance : W 30, altitude 5,66 m (niveaux III et IV).

Description : avant-train, dont la tête est brisée. Pâte rouge, à gros dégraissant, avec des particules noires ; noircie vers l'extérieur, à surface grise. Le cou est épais ; les pattes courtes, légèrement écartées et plates, s'amincissent vers le bas. Des empreintes digitales sont visibles sur l'épaule droite.

Décor : deux cannelures concentriques larges d'environ 0,5 cm autour de l'épaule droite.

M 288 (pl. 68 ; pl. 85)

Dimensions : h. max. 5,5 ; L. max. 8,25 ; ép. max. 4,55 ; entre les cornes 3 ; ép. cou 2,6.

Provenance : X 29, sur ou dans le niveau 4.

Description : le plus grand exemplaire du type B (?). Sont conservés tête et cou. Pâte rouge clair, non épurée, à gros dégraissant minéral, contenant des cailloux, craquelée sous le museau. Le cou est très allongé et mince, la tête triangulaire assez fine, le mufle légèrement bombé, le museau large, avec indication de la bouche (cavité) ; une petite protubérance marque la partie inférieure du cou. La tête légèrement tournée vers la gauche est assez réaliste. Deux excroissances (cornes) prononcées en haut du front et deux protubérances plus petites représentant les yeux, incisées à l'ongle, sont bien identifiables. Il pourrait s'agir d'une chèvre, mais l'œil dans ce cas est anormal[245].

M 324 (pl. 68 ; pl. 85)

Dimensions : h. max. 6,6 ; L. max. 7,3 ; ép. max. 6,5 ; h. tête 4.

Provenance : W 30, tombé de la berme sud sur le niveau I.

Description : avant-train avec tête, les pattes manquent. La pâte est rouge, à gros dégraissant minéral, contenant des cailloux ; surface gris blanc. La tête est petite, le mufle triangulaire ; le cou est assez court et la tête tournée légèrement vers la gauche ; un pli est marqué sur le cou ; le museau est indiqué, les oreilles situées sur le sommet du front sont brisées. Des traces d'outil ou de doigts sont visibles. L'objet peut représenter un ours.

M 325

Dimensions : h. max. 5,8 ; L. max. 4,4 ; ép. max. 4,7.

Provenance : W 30, sous le niveau IV.

Description : tête et haut du cou. Pâte rouge grossière, mélangée à de petits cailloux, à dégraissant minéral moyen à gros ; surface grise. La tête est triangulaire, le mufle allongé ; deux protubérances (oreilles ?) au sommet du front ; le cou est court ; une légère saillie verticale au milieu du mufle, deux petites cavités à gauche et à droite.

Décor : du côté droit, une cannelure entoure le cou.

M 326

Dimensions : h. max. 6,2 ; L. max. 7 ; ép. max. 7.

Provenance : X 29, niveau 5.

Description : avant-train (fragment) ; la tête et les pattes manquent. Pâte rouge à l'intérieur, grise en surface.

M 327 (pl. 85)

Dimensions : h. max. 9,2 ; L. max. 7,7 ; ép. max. 3,9.

Provenance : X 30, sous le niveau 2.

Description : patte avec partie du flanc d'une figurine animale (plutôt que d'un vase zoomorphe). Pâte grise, à dégraissant minéral moyen à gros, avec traces jaunes en surface. L'épaule est arrondie et le membre s'amincit vers le bas presque en pointe ; l'extrémité est plate.

Décor : rare pour une figurine animale. Quatre incisions horizontales parallèles (largeur 0,1-0,15 cm) sur l'épaule ; trois autres parallèles curvilignes forment un arc de la poitrine au dos, d'où deux autres, également en arc de cercle, se dirigent vers le ventre. Un espace plus ou moins triangulaire est ainsi délimité, dans lequel nous remarquons d'un côté une incision circulaire et deux points, de l'autre une incision en demi-cercle.

M 333

Dimensions : h. max. 9,8 ; L. max. 8,4 ; ép. max. 5,1.

Provenance : X 30, niveau 3.

Description : fragment de patte (antérieure gauche ou postérieure droite), dessous plat, s'amincissant vers le bas, avec une partie du flanc et du ventre. Pâte rouge, à dégraissant minéral moyen, cuite irrégulièrement à l'intérieur ; surface gris verdâtre.

---

245. R. Jullien, information orale.

M 351 (pl. 85)

Dimensions : h. max. 12,4 ; L. max. 9,7 ; ép. max. 5,7 ; tête 4 × 4.

Provenance : W 30, sous le niveau IV.

Description : moitié gauche de l'avant-train avec tête, cou et patte. Pâte rouge brun, à gros dégraissant minéral, poreuse ; surface gris verdâtre. La tête, disproportionnellement petite, est triangulaire ; le cou est court et une arête verticale le marque devant, descendant jusqu'à la division des pattes. Les oreilles sont marquées par deux protubérances. La patte est courte, grosse et plate en dessous.

Décor : quatre cannelures concentriques de 0,7 à 1 cm de largeur entourent l'épaule.

M 388 (pl. 68 ; pl. 86)

Dimensions : h. max. 11,3 (?) ; L. max. 10,4 ; ép. max. 9,45.

Provenance : X 30, niveau 4.

Description : avant-train. Pâte poreuse, mal épurée, contenant du gravier et des cailloux, mal cuite, de couleur gris jaune ; surface blanchâtre, noircie à l'extérieur. La tête, petite et triangulaire, est disproportionnée ; le cou est court ; le museau est indiqué, ainsi que deux protubérances au sommet du front ; les pattes sont courtes, écartées, légèrement courbées, le dessous est plat. Des traces de doigts ou de l'ébauchoir subsistent, ainsi que des empreintes digitales sur la face, sous l'oreille droite et derrière la patte droite. L'objet pourrait représenter un ours.

Publication : Marangou 1992a, fig. 78d.

M 411 (pl. 86)

Dimensions : h. max. 8,6 (7,5 ?) ; L. max. 6 ; ép. max. 7,3.

Provenance : W 30, sous le niveau IV (altitude 5,52 m).

Description : arrière-train à croupe plate, avec la patte gauche. Pâte rouge brun, contenant du gravier et des cailloux, à surface gris jaunâtre. Une grande protubérance arrondie est dirigée vers le haut et l'arrière ; elle ne ressemble pas à une tête et pourrait indiquer la queue (?), mais elle paraît trop prononcée. La patte est plate en dessous. Une empreinte digitale est visible sous le ventre.

M 412 (pl. 86)

Dimensions : h. max. 5,7 ; L. max. 5,7 ; ép. max. 5,9.

Provenance : W 29, sous le niveau 4.

Description : partie d'avant-train – le cou manque – avec patte gauche. Pâte rouge à l'intérieur, à dégraissant minéral moyen, gris jaune à la surface. La patte est aplatie sous la base. Il subsiste des traces d'empreintes digitales. Il pourrait s'agir d'un bœuf (?).

Décor : des cannelures plates, d'une largeur de 0,5 à 1 cm, entourent l'épaule conservée et traversent les flancs en unissant les épaules, le dos et la naissance des pattes à l'arrière du corps.

Publication : Marangou 1992a, fig. 80a.

M 415

Dimensions : h. max. 9,6 ; L. max. 7,4 ; ép. max. 5,5.

Provenance : W 29, sous le niveau 4.

Description : avant-train avec tête, partie gauche du poitrail et patte gauche. Pâte rouge, à gros dégraissant minéral, mal cuite à l'intérieur, avec des concrétions, à surface gris verdâtre. La petite tête triangulaire est légèrement tournée vers la droite ; les oreilles au sommet du front sont brisées, ainsi que le bout du museau ; les yeux sont indiqués par des incisions obliques ; une arête verticale descend du cou épais et court vers la poitrine. Dessous de la patte plat.

M 417 (pl. 86)

Dimensions : h. max. 3,25 ; L. max. 3,2 ; ép. max. 3,4.

Provenance : W 29, altitude 5,43 m (entre niveaux 5 et 4).

Description : tête et haut du cou. Pâte rouge, contenant des cailloux, à dégraissant minéral moyen ; surface grise. Cou épais par rapport à la tête ; museau pointu ; les yeux sont rendus par des protubérances ; trois excroissances (cornes/oreilles) arrachées au sommet du front et vers l'arrière. Des traces d'ébauchoir sont visibles autour du cou, des empreintes digitales sous l'oreille (?) gauche.

Publication : Marangou 1992a, fig. 80b.

M 430

Dimensions : h. max. 6,3 ; L. max. 6,2 ; ép. max. 5,1.

Provenance : W 29, altitude 5,43 m (entre niveaux 5 et 4).

Description : fragment de patte (antérieure droite ?). Pâte rouge à l'intérieur, à dégraissant minéral moyen ; surface gris blanchâtre. Dessous plat. Des empreintes digitales sont visibles.

Publication : Marangou 1992a, fig. 80c.

M 445 (pl. 86)

Dimensions : h. max. 8,6 ; L. max. 8,6 ; ép. max. 5,8 ; L. tête 4 ; écartement entre les pattes 5,2.

Provenance : W 29, altitude 5,26 m, niveau 6 (?).

Description : avant-train avec tête, cou et pattes. Pâte rouge clair flammée, poreuse, mal épurée, à dégraissant minéral, contenant des cailloux. Mufle pentagonal avec museau à bout aplati ; trois protubérances brisées au sommet du front ; deux incisions très profondes obliques sur deux saillies indiquent les yeux ; une arête verticale au centre du mufle. Une arête aussi sur le dos et la nuque, ainsi que sous le museau ; une saillie sous le ventre ; la tête est légèrement désaxée vers la droite. Le cou est épais de profil, mince de face. Les pattes courtes et écartées ont été appliquées dans un second temps. Il doit s'agir d'un bœuf.

M 454 (pl. 68 ; pl. 86)

Dimensions : h. max. 4 ; L. max. 4,7 ; ép. max. 4,4.

Provenance : W 29, sous le niveau 5.

Description : tête et cou. Pâte grise à l'intérieur, à dégraissant minéral fin, rougeâtre à l'extérieur. Le modelage est assez élaboré ; la tête est triangulaire ; deux protubérances obliques symétriques au sommet du front (cornes/oreilles), deux saillies moins prononcées au-dessous (yeux ?) ; museau pointu ; au milieu du front une saillie prononcée verticale, légèrement bombée, sépare la tête en deux ; à l'extrémité supérieure de la saillie, un petit trait vertical est incisé comme avec l'ongle ; le cou est relativement épais. Des empreintes digitales et des traces d'égalisation sur le dos de la nuque sont visibles. Bœuf ?

M 638

Dimensions : h. max. 4,8 (mufle) ; L. max. 5 ; ép. max. 5.

Provenance : W 29 ; probablement trouvé au même endroit que l'objet précédent, sous le niveau 5.

Description : tête et partie de cou, assez informe. La surface est grossièrement égalisée, très effritée d'un côté. Pâte rouge gris, à dégraissant minéral fin. Des empreintes digitales sont visibles. Trois protubérances (oreilles ou cornes) nettement prononcées ; saillie médiane. Bœuf.

M 645 (pl. 69 ; pl. 87)

Dimensions : h. max. 11,5 ; L. max. 5,3 ; ép. max. 9,7.

Provenance : X 29, réfection de la berme est.

Description : avant-train, avec tête et membres antérieurs. Pâte brun gris, contenant du gravier ; surface blanc jaune. La section du corps est plus ou moins triangulaire, la tête est levée vers l'arrière ; le sommet du crâne est aplati en forme de losange ; les oreilles sont brisées, les yeux abîmés, le museau est indiqué. Un pli vertical marqué sous le cou, jusqu'au niveau des épaules ; les pattes sont courtes et écartées, s'amincissant vers le bas ; dessous plat. Type A du NR ? Bœuf ?

M 647

Dimensions : h. max. 5,7 ; L. max. = h. tête 5,7 ; ép. max. (tête) 3,8.

Provenance : X 29, remblai de protection.

Description : tête et cou. Pâte brun rouge, contenant du gravier ; surface grisâtre. Le museau est très prononcé, presque pointu, la tête en losange ; le sommet de la tête est bombé, les yeux sont indiqués par de légères protubérances profondément incisées ; les arrachements de protubérances (oreilles/cornes) au sommet de la tête sont visibles ; l'épine dorsale est marquée le long du cou. Quelques traces d'égalisation. Type A du NR ?

M 661 (pl. 69 ; pl. 87)

Dimensions : h. max. 4,35 ; l. max. 2,95 ; ép. max. 3,95 ; diam. du cou 2,5.

Provenance : X 30, entre niveaux 5 et 6.

Description : tête et cou de petite figurine. Pâte fine, brun rouge, à surface lissée ; dégraissant minéral moyen. Le cou est relativement long. Le sommet du crâne est concave. Trois protubérances au sommet du front, celle du milieu plus pointue, celle de gauche légèrement brisée, la droite arrachée. La tête est légèrement tournée vers la gauche. Le museau plat, triangulaire, légèrement retroussé, porte une incision horizontale. Petits arrachements à l'emplacement des yeux. Chèvre (?).

Décor : quelques lignes parallèles sont peintes en noir autour du cou.

M 662 (pl. 69 ; pl. 87)

Dimensions : h. max. 1,95 ; L. max. 4,2 ; ép. max. 2,6.

Provenance : W 29, terre écroulée.

Description : petit quadrupède (?). Les extrémités des pattes (sauf la postérieure gauche, aplatie au-dessous) et la tête manquent. La pâte est noir gris, à dégraissant minéral fin, la surface n'a pas été travaillée. Le dos est plat, la colonne vertébrale marquée par une arête ; la queue n'est pas indiquée, le cou est long, les épaules arrondies ; le corps forme un parallélépipède avec trois côtés rentrants. Il pourrait s'agir d'un quadrupède, mais il ressemble aussi à une petite table ou à un tabouret ; la tête est méconnaissable.

M 664 (pl. 69 ; pl. 87)

Dimensions : h. max. 5,4 ; L. max. 5,2 ; ép. max. 3,6 ; du nez à l'occiput 2, 4.

Provenance : X 30, niveau 6, contre la paroi nord du four.

Description : avant-train avec tête et partie des membres antérieurs. Pâte assez fine noirâtre, à dégraissant minéral fin ; la surface très noircie a été égalisée. La tête est triangulaire, à sommet aplati ; le museau est indiqué, mais pas les yeux. Un prolongement du front en avant forme un bourrelet cassé au bout du côté gauche entre les cornes et le museau ; le front n'est pas égalisé ; le cou est assez court, le corps de section circulaire. Les deux pattes conservées sont dissymétriques : la gauche est cassée à son extrémité, la droite présente un arrachement latéral et semble avoir été appliquée sur un autre objet (attelage?). Le fragment semble être une ébauche ou avoir été appliqué sur un autre objet. Des incisions accidentelles sur le dos. Bœuf?

M 665 (pl. 69 ; pl. 87)

Dimensions : h. max. 7,7 ; l. max. 6,4 ; ép. max. 5,5 (profil).

Provenance : W 30, niveau V (?).

Description : tête, cou et épaule droite. Pâte rouge brun, contenant du gravier et des cailloux, mal cuite, à surface non travaillée. Le cou est court, la tête en forme de pentagone ; le museau est indiqué, mais son extrémité est cassée ; deux incisions symétriques profondes sur deux renflements représentent les yeux ; deux oreilles ou cornes en haut et légèrement en arrière ; nervure verticale du cou (fanon) formée par pression entre les doigts (comme les cornes), dont on voit les empreintes ; le sommet du crâne est légèrement bombé.

Décor : deux larges cannelures circulaires sur l'épaule droite sont conservées.

M 668 (pl. 69)

Dimensions : h. max. 7,6 (6,8?) ; L. max. 5,3 ; ép. max. 6,6.

Provenance : W 29, berme nord.

Description : avant-train avec patte gauche – la tête est cassée. Pâte poreuse rougeâtre non épurée, contenant des cailloux ; surface rouge clair, non travaillée. Une nervure (fanon) est visible sous le cou. Les pattes écartées sont plates au-dessous. De fines stries parallèles sont visibles dans les cannelures. Bœuf.

Décor : des deux côtés du poitrail des cannelures plates entourent en arc de cercle la naissance des pattes et se rejoignent au milieu du thorax ; sur le dos, l'épine dorsale est indiquée par de petites incisions parallèles.

M 716 (pl. 87)

Dimensions : h. max. 5,2 ; L. max. 5,2 ; ép. max. 4,1 ; L. tête 4,5 ; l. tête 3,8.

Provenance : W 30, sous le niveau V.

Description : tête triangulaire et cou. Pâte rougeâtre brun, poreuse, contenant du gravier, mal épurée, noircie vers l'extérieur ; surface jaune blanc. Le museau est indiqué ; une arête unit le museau et le front ; deux saillies profondément incisées marquent les yeux ; une petite protubérance au sommet du front, au milieu, un petit arrachement à sa droite. Des traces d'outil sont visibles. Probablement un bovidé.

Décor : une cannelure plate en arc de cercle sur la partie conservée à droite du cou.

M 727

Dimensions : 7,5 × 4,1 × 3,7.

Provenance : W 30, niveau V.

Description : fragment de patte conique. Pâte noirâtre jaune, à surface rouge. Des traces de doigt ou d'outil sont visibles.

M 741 (pl. 69)

Dimensions : h. max. 4,5 ; L. max. 4,7 ; ép. max. 4,6.

Provenance : W 29, sous le niveau 5.

Description : tête (?) grossièrement modelée. Pâte rouge clair, contenant du gravier, noircie vers l'extérieur, à surface crème blanchâtre. La tête est triangulaire, le sommet du crâne bombé, une bosse légère est située au milieu du front, au sommet. Le museau (?) et les oreilles (?) étaient indiqués, mais pas la nervure centrale. Bovidé ?

M 749 (pl. 88)

Dimensions : h. max. 7,7 ; L. max. 14 ; ép. max. 8,5.

Provenance : W 30, sous le niveau 5.

Description : corps et patte (postérieure gauche ?) entière, avec une partie de la patte postérieure droite. La pâte est brun gris, noircie vers l'extérieur, contenant du gravier, la surface gris blanc. Dessous de la patte plat. Bœuf ?

Décor : de larges cannelures entourent en arc de cercle le haut des pattes et se rejoignent sur le ventre.

M 751 (pl. 88)

Dimensions : h. max. 11,5 ; L. max. 11,7 ; ép. max. 8,9.

Provenance : X 30, niveau 8.

Description : avant-train avec tête, pattes antérieures et partie du torse. La pâte est poreuse, grossière, rougeâtre, mélangée à de petits cailloux (?) et la surface est blanchâtre. Le corps est de section arrondie, l'épine dorsale n'est pas marquée ; la tête est modelée grossièrement, ainsi que les pattes longues, rapprochées de face, à dessous plat ; le museau est indiqué, les oreilles (ou cornes) sont arrachées, le sommet du crâne est bombé. Ours ?

M 782 (pl. 69 ; pl. 88)

Dimensions : h. max. 5,7 ; L. max. 6,7 ; ép. max. 4,5 ; L. corps 3 ; ép. corps 2,6.

Provenance : W 30, niveau VI.

Description : l'avant-train, la tête et les membres antérieurs sont conservés. Pâte brun rouge, à dégraissant minéral fin ; surface brun gris, non travaillée. La figurine est moins grossière et plus petite que les autres du même type. Son cou est relativement allongé, le sommet de la tête bombé, la partie arrière de la tête rentrée et l'échine dorsale assez marquée. Le corps a une section ovale. Les pattes écartées ont une base aplatie, et la partie entre les pattes est arrondie. Des stries parallèles sont visibles le long et autour du cou. Trois stries plus profondes sur l'épaule droite. Du même côté sur le dos, des stries se croisent.

M 1301

Dimensions : 5,6 × 3,3 × 4,4.

Provenance : W 30, sous le niveau 5.

Description : partie du dos (?) d'un animal. Pâte brun rouge, à surface gris rouge.

Décor : des lignes incisées parallèles soulignent l'attache de la patte (?).

M 1302

Dimensions : h. max. 4,6 ; L. max. 3,9 ; ép./l. max. 3,7.

Provenance : W 30, quart nord-est, niveau 6.

Description : fragment de patte. Pâte brun rouge non épurée, à surface grise. Dessous plat. Des empreintes digitales visibles.

M 1890 (pl. 69 ; pl. 88)

Dimensions : h. max. 3,2 ; L. max. 4,8 ; ép. max. 3,3.

Provenance : U 25, quart nord-ouest, zone rouge dont le sommet est à 4,92 m (?).

Description : très petite figurine. Il manque la patte arrière gauche. Pâte gris rouge, à dégraissant minéral fin. La tête est petite, le cou épais, le museau est indiqué. Les yeux sont perforés horizontalement ; le diamètre du trou est d'environ 0,25 cm ; la perforation s'élargit vers les angles extérieurs des yeux. Une protubérance pointue sous le ventre (nombril ou sexe ?) est visible. Indication de la queue ; les membres s'amincissent vers le bas. L'objet peut être posé sur quatre pattes et ne semble pas fait pour être suspendu. Il pourrait s'agir d'un ours.

Publication : MARANGOU 1992a, fig. 78c.

M 1903

Dimensions : h. max. 4,65 ; L. max. 5,6 ; ép. max. 5,2.

Provenance : R 24, tranchée nord.

Description : avant-train conservé, cou et pattes cassés. Pâte grise, relativement poreuse, à surface rouge (surtout sur le dos et sous le ventre) et brune.

Décor : trois incisions partent de l'épaule gauche et se dirigent vers le dos, une paire de chaque côté du cou se croise sur l'encolure ; une incision depuis le membre gauche vers l'épaule croise deux autres incisions qui courent à l'opposé, vers le ventre, en bas.

M 1904

Dimensions : h. max. 9,2 ; L. max. 10,9 ; ép. max. 11,6.

Provenance : U 25, surface.

Description : avant-train, partie gauche du poitrail, cou et patte antérieure gauche conservés. Pâte rouge, contenant des cailloux, mal cuite, noircie vers l'extérieur, à surface claire, gris blanc. Les membres sont courts et plats au-dessous. Type A du NR.

Décor : des cannelures parallèles larges de 7 à 9 mm unissent la naissance des pattes avec le milieu du dos.

M 1920

Dimensions : h. max. 8 ; L. max. 5,6 ; ép. max. 4,2.

Provenance : R 25, quart sud-ouest, surface.

Description : fragment de patte. Pâte rouge à surface blanchâtre. Dessous plat. Probablement type A du NR.

D 9099 ou D 6606 (?)

Dimensions : h. max. 3,3 ; L. max. 4,5 ; ép. max. 3,5.

Provenance : inconnue.

Description : tête et haut de cou. Pâte rouge claire, à surface gris blanchâtre. Petites protubérances (oreilles ?) ; indication du museau. Type A du NR.

Sans numéro 1

Dimensions : h. max. 10,2 ; L. max. 10,5 ; ép. max. 8,01.

Provenance : W 30, nettoyage de la paroi est, à environ 5,40 m, à une distance de 1,20 m de la paroi sud (niveaux V-VI).

Description : avant-train de figurine animale avec la tête et les pattes antérieures. Argile grossière, non épurée, rouge à l'intérieur, brun gris en surface. Yeux incisés triangulaires, museau. Deux dépressions symétriques au niveau des épaules, à la naissance des pattes. Bovidé ?

Décor : six cannelures parallèles autour de la naissance de chaque patte. Traces de quatre lignes parallèles horizontales commençant aux lignes parallèles de la naissance de la patte droite.

Sans numéro 2 (pl. 88)

Dimensions : h. max. 9 ; L. max. 8,5 ; ép. max. 5,2.

Provenance : hors stratigraphie.

Description : patte arrière avec partie du flanc d'un animal. Argile rouge.

Décor : une spirale incisée sur l'arrière, une autre et partie d'une troisième sur le côté. Traces de lignes parallèles dans le sens de la longueur, incisées sur la croupe.

Niveaux Néolithique Récent/Bronze Ancien I (Dikili Tash II-III A)
M 1913

Dimensions : h. max. 4,8 ; L. max. 7,5 ; ép. max. 5,6.

Provenance : U 24, ensemble du carré sous 6,60 m.

Description : fragment d'avant-train dont le cou et les pattes sont brisés. Pâte grise et engobe blanchâtre ; l'argile n'a pas été bien épurée. Type A du NR.

M 1937

Dimensions : h. max. 3,9 ; l. max. 3,8 ; L. max. 3,3.

Provenance : TU 25, terre noire (couche de cendres) sous 6,50 m.

Description : tête et partie du cou. Pâte rouge non épurée, poreuse, contenant du calcaire et des cailloux, noircie vers l'extérieur, à surface blanchâtre verdâtre. Le cou est court, la tête triangulaire ; le profil est légèrement bombé, le museau plat. Oreilles (?). Type A du NR.

M 1938

Dimensions : h. max. 4,2 ; L. max. 6,1 ; ép. max. 5,1 ; L. sommet de la tête 5,6 ; l. sommet de la tête 4,6.

Provenance : TU 25, tranchée sud, couche jaune dure.

Description : fragment de tête et haut du cou. Pâte rouge clair, à dégraissant minéral moyen, contenant des particules noires ; surface blanchâtre. Le visage est triangulaire, les oreilles (?) sont brisées au bout. Le museau est bien marqué, la bouche (?) est à peine ébauchée. Le sommet de la tête est proéminent. Type A du NR.

Niveaux Bronze Ancien II (Dikili Tash III B)
M 1793

Dimensions : h. max. 5,5 ; L. max. 5,5 ; ép. max. 5,6, cou 4,8.

Provenance : R 25.

Description : tête et cou. Pâte rouge grossière, à surface crème gris. Tête triangulaire. Indication sommaire du museau et des oreilles (?). De petites cassures sur la face et les oreilles. Cou court. Type A du NR.

Niveaux Bronze Récent (?) (Dikili Tash IV)
M 1902

Dimensions : h. max. 11,8 ; L. max. 7 ; ép. max. 6,2.

Provenance : berme R 25/R 26, sous le niveau d'arrêt en 304.

Description : patte antérieure gauche (?) et une partie du flanc. Pâte rouge poreuse, contenant du gravier, à surface grise. La patte s'amincit vers le bas, le dessous est plat. Type A du NR ?

Décor : trois incisions linéaires irrégulières, tracées avec un outil à deux pointes, entourent la naissance de la patte du côté extérieur (largeur environ 0,3 cm).

Niveaux Bronze Récent ou historiques
M 1900 (pl. 69 ; pl. 88)

Dimensions : h. max. 3,75 ; L. max. 7,9 ; ép. max. 4,6.

Provenance : berme R 25/R 26, surface (couche de pierres).

Description : fragment de quadrupède bien modelé, dont la tête et les pattes sont brisées. Pâte rouge beige, assez fine, à dégraissant minéral fin, à surface grise. La queue est indiquée par un bouton. Le cou se relève vers le haut. La croupe est épaisse et arrondie. On distingue des traces d'égalisation entre le cou et le dos et des traces noires, dues peut-être à la cuisson, au-dessus de la queue. Cervidé ?

Datation incertaine
M 1788

Dimensions : h. max. 5 ; L. max. 6,2 ; ép. max. 4,6, cou 3,8.

Provenance : R 26, surface.

Description : tête et cou. Pâte grossière rouge clair. Tête triangulaire. Oreilles et museau grossièrement indiqués.

M 1809 (pl. 88)

Dimensions : h. max. 11,2 ; L. max. 11,2 ; ép. max. 9,4, corps de 5,5 à 6,5.

Provenance : R 25, surface.

Description : avant-train en deux fragments. Pâte rouge grossière à surface gris clair, mal épurée. La tête, légèrement tournée et décalée vers la droite, est triangulaire ; de petites protubérances indiquent les yeux et les oreilles. Le dessous des pattes est plat. Type A du NR ? Ours ?

D 3334

Dimensions : h. max. 2,35 ; L. max. 4,9 ; ép. max. 3,2.

Provenance : inconnue.

Description : fragment de quadrupède (?). La tête et la queue manquent. Sont conservés l'amorce d'une patte et l'emplacement des trois autres. Pâte grise assez fine, à surface noire lissée (dessous non travaillé).

D 1634

Dimensions : 5,4 × 5,1 × 2,9.

Provenance : inconnue.

Description : fragment d'animal (cou ?). Pâte hétérogène grise, à surface noir rouge.

Aux fragments catalogués ci-dessus, il faut ajouter de nombreux pieds sans forme de figurines animales sans provenance précise. Ils appartiennent surtout au type A du NR : D 555E, D 1460, D 1845 (?), D 2104, D 2914, D 3242, D 3383, D 3649, D 5584, D 6977, D 7039, D 8229, D 8707, D 8842, D 8937, D 10844, D 12887, D 13015, D 19935 (?), D 20997, D 29859, ainsi qu'un fragment sans numéro. Quelques autres fragments en pâte rougeâtre sont de types non identifiables : D 5503, D 5584, D 21024.

Technique

Le modelage de ces figurines a été effectué dans une pâte généralement rougeâtre par pincement, en mélangeant un dégraissant minéral fin à gros, du gravier et parfois des cailloux ; sur le corps ainsi façonné, on a appliqué les membres et la tête et égalisé par la suite la surface des points de fixation ; dans plusieurs cas, ce travail d'égalisation est visible. Les figurines se cassaient souvent au niveau des attaches de la tête ou, surtout, des pattes sur le corps ; quelques têtes et un grand nombre de ces pieds ayant appartenu en grande majorité au type A[246] nous sont parvenus. Les pattes sont toujours aplaties en dessous ; on posait les figurines sur leurs pattes lorsque l'argile était encore molle pour terminer le modelage ou pour les laisser sécher. Elles pouvaient rester stables par la suite.

La majorité des figurines sont massives et leur modelage grossier, surtout pour le type A dont la pâte est souvent poreuse et contient des impuretés ou des cailloux. La cuisson est parfois insuffisante à l'intérieur, sans doute à cause de l'épaisseur de la figurine (M 415 ; **pl. 69** et **87**, M 665). La pâte des autres figurines est plus fine, la cuisson meilleure et le modelage souvent plus détaillé. La pâte noircie d'un groupe de figurines appartenant au type B pourrait résulter d'une mauvaise cuisson probablement accidentelle (?), d'autant plus que l'une d'elles (**pl. 69** et **87**, M 664) pourrait être inachevée ou ratée. La surface, à de rares exceptions près, n'est pas travaillée. Elle est presque toujours de couleur grise ou blanchâtre pour le type A, rouge ou brune pour les types B et C. La surface blanchâtre des exemplaires du type A présente, en particulier une sorte de pellicule, sans qu'il s'agisse pour autant d'un engobe[247].

Les détails anatomiques, cornes, oreilles, museau, pli frontal, fanon, queue, ont été rendus par pression entre les doigts ; des cannelures plates ont été tracées avec les doigts. Les yeux sont parfois enflés et incisés, exceptionnellement perforés. La colonne vertébrale peut être soulignée par des incisions (**pl. 69**, M 668)[248].

Quelques rares exemplaires (type C) témoignent d'un procédé différent de fabrication «en creux» (**pl. 69** et **87**, M 661). C'est aussi le cas du fragment unique M 235 (**pl. 84** et **G**), peint en noir sur rouge, dans une pâte fine à dégraissant minéral très fin contenant également des particules noires.

Forme

Nous distinguons quatre types de figurines animales du NR[249] à Dikili Tash, sans tenir compte des récipients zoomorphes[250].

---

246. Voir *infra*, p. 123-124.
247. En fait, nous ne savons pas comment s'est formée cette pellicule caractéristique sur ce type de figurines (information orale de G. Schneider, que nous remercions). Nous espérons, à l'avenir, pouvoir effectuer des analyses pour éclaircir ce point.
248. Voir aussi *infra*, p. 123.
249. Pour une typologie différente des figurines animales, en particulier de Thessalie, voir Toufexis 2003.
250. Chr. Marangou, dans *Dikili Tash* I, 2, p. 271-312.

Type A

On a répertorié 66 exemplaires, petits fragments compris, de ce type majoritaire, surtout pendant les phases DT II B-C. Les dimensions d'origine des figurines complètes pouvaient atteindre environ 20 cm de longueur, 12 cm de hauteur et 10 cm de largeur. Ce trait caractéristique du volume et du poids n'a pas été l'unique critère pour leur classement dans un type distinct. Ces figurines sont modelées grossièrement et leur cuisson n'a souvent pas été suffisante ; leur surface présente généralement une sorte de pellicule blanchâtre[251]. Il semblerait aussi qu'elles représentent toujours les deux mêmes animaux ; il s'agit de quadrupèdes dont l'appartenance à une espèce précise n'est pas absolument assurée, encore que le plus souvent, lorsqu'on peut identifier certains éléments conservés, leurs caractéristiques les rapprochent de bovidés à cornes avec pli frontal, avec ou sans bosse occipitale et/ou un fanon (bœufs ou «bisons» : **pl. 68** et **84**, M 241 ; **pl. 69**, M 668 et M 741 ; **pl. 86**, M 445 ; **pl. 88**, M 749), dont l'un au moins possède deux têtes (**pl. 67**, **83** et **G**, M 222), ou de l'ours brun (**pl. 66** et **83**, M 197 ; **pl. 68** et **85**, M 324 ; **pl. 86**, M 388 et M 412).

Sur la tête bombée des figurines qui pourraient représenter des bovidés, deux excroissances symétriques figurent les cornes et/ou les oreilles, une troisième bosse se trouvant parfois entre elles, au sommet du crâne ; plus rarement une saillie verticale médiane divise le mufle en deux : il en résulte des têtes en triangle ou en pentagone. Le cou est grossièrement représenté ; l'arête dorsale est souvent indiquée, la nervure centrale du torse l'est moins. La forme des pattes est cylindrique ou tronconique, le dessous est plat. Les cannelures qui entourent la naissance des pattes pourraient représenter la graisse des bovins. À l'intérieur de ce type et indépendamment du nombre des «cornes», les exemplaires peuvent être divisés en trois catégories : ceux qui portent des cannelures concentriques, en arc de cercle, larges et peu profondes, entourant les membres à leur naissance ; ceux, rares, qui portent un décor incisé ; et ceux qui ne sont pas décorés. Correspondent-ils à des catégories précises, par exemple des âges ou sexes (veaux, vaches), ou à différents animaux ?

Les figurines qui pourraient représenter des ours ont une tête proportionnellement petite avec des oreilles figurées et des pattes écartées, grosses et massives. Le principe reste le même : la figuration sommaire d'un quadrupède bien connu.

La représentation de «monstres bicéphales», même à deux fanons, dont nous connaissons d'autres exemplaires à Dikili Tash[252] et en Thessalie (Magoulitsa, Karditsa)[253], peut n'avoir été qu'une simple fantaisie, ou représenter un accouplement[254], ou encore se référer à des récits de l'imaginaire collectif[255], entre autres. Une protubérance du ventre est marquée dans un cas (animal bicéphale : **pl. 67**, **83** et **G**, M 222). Même si leur exis-

---

251. Voir *supra*, p. 122 n. 247.
252. THEOCHARIS 1973a, fig. 97-98 ; ZERVOS 1963, fig. 555 et 558.
253. THEOCHARIS 1973a, fig. 240, à perforation verticale.
254. Suggestion orale de G. Hourmouziadis.
255. MARANGOU, GRAMMENOS 2005.

tence est incontestable, le nombre total d'animaux bicéphales n'est pas certain, puisque plusieurs têtes et parties d'avant ou d'arrière-train sont fragmentaires.

Type B

Les figurines de ce type, beaucoup plus rares – dix, dont six trouvées en stratigraphie (**pl. 65** et **83**, M 167; **pl. 68** et **85**, M 288; **pl. 68**, M 454; **pl. 69** et **87**, M 664 et M 665) –, ont des dimensions beaucoup plus petites que celles du type A : leur longueur initiale varierait entre 4 et 9 cm, leur largeur entre 2,5 et 4,5 cm. La pâte est plus fine, de couleur rouge brun ou gris noir à l'intérieur et noire, rouge ou beige en surface; la cuisson est généralement bonne, mais il est vrai qu'elles sont aussi beaucoup moins épaisses que les figurines de type A. Si la technique de modelage reste la même, la représentation d'animaux dans une argile plus fine est relativement détaillée, malgré leurs dimensions plus réduites. Les espèces animales ou les sujets représentés paraissent aussi différents : une chèvre (**pl. 68** et **85**, M 288), un bœuf attelé (?) (**pl. 69** et **87**, M 664). Le décor est absent sur les figurines de ce type.

Type C

Un exemplaire perforé (**pl. 69** et **88**, M 1890) constitue par ailleurs une miniature d'ours du type A. La perforation à travers le mufle n'a pas obligatoirement servi à la suspension – d'ailleurs l'animal peut rester posé sur ses pattes; elle aurait pu ne marquer que l'emplacement des yeux. Un autre exemplaire (**pl. 84**, M 234) présente une perforation à travers le cou.

Type D

Ce sont des figurines à corps creux (ou à noyau perdu) et éléments massifs. Les oreilles/cornes et le museau sont indiqués. Il s'agit surtout d'objets peints en noir sur rouge. Un fragment de tête (**pl. 84** et **G**, M 235) peint en noir sur rouge pourrait en fait appartenir à un type similaire à celui d'un exemplaire beaucoup mieux conservé de Sitagroi[256]. La tête massive a été modelée séparément et appliquée ensuite sur le corps creux; en effet, des traces d'ébauchoir sont visibles à l'intérieur de la cavité du cou de M 235. M 661 (chèvre?) (**pl. 69** et **87**), peinte en noir sur rouge, pourrait être une tête massive de ce type. L'exemplaire avec une tête à trois bosses (**pl. 68** et **84**, M 241), dont le corps a aussi sans doute été creux, pourrait appartenir à un type différent.

Le fragment de patte M 327 (**pl. 85**) est exceptionnellement décoré de motifs linéaires incisés et de points utilisés d'habitude sur des vases zoomorphes[257]. Il a pu, en fait, appartenir à l'origine à un vase.

Décor

Le décor existant consiste en cannelures, réalisées apparemment avec les doigts, et de rares incisions, soulignant la morphologie du corps, entourant la naissance des pattes.

---

256. *Sitagroi* 1, pl. B1.
257. Voir Chr. MARANGOU, dans *Dikili Tash* I, 2, p. 288-289.

En outre, deux objets portaient un décor linéaire peint en noir sur rouge (**pl. 69** et **87**, M 661 ; **pl. 84** et **G**, M 235).

Évolution

À l'exception de trois figurines qui ont été trouvées dans des niveaux du NM (M 1218, M 1484, M 1737), la grande majorité des exemplaires datés proviennent des niveaux du NR, tandis que quelques autres, proches du type A du NR, ont été découverts dans des niveaux de transition NR/BA I (M 1913, M 1937 et M 1938), BA II (M 1793) et BR (M 1902). Les objets trouvés en surface se rapprochent également en grande partie des types du NR. Enfin, un exemplaire de datation incertaine provient d'un niveau du BR[258] ou même historique (**pl. 88**, M 1900).

Il semblerait que la plupart des figurines dont le contexte est connu (**graph. 3**) des types A et B (19 sur 24 et 4 sur 6 respectivement) provienne des niveaux moyens du NR (DT II B), quelques-unes de sa phase récente (M 167, M 172, M 197, M 221, M 224, M 234, M 235 et M 324 [?]), auxquelles il faut peut-être ajouter les objets provenant du secteur A 2, et exceptionnellement des niveaux plus anciens (type A, M 751). C'est l'inverse de ce qui se passe avec les figurines anthropomorphes, qui deviennent plus nombreuses dans les niveaux les plus récents[259]. Les exemplaires zoomorphes creux, surtout décorés en noir sur rouge, ont été trouvés dans des niveaux récents (DT II C) (M 235, M 241, ainsi que M 327 [pied de vase ?] incisé), tout comme les figurines anthropomorphes creuses[260]. Le type A prédomine nettement pendant la phase DT II B dans les carrés W 29 et W 30, le type B étant globalement plus régulièrement distribué dans les différentes phases, mais absent de la phase DT II A, qui n'a donné qu'une figurine de type A.

Si l'on peut reconnaître[261] sur certains des quadrupèdes représentés des caractéristiques les rapprochant du bœuf (à cause d'un fanon, du chignon, des cornes ou des lignes représentant la graisse) – comme c'est le cas des objets M 222 (**pl. 67**, **83** et **G**), M 241 (**pl. 68** et **84**), M 445 (**pl. 86**) ou M 1895 – ou de la chèvre – comme M 288 (**pl. 68** et **85**) et M 661 (**pl. 69** et **87**) – ou encore de l'ours – par exemple M 197 (**pl. 66** et **83**), M 324 (**pl. 68** et **85**), M 388 (**pl. 86**) et M 1809 (**pl. 88**) –, il est généralement difficile de se prononcer de façon certaine sur l'espèce de l'animal représenté par des figurines[262]. Tout au plus peut-on parler, dans certains cas, d'animal à cornes ou sans cornes, mais la représentation est toujours assez sommaire. En fait, ce sont les animaux à cornes qui

---

258. Les figurines zoomorphes datant du BR dans le Nord de la Grèce sont rares : KOUKOULI-CHRYSSANTHAKI 1992, p. 624-626, fig. 157α, γ, pl. 359, 6-8.

259. Voir *supra*, p. 97.

260. Voir *supra*, p. 98.

261. R. Jullien, communication orale. Nous l'en remercions vivement.

262. Remarque de RADUNČEVA 1976b, p. 36, et de RODDEN 1965, p. 88, où il reconnaît pourtant des « moutons et des chèvres grossièrement modelés ».

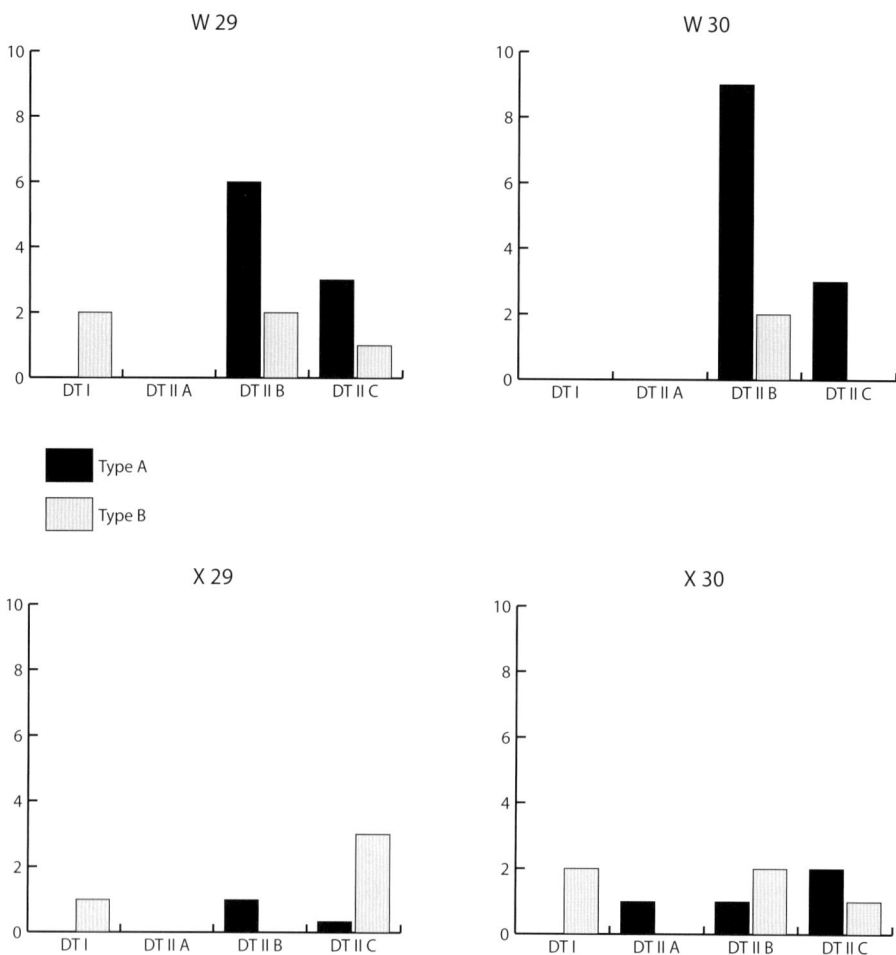

Graph. 3 — Évolution par phases de la typologie et du nombre des figurines zoomorphes de provenance connue dans le secteur B 1.

prédominent parmi les figurines du NR, tout comme parmi celles du BA[263]. Les bovidés sont attestés presque partout, du NM de Vinča[264] jusqu'au BA de Litharès en Béotie[265]. Sur une plaque en argile de Dimitra[266] des cornes de bovin sont modelées en relief. L'ours est beaucoup plus rare[267] ou plus difficilement identifiable[268] et provient en

---

263. Marangou 1992a, p. 163-164, 167-168 et 330 t. 14.
264. Voir Gimbutas 1982, fig. 53 (Fafos).
265. Tzavella-Evjen 1985, « sanctuaire aux taureaux ».
266. Grammenos 1997, pl. 38, 13 ; Marangou 1996a, p. 192, fig. 8.
267. Voir un pendentif en coquillage dans la grotte de Kitsos : Marangou 1992a, p. 44, avec des références.
268. Voir la figurine de Dimitra III : Marangou 1997b, pl. 67e.

principe de sites très éloignés de l'Égée[269]. De rares animaux sauvages sont bien attestés, comme le cerf (?) ou le serpent à Dispilio[270] ou peut-être le lion à Vassilika[271]. Le chien est aussi relativement rare ; aux exemplaires cités on pourrait ajouter des figurines roumaines de Karanovo VI ou de Cucuteni récent[272] ou des vases en forme de chien[273]. Le porc n'est pas attesté dans le matériel des figurines de Dikili Tash (fouilles J. Deshayes), mais il existe à Sitagroi au NR[274], à Dimitra Ib[275], au NM à Néa Makri[276], à Anza[277], en Bulgarie (Stara Zagora)[278] et en Serbie (Vinča, Leskavica)[279].

Plusieurs analogies existent entre notre matériel et celui provenant de nombreux sites du NM et du NR de la Grèce et des Balkans[280]. Celui de Dimitra III[281] a fourni un fragment du type A de Dikili Tash, qui pourrait être considéré comme le type des figurines zoomorphes de Dikili Tash par excellence, tout comme les figurines féminines parées semi-assises le seraient pour les figurines anthropomorphes. Le site de Sitagroi (phase III) fournit à notre matériel des parallèles proches : en effet, ici aussi, les figurines du type A du NR sont aussi attestées[282], tout comme des figurines proches de celles du type B[283] ; un exemplaire creux peint en noir sur rouge représente un animal chargé[284], thème dont on

---

269. Voir GIMBUTAS 1982, fig. 80-82, de Smilčić (Zadar, culture de Danilo) et Obre II (Butmir ancien). D'Opovo : TRINGHAM, BRUKNER, VOYTEK 1985, fig. 11.

270. MARANGOU 2000, fig. 5a ; 2001d, p. 174, fig. 7-8.

271. MARANGOU, GRAMMENOS 2005.

272. GIMBUTAS 1982, fig. 161 (Pietrele, Sud de la Roumanie) et 162 (Podei, Târgu Ocna, Nord-Est de la Roumanie).

273. TODOROVA 1978, pl. XV, 5a-b ; voir *Jungsteinzeit in Bulgarien* 1981, fig. 148 (Ploška Mogila, Karanovo VI).

274. Voir *infra*, p. 127 n. 289.

275. MARANGOU 1997b, pl. 70c.

276. GIMBUTAS 1982, fig. 215.

277. *Ibid.*, fig. 216.

278. *Ibid.*, fig. 217 (Dalboki).

279. *Ibid.*, fig. 214.

280. Matériel abondant surtout dans les cultures de Kodžadermen-Gumelniţa-Karanovo V-VI, mais aussi de (Pré-)Cucuteni et généralement dans la plupart des cultures néolithiques/chalcolithiques. Voir, par exemple : à Vinica, RADUNČEVA 1976a, fig. 29, 2 et 53, 1 ; à Gradešniţa, NIKOLOV 1974, fig. 100, 102 et 104, parfois à cornes bien marquées ; voir aussi NIKOLOV 1970, fig. 15 ; à Sultan, GAUL 1948, pl. LXI ; à Ovčarovo, TODOROVA 1976, p. 59, fig. 2, et TODOROVA *et al.* 1983, p. 76, fig. 33 et pl. VI (horizons VIII, IX, XI, XII), bovidés à cornes ; à Goljamo Delčevo, TODOROVA *et al.* 1975, f. 79, 8 (horizon XII) ; à Zaminec, NIKOLOV 1975 ; à Pernik, IVANOV 1981, p. 33, fig. 22 ; GEORGIEV 1967, fig. 13, Tell Azmak I (aussi des bicéphales) ; voir aussi fig. 23 (Karanovo V, décor analogue) ; à Jasa Tepe et Banjata à Plovdiv, DETEV 1950, fig. 28 ; DETEV 1959, fig. 84 ; DETEV 1960, fig. 50 ; à Moldova, Truşeşti et Hăbăşeşti (Cucuteni A), DUMITRESCU 1979, fig. 181, 182, 189. Voir aussi MARANGOU 2000 et 2001d, pour une présentation préliminaire du matériel de Dispilio.

281. MARANGOU 1997b, pl. 70a-b.

282. Par exemple, M. GIMBUTAS, dans *Sitagroi* 1, nᵒˢ 176-181 et 217, fig. 9.65, 9.151-155, 9.161.

283. *Ibid.*, nᵒˢ 119, 188, 194, 197, 198, 207-208, 211, 214, 216, 218, 219, fig. 9.62, 9.78, 9.159, 9.160, 9.164, 9.168, 9.175-177, 9.179, 9.181,

284. *Ibid.*, nᵒ 190, fig. 9.67, pl. LVI.3, B:1.

pourrait rapprocher deux exemplaires de Dispilio[285]. Par ailleurs, les bœufs ou taureaux[286] ou les animaux à cornes[287] prédominent également. On a rarement identifié des chiens[288] ou des porcs[289]. Souvent, les fragments ou les animaux entiers restent inidentifiables, comme à Vassilika[290], Sitagroi[291] ou Paradisos[292]. Ce dernier site a pourtant fourni aussi une tête de « chat »[293], tandis que les deux têtes de figurines conservées sont traversées par un trou de suspension horizontal à travers les yeux ou vertical à travers le visage jusqu'à l'arrière du cou (voir ici M 234). Un animal perforé au milieu (tête perdue) date du NA de Sesklo[294]. Des perforations existent aussi sur des figurines balkaniques[295] et sur des exemplaires de Sitagroi, dont l'animal support peint en noir sur rouge au sommet des pattes[296]. L'exemplaire peint en noir sur rouge de Dikili Tash pourrait faire penser à un mustélidé.

Le matériel publié des sites thessaliens[297] de Pyrgos[298], Haghia Sophia[299], Sesklo[300] et Dimini[301] comprend également des fragments de figurines zoomorphes de quadrupèdes d'espèce souvent inidentifiable et quelques figurines d'oiseaux datant du NA, du NM et du NR[302]. Le site de Pefkakia (période Rachmani moyenne) a fourni un porc en terre cuite[303]. Un fragment de tête de Platykambos (Larissa) porte un décor peint[304]. Le Nord-Est n'en a pas fourni ; les rares autres exemplaires grecs publiés proviennent de la Grèce centrale, du Péloponnèse, de Samos et de l'Ouest (Leucade)[305].

Les figurines bicéphales, dont des exemplaires trouvés en surface proviennent de Dikili Tash[306], un autre perforé de Magoulitsa[307], sont attestés dès le NA à Tell Azmak[308].

---

285. Hourmouziadis 2002, p. 250, fig. 2.
286. *Sitagroi* 1, nᵒˢ 176-184, fig. 9.65-66, 9.151-155, 9.157.
287. *Sitagroi* 1, nᵒˢ 194, 197-98, 206, 209-210, 220-221, fig. 9.163, 9.165, 9.173, 9.175-177.
288. À Sitagroi : *ibid.*, nᵒˢ 188, 214, fig. 9.159-160 ; de la phase II : nᵒ 88, fig. 9.77 ; à Servia : Heurtley 1939, p. 165, fig. 35o, pl. X.
289. M. Gimbutas, dans *Sitagroi* 1, nᵒˢ 215, 190, fig. 9.75, 9.67.
290. Grammenos 1984, nᵒ 15 et 18, phot. 62.
291. Par exemple, M. Gimbutas, dans *Sitagroi* 1, nᵒˢ 207, 208, 217, fig. 9.62, 9.164, 9.161.
292. Blennow 1987, fig. 43, 5-7.
293. *Ibid.*, p. 81, fig. 43, 5 ; Marangou, Grammenos 2005, p. 30.
294. Theocharis 1973b, p. 23.
295. Voir Nikolov 1974, fig. 102, perforation horizontale à travers le corps ; Marangou 1992a, p. 208.
296. M. Gimbutas, dans *Sitagroi* 1, fig. 9.67 et 70, nᵒˢ 190 et 193.
297. Toufexis 2003.
298. Batziou 1981, pl. 9b.
299. Milojčić *et al.* 1976, Taf. 19, 11-12.
300. Tsountas 1908, pl. 34, 10-11.
301. *Ibid.*, pl. 36, 8-9, le dernier figurant un oiseau.
302. *Ibid.*, et Toufexis 2003, fig. 29.14.
303. Weisshaar 1989, pl. 66, 12.
304. Theocharis 1973a, fig. 99 (musée de Volos, nᵒ M 5083).
305. Marangou 1992a, p. 42, 45, 47 et 50.
306. Zervos 1963, fig. 557, 558 et 555.
307. Voir *supra*, p. 123 n. 253.
308. Deshayes 1972, p. 204.

Au BA, la situation s'inverse et les figurines animales sont très rares dans le Nord de la Grèce, en Macédoine en particulier, tandis qu'elles sont abondantes en Grèce centrale et attestées à Ithaque et dans le Péloponnèse[309]. Elles existent pourtant aussi sur le site bulgare d'Ezerovo II, où elles représentent des chiens et des taureaux[310]. Nous ne connaissons aucun parallèle à la figurine zoomorphe de Dikili Tash (M 1900) trouvée dans les niveaux du BR, à part peut-être un objet de Thasos[311].

Contexte et utilisation

Les informations liées au contexte de découverte des figurines animales concernent vingt exemplaires, soit un total de douze cas distincts. Dans les très rares associations (un cas, avec un seul objet associé à chaque fois), il faut inclure les vases zoomorphes, les vases miniatures (associés quatre fois à des figurines humaines), les balles de fronde (associées sept fois à des figurines humaines), un fragment de cuivre et un disque dentelé[312], exemplaire unique à Dikili Tash.

Les associations rencontrées deux fois chacune comprennent des cuillères[313] à manche anthropomorphe, des fusaïoles et des anneaux, mais ces derniers, au nombre de trois, ne se rencontrent pas ailleurs sur le site[314] ; ils présentent en outre des ressemblances du point de vue de la fabrication et de la pâte avec les figurines animales du type A ; les fragments de figurines animales avec lesquels ils ont été trouvés appartiennent d'ailleurs au type A.

De la céramique (à l'état de fragments, en principe) est associée à des figurines animales à cinq reprises et l'outillage lithique à sept, fréquence attendue, vu la répartition de la céramique et de la pierre travaillée dans les niveaux du secteur fouillé. Il est remarquable, en revanche, que les associations avec des objets de parure (perles, bracelets, coquillages percés) se montent à cinq.

Nous avons cinq groupements de figurines animales fragmentaires, dont un à quatre, deux autres à trois et trois à deux figurines chacun. Trois de ces associations sont intéressantes : deux d'entre elles proviennent du même carré W 29, des niveaux 4-6 respectivement (DT II B). Il s'agit, premièrement, du groupe de quatre fragments de figurines animales du type A (M 415 et M 430 ; **pl. 86**, M 412 et M 417), représentant une patte, une tête et deux fragments d'avant-trains (qui ne correspondent pas à la tête), donc au moins trois bovins (ou parties de bicéphales), deux anneaux d'argile, un disque dentelé et plusieurs perles ; et deuxièmement du groupe de trois figurines (M 638 ; **pl. 68** et **86**, M 454 ; **pl. 86**, M 445 : deux têtes et un fragment d'avant-train avec tête et membres

---

309. MARANGOU 1992a, p. 95, 104, 106, 108 et 111-116 ; 1997a.
310. TONCEVA 1973, p. 477, fig. 8 (1-2) ; GEORGIEV *et al.* 1979, fig. 198 (têtes de taureau décorées).
311. Voir *supra*, p. 125 n. 258.
312. Voir *infra*, p. 155-156.
313. *Dikili Tash* I, 1, p. 133-143.
314. Voir *infra*, p. 154.

antérieurs), représentant probablement des bovidés, de l'outillage lithique et osseux, un vase et un autre anneau en argile. Dans le troisième cas, provenant du carré W 30, niveaux 3-4, trois fragments de trois figurines au moins du type A (M 325 ; **pl. 84**, M 286 ; **pl. 85**, M 351 : une tête, une moitié gauche de l'avant-train avec la tête et le membre antérieur, et un avant-train) étaient associés à une fusaïole, une balle de fronde et un bracelet. Par ailleurs, une figurine animale de type B (**pl. 69** et **87**, M 664 : bœuf attelé ?) a été trouvée contre la paroi nord d'un four au niveau 6 du carré X 30 de DT II B[315].

Une figurine zoomorphe néolithique provient d'un cimetière (Vinica)[316], mais les autres associations connues sur les sites balkaniques concernent surtout des contextes domestiques[317].

Les figurines, à l'exception de la plus petite, M 1890 (**pl. 69** et **88**) qui est perforée, et de M 234 (**pl. 84**) qui avait aussi un trou de suspension (?), sont à l'état de fragments ; même M 222 (**pl. 67**, **83** et **G**), entièrement reconstitué, a été trouvé en trois morceaux, à trois endroits différents. Ceci peut, dans certains cas, et dans une certaine mesure, être expliqué par la fragilité de la tête et des membres qui se seraient détachés du corps à partir des endroits où ils ont été appliqués lors du façonnage. Or, étant donné que les fragments d'une même figurine n'ont pas été retrouvés plus ou moins étroitement associés, on peut suggérer que ces objets étaient déjà cassés et dispersés à l'époque du niveau correspondant. Il est étonnant de voir le grand nombre de pattes brisées, mais toutes n'ont pas été rapprochées des fragments de corps dans une tentative de recollage – ce qui serait d'ailleurs une tâche presque insurmontable.

La forme du dessous des pattes de la majorité des figurines suggère que celles-ci pouvaient être posées de façon stable sur une surface ou un support quelconque. Cela marque un étonnant contraste entre figurines humaines et figurines animales ; les premières n'ont généralement pas un équilibre très stable, malgré leur position « semi-assise » fréquente. Par contre, les figurines animales reposent parfaitement sur leurs pattes aplaties. Ces caractéristiques permettent d'avancer l'hypothèse que la plupart des figurines humaines, instables, étaient destinées à être déplacées, du moins plus fréquemment que les figurines animales du type A. Cependant, on ne peut affirmer que seules les figurines humaines étaient manipulées. En effet, s'il est sans doute difficile d'imaginer que les figurines animales de grandes dimensions et de poids relativement considérable du type A étaient souvent déplacées[318], les figurines animales du type B, qui paraissent plus proches des figurines humaines par leurs dimensions, auraient pu l'être plus facilement. Évidemment, la différence peut aussi résider dans le sujet figuré : si les grosses figurines du type A représentent

315. DESHAYES 1974, p. 76-79 ; four X 30-6 · *Dikili Tash* I, 1, p. 46, pl. 36c, 171f, 172a-b
316. RADUNČEVA 1976a.
317. MARANGOU 1992a, p. 233 et 236.
318. MARANGOU 1986a.

en majorité des ours et des bovins, celles du type B reproduisent des sujets particuliers, surtout des chèvres et des ovidés, mais aussi un bœuf attelé (?). En dehors de notre matériel, des objets figuratifs à taille réelle, fabriqués ou transformés à partir d'objets naturels (crânes par exemple), sont également attestés sur le site[319]. Il est encore intéressant de noter que, pendant la phase DT I, la provenance des figurines anthropomorphes et zoomorphes n'est pas nettement distinguée, ce qui est par contre presque une constante pendant DT II.

Il faut finalement mentionner les exemplaires perforés (dont un pendentif?) et ceux qui ont pu être des éléments de vases ou de supports, tout comme certaines figurines anthropomorphes parfaitement stables qui sont rares[320]. On doit envisager enfin, parfois, une double utilisation : le support zoomorphe de Sitagroi[321] porte des perforations, mais elles ont pu servir à autre chose qu'à une suspension.

2.3. CONCLUSIONS

À la différence des figurines humaines, le modelage des figurines animales témoigne en général de moins de soin esthétique et d'engagement technique et de peu de souci pour une représentation fidèle de la réalité, du moins celle-ci est-elle plus souvent évoquée. On est même parfois confronté à des représentations fantaisistes d'animaux bicéphales. Or, les figurines du type A, les plus grossièrement modelées, présentent un traitement de surface spécial.

Lorsque les figurines animales sont décorées, les motifs soulignent les parties du corps de manière très simplifiée. Les éléments principaux sont représentés par des caractéristiques anatomiques généralement sommaires, quoique suggestives. Ces standardisations ont fait que les figurines se ressemblent et qu'il est difficile de tirer des informations plus détaillées sur les animaux représentés. On a parfois l'impression d'avoir affaire à un troupeau (représentant le cheptel de la famille, d'un clan, ou de la communauté?), sans différenciation d'individus. Parfois, des figurines animales sont découvertes en groupe[322]; dans ce cas précis, la non-individualisation n'est pas surprenante. Une certaine variation des caractéristiques anatomiques existe néanmoins dans la longueur du cou ou de la queue (pour les types B-D), et surtout dans la forme de la tête, l'existence ou non de cornes, d'un fanon ou d'une bosse occipitale, la représentation ou non de la graisse, le nombre de protubérances au sommet de la tête, etc. Il n'y a pas de différenciation perceptible en ce qui concerne le sexe des animaux[323], mise à part une protubérance difficilement interprétable (grossesse?) sous le ventre d'un animal bicéphale, qui reste exceptionnelle.

---

319. Bucrane de Dikili Tash : TREUIL, DARCQUE 1998 ; voir MARANGOU, GRAMMENOS 2005.
320. Voir *supra*, p. 101.
321. Voir *supra*, p. 124 n. 256.
322. MARANGOU 1992a, p. 220-221.
323. Exceptionnelle au Néolithique : MARANGOU 1992a, p. 178.

Le matériel osseux de Dikili Tash[324] montre en général une prépondérance des bœufs et des porcs par rapport aux chèvres et aux moutons. Par ailleurs, l'aurochs, le chien et le loup sont attestés, mais l'aurochs, très courant au NM, est absent au NR et à l'Âge du Bronze ; l'ours est attesté au NM et à l'Âge du Bronze exceptionnellement. Au NM, la chasse jouait un rôle important sur le site. Si la présence du bœuf, bien représenté par des figurines à Dikili Tash, est confirmée par les ossements retrouvés, celle de l'ours (?), relativement récurrente – en tenant compte du fait que le sujet est exceptionnel dans le corpus des figurines néolithiques en général –, ne correspond pas à la rareté des vestiges. Tous les animaux attestés par leurs ossements, comme le porc, le sanglier ou les cervidés, n'ont pas été représentés, exception faite peut-être d'une figurine. Le porc, en particulier, dont la présence est prépondérante, n'a pas été décelé parmi les figurines, contrairement à ce qui se passe ailleurs[325]. L. Renaudin mentionnait pourtant la découverte de figurines de chien, d'ours, de bouquetin, de bœuf, d'oiseau, de poisson et de tortue à Dikili Tash[326]. Il reste donc encore beaucoup à découvrir.

3. LES MAQUETTES (graph. 4)

3.1. Mobilier

3.1.1. Néolithique Moyen (Dikili Tash I)

M 204 (pl. 70)

Dimensions : h. max. 1,9 ; diam. max. 2,2 ; prof. du récipient 0,4-0,5 ; ép. 1,3-0,4.

Provenance : X 29, niveau 14.

Description : vase ou table à trois pieds, dont un seul entier. Pâte rouge clair à beige, à dégraissant minéral fin à moyen ; surface lissée. La panse est évasée à l'extérieur. Les pieds rectilignes sont convergents.

M 1761 (pl. 70)

Dimensions : h. max. 1,3 ; diam. max. bord 2,5 ; diam. max. pied 1,2.

Provenance : X 29, niveau 14.

Description : fragment de tabouret (ou de vase) à pied(s) cassé(s) (?). Pâte rouge clair crème, à intérieur noirci, à dégraissant minéral fin. La face supérieure est légèrement concave, le bord circulaire et irrégulier.

Les « tabourets » M 204 et M 1761 (**pl. 70**) ont été fabriqués, à partir d'une pâte crème ou beige, de façon très rapide et leur surface n'a pas été travaillée. Leurs dimensions sont très petites et leur exécution tellement sommaire qu'il aurait été inutile d'essayer de les

324. *Dikili Tash* I, 1, p. 147-152 ; HELMER 1997, p. 40-41.
325. Voir *supra*, p. 127.
326. RENAUDIN 1921.

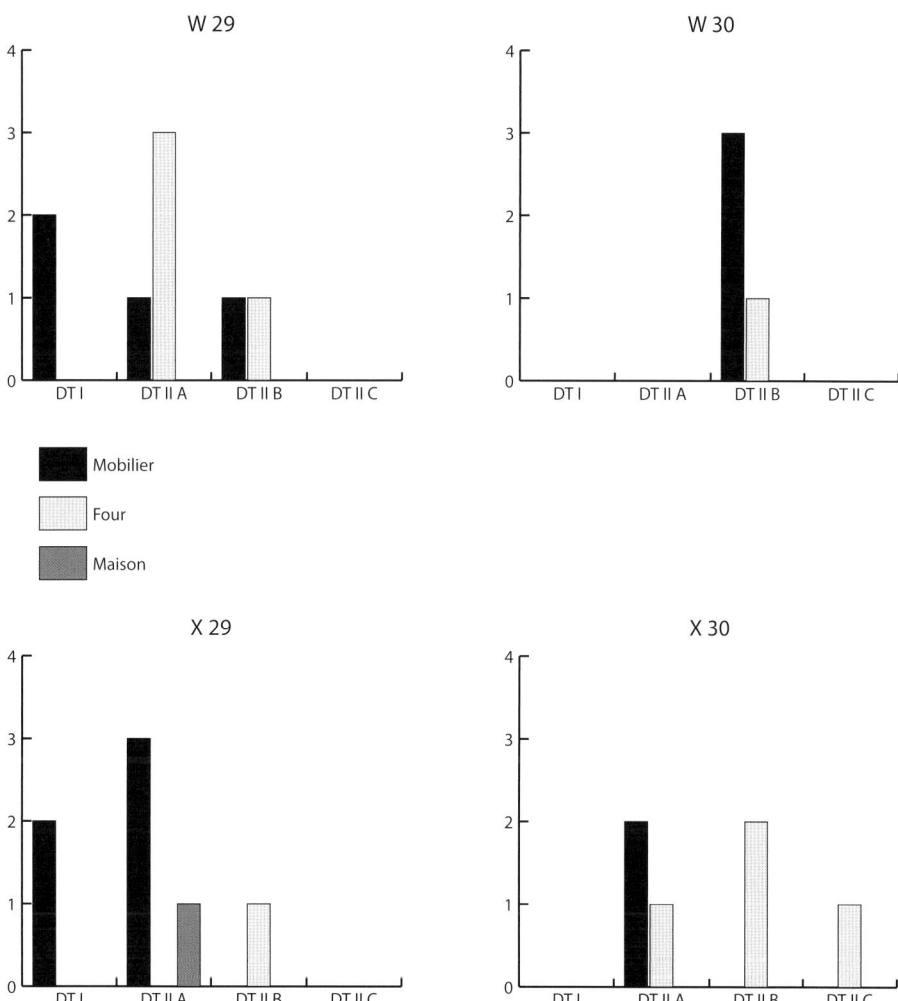

Graph. 4 — Évolution par phases de la typologie et du nombre des maquettes de provenance connue dans le secteur B 1.

rapprocher d'exemplaires réels. Ils pourraient en effet représenter aussi bien des bols à pieds que des tabourets[327]. En fait, si la partie inférieure de M 1761 est brisée, nous constatons que M 204 avait à l'origine trois pieds divergents (dont l'un est perdu). Ils proviennent tous les deux du sol 14 du carré X 29 ; dans la même couche, des fragments de silex et des tessons de vases, ainsi que quatre fragments de figurines anthropomorphes ont été découverts[328].

---

327. Voir *infra*, p. 137-138.
328. Voir *supra*, p. 75.

Vu la rareté de ces objets au NM, leurs différents aspects sont étudiés en même temps que ceux du matériel du NR.

3.1.2. Néolithique Récent (Dikili Tash II)

M 305 (pl. 70)

Dimensions : h. max. 1,8 ; diam. 3,9.

Provenance : W 30, sous le niveau IV.

Description : petite table ou tabouret rond à trois pieds. Pâte gris noir, à dégraissant minéral moyen. Les trois pieds courts ont été grossièrement modelés entre les doigts.

M 406 (pl. 70)

Dimensions : h. max. 2 ; diam. supérieur 4 ; diam. inférieur 1,7.

Provenance : ?

Description : fragment de table ou de tabouret (?). Pâte fine grise, contenant du gravier, à surface rouge au-dessus et grise en dessous. L'arrachement au milieu de la face inférieure pourrait correspondre à un pied (ou à plusieurs, modelés ensemble[329]).

M 421 (pl. 70 ; pl. 89)

Dimensions : h. max. 1,8 ; L. max. 4,9 ; l. max. 5.

Provenance : W 29.

Description : table basse ou tabouret qui présente les traces des arrachements des pieds. Pâte gris rosâtre, à fin dégraissant minéral. Élément carré à angles arrondis à quatre pieds courts.

Décor : quatre arcs de cercle parallèles incisés aux quatre angles de la face supérieure.

M 461 & M 468 (pl. 70 ; pl. 89)

Dimensions : h. max. 4,3 ; L. max. 8,8 ; l. max. 4,8 ; ép. plaque 1,7.

Provenance : un fragment en W 29, sous le niveau 6, et l'autre en W 30, sous le niveau VII.

Description : banquette ou canapé incomplet en deux fragments. Pâte gris brun, à dégraissant minéral ; surface rouge. Le dessus est égalisé, le dessous grossier. La forme comprend une plaque rectangulaire oblongue avec quatre pieds coniques, dont deux sont conservés sous les deux angles sur un long côté. Sur la face supérieure, sur le même long côté, trois arrachements (aux angles et au milieu) pourraient correspondre à des montants servant de dossier.

M 527 (pl. 70 ; pl. 89)

Dimensions : h. max. 2,05 ; L. max. 4,9 ; l. max. 5,6.

Provenance : X 30, niveau 4.

Description : fragment de meuble (banquette ?) de forme rectangulaire, dont manque une extrémité. Pâte brune, contenant du gravier, à surface rouge gris à une face égalisée et l'autre lissée. Deux arrachements aux angles sur le côté étroit (pieds ?), deux protubérances sur un seul côté long, l'une à l'angle, l'autre avant la cassure (montants de dossier ?).

---

329. Voir *supra*, M 305.

M 635 (pl. 71 ; pl. 89)

Dimensions : h. max. 4,55 ; L. max. 10,2 ; l. max. 5,55 ; diam. bord ouverture int. 3,2 ; h. totale bord cons. int. 2,6.

Provenance : ?

Description : fragment «d'autel» quadrangulaire à angles arrondis, à quatre pieds, dont deux conservés. Pâte brun gris, à dégraissant minéral fin à moyen, contenant des cailloux, noire en surface. Une ouverture à rebord est disposée au milieu. Trois paires de points profonds (diam. 0,5) sont conservées au-dessus de chaque pied, à mi-distance entre les deux pieds conservés, au-dessus et sur le côté. Décor peint au graphite.

M 636 (pl. 71)

Dimensions : h. max. 2,2 ; L. max. 3,55 ; l. max. 3,3.

Provenance : X 29, niveau 11.

Description : petite table fragmentaire à quatre pieds, dont un entièrement conservé. Pâte grise à dégraissant minéral moyen, contenant du gravier ; surface rougeâtre.

M 648

Dimensions : h. max. 5,6 (avec le pied), 3,4 (sans le pied) ; L. max. 10,4 ; l. max. 6,9 ; diam. perforation centrale 5,5-6.

Provenance : W 29, niveau 1.

Description : fragment d'un côté «d'autel» à quatre pieds, dont deux conservés. Pâte rouge brun à cœur gris noir, à dégraissant minéral fin à moyen ; surface brune égalisée. La forme était rectangulaire, avec une large ouverture circulaire au centre. L'arrachement d'un élément inconnu est visible sur le dessus de la table, au milieu du long côté. De petites perforations obliques traversent les angles conservés, à partir de 0,5 cm au-dessus du bord jusqu'à 1 cm en dessous. Les deux côtés non conservés devaient être légèrement rentrants. La section horizontale des pieds est plus ou moins ronde, la section verticale de la table triangulaire : elle se rétrécit vers le bas. La partie qui relie les pieds, de section triangulaire, a la forme d'un arc de cercle.

M 654 (pl. 89)

Dimensions : h. max. 2,35 ; diam. 4,9 ; l. entre deux pieds 4,5.

Provenance : X 29.

Description : fragment de siège circulaire à bords légèrement relevés, à quatre pieds dont trois sont en partie conservés. Pâte rouge foncé, à dégraissant minéral moyen et cailloux. Objet modelé par pince-ment. Les pieds ont été appliqués dans un second temps. Il reste les traces de deux montants de dossier à la face supérieure, au-dessus de deux pieds.

M 750 (pl. 71 ; pl. 89)

Dimensions : h. max. 2,65 ; L. max. 4,6 ; l. max. 3,9.

Provenance : X 30, niveau 8.

Description : table ou tabouret rectangulaire, un pied cassé. Pâte rouge brun, à dégraissant minéral moyen ; surface grisâtre égalisée. Les quatre pieds arrondis sont courts et effilés. La face supérieure est bien aplatie. Le profil est trapézoïdal, rétréci vers le bas.

M 1207

Dimensions : h. max. 3,2 ; L. max. 4,8 ; l. max. 3,6.

Provenance : W 30, niveaux VI-VIII.

Description : table ou tabouret rectangulaire à quatre pieds, dont un partiellement conservé. Pâte grise à dégraissant minéral moyen ; surface rouge clair égalisée. La face supérieure est plate.

M 1223

Dimensions : h. max. 2,4 ; L. max. 5,5 ; l. max. 3,95.

Provenance : W 29, niveau 9.

Description : fragment de table (?) à deux pieds arrondis conservés, aplatis en dessous. Pâte rouge clair, à dégraissant minéral fin à moyen. Léger redressement de la plate-forme au milieu de la largeur, sur le côté conservé ; une légère saillie au centre de la face inférieure. Le dessus de la plate-forme, qui devait être constitué de deux pièces collées, est perdu.

M 1272 (pl. 71 ; pl. 89)

Dimensions : h. max. 1,8 ; L. max. 5,6 ; l. max. 2,3 ; h. max. dossier 0,5.

Provenance : W 30, sous le niveau VI.

Description : banquette à dossier ou canapé, à quatre pieds ronds brisés. Pâte gris brun, à dégraissant minéral moyen, à surface noirâtre égalisée au-dessus. La forme est rectangulaire, à dossier dentelé sur un long côté. En dessous, aux deux tiers de la longueur, deux saillies légères sur les longs côtés.

M 1274 (pl. 71 ; pl. 89)

Dimensions : h. max. 1,9 ; L. max. 5,2 ; l. max. 2,7.

Provenance : X 30, déblais, niveaux NM.

Description : fragment de siège allongé. Pâte brun rouge fine, à dégraissant minéral fin ; surface égalisée. Sur un long côté et un côté étroit qui sont conservés, un dispositif dentelé est placé presque verticalement, légèrement en oblique vers l'extérieur. Deux ou même trois amorces de pieds sont visibles en dessous, sur le long côté. La cassure ne permet pas de voir s'il y en a eu d'autres du côté opposé.

M 1287

Dimensions : h. max. 2,4 ; L. max. 3,7 ; l. max. 3,45.

Provenance : X 30, niveau 8.

Description : fragment de siège ou de table. Pâte rouge clair, à dégraissant minéral moyen à gros, à surface non travaillée. La forme de la tablette plate a dû être rectangulaire à l'origine. Un pied est conservé, légèrement incliné vers l'extérieur. Les traces d'une incision légère en V sur le dessus, près de l'angle conservé, rappellent le décor de certaines autres maquettes de table.

M 1291 (pl. 71)

Dimensions : h. max. 2,1 ; L. max. 5,7 ; l. max. 3,85.

Provenance : X 29, sous le niveau 12.

Description : fragment de table ou de tabouret dont deux pieds sont conservés. Pâte grise, à fin dégraissant minéral ; surface rougeâtre. L'objet était rectangulaire, ou plutôt carré, avec quatre pieds.

Décor : sur le dessus, aux angles, triples chevrons incisés pointés.

M 1293

Dimensions : h. max. 1,4 ; L. max. 4 ; l. max. 3,7.

Provenance : X 29, sous le niveau 12.

Description : siège bas sans dossier, incomplet. Pâte rouge brun, à dégraissant minéral moyen, lissé au-dessus. Le contour est grossièrement rectangulaire aux angles arrondis. De légères saillies en dessous pourraient représenter les pieds (?).

Technique et décor

Les maquettes de meubles ont été façonnées dans une pâte de couleur brun clair ou foncé, parfois rougeâtre ou grisâtre ; la surface, de couleur rouge, brune ou grise, a souvent été égalisée. Il s'agit d'imitations sommaires de mobilier qui sont rarement décorées de motifs incisés, des arcs de cercle concentriques et des chevrons superposés. Les pieds et le dossier ont été appliqués dans un second temps du façonnage et sont souvent cassés. Deux exemplaires du NR sont très grossièrement modelés et de dimensions très réduites (M 1293 ; **pl. 70**, M 305).

Forme

Les dix-neuf maquettes se répartissent en trois catégories qui reflètent le (supposé) mobilier réel : siège, table ou « autel ». Évidemment, la distinction entre tabouret et petite table ou entre fragment « d'autel » et fragment de table étant très difficile à faire, le classement dans l'une ou l'autre catégorie peut être parfois arbitraire. Ainsi, les maquettes de banquettes ont pu également avoir copié des originaux fixes – comme les « plateformes » modelées à l'intérieur des maquettes de maisons ouvertes –, de la même façon que les maquettes de fours représentent des originaux fixes. Par ailleurs, ces identifications sont fatalement influencées par notre mobilier contemporain ou d'un passé encore récent.

Sièges

Quatre objets représentent des banquettes ou « canapés » à quatre pieds courts et assise rectangulaire. Dans deux cas, M 1272 et M 1274 (**pl. 71** et **89**), le dossier est dentelé sur le long côté. Dans les deux autres, M 461 & M 468 (**pl. 70** et **89**)– deux fragments contigus du même objet, de dimensions plus grandes – ainsi que M 527 (**pl. 70** et **89**)– fragmentaire et qui présente les traces d'arrachement de deux pieds et de deux montants du dossier –, le dossier est constitué par deux ou trois montants dont les attaches sont encore visibles.

M 654 (**pl. 89**) représente un siège presque circulaire à quatre pieds courts, dont deux attaches sont conservées ; ces dernières se prolongent sur la face supérieure, formant ainsi le début d'un dossier à deux montants ; les bords de l'assise sont également relevés, ce qui pourrait indiquer qu'il s'agit de la représentation d'un siège fabriqué dans un tronc d'arbre.

Quatre modèles sont des figurations très sommaires et de très petites dimensions de tabourets (?), ou de tables, très bas, avec une assise circulaire, parfois concave. L'un d'eux a trois pieds à peine marqués (M 305, **pl. 70**), un deuxième trois pieds rectilignes convergents (M 204, **pl. 70**, NM), les deux derniers sont cassés à la naissance des pieds (**pl. 70**, M 406 et M 1761). Trois pieds sont en fait plus stables que quatre, surtout si le sol est irrégulier. Deux objets, M 204 et M 1761, datent du NM et pourraient également être des vases à pieds[330].

La dimension maximale de ces objets ne dépasse pas 9 cm.

Tables

On dénombre sept tables (ou tabourets) carrées ou rectangulaires, à angles souvent arrondis, dont cinq sans décor (M 1207, M 1287 et M 1293 ; **pl. 71**, M 636 ; **pl. 71** et **89**, M 750) et deux décorées avec des motifs incisés, arcs de cercle ou chevrons (**pl. 70** et **89**, M 421 ; **pl. 71**, M 1291). Ces tables possèdent quatre pieds, à une exception près très courts, droits, parfois légèrement obliques, dans un cas légèrement inclinés vers l'intérieur. Leurs dimensions sont comprises entre 2 et 3 cm de hauteur, entre 3,5 et 5 cm de longueur ou de largeur.

« Autels »[331]

Il s'agit des deux maquettes fragmentaires, M 635 (**pl. 71** et **89**) et M 648, à quatre pieds et perforation centrale circulaire ; aux angles – et dans l'un des deux cas également à mi-distance entre les angles – des perforations simples ou doubles, plus ou moins verticales, n'ont pas de raison d'être apparente. Or, ces objets ne sont pas fabriqués à la même échelle que les autres miniatures (longueur maximale environ 10 cm) ; il peut donc s'agir d'objets réels, de petite taille, ou bien ils imitent des éléments de dimensions beaucoup plus importantes que les sièges et les tables, ou bien à une échelle différente.

Inclassable

Un objet fragmentaire a été inclus dans cette catégorie : il s'agit de M 1223, un meuble (?) à quatre pieds, dont deux sont conservés ; il présente un renflement central à la surface inférieure, tandis que la surface supérieure est arrachée. Il pourrait appartenir à un vase zoomorphe, à un « autel » ou encore à une table.

Évolution

Comme presque toutes les maquettes de meubles dont le contexte est connu datent du NR (M 1274 provient d'un niveau mélangé, mais M 1272, très similaire, date du NR) et proviennent du même secteur de fouilles, il n'est pas possible d'en retracer une évolution significative. Bien que deux objets du NM, un du NR, ainsi qu'un autre hors contexte représentent un type de tabouret ou de table ronde à trois pieds (lorsqu'ils sont conservés), il serait exagéré de voir ici une continuité du type. Il paraîtrait, en outre, que les tables ou tabourets rectangulaires, à quatre pieds, précèdent l'apparition des sièges en forme de banquette à dossier dentelé ou à montants.

---

330. Voir *supra*, p. 133.
331. Voir également *Dikili Tash* I, 2, p. 283.

Les maquettes de meubles sont surtout attestées pendant la phase DT II A, tandis que les figurines anthropomorphes sont plus nombreuses pendant la phase DT II C, ce qui pourrait étonner.

Les maquettes de meubles abondent surtout dans les cultures chalcolithiques, en particulier celles de Kodžadermen-Gumelniţa-Karanovo VI, Krivodol-Sălcuţa et Pré-Cucuteni-Cucuteni. Les tables rectangulaires à quatre pieds courts sont très courantes ; on en a trouvé à Ovčarovo, où elles font partie de la même « scène de culte » que des chaises miniatures à dossier en arc de cercle[332], à Zaminec[333], à Jasa Tepe[334], à Banjata[335], à Gradešniţa et Ruse, où elles peuvent porter un décor incisé linéaire sur les côtés[336], et aussi à Teliš-Redutite[337] et à Sitagroi[338]. Une table (?) miniature dont la face supérieure est concave provient de Vassilika[339]. Deux tables à pied unique, avec des « pains » modelés sur le plateau, sont connues à Sitagroi[340] et à Sesklo[341], une autre à quatre pieds provient d'Otzaki Magoula[342]. Une table (ou tabouret) ronde à trois pieds, attribuée au BA, a été trouvée à Poliochni[343], tout comme un modèle de siège cité plus bas, malgré la rareté de ces maquettes pendant cette dernière période – faudrait-il alors se prononcer en faveur d'une datation antérieure ?

Des sièges bas miniatures, à dossier plein, proviennent aussi de Sitagroi[344], Gradešniţa[345], Kodžadermen[346], Slatino[347] et Plovdiv[348] ; des sièges ou tables quadrangulaires, dont les bords sont légèrement relevés sur deux côtés, ont été mis au jour à Gradešniţa[349] et à Kodžadermen[350] ; des sièges à dossier composé de deux montants formant un arc de cercle, ou en tout cas à dossier complexe, appartiennent à la « scène de culte » d'Ovčarovo[351]

---

332. Todorova 1974, fig. 10 ; Todorova 1976, fig. 6, p. 113-115 ; Todorova *et al.* 1983, pl. 90, n°s 1-10 et 12 et pl. couleur VII.

333. Niveau C : Nikolov 1975, fig. 103.

334. Detev 1959, fig. 82, 1 ; Detev 1960, fig. 9.

335. Detev 1950, fig. 27.

336. Gradešnica, niveau C : Nikolov 1974, fig. 104, en bas ; Ruse : Georgiev, Angelov 1957, fig. 172.

337. Culture de Krivodol-Sălcuţa : *Jungsteinzeit in Bulgarien* 1981, fig. 177a.

338. *Sitagroi* 2, fig. 11.17-18, 11.26-11.38.

339. Grammenos 1984, phot. 60, n° 27 ; voir Grammenos 1991, pl. 34, 27.

340. Theocharis 1973a, fig. 123 ; *Sitagroi* 2, p. 437, fig. 11.49.

341. Tsountas 1908, fig. 121.

342. Hauptmann 1981, pl. 20, 7.

343. Attribuée à la phase Verte : Bernabò-Brea 1964, n° 4623, pl. LXXXIII, x, et CII 7.

344. M. Gimbutas, dans *Sitagroi* 1, fig. 9.84, n° 11 (phase II : siège à quatre pieds avec dossier bas) ; *Sitagroi* 2, fig. 11.34.

345. Niveau B : Nikolov 1974, fig. 64.

346. Popov 1916-1918, fig. 145.

347. Chohadzhiev 2007, p. 126, fig. 104, 2.1-2.2.

348. Detev 1960, fig. 9.

349. Niveau C : Nikolov 1974, n. 51, fig. 104 en bas.

350. Hencken 1955, p. 134.

351. Voir *supra*, n. 332.

et ont aussi été trouvés entre autres à Sitagroi[352], Zaminec[353], Gradešniţa[354], Kolekovac[355], Čatalka[356], Ruse[357], Račev[358], Slatino[359], Banjata[360], Gumelniţa[361] et Teliş-Redutite[362]. Un exemplaire de Poliochni à quatre pieds possède deux montants verticaux[363].

Un dossier simple bas, qui peut être dentelé, caractérise quelques maquettes de sièges de Jasa Tepe[364] ; certaines autres du même site[365] et une sans provenance précise[366] possèdent aussi un dossier composite à deux arcs de cercle (trois montants verticaux). Les deux dossiers d'un « lit » de Račev[367] sont également dentelés. Les chaises miniatures de Sabatinovka ont par contre un dossier de forme différente, formant deux appendices horizontaux, qui imite apparemment la chaise grandeur nature trouvée à côté de la plate-forme de la « scène de culte »[368].

Les tabourets, ou vases à pied (?) minuscules, sont très rarement mentionnés ou figurés dans les publications ; leurs dimensions très réduites en sont peut-être précisément la cause. Deux objets de Jasa Tepe, dont l'un décoré, « l'autel » tripode plus grand de Porodin[369], un « autel » miniature à trois pieds de Veluška Tumba (Bitola)[370], ainsi que certaines « coupes à fruits » de Vinča[371] pourraient être cités à ce propos[372].

Les « autels » de Dikili Tash trouvent un parallèle avec l'exemplaire fragmentaire de Jasa Tepe, qui est également pourvu d'une large ouverture centrale et de perforations[373] ; un autre exemplaire de Gradešniţa (Chalcolithique, niveau B) porte un décor incisé mais pas de perforations[374]. Un « autel » à quatre pieds de Haghia Sophia en Thessalie semble avoir plutôt une ouverture ovale[375].

---

352. *Sitagroi* 2, fig. 11.34.
353. Niveau A : NIKOLOV 1975, fig. 42.
354. Niveau B : NIKOLOV 1974, fig. 64.
355. GIMBUTAS 1982, fig. 206.
356. *Jungsteinzeit in Bulgarien* 1981, fig. 151a.
357. GEORGIEV, ANGELOV 1957, p. 93, fig. 53 ; GIMBUTAS 1982, fig. 33.
358. Des fouilles du Père Jérôme : SEURE, DEGRAND 1906, fig. 12, n° 288.
359. CHOHADZHIEV 2007, p. 126, fig. 104, 1.1-1.2.
360. DETEV 1950, fig. 27.
361. DUMITRESCU 1925, p. 81, fig. 63, n°ˢ 17 et 18 et fig. 65.
362. Culture de Krivodol-Sălcuţa : *Jungsteinzeit in Bulgarien* 1981, fig. 177a.
363. Il a été attribué à la phase Bleue : BERNABÒ-BREA 1964, n° 4637, pl. LXXXIII w et CII 6.
364. DETEV 1959, fig. 80, 1 et 5 ; 81, a-b.
365. *Ibid.*, fig. 80, 2-4.
366. DETEW 1956, fig. 22 ; les fig. 1 à 22 de cet article montrent la grande variété des meubles miniatures de Bulgarie ; CHOHADZHIEV 2007, p. 126, fig. 104.
367. Des fouilles du Père Jérôme : SEURE, DEGRAND 1906, fig. 17, n° 413.
368. Cucuteni ancien, Moldavie : GIMBUTAS 1982, fig. 26.
369. GRBIC 1960, pl. XXI, 2 et 1 (à décor anthropomorphe).
370. NA (Karanovo I) : SIMOSKA, SANEV 1975, pl. XXII, n° 2.
371. Par exemple, LETICA 1967, pl. VI, 8.
372. DETEV 1960, fig. 48, 5-6.
373. DETEV 1960, fig. 27.
374. NIKOLOV 1974, fig. 44. Voir différents types de ces « autels » dans SCHWARZBERG 2005, et fig. 24.
375. MILOJCIĆ *et al.* 1976, pl. 19, 16a-b.

Contexte et utilisation

Les cas pour lesquels nous possédons des renseignements sur le contexte – sinon immédiat, du moins de la zone – de découverte des maquettes de mobilier sont peu nombreux à Dikili Tash ; ils peuvent être résumés ainsi :

– trois figurines, un bracelet et le siège circulaire M 654 (X 9 contre la berme à 2 m de l'angle S-O) ;

– des tessons provenant du dégagement d'un foyer et des silex travaillés (table M 1291) (X 29 zone nord, sous le niveau 12) ; des tessons, un pied de vase et d'autres petits objets (siège M 1293) (même niveau). Les fragments de la maquette de maison M 1290 ont aussi été découverts dans ce même niveau[376] ;

– un fragment de cristal de roche, un fragment de parallélépipède (four ? M 1768) et une petite (h. originelle < 10 m) figurine féminine « enceinte » richement décorée dont la tête manque (M 1219), ainsi que la table fragmentaire M 1223 (W 29 niveau 9) ; dans les déblais, un fragment de superstructure de four (M 1296), un peu plus haut un autre fragment (M 748) ;

– une couche où les petits objets sont très abondants, mais où leur association n'est pas assurée : silex, fragments de pierre travaillée, un bracelet, une alène en os, un gobelet cylindrique irrégulier en miniature (M 172), un fragment de figurine féminine (M 790), un avant-train de figurine zoomorphe de type A (ours ?) (M 751), une cuillère ainsi que la table/tabouret M 750 (X 30 niveau 8) ; le même niveau a livré deux autres maquettes (four et siège/table M 766 et M 1287) et une figurine schématique asexuée (M 789).

Dans certains cas, la présence d'un foyer/four (M 1223, M 1291 et M 1292, M 1278) ou de terre cendreuse/fosse à cendres (M 1285, M 636, M 305) ou encore de trous de poteau (M 1291 et M 1292) est attestée dans le même niveau.

Il semblerait par conséquent que ces maquettes proviennent de zones d'activité « normale » (tessons, silex), qu'elles étaient disposées parfois à l'origine non loin d'un foyer, d'un four ou d'une paroi et que, dans certains cas, elles étaient accompagnées ou se trouvaient à faible distance d'objets de parure (bracelet, cristal de roche) et d'autres objets miniatures (figurines, vase miniature, maquette de maison). Si l'association dans le même niveau d'une figurine animale (avant-train) et de maquettes de meubles n'est pas certaine, celle avec une figurine humaine de dimensions correspondantes à celles des maquettes l'est[377].

3.1.3. Conclusions

Les maquettes de mobilier (surtout NR) révèlent une grande variété de prototypes, et même des sous-catégories. Si certaines, très petites, sont fabriquées grossièrement, d'autres par contre sont soigneusement modelées et décorées. On distingue deux – ou trois, si l'on prend en compte les « autels » – échelles de grandeur.

---

376. Voir *infra*, p. 150.
377. Voir aussi *supra*, p. 103 n. 205 et p. 104.

Les associations de maquettes de mobilier et/ou de maison et de figurines anthro-pomorphes d'Ovčarovo et de Platia Magoula Zarkou[378] ont permis de formuler l'hypo-thèse que des objets «micro-miniatures» en terre cuite, fabriqués à une même échelle, formaient un ensemble[379]. Or, à Dikili Tash, les maquettes de meubles sont attestées surtout pendant la phase II A et au début de la phase II B, tandis que la majorité des figurines datent surtout de la seconde partie de la phase II.

3.2. DISPOSITIFS DOMESTIQUES FIXES (FOURS)

M 331 (pl. 90 ; pl. G)

Dimensions : h. max. 3,75 ; L. max. 9,8 ; ép. max. 5,2.

Provenance : X 30, sous le niveau 2.

Description : maquette incomplète de four. Pâte rouge, à dégraissant minéral moyen. Plaquette rectan-gulaire ornée d'incisions sauf sur la face du dessous qui est plate et lisse. Sur le dessus, on voit l'arrache-ment d'un dispositif semi-circulaire, rentrant vers le haut (chambre de cuisson). La sole déborde légèrement en dehors de la chambre de cuisson.

Décor : des spirales et des lignes ondulées incisées, ainsi que des points profonds, décorent toutes les faces visibles.

Publication : DAUX 1968, p. 1071, fig. 16 à droite ; DESHAYES 1974, p. 87, fig. 23 à droite ; MARANGOU 1992a, fig. 80j.

M 525 (pl. 72 ; pl. 90)

Dimensions : h. max. 2,6 ; L. max. 6,3 ; l. max. 4,5.

Provenance : W 29, sous le niveau 7.

Description : fragment rectangulaire de maquette de four. Pâte rouge à gros dégraissant minéral. L'arrachement de la superstructure montre le plan de la chambre de cuisson, trapézoïdal. Il manque aussi une petite partie de l'extrémité opposée. La sole dépasse l'ouverture du four.

Décor : il est composé de lignes incisées et de points (motifs Gumelniṭa). Le dessus de la plaquette est orné de méandres et de lignes parallèles ; les longs côtés étroits de panneaux composés de deux lignes verticales incisées, remplis de hachures obliques ; le petit côté de chevrons superposés ; seul le dessous n'est pas décoré.

Publication : DAUX 1968, p. 1071, fig. 16 à gauche ; DESHAYES 1974, p. 86, fig. 23 en haut, à gauche ; MARANGOU 1992a, fig. 80k.

M 526 (pl. 72 ; pl. 90)

Dimensions : h. max. 1,7 ; L. max. 5,04 ; l. max. 3,7.

Provenance : X 30, sous le niveau 4.

Description : fragment (une extrémité) de socle de maquette de four. Pâte grisâtre à dégraissant minéral moyen à gros ; surface gris rouge avec des traces jaunes.

Décor : le décor incisé en motifs Gumelniṭa comprend des lignes obliques parallèles sur les deux côtés étroits, des incisions de lignes parallèles formant des losanges avec un point au centre sur la face supé-rieure. Le dessous n'est pas décoré.

Publication : DAUX 1968, p. 1071, fig. 16 à gauche ; DESHAYES 1974, p. 86, fig. 23, à gauche, en bas.

---

378. GALLIS 1985.
379. Voir MARANGOU 1992a, p. 219-220.

M 633 (pl. 72)

Dimensions : L. max. 3 ; l. max. 2,8 ; ép. max. 2,1.

Provenance : X 29, niveau 6.

Description : fragment de socle de maquette de four (la face supérieure forme un angle obtus). Pâte grise à dégraissant minéral moyen.

Décor : des lignes incisées verticales et obliques sur les tranches forment des motifs anguleux sur le dessus du socle. Le dessous est lisse.

M 649 (pl. 72)

Dimensions : L. max. 5,1 ; l. max. 4,3 ; ép. max. 2,2.

Provenance : AA 29, surface.

Description : fragment de socle de maquette de four. Pâte brune à surface rouge égalisée (quelques traces de noir). Dégraissant minéral moyen. L'angle de la plaque en forme de parallélépipède est conservé.

Décor : décor incisé avec des traces d'incrustations blanches sur toutes les faces visibles. La face du dessus porte des traits horizontaux dans le sens de la longueur ; d'autres obliques et plus petits forment deux losanges marqués d'un point profond. Le petit côté étroit conservé est orné d'ovales concentriques ; l'un des longs côtés porte trois incisions horizontales, une autre forme un losange avec un point central ; de l'autre côté, un décor de traits obliques est délimité par deux horizontales.

M 748

Dimensions : l. 3,3 ; ép. 2,2 ; l. de chacun des côtés formant angle 2,6.

Provenance : W 29, sous le niveau 8.

Description : fragment de superstructure de four (?), de plan supérieur pentagonal, creux à l'intérieur. L'ouverture se relève vers le bord, rétrécit vers le bas et se termine par un arrondi.

Décor : la partie supérieure des deux faces latérales est décorée d'une spirale au graphite. Objet égaré, description faite d'après la fiche.

M 766 (pl. 72 ; pl. 90)

Dimensions : h. max. 3,1 ; L. max. 6,7 ; l. max. 4,8.

Provenance : X 30, niveau 8.

Description : fragment de maquette de four de plan rectangulaire. Pâte noire, à dégraissant minéral moyen. La sole dépasse l'ouverture du four dans le prolongement des longs côtés. Sur le dessus, une zone plus haute, avec traces d'un arrachement en trapèze dont l'extrémité est perdue, montre le plan de la chambre de chauffe. La partie surélevée est légèrement concave. En avant de celle-ci, dans un angle, trace d'un arrachement à peu près rectangulaire.

Décor : seuls les côtés étroits sont décorés par incision. Les longs côtés, encadrés par des lignes, portent un décor de méandres hachurés, laissant entre eux des zones réservées. Sur l'extrémité, un zigzag est réservé entre des triangles hachurés, encadré dans un rectangle. De la pâte blanche est parfois conservée dans les incisions.

Publication : DESHAYES 1974, p. 87, fig. 22.

M 1284

Dimensions : h. max. 2,1 ; L. max. 5,2 ; l. max. 4,45.

Provenance : W 29, niveau 8.

Description : fragment de parallélépipède, peut-être maquette de four. Pâte rouge brun un peu poreuse, à surface lissée. Dégraissant minéral fin. Le côté étroit est un peu arrondi. Le dessous est légèrement abîmé. L'un des longs côtés est un peu plus haut, le plan légèrement oblique.

Décor : peint au graphite. Sur le dessus, des lignes droites parallèles qui se croisent, sur les côtés étroits des zigzags parallèles.

M 1296

Dimensions : 4,55 × 2,4 × 2,1.

Provenance : W 29, sous le niveau 8.

Description : fragment de maquette de superstructure de four ou de meuble. Pâte rouge fine, à dégraissant minéral moyen ; surface rougeâtre. Sur le dessus, une partie de l'angle arrondi est conservée. La face descend vers le bas en formant un creux.

Décor : incisions profondes en zigzags parallèles sur le dessus de la plaquette.

M 1298 (pl. 73)

Dimensions : h. max. 2,7 ; L. max. 5,4 ; l. max. 4,8.

Provenance : W 30, niveau 5.

Description : fragment de superstructure de four (?). Pâte brune, à surface noir gris, lissée. L'intérieur n'est pas travaillé. Le bord de l'ouverture conservé est semi-circulaire, le dos anguleux, formant une voûte plane, qui s'élargit vers le bas. Sur un côté, le bord de l'ouverture fait saillie.

M 1768

Dimensions : L. max. 4,6 ; l. (à la cassure) 5,6 ; ép. 2,5.

Provenance : W 29, niveau 9.

Description : fragment d'une grossière maquette de foyer (?), de forme rectangulaire (parallélépipède). Pâte rouge noircie sur une face, à petit dégraissant minéral ; surface non travaillée. L'une des faces est plane, l'autre légèrement convexe. Légère dépression sur le côté étroit conservé. Objet égaré, description faite d'après la fiche.

M 1818

Dimensions : 3,5 × 3,9 × 4,7.

Provenance : ST 24 (surface).

Description : fragment de maquette (de four ?) formant un angle obtus. Pâte rouge clair. Le dessous est aplati, le dessus porte un décor.

Décor : quatre incisions larges sont conservées, deux de chaque côté.

Sans numéro (pl. 73 ; pl. 90)

Dimensions : h. max. 4,3 ; L. max. 8,5 ; l. max. 7,2.

Provenance : hors sondages.

Description : fragment de maquette de four. Pâte rouge à cœur noirci, grossière, non épurée, à gros dégraissant minéral, contenant des cailloux. Fragment en forme de parallélépipède, à extrémité fortement arrondie, à côtés divergents, de façon à ce que la plage en avant du four s'élargisse. Le dessous est plat et noirci. Les petits côtés et le dessus sont décorés. L'arrachement de la superstructure révèle son plan ovale. La surface était légèrement concave.

Décor : motifs Gumelniţa. Des incisions linéaires ou des spirales décorent les trois petits côtés conservés ; on voit aussi quelques petites incisions près de l'arrachement sur le dessus.

Publication : DESHAYES 1974, p. 88, fig. 24-25 ; MARANGOU 1992a, fig. 80i.

Cette catégorie comprend treize maquettes ou fragments de maquettes de dispositifs domestiques, qui peuvent, dans certains cas, être rapprochés de vrais foyers ou fours, même si parfois certains de leurs éléments les en distinguent. Si quelques autres fragments de terre cuite pourraient être classés dans cette catégorie, il n'y a cependant pas de certitude absolue.

Les maquettes de four dont le contexte est connu proviennent des niveaux du NR. Trois autres ont été trouvées en surface ou n'ont pas d'associations connues. Elles dateraient toutes du NR.

Technique et forme

Il s'agit de maquettes en pâte rouge ou brune à surface rouge ou grise égalisée, contenant un dégraissant minéral moyen (ou gros), dans un cas des cailloux (**pl. 73 et 90**, objet sans numéro). Celles-ci sont constituées à l'origine d'un socle et d'une superstructure qui a généralement été arrachée ; le décor incisé ou peint couvre toutes les faces, exception faite du dessous. Des fragments de socle ou de superstructure sont conservés, permettant parfois de restituer l'ensemble du four.

Les maquettes imitent de vrais fours ou foyers, qui ont été trouvés en nombre important dans différents niveaux à Dikili Tash et classés selon des types[380]. Lorsque cela est possible, cette typologie, fondée principalement sur la forme de la chambre à cuire et de la sole, est également retenue pour les maquettes.

Type ovale

Le premier type est représenté par un seul objet (sans numéro) et correspond aussi au premier type de four du NR de J. Deshayes. La sole est arrondie à l'arrière, les longs côtés s'écartent l'un de l'autre d'arrière en avant et la plage antérieure est élargie. Les traces de l'arrachement de la superstructure ont une forme trapézoïdale aux angles arrondis. Ce modèle a été trouvé hors sondages et publié par J. Deshayes[381].

Type rectangulaire ou trapézoïdal

Les maquettes qui imitent ce type de four[382] de plan rectangulaire, côtés légèrement convergents vers l'avant, sole légèrement concave dépassant l'ouverture du four, et plage

---

380. DESHAYES 1974 ; R. TREUIL, dans *Dikili Tash* I, 1, p. 50-52, et PRÉVOST-DERMARKAR 2002.

381. DESHAYES 1974, p. 86, fig. 24-25.

382. Voir *supra*, n. 380 ; KOUKOULI-CHRYSSANTHAKI, TREUIL, MALAMIDOU 1996, p. 691, pl. VId (secteur grec).

avant suivant l'alignement des longs côtés, ont également été publiées par J. Deshayes[383]. M 766 montre un arrachement près de la chambre de chauffe et devant l'ouverture supposée du four ; il devait exister ici un objet inconnu qui pourrait, selon J. Deshayes son inventeur, être une figurine plutôt qu'une meule[384]. M 766 provient du carré X 30, d'un niveau caractérisé par un mélange de tessons de type Marica et Gumelniţa, et M 525 du carré W 29, niveau 8.

Type semi-circulaire

M 331 découvert dans le carré X 30, sous le niveau 2, est le plus récent des modèles de four trouvés en stratigraphie. Ce qui devait être la chambre de chauffe, à en juger par les traces de l'arrachement, avait une forme semi-circulaire ; la sole dépassait légèrement l'ouverture en remontant. Ce four était donc perpendiculaire à l'orientation des longs côtés[385]. Selon J. Deshayes, le prototype de cette maquette devait être situé dans une cour.

Inclassables

Socles (?)

Six fragments de plaques en terre cuite pourraient provenir de la sole de maquettes de four : M 526 (**pl. 90**), trouvé sous le niveau 4 de X 30[386], M 633 (**pl. 72**), trouvé sur le niveau 6 de X 29, M 1818, sans associations connues, et M 649 (**pl. 72**), extrait de la couche de surface du sondage AA29, décorés de motifs incisés, ainsi que M 1284, décoré au graphite et découvert en W 29, niveau 8, et M 1768, sans décor, provenant du niveau 9 du même carré. Leurs dimensions maximales conservées paraissent correspondre à celles des autres maquettes de four. L'un de leurs longs côtés n'est jamais décoré, les côtés étroits le sont souvent. Un seul fragment ne porte pas de décor ; il présente une face plane, l'autre légèrement convexe. L'appartenance de ces maquettes au type ovale de four est à exclure, l'extrémité du socle conservé étant plutôt rectangulaire.

Superstructures (?)

Trois fragments pourraient provenir de la superstructure de la chambre de chauffe de maquettes de four (**pl. 90**). Celle des fours réels est parfois signalée par des restes d'argile brûlée et des fragments d'enduit[387]. Les objets M 1296 (provenant de W 29, sous le niveau 8) et M 1298 (**pl. 73** ; W 30, niveau 5) représenteraient la partie supérieure de la superstructure

---

383. DESHAYES 1974, fig. 22 et 23 (en haut à gauche) et p. 86.

384. *Ibid.*, p. 89.

385. Selon J. Deshayes, *ibid.*, il appartiendrait au type de « four à blé » (n° 12 du carré X 29), datant de la fin du NR.

386. *Ibid.*, fig. 23 en bas, et p. 86.

387. Au NM, il s'agirait de montants formant la carcasse de bois recouverte d'argile. DESHAYES 1974, p. 71 et 79. À propos de la construction des fours, à Dikili Tash, voir PRÉVOST-DERMARKAR 2002 et KOUKOULI-CHRYSSANTHAKI, TREUIL, MALAMIDOU 1996, p. 688-689 et 692-693.

– une voûte plane sur parois verticales. Le troisième fragment, moins incomplet (M 748), semble présenter des caractéristiques analogues à celles des fragments précédents. A priori, il ne s'agit pas de maquettes de registres (systèmes de régulation du tirage) de cheminée, comme celui trouvé à Dikili Tash à proximité d'un four (qui aurait par conséquent une voûte percée d'un évent et pourvue d'une cheminée), datant de la dernière étape de la phase Gumelniţa[388].

Décor

Le décor, qui peut couvrir la superstructure, ne laisse libre que la face inférieure des modèles. À l'exception de M 748 et M 1284, décorés au graphite, et de M 1298 (**pl. 73**) et M 1768, fragments sans ornement, les autres socles de maquettes de four portent un décor incisé. Deux des trois fragments conservés de la superstructure de la chambre de chauffe portent un décor au graphite ou incisé (M 748, M 1296).

M 766 (**pl. 72** et **90**) est orné dans le style Marica : ses deux longs côtés portent, dans un espace délimité par des incisions formant un rectangle, des motifs triangulaires à deux côtés concaves garnis d'un point ; le dessous est couvert de hachures fines et parallèles (verticales) ; le troisième côté conservé, le côté étroit, également encadré par des incisions, porte un motif de triangles hachurés opposés, délimitant entre eux un zigzag en négatif.

L'exemplaire sans numéro (**pl. 73** et **90**) est décoré de lignes parallèles incisées sur ses longs côtés et d'une spirale sur le côté étroit conservé. Les maquettes M 526 (**pl. 72** et **90**) et M 649 (**pl. 72**) sont ornées de lignes incisées parallèles délimitant entre elles des losanges pointés. M 525 (**pl. 72**) porte des lignes parallèles formant des motifs curvilignes, dont l'intérieur est parfois pointé. La maquette M 331 (**pl. 90** et **G**) porte un décor de spirales incisées et de points profonds, le fragment de superstructure M 1296 un décor de zigzags parallèles incisés.

Des lignes droites parallèles qui se croisent sur la face supérieure et des zigzags sur les côtés constituent le décor au graphite de la maquette M 1284. Celui de la superstructure M 748 est formé de spirales des deux côtés.

Évolution et provenance

Les modèles proviennent de couches du NR, surtout des phases ancienne et moyenne (DT II A et B), des carrés X 29, sous le niveau 6 (M 633), X 30, sous les niveaux 2, 4, 8 (M 331, M 526, M 766), W 29, sous les niveaux 7, 8 et 9 (M 525, M 1284, M 748, M 1296, M 1768), W 30, niveau 5 (M 1298), et de la surface du sondage AA 29 (M 649). Par ailleurs, une maquette sans numéro a été trouvée hors sondages ; une dernière (M 1818) est sans association connue. Le modèle du type majoritaire trapézoïdal ou rectangulaire M 766, décoré dans le style Marica, provient donc d'un niveau (8) ancien du NR, dans lequel des tessons de style Marica et Gumelniţa sont mélangés. Or, du même carré X 30, mais de la phase finale du NR, provient M 331, qui

---

388. Deshayes 1974, fig. 14.

est décoré dans le style Gumelniţa (comme la majorité des autres modèles incisés) et qui seul appartient au type semi-circulaire[389].

Les prototypes de nos maquettes, appartenant au NR, proviennent des carrés W 29 (angle N-E, à 4,57 m, niveau 8), W 29 (partie sud, à 5,12 m, niveau 7) et X 30 (partie ouest, à 5,28-5,36 m, niveau 5?). En comparant du point de vue chronologique les types de maquettes de fours aux originaux, nous constatons que le même type de four réel et de four miniature est représenté dans des phases différentes et qu'inversement des types différents se rencontrent pendant la même phase : en bref, ils se recoupent et coexistent. Néanmoins, il y a des maquettes pour lesquelles on ne connaît pas de prototype ; il pourrait s'agir de types de fours ou de foyers plus anciens ou d'un dispositif domestique inconnu.

Des maquettes de four sont attestées sur d'autres sites au NR/Chalcolithique. Certaines sont de types similaires à ceux de Dikili Tash : le four sur socle indépendant et le four appartenant à la maquette de maison de Sitagroi[390], un fragment probable de Paradisos[391], deux modèles du musée de Plovdiv (de Bikovo et Debar)[392]. Ces maquettes ont pu également être appliquées sur des vases et servir d'anses, comme à Ruse[393].

Datant du début du NR[394], un four ovale à coupole, avec un prolongement de l'ouverture vers l'avant, a été découvert à Dikili Tash, non loin du four 600, associé à un bucrane. Des fours à coupole à ouverture semi-circulaire et à petite plate-forme rectangulaire vers l'avant datent de DT II (secteur grec) ; la sole des fours est un peu surélevée par rapport au niveau du sol des maisons[395].

Il est difficile de toujours distinguer les petites maquettes de maison fermées des maquettes de four[396]. Selon R. Tringham[397], seuls les modèles avec un toit en berceau sont des fours. Or, nous rencontrons dans la culture de Kodžadermen-Gumelniţa-Karanovo VI des maquettes avec un toit en bâtière qui pourraient représenter des fours ou des maisons[398]. Les fragments de superstructure (?) de maquettes de four de Dikili Tash appartiennent aussi à cette catégorie. La superstructure des maquettes étant perdue, à l'exception de celle de type semi-circulaire, en partie conservée, nous ne pouvons pas être certains de la forme d'origine de la chambre de chauffe correspondant aux socles. En tout cas, les chambres de chauffe des maquettes des types majoritaires de Dikili Tash n'étaient pas orientées perpen-

---

389. « Four à blé » de J. Deshayes ? Cependant, son prétendu original, le four n° 12, a été mis au jour au niveau précité Marica-Gumelniţa.
390. *Sitagroi* 1, fig. 8.20 a et b ; *Sitagroi* 2, pl. 11.26-28.
391. Blennow 1987, p. 80, n° F10, fig. 43.
392. Detev 1968.
393. Georgiev, Angelov 1957, fig. 37, 2. Voir Todorova 1978, pl. IX, n° 3.
394. Koukouli-Chryssanthaki, Treuil, Malamidou 1996, p. 688 et 700, fig. 6.
395. *Ibid.*, p. 692.
396. L'ouverture a souvent la même forme : voir Todorova *et al.* 1983, pl. 60, n° 14 ; Gaul 1948, pl. XXXI 2-3.
397. Tringham 1971, p. 162.
398. À Rusc, Georgiev, Angelov 1957, fig. 37, 2 (anse en forme de four) ; voir aussi Todorova 1978, pl. IX, 2-3. Voir le modèle de Pernik, *ibid.*, fig. 24, n° 18, et celui de Gradešniţa, Nikolov 1974, fig. 18 (NR, niveau A).

diculairement aux longs côtés du socle – comme l'unique maquette de type semi-circulaire ou comme les fours miniatures de Sitagroi – mais parallèlement à eux.

Contexte et utilisation

Les informations concernant le contexte et l'emplacement exact des modèles font défaut. Nous savons simplement que des cendres étaient associées à M 1296 et M 1284, de la terre brûlée à M 331 et que la présence d'un foyer ou d'un four est attestée dans le même niveau que M 1284 et M 1768[399]. Il n'est donc pas impossible que ces maquettes se soient trouvées à l'origine près de foyers ou de fours réels, mais rien ne permet de le confirmer.

Le dessous des socles des maquettes n'est pas décoré, mais est égalisé : cette face n'était pas destinée à être visible, les maquettes étant posées sur elle. Les fours réels sont quant à eux souvent surélevés par rapport au niveau du sol. Certains sont appuyés contre un mur[400], comme de nombreux exemples balkaniques de la phase Karanovo VI le démontrent. Le soin apporté à la décoration et au façonnage des maquettes indique que les personnes qui les ont fabriquées leur attribuaient de l'importance sans doute liée au grand nombre de fours réels découverts à Dikili Tash et au rôle que ces dispositifs devaient jouer dans la vie quotidienne.

L'échelle de ces maquettes est la même que celle de certaines figurines humaines ou de meubles miniatures trouvés également sur le site ; or, dans quelques cas, des fragments de maquettes proviennent des mêmes niveaux que des figurines anthropomorphes semi-assises fragmentaires (par exemple le four M 525 et la figurine masculine M 491 dans le niveau 7 de W 29 ; le four M 526 et la figurine féminine M 419 sous le niveau 4 de X 30).

Conclusions

Les nombreuses maquettes de four ont généralement été mises en valeur : elles sont presque toutes décorées. À Dikili Tash, ce sont des objets indépendants, tandis que sur d'autres sites le four faisait partie intégrante des maquettes de maison ouvertes. Ces maquettes n'étaient donc peut-être pas destinées à être placées à l'intérieur d'une maquette de maison.

3.3. Maquettes de maison (?)

3.3.1. Néolithique Récent (Dikili Tash II)

M 1290 (pl. 73)

Dimensions : h. max. 9,6 ; L. max. 6,4 ; l. max. 6,2 ; ép. parois 1-1,3.

Provenance : X 29, sous le niveau 12.

Description : deux fragments de maquette de maison (?). Pâte de couleur brun crème contenant un dégraissant calcaire moyen. La surface est brute. Les deux parois formant un angle sont brisées dans leur partie

---

399. MARANGOU 1992a, p. 20.
400. DESHAYES 1974, p. 76.

inférieure. La partie supérieure (?) se terminait par un bord légèrement aplati d'un côté, étiré de l'autre. Le bord de l'angle est arrondi. Sur l'une des deux parois, à 7,5 cm du bord et 1,5 cm de l'angle, on voit une fente très légèrement oblique, à bord biseauté, qui continuait sur une longueur de 2,7 cm (presque complète). Côté intérieur, dans l'angle, à 2,2 cm du bord, on distingue un arrachement longitudinal. Sans décor.

Deux fragments contigus provenant d'une maquette de maison (?) en terre cuite brun crème, à dégraissant minéral moyen, à surface non traitée, qui ne nous permettent pas de reconstituer entièrement l'objet, proviennent d'un niveau mélangé Néolithique Moyen/Récent ; les parties conservées forment deux parois à angle plus ou moins (mais pas complètement) droit, qui comportaient une ouverture à l'origine ; le côté intérieur de l'angle présente une sorte de bourrelet (**pl. 73**, M 1290).

Il faut apparemment exclure la possibilité que ce fragment appartienne à un modèle de maison ouvert, comme ceux de Sitagroi[401], Platia Magoula Zarkou[402], Ovčarovo[403] ou, peut-être, Thermi[404]. Malheureusement, on ne peut affirmer qu'il s'agit d'une partie du toit à ouverture d'une maquette de maison, ou bien d'une partie des murs, avec une ouverture latérale. Des maquettes de maison comportant une ouverture sur le toit sont attestées tant en Thessalie (Krannon)[405] qu'en Grèce Centrale (Chéronée, Myrrini, Voivi)[406] dès le NM, mais aussi à Porodin[407]. Des ouvertures latérales en guise de fenêtres ou de portes sont également courantes, comme sur certains des modèles précités, mais encore, entre autres, à Cascioărele[408], Kodžadermen[409] et Izvoarele[410]. Un toit décoré indépendant, fragmentaire, sans ouverture, provient de Dimitra[411] ; il forme un angle d'environ 130°, sans prendre en compte le faîte, qui forme, lui, un angle de 60°. L'angle du fragment de Dikili Tash fait approximativement 97°. Or, la maison 4 datant du NR (DT II, secteur grec) avait probablement un vrai toit en bâtière[412].

Les fragments proviennent du carré X 29, sous le niveau 12, datant du début du NR. Ce niveau d'habitation à terre brûlée contenait des trous de poteau et un four ou foyer. Quelques maquettes de meubles (M 1291, M 1293) et un « vase plein » (M 1268) ont été découverts dans ce même niveau.

401. *Sitagroi* 1, fig. 8.20a ; *Sitagroi* 2, pl. 11.26.
402. GALLIS 1985.
403. TODOROVA 1976.
404. MARANGOU 1992b, en part. pl. 3, 12.
405. HOURMOUZIADIS 1969.
406. THEOCHARIS 1973a, fig. 10, 46 et 47.
407. GIMBUTAS 1982, fig. 41.
408. DUMITRESCU 1968 et 1973.
409. POPOV 1916-1918, fig. 136.
410. GIMBUTAS 1982, fig. 22.
411. GRAMMENOS 1997, pl. 24 : 381-382 ; MARANGOU 1997b, p. 251 ; voir un objet de Thermi, MARANGOU 1992b, pl. 3, 9-10 ; 1996a, p. 184, fig. 5.
412. Selon KOUKOULI-CHRYSSANTHAKI, TREUIL, MALAMIDOU 1996, p. 694-695. La maison 3 aurait, par contre, plutôt un toit plat.

3.3.2. Bronze Ancien (?) (Dikili Tash III)

M 642 (pl. 73 ; pl. 91)

Dimensions : h. cons. 4,5 ; l. cons. 11 ; ép. 1.

Provenance : Q 24, niveau 12 ou sous le sol 11, recollé avec un fragment des sols 9-10, sud.

Description : fragments de maquette de maison (?). Terre cuite brun foncé à cœur gris foncé, à gros dégraissant minéral ; surface gris noir côté intérieur, rougeâtre côté extérieur. L'objet a la forme d'une plaque légèrement incurvée et se termine sur deux côtés par un bord plus ou moins perpendiculaire. Celui-ci forme une saillie à l'angle des deux côtés consécutifs conservés et porte une perforation oblique de haut en bas (trou situé plus haut et de diamètre plus large côté intérieur), à travers la paroi, près de cet angle, à 2,2 cm du bord supérieur et 1,6 cm du bord latéral.

Décor : le décor est incisé. La surface convexe est décorée de panneaux verticaux délimités par des lignes verticales incisées, alternativement remplis (à partir de la droite) de zigzags (un panneau), de pointillés (un), de hachures obliques (deux), de pointillés (deux), de hachures obliques (trois), de pointillés (un), un panneau restant lisse, un dernier avant la cassure portant des hachures obliques inversées ou, plutôt, des zigzags. La surface concave est décorée de lignes horizontales pointillées, interrompues par un panneau vertical délimité par deux lignes verticales incisées, rempli de hachures qui s'entrecroisent en formant des croisillons à mailles larges. La tranche porte aussi des lignes et des pointillés.

Publication : DESHAYES 1970a, p. 29 et fig. 15-16 ; SÉFÉRIADÈS 1985b, pl. XVII, 1-2 ; MARANGOU 1992a, fig. 93b-c.

Deux fragments jointifs d'une maquette de maison, publiée par J. Deshayes[413] et dont il a comparé le décor à des combinaisons de motifs de la céramique de Pécel[414], ont été trouvés dans des niveaux du BA I. Les fragments proviennent plus précisément du carré Q 24, des niveaux 12 (ou sous le sol 11) et 9-10.

Il s'agit probablement d'une partie de maison comportant une ouverture (porte ?). La pâte est brun foncé à surface gris foncé et à gros dégraissant minéral. Le décor couvre les deux faces et la tranche et pourrait imiter un mur en torchis (M 642)[415]. Le bord forme une saillie près de l'angle conservé et porte une perforation à travers l'épaisseur. L'orientation de ce fragment est problématique : l'ouverture pouvant représenter la porte montrerait qu'il était dépourvu de toit ou de fond (ou du moins le toit ou fond n'était pas fixé sur les parois).

On pourrait rapprocher cette maquette du modèle postérieur de Karaburma près de Belgrade[416], à décor incisé du groupe de Žuto Brdo, auquel appartient aussi la figurine M 13 trouvée à Dikili Tash dans des niveaux du BA[417].

---

413. DESHAYES 1970a, p. 29, fig. 15-16.
414. DESHAYES 1970a cite BANNER 1956, pl. XXIV, 29 (district de Baranya), p. 167, pl. CXVIII-CXIX, pl. IV 17, 18, 19, 22 (Zalaszanto-Tatika), et KALICZ 1963 pl. VII, 8 (Alsozsolca).
415. SÉFÉRIADÈS 1985a, p. 228, fig. 15-16.
416. TODOROVIĆ 1970.
417. Voir *supra*, p. 105-106.

3.4. Divers

Dans cette rubrique ont été regroupés des objets en terre cuite de dimensions réduites qui, du fait de leur caractère unique, de la difficulté de les identifier ou de leur état fragmentaire, ne pouvaient être classés dans aucune des catégories précédentes. À plus forte raison, toute tentative d'interprétation doit rester de l'ordre de l'hypothèse, même si certaines éventualités ne sont pas à exclure. Les parallèles ne sont pas aisés à invoquer, car ce type de matériel est habituellement passé sous silence dans les publications.

3.4.1. « Vases miniatures pleins »

M 1268 (pl. 73)

Dimensions : h. max. 3,6 ; diam. max. 3,65 ; diam. bord 1,2 ; diam. base 1,9.

Provenance : X 29, altitude 3,95 m (NM/NR).

Description : objet presque complet en forme de vase miniature plein, biconique ou piriforme. Pâte rougeâtre, contenant un peu de gravier, à surface non travaillée. La panse est globuleuse aplatie, le pied plat assez large et court. Le col en partie cassé devait être cylindrique. L'intérieur est creux et pourrait contenir un ou plusieurs cailloux.

M 767 (pl. 73)

Dimensions : h. max. 4,6 ; diam. max. 3 ; diam. bord 1,4 ; diam. base 1,4.

Provenance : W 30, niveau VI.

Description : objet complet en forme de vase miniature plein biconique ou doublement piriforme. Pâte jaunâtre, à dégraissant minéral fin. Panse globuleuse, col et pied cylindriques.

Deux objets en terre cuite rougeâtre ont la forme de vases miniatures piriformes, pleins, sans ouverture. Ils ont un pied large et un col cylindrique. L'un d'eux au moins était creux et contenait un petit objet, peut-être un caillou (M 1268, M 767). Ils proviennent des carrés X 30 (niveau mélangé NM/NR) et W 30, niveau 6 (NR).

Parmi les objets qui pourraient être rapprochés des « vases pleins » de Dikili Tash, on pourrait citer les « hochets » de Vykhvatintsi (Moldavie) de la culture Cucuteni[418] et les « figurines en forme de bouteille » de Sitagroi[419], ainsi qu'un objet incisé de Banjata[420]. Un autre objet en forme de toupie, de hochet ou de vase plein à tête de figurine provient de Gradešniţa (Chalcolithique)[421]. La/les fonction(s) de ces objets reste(nt) encore à étudier.

---

418. Gimbutas 1982, fig. 154.
419. *Ibid.*, fig. 202 ; M. Gimbutas, dans *Sitagroi* 1, fig. 9.60 et 9.98, nᵒˢ 156 et 155 (Sitagroi phase III), décorés, à base concave ou perforée.
420. Detev 1950, fig. 32.
421. Niveau C : Nikolov 1974, fig. 89, en bas, à gauche.

3.4.2. Anneaux

M 413 (pl. 73 ; pl. 91)

Dimensions : h. max. 1 ; diam. max. 3.

Provenance : W 29, sous le niveau 4.

Description : anneau formé à partir d'un boudin aplati replié, irrégulier. Pâte grise grossière, à dégraissant minéral moyen (et gravier) ; surface grisâtre crème, avec quelques zones noires.

Publication : MARANGOU 1992a, fig. 80e.

M 414 (pl. 73 ; pl. 91)

Dimensions : h. max. 1,5 ; diam. max. 3,5.

Provenance : W 29, sous le niveau 4.

Description : voir *supra*, M 413.

Publication : MARANGOU 1992a, fig. 80f.

M 451 (pl. 73 ; pl. 91)

Dimensions : h. max. 1,9 ; diam. max. 3,7.

Provenance : W 29, sous le niveau 4.

Description : voir *supra*, M 413.

Il s'agit de trois objets provenant d'un niveau du NR : M 413, M 414 et M 451 (**pl. 73 et 91**). Ils ont été façonnés à partir d'un boudin aplati replié, très irrégulier ; il n'y a pas de décor. Leur fonction est inconnue. Or, les trois anneaux ont été trouvés dans le même niveau (W 29, sous le sol 4) dont deux dans une même zone, au voisinage de trois fragments de figurines animales du type A (une tête, une patte et une patte avec partie de l'avant-train), d'un vase zoomorphe, de perles et du disque décoré M 416 (**pl. 91**)[422].

Faute d'indices convaincants et de matériel suffisant, nous ne pouvons pas, pour l'instant, vérifier l'éventualité d'une fonction « utilitaire » pour ces objets, telle que, par exemple, l'enregistrement de faits ou de calculs, comme en témoignent au Proche Orient des objets de formes très diverses[423]. On peut cependant noter que si l'on superpose ces trois anneaux en ordre décroissant, ils s'articulent et forment une pile, le plus petit en haut[424]. D'autres utilisations ont été proposées : poids annulaires, bases de vase (mais les anneaux sont alors plus grands et mieux faits)[425], poids de métier à tisser ou poids de pêche, trouvés groupés en nombre[426], ou encore « boutons »[427].

---

422. Voir *infra*, p. 155.

423. Voir, par exemple, SCHMANDT-BESSERAT 1978 et 1979 ; MARANGOU 2001a.

424. *Ibid.*, fig. 8-9.

425. *Sitagroi* 2, p. 242 (phases II et V), fig. 6.23, pl. 6.8a-c (diam. ext. 4,7-8,7 cm ; int. 1,6-2,3 cm).

426. CARINGTON SMITH 2000, p. 223-227 et pl. 4.20, phase IV, fin du NM (diam. ext. 3,4-6 cm ; diam. int. 0,7-1,6 cm).

427. CHOHADZHIEV 2007, p. 126.

Nous devons probablement écarter la possibilité qu'il s'agisse d'éléments d'une parure (à moins de prétendre que des enfants aient fabriqué des bracelets miniatures en imitant les vrais bracelets en spondyle trouvés sur le site). Il existe des bracelets (et des pendentifs) en terre cuite[428], mais dans ce cas la fabrication est soignée et le diamètre bien supérieur à 3 ou 4 cm[429]. Si nous ne nous réfugions pas dans la solution de l'objet cultuel, il ne reste que l'hypothèse des jouets ou des jeux qui, pour le moment, est indémontrable. Nous devons néanmoins rappeler que ces anneaux semblent avoir certains points en commun avec les figurines animales du type A, par l'aspect, la pâte et la provenance. Il n'est pas exclu qu'il s'agisse en fait de résidus de fabrication de figurines de ce type. Les parallèles plus ou moins contemporains et publiés sont rares, mentionnons les objets provenant de Goljamo Delčevo[430] et d'Ezero[431], ainsi qu'une pile de disques pétris, non cuits, en argile, provenant d'une fosse de Vučedol[432].

3.4.3. Disque décoré

M 416 (pl. 91)

Dimensions : diam. 4,5 ; ép. max. 0,6.

Provenance : W 29, sous le niveau 4.

Description : disque plat de forme presque circulaire. Pâte brun rosâtre, à fin dégraissant minéral.

Décor : cannelures verticales sur l'épaisseur et lignes incisées en spirale ou «labyrinthe» formé par des S imbriqués anguleux et curvilignes.

Publication : Marangou 1992a, fig. 80d.

Cet objet unique, M 416 (**pl. 91**), est fabriqué de la même façon que les pesons de fuseau[433]. Il s'agit d'un disque plat, à peu près circulaire, à cannelures verticales sur la tranche, donnant l'aspect d'une roue dentée. Sur les deux faces, des lignes incisées composent un motif spiraliforme ou ayant l'allure d'un «labyrinthe» formé par des S imbriqués, anguleux et curvilignes.

Ce disque, unique pour le moment à Dikili Tash, a été découvert dans le carré W 29, sous le sol 4 du NR, dans la zone qui a fourni aussi des fragments de figurines animales, un pied de vase zoomorphe, des perles et deux anneaux en terre cuite, le troisième ayant été trouvé un peu plus loin[434].

---

428. Par exemple, Detev 1950, p. 5, fig. 10.

429. Voir les anneaux de Ruse, généralement bien modelés : Georgiev, Angelov 1952, pl. XVIII.

430. Todorova *et al.* 1975, t. 87.

431. Georgiev *et al.* 1979, f. 203 à la p. 406, et p. 541.

432. Schmidt 1945, pl. 23, n° 9 et p. 198.

433. *Dikili Tash* I, 1, p.124.

434. Voir *supra*, p. 129.

Le bord denté du disque caractérise, outre des pesons de fuseau[435], certaines maquettes de mobilier. On serait donc enclin à attribuer à l'objet un caractère décoratif plutôt qu'une fonctionnalité imprécise, d'autant plus que l'objet en question n'est pas perforé : il en serait peut-être autrement s'il avait pu servir de roue. Par ailleurs, le motif se répète sur les deux faces, qui devaient donc être vues indistinctement. Une utilisation comme *pintadera* (tampon pour peinture corporelle) paraît exclue du fait qu'il s'agit d'un positif ; d'ailleurs, les incisions, légères, ont été tracées avec un outil fin et sont beaucoup moins marquées que celles qui couvrent certaines maquettes (par exemple de four ou de table) ou certains pesons de fuseau. Le motif de chaque face semble constituer un ensemble, en contraste avec la fusaïole M 295[436] qui porte des signes distincts. Un disque non perforé, à motifs linéaires incisés, proche de l'exemplaire de Dikili Tash, provient de Šuplevec[437] ; d'autres ont été trouvés à Slatino[438].

En fait, cet objet énigmatique doit nécessairement être comparé aux divers témoignages de « pré-écriture »[439] néolithique. De nombreux symboles, « mnémonigrammes »[440] ou « signes » écrits[441], isolés ou en groupe faisant partie d'un ensemble, ont été incisés sur des supports variés : fonds de vases, fusaïoles, figurines, vases en miniature, objets en os, moins souvent sur des plaquettes ou « tablettes »[442] ou même des disques[443]. Dans ce dernier cas, les symboles couvrent l'une ou les deux faces. D'un autre côté, on ne peut écarter les jetons en forme de disque simple, décoré ou même perforé, du Proche et du Moyen-Orient. À partir du Néolithique, ils servaient, parmi d'autres objets de formes multiples, à des opérations de calcul ou d'enregistrement[444].

---

435. *Dikili Tash* I, 1, pl. 152d, 202d-f.

436. *Dikili Tash* I, 1, pl. 155d, 203a.

437. GARAŠANIN, SIMOSKA 1976, p. 29, pl. IX, n° 31 (niveau 5, période I).

438. CHOHADZHIEV 2007, p. 126.

439. GORCE 1974 ; WINN 1981.

440. GORCE 1974, p. 26.

441. Par exemple, GIMBUTAS 1974, surtout p. 86-87.

442. À titre indicatif, de nombreuses fusaïoles, dont celle de Dikili Tash (*Dikili Tash* I, 1, pl. 155d et 203a), des figurines (nombreux exemples donnés par GIMBUTAS 1974), des objets en terre cuite, par exemple de Sesklo (THEOCHARIS 1973a, fig. 181, pl. XIX, 3-4), des fonds de vases (NIKOLOV 1986, p. 166-184). Les fameuses tablettes de Tărtăria, le sceau de Karanovo, les plaques de Gradešniţa (NIKOLOV 1974), de Banjica (GIMBUTAS 1974, p. 131, fig. 89), de Vršac (*ibid.*, p. 207, fig. 161) et le disque de Ploskata Mogila (*ibid.*, p. 208, fig. 164), pour ne citer que des exemples représentatifs, complètent la série. Voir WINN 1981 ; MARANGOU 2001a et NIKOLOVA 2003.

443. Voir note précédente, ainsi que TODOROVA 1978, t. 31, n° 8. Disque perforé : NIKOLOV 1986, fig. 14, n°s 114-115 (Gradešniţa). Voir aussi RADUNČEVA 1976a (Vinica), p. 43, fig. 31,3 et p. 54, fig. 42, 8 (bord denté). Pour TODOROVA 1978, p. 85, monogrammes et pictogrammes apparaissent isolés et se distinguent du décor.

444. Voir *supra*, p. 154.

Il est certain que tout cela n'est pour l'instant que pure supposition. Cependant, en tout état de cause, parmi toutes les voies qui restent encore ouvertes à l'interprétation, l'hypothèse d'un témoignage de communication ou de mémorisation nous paraît tentante[445].

3.4.4. « Pastilles »

M 1239

Dimensions : 1,9 × 1,6 × 0,75.

Provenance : X 30, niveau NM, déblais.

Description : pastille craquelée, de forme elliptique. Terre cuite brune.

M 1264

Dimensions : diam. 4,5 × 3,8 ; ép. 0,6.

Provenance : X 30, niveau 10.

Description : plaquette ou pastille discoïdale aplatie en partie usée. Pâte rouge brun gris, à dégraissant minéral moyen, portant des empreintes digitales.

Cette catégorie comprend deux très petits objets, l'un en terre cuite brune craquelée de dimensions 1,6 × 1,9 × 0,75 cm (M 1239), l'autre rouge brun portant des traces d'empreintes digitales (M 1264). Les deux ont une forme discoïdale aplatie (« pastilles »).

Il n'est pas impossible que ces objets constituent des vestiges de la fabrication de la céramique et qu'ils aient été façonnés par hasard. Toujours est-il que M 1239 fait penser aux maquettes de pain[446] et que ces deux objets ont pu servir de jetons de calcul ou de pions de jeu[447] : il suffit de donner libre cours à son imagination pour trouver d'innombrables possibilités d'interprétation.

M 1239 provient du carré X 30, des déblais d'une couche du NM ; M 1264 du même carré, niveau 10 (début du NR).

3.4.5. Parallélépipède décoré

M 1285 (pl. 91)

Dimensions : L. max. 9,9 ; l. max. 3,2 ; ép. max. 2,3.

Provenance : X 30, entre niveaux 6 et 7.

Description : fragment d'objet qui a la forme d'un parallélépipède allongé qui se rétrécit vers l'une des deux extrémités, qui sont brisées. Pâte fine de couleur brun gris à dégraissant ; surface brun gris noircie, lissée. Les deux côtés les plus larges sont légèrement convexes et sur l'un d'eux on voit un trou transversal, profond de 1 cm, à une distance de 1 cm de l'arête.

---

445. Voir MARANGOU 2001a.

446. Comme par exemple une maquette de table sur laquelle sont modelés des « pains », à Sitagroi : *Sitagroi* 2, pl. 11.23b et 11.24.

447. Voir *Sitagroi* 2, p. 412-413, fig. 107 décorés, phase Sitagroi II.

Décor : des encoches parallèles, perpendiculaires à la longueur, décorent les quatre longues arêtes. Traces de décor au graphite.

L'objet M 1285 (**pl. 91**) est un parallélépipède allongé, rétréci vers l'une des deux extrémités et décoré au graphite. Les deux côtés les plus larges sont légèrement convexes ; sur l'un d'eux, on voit un trou profond de 1 cm. Des encoches parallèles perpendiculaires au sens de la longueur ornent les quatre longues arêtes. L'objet a été trouvé dans le carré X 30, entre les niveaux 6 et 7, et appartient au NR (début DT II B). Encore une fois, l'interprétation restant du domaine du conjecturel, nous notons cependant que le « décor » d'encoches parallèles sur des baguettes existe déjà au Paléolithique[448] et serait selon certains lié à des manifestations d'un graphisme symbolique primitif[449]. Il faut pourtant remarquer que des encoches parallèles décorent aussi le bord de certaines jattes évasées simples (catégorie A4[450]) de Dikili Tash. Entre autres parallèles, des plaques incisées proviennent de Banjata[451], Bikovo, Ruse et Dikili Tash (musée de Kavala).

Plaques rectangulaires, objets oblongs et en forme de vase miniature, tous à décor incisé, provenant des sites bulgares de Plovdiv[452], Bikovo, Ruse ou Kapitan Dimitrijevo présentent des ressemblances avec les vases miniatures pleins, le disque décoré ou le parallélépipède décoré de Dikili Tash. P. Detev[453] a caractérisé ce groupe d'objets comme des « modèles de décoration ». D'autres objets de ce type ont été découverts en Grèce du Nord, en Thrace (Paradimi)[454] et en Macédoine (Dimitra et Doxat-Tepe)[455], et même beaucoup plus loin, à Rast[456].

4. LES VASES MINIATURES (graph. 5)

Cette catégorie comprend des vases de petites dimensions qui peuvent généralement être rapprochés des types de la céramique trouvée sur le site, du moins en ce qui concerne les périodes DT I et II, pour lesquelles nous avons utilisé la typologie de la céramique des chapitres II et III du volume 2.

Il a été parfois difficile de faire la distinction entre petits vases et vases miniatures[457]. Finalement, ceux qui ont été classés parmi les miniatures ne dépassent pas 9 cm de

---

448. Voir, par exemple, Leroi-Gourhan 1964, p. 262-264, et Leroi-Gourhan 1965, p. 216-217. Voir aussi Chollot-Varagnac 1980, p. 244-446.
449. Voir Marangou 2001a.
450. Voir *infra*, p. 167.
451. Detev 1950, fig. 32 b, c.
452. Detev 1959, fig. 83, 11 et 86, 1-4 ; Detev 1960, fig. 48, 7-8.
453. Detev 1965.
454. Objet en forme de cylindre aplati, à décor incisé : Pantos 1987-1988 ; Marangou 2001a, p. 43, fig. 19.
455. Plaques décorées : Renfrew 1987, fig. 7 et 10 ; *Sitagroi* 2, fig. 10.3-10.5 ; p. 427, fig. 11.4. Cylindres décorés : *Sitagroi* 2, fig. 10.1-10.2 (Sitagroi II) ; *Sitagroi* 2, p. 479, fig. 13.1.4 le (f) de Chorla Zoodochos Pigi.
456. Dumitrescu 1980, pl. LIII, 1-3.
457. Pour ces difficultés, voir Marangou 1992a, p. 3.

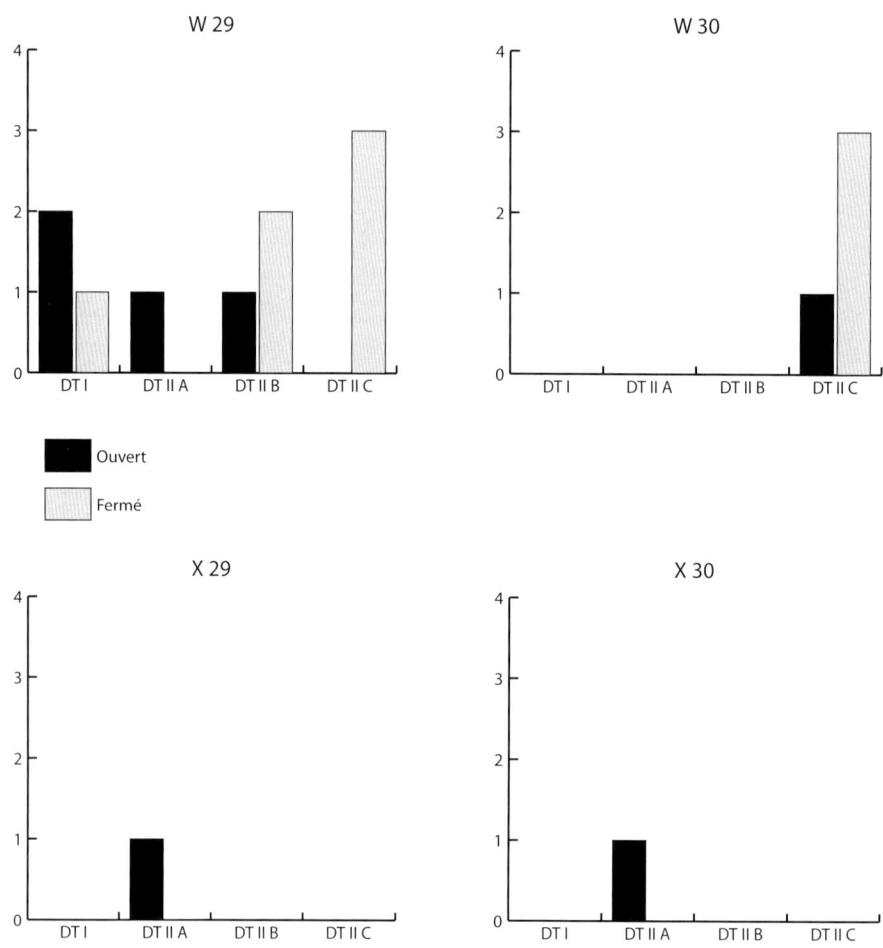

Graph. 5 — Évolution de la typologie et du nombre des vases miniatures de provenance connue, par phase, dans le secteur B 1.

dimension maximale, tandis que des vases particulièrement petits (< 3 cm) pourraient être qualifiés de «microminiatures», tout comme les très petits meubles et figurines.

4.1. Néolithique Moyen (Dikili Tash I)

Voir meubles en miniature

Deux objets qui appartiennent à cette période, M 204 et M 1761 (**pl. 70**), pourraient également être classés parmi les meubles en miniature[458]. S'il s'agit bien de

---

458. Voir *supra*, p. 137-138.

vases, ils représenteraient des bols à pied[459]. Un fragment de vase zoomorphe de très petites dimensions appartiendrait à un petit vase plutôt qu'à un vase en miniature (M 1628)[460]. Comme plusieurs figurines de cette période, les vases/meubles en miniature proviennent du carré X 29, niveau 14, qui date de la fin du NM[461].

4.2. NÉOLITHIQUE RÉCENT (DIKILI TASH II)

M 8 (pl. 74)

Dimensions : h. max. 3,2 ; diam. bord ext. 4,3, int. 2,5 ; diam. base 2,75 ; ép. max. parois 5,5 ; prof. récipient env. 2.

Provenance : ?

Description : jatte profonde à base presque plate, modelée grossièrement. Pâte rouge à traces grises, craquelée par endroits, à gros dégraissant minéral. L'intérieur est noir, l'extérieur rouge. Les parois sont très légèrement incurvées ; la lèvre, légèrement rentrante, est amincie.

M 9 (pl. 74)

Dimensions : h. max. 1,4 ; diam. bord ext. 2,9 ; diam. base 2,05 ; ép. parois env. 0,35.

Provenance : W 30, couche de surface.

Description : jatte grossièrement modelée. Pâte rouge clair craquelée, peu cuite. Les parois sont légèrement concaves.

M 10 (pl. 74)

Dimensions : h. max. 4,4 ; diam. bord 4,1 ; diam. base 3 ; diam. max. 5,2.

Provenance : W 29, niveau 2.

Description : jarre biconique grossièrement modelée avec une anse verticale cassée. Pâte rouge gris, à gros dégraissant minéral.

M 12 (pl. 74)

Dimensions : h. 7,2 ; diam. bord ext. 5,3, int. 4,4 ; diam. base 4 ; ép. parois env. 0,5.

Provenance : ?

Description : cruche fragmentaire. Pâte brune fine, à fin dégraissant minéral ; surface rouge égalisée. L'intérieur n'est pas travaillé. Une anse verticale réunit le bord à la panse à mi-hauteur.

Décor : traces de décor au graphite formant des lignes courbes parallèles.

M 14 (pl. 74)

Dimensions : h. cons. 3 ; diam. bord ext. env. 6,7 ; diam. ext. base 2,6.

Provenance : ?

Description : écuelle. Pâte rouge noir à dégraissant minéral moyen à gros. Lèvre amincie.

---

459. Voir *Dikili Tash* I, 2, pl. 7 et VII : 3-6.
460. *Ibid.*, p. 280, pl. 108, XXIX.
461. Voir *supra*, p. 133.

M 31 (pl. 74)

Dimensions : h. 3,5 ; diam. max. (bord) 5,3 ; diam. base 3,2.

Provenance : ?

Description : jatte grossière. Pâte rouge, à dégraissant minéral moyen. Le bord est irrégulier et la base légèrement convexe.

M 36 (pl. 74)

Dimensions : h. 1,2 ; diam. max. (bord) 4,3 ; diam. base 2,9.

Provenance : ?

Description : fragment de jatte. Pâte gris rouge, à dégraissant minéral moyen. Base légèrement concave. Deux perforations horizontales sont disposées près du bord et parallèlement à celui-ci.

Publication : MARANGOU 1992a, fig. 79b.

M 38 (pl. 74)

Dimensions : h. 4,7 ; diam. bord 4,7 ; diam. base 2,6 ; diam. max. 6 ; ép. parois env. 0,3.

Provenance : W 30, niveau I.

Description : deux fragments de vase biconique. Pâte fine grise, à fin dégraissant minéral ; surface lissée. Profil anguleux. Fond légèrement concave et parois minces. Le diamètre maximal se situe à 1 cm de la base.

M 39 (pl. 74 ; pl. 91)

Dimensions : h. 4,5 ; diam. bord 4,4 ; diam. base 3,4 ; diam. max. (sans l'anse) 5,1.

Provenance : ?

Description : fragment de vase de forme approximativement biconique. Une anse verticale est conservée. Pâte rouge grossière, à dégraissant minéral moyen. Des empreintes digitales à la surface. Les parois sont légèrement convexes, la base plate.

M 40 (pl. 74)

Dimensions : h. 4 ; diam. bord ext. 3,8, int. 2,8 ; diam. base 2,35 ; diam. max. 4,7.

Provenance : W 30, niveau 2 (?), berme.

Description : jarre biconique. Les anses sont cassées. Pâte rouge flammée, à fin dégraissant minéral. Profil anguleux ; deux anses verticales placées sur le bord et la panse à son diam. max. ; petite base.

M 42

Dimensions : h. 1,5 ; diam. max. (bord) 2,85 ; diam. base 1,3.

Provenance : ?

Description : jatte. Pâte jaunâtre rouge, à fin dégraissant minéral. Base plate. Deux perforations sont disposées horizontalement près du bord sur la partie conservée.

Publication : MARANGOU 1992a, fig. 79a.

M 44 (pl. 74)

Dimensions : h. 6,6 ; diam. bord ext. 3,25, int. 2,3 ; diam. base 2,3 ; diam. max. 6,7 ; ép. parois env. 0,5.

Provenance : W 29, niveau 2.

Description : jarre à deux anses verticales, dont l'une est cassée. Pâte noire à dégraissant minéral moyen ; surface égalisée. La forme est biconique avec une arête prononcée ; la base légèrement concave. Le col est vertical (bord ébréché), la lèvre étalée. Les anses, de section ronde, relient la base du col à la panse au niveau du diamètre maximal.

M 48 (pl. 74)

Dimensions : h. 2,5 ; diam. bord 3 ; diam. base 2,3 ; diam. max. 3,3.

Provenance : W 29.

Description : jatte. Pâte rouge grossièrement façonnée, à dégraissant minéral fin à moyen. Base plate.

M 54 (pl. 74)

Dimensions : h. 5,4 ; diam. base 2,1.

Provenance : ?

Description : vase biconique bien modelé dont une anse verticale est conservée, entre le bas du col et la panse. Pâte rouge noir à l'intérieur, à dégraissant minéral gros ; surface rouge noir. La base est plate, la lèvre légèrement arrondie.

M 62 (pl. 74)

Dimensions : h. 1,75 ; diam. max. (bord) 1.

Provenance : ?

Description : fragment de jatte. Pâte grise, à fin dégraissant minéral. Base plate. Le bord porte des encoches donnant un aspect dentelé ; traces de matière blanche.

M 64 (pl. 75 ; pl. 91)

Dimensions : h. 3,4 ; diam. bord ext. 3,2 ; diam. base 1,1 ; diam. max. 3,7.

Provenance : W 29, niveau 2.

Description : vase biconique presque complet. Pâte gris rouge, à dégraissant minéral moyen. La panse est bombée, le bord est évasé. La base est légèrement concave. À l'intérieur, des cavités correspondent à l'emplacement des tenons à l'extérieur. Quatre paires de perforations sont situées juste sous le rebord.

Décor : incisé avec une matière blanche incrustée. Deux lignes entourent le col, entre lesquelles quatre paires de petits traits verticaux correspondent aux perforations du col. Une zone, délimitée par la ligne incisée inférieure du col et une autre qui entoure le vase à 0,7 cm du fond, porte quatre tenons, perforés verticalement, décorés de deux cercles concentriques incisés qui sont joints par trois lignes obliques. Les perforations du bord se trouvent dans l'intervalle entre les tenons.

M 65 (pl. 75 ; pl. 91)

Dimensions : h. 3,9 ; diam. bord ext. 3, int. 2,25 ; diam. base 2 ; diam. max. 3,5 ; l. max. (avec l'anse) 4,25.

Provenance : W 30, entre niveaux III et IV.

Description : cruche grossièrement modelée. Pâte gris jaunâtre, à dégraissant minéral moyen. Base plate. Une anse verticale arrondie réunit la panse (au niveau du diamètre maximal) et le bord. La lèvre est légèrement amincie.

M 66 (**pl. 75**)

Dimensions : h. 2,6 ; diam. bord 2,7 ; diam. base 2,3 ; diam. max. 2,9.

Provenance : W 29.

Description : gobelet grossièrement façonné. Pâte rouge à dégraissant minéral moyen. Base légèrement convexe.

M 67 (**pl. 75**)

Dimensions : h. env. 7,5 ; diam. bord ext. 7 ; diam. base 4,5 ; diam. max. env. 7.

Provenance : ?

Description : grand fragment de gobelet grossier. Pâte rouge brun, noire à l'intérieur et rouge en surface à cause de la cuisson, contenant de petits cailloux, craquelée ; surface approximativement égalisée. L'intérieur n'est pas travaillé.

M 72 (**pl. 75**)

Dimensions : h. 2,2 ; diam. bord 2,15 ; diam. base 1,5 ; diam. max. 2,5.

Provenance : ?

Description : jatte ou gobelet. Pâte rouge, à fin dégraissant minéral. Base plate.

M 73 (**pl. 75 ; pl. 91**)

Dimensions : h. 4,4 ; diam. bord 3 ; diam. base 2,25 ; diam. max. 4,2.

Provenance : ?

Description : vase biconique à une anse verticale. Pâte rouge clair fine, à dégraissant minéral gros. La base est plate. Des deux côtés du diamètre maximal, un décor obtenu par pincement de doigts.

M 74 (**pl. 75**)

Dimensions : h. 3,1 ; diam. max. (bord) 6,45 ; diam. base 4.

Provenance : ?

Description : écuelle/jatte grossière. Pâte rouge, à dégraissant minéral moyen à gros. Base légèrement convexe. Traces d'empreintes digitales.

M 82

Dimensions : h. 2 ; diam. bord ext. 3,2 ; diam. base 1,45.

Provenance : W 29, sous le niveau 3.

Description : écuelle. Pâte rouge noir à l'extérieur, brun à l'intérieur, à fin dégraissant minéral. Grossièrement modelée. Forme évasée.

M 84 (**pl. 75**)

Dimensions : h. 3,4 ; diam. bord env. 8,5 ; diam. base 4,4 ; ép. parois 0,4-0,5.

Provenance : ?

Description : bol en plusieurs fragments. Pâte rouge à fin dégraissant minéral ; surface crème, égalisée à l'intérieur. Fond plat. Lèvre épaissie.

M 109 (pl. 75 ; pl. 91)

Dimensions : h. max. 3,8 ; diam. bord 2,95 ; diam. base 2,3 ; diam. max. 4,2 (avec les tenons) ; ép. parois env. 0,35.

Provenance : W 29, niveau 5.

Description : vase biconique. Pâte gris rosâtre, gris rougeâtre à l'extérieur, à dégraissant minéral moyen. Fond plat, rebord vertical et lèvre évasée. À la hauteur du diamètre maximal, quatre mamelons pointus non perforés sont disposés sur la panse.

M 111 (pl. 75)

Dimensions : h. max. 3,6 ; diam. base 1,8 ; diam. max. 3,7.

Provenance : W 29.

Description : vase biconique fragmentaire (manquent le bord et une partie de l'épaule ; traces d'anses verticales). Pâte rouge flammée fine, à dégraissant minéral fin à moyen. Base plate.

M 117 (pl. 75 ; pl. 91)

Dimensions : h. max. 4,4 ; diam. bord ext. 2,2, int. 1,4 ; diam. base 1,1 ; diam. max. 3,6.

Provenance : W 29, niveau 6.

Description : vase biconique complet soigneusement modelé. Pâte gris noir, à dégraissant minéral fin à moyen. Le col est cylindrique et haut, la lèvre légèrement évasée. Base très légèrement concave.

Décor : le décor incisé et incrusté d'une matière blanche couvre une zone de la panse délimitée par une incision horizontale à env. 0,8 cm de la base et trois autres à l'épaule. Motifs de chevrons parallèles en position alternée.

M 121 (pl. 76)

Dimensions : h. max. 4,5 ; diam. base 2,5 ; diam. max. env. 5.

Provenance : ?

Description : fragment de vase biconique. Pâte rouge, à dégraissant minéral moyen ; surface gris noir. Base plate. Des traces d'empreintes digitales.

M 125

Dimensions : h. max. 4,9 ; diam. base 3,2.

Provenance : ?

Description : vase biconique. Pâte gris rouge mal épurée, à gros dégraissant minéral ; surface noirâtre. Profil très marqué. Le fond est plat.

M 128 (pl. 76)

Dimensions : h. max. 4,5 ; diam. bord ext. 4, int. 2,8 ; diam. base 4 ; diam. max. 4,7 ; ép. paroi env. 0,8.

Provenance : X 29, niveau 10.

Description : gobelet cylindrique. Pâte rouge noir, à dégraissant minéral moyen ; surface extérieure égalisée. Parois légèrement convexes. La base est plate, le bord rentré et la lèvre carrée, comme coupée à la lame.

M 152 (pl. 76)

Dimensions : h. max. 1,8 ; diam. bord ext. env. 7,5 ; diam. base env. 3,8.

Provenance : ?

Description : fragment d'écuelle. Pâte brun rougeâtre, à gros dégraissant minéral. Parois très évasées.

Publication : MARANGOU 1992a, fig. 79c.

M 160 (pl. 91)

Dimensions : h. max. 3,5 ; diam. bord ext. 1,8 ; diam. base 1,1 ; diam. max. 2,5 ; ép. parois (col) 0,5.

Provenance : ?

Description : vase biconique soigneusement modelé. Pâte rouge, à dégraissant minéral moyen. Col cylindrique légèrement évasé ; base concave. Quatre mamelons sont situés sur la panse, à la hauteur du diamètre maximal. Quatre paires de perforations horizontales sont placées autour du bord, à 0,2-0,3 cm de celui-ci, dans les intervalles entre les mamelons.

Décor : trois lignes incisées horizontales parallèles entourent la partie inférieure du col, deux autres la partie inférieure de la panse, délimitant la zone décorée. Des spirales incisées entourent les protubérances de la panse, des points sont visibles entre les spirales.

Publication : MARANGOU 1992a, fig. 79j.

M 161 (pl. 76)

Dimensions : h. max. 1,7 ; diam. bord 3 ; diam. base 1,6.

Provenance : ?

Description : écuelle. Pâte brune, à dégraissant minéral moyen ; surface gris rouge. Base plate ; parois évasées. La lèvre est amincie. Une perforation horizontale (avec des traces d'une seconde) est conservée à 0,2 cm du bord. Quelques cassures sur le bord irrégulier.

M 165 (pl. 76)

Dimensions : h. max. 5 ; diam. bord 7,1 ; diam. base 3,3 ; diam. max. 7,7 ; ép. lèvre env. 0,4.

Provenance : ?

Description : fragment de bol. Pâte fine flammée, à dégraissant minéral fin ; surface égalisée à l'intérieur et à l'extérieur. Fond plat ; épaule marquée ; col légèrement rentrant et lèvre biseautée vers l'intérieur.

M 172 (pl. 76)

Dimensions : h. max. 1,6 ; diam. bord 1,4 ; diam. base 2 ; diam. max. 1,95 ; ép. parois env. 0,4 ; ép. fond env. 0,7.

Provenance : X 30, niveau 8.

Description : vase irrégulier ressemblant à un gobelet cylindrique. Pâte rouge clair à dégraissant minéral moyen blanc ; surface extérieure noircie. Parois légèrement rentrantes vers le bord ; fond plat.

M 184

Dimensions : h. max. 8,4 ; diam. bord env. 4,5 ; diam. base 4,2 ; ép. parois 0,6-1,0 ; L. anse env. 3 ; l. anse (partie inférieure) 0,9-1,3.

Provenance : ?

Description : fragment de jarre à une anse verticale conservée. Pâte assez fine rouge ; surface grise.

M 189 (pl. 76)

Dimensions : h. 3,3 ; diam. bord env. 7,4 ; diam. base 5,1 ; diam. max. 7,9 ; ép. lèvre env. 0,4.

Provenance : ?

Description : fragment de bol. Pâte beige, à gros dégraissant minéral ; surface extérieure noirâtre, égalisée à l'extérieur et à l'intérieur. Parois convexes. Fond plat ; lèvre biseautée à l'intérieur.

M 258

Dimensions : h. max. 4 ; diam. bord 3,8 ; diam. max. 4,8.

Provenance : T 24, entre cotes 7,28 et 6,70 m.

Description : vase biconique intact. Pâte gris noir à dégraissant minéral moyen ; surface extérieure lissée. L'intérieur et le fond plat sont égalisés. La panse carénée est assez irrégulière, l'épaule haute légèrement refermée. Objet égaré, description faite d'après la fiche.

M 262 (pl. 91)

Dimensions : h. max. 6,3 ; diam. bord 5,3 ; diam. base 3,9.

Provenance : ?

Description : vase cylindrique fabriqué grossièrement. Pâte grise, contenant du gravier et des cailloux ; surface rouge noir. Fond plat percé de trous.

M 264 (pl. 76)

Dimensions : h. max. 4,5 ; diam. max. (bord) 7,8 ; diam. base 3,8 ; ép. parois 0,55-0,7.

Provenance : T 25, cote 7,68 m.

Description : bol ou écuelle fragmentaire. Pâte grise à dégraissant minéral moyen ; surface lissée. Les parois sont légèrement convexes avec un ressaut au quart supérieur de la hauteur. La base est plate, légèrement concave.

Décor : traces de décor au graphite près du bord.

M 265 (pl. 76 ; pl. G)

Dimensions : h. max. 4,5 ; diam. bord 3,6 ; diam. max. env. 5.

Provenance : U 24, cote 5,95 m.

Description . vase quadripode. Pâte rouge, contenant du gravier. Panse quadrangulaire ; col cylindrique (cassé en partie), légèrement redressé. Sous le fond une protubérance aplatie, légèrement plus courte que les pieds. Sur la panse, l'intervalle entre les pieds est marqué par de légères protubérances.

Décor : décor incisé. Deux lignes entourent la panse, une série de petits traits verticaux incisés borde les lignes au-dessus et en dessous. Des signes (?) sont incisés sous la panse.

M 266 (pl. 76)

Dimensions : h. max. 3,7 ; diam. bord ext. 3,1 ; diam. base 3,4 ; l. max. (anses comprises) 5,8.

Provenance : ?

Description : vase biconique. Pâte gris rouge. Le profil de la panse est anguleux. Deux anses verticales ; base plate.

M 1935

Dimensions : h. max. 3,7 ; diam. max. bord ext. 4,8, int. 3,6 ; ép. parois 0,6-1 ; h. pied 1,4 ; prof. du récipient env. 2.

Provenance : U 24, cote 6,44 m.

Description : fragment de vase à pieds (?). Pâte brun gris à dégraissant minéral moyen ; surface rouge lissée à l'extérieur, avec des traces noires, égalisée à l'intérieur, à l'exception du fond. La paroi s'épaissit au-dessus du seul pied conservé, au niveau de la cassure, sur un côté. La lèvre est amincie. Le pied s'amincit vers le bas, le dessous est plat.

Technique et forme

Les vases ont été fabriqués en creusant une boule de pâte rouge, brune ou grise, à dégraissant minéral fin à gros ; les anses et les tenons ont été rajoutés dans un second temps. Les tenons ont été collés à la paroi en appuyant en même temps de l'intérieur : des cavités correspondent aux tenons situés à l'extérieur (**pl. 75** et **91**, M 64). Nous pouvons distinguer parmi les vases miniatures les deux catégories de céramique, grossière et fine. Cette distinction ne dépend pas des dimensions des vases ; par conséquent elle n'est pas due à des particularités d'ordre technique ni à des différences de valorisation entre petits et grands vases miniatures, mais paraît plutôt liée à la forme (et à la fonction ?) des prototypes, au moins dans un grand nombre de cas. Cependant, certains très petits vases sont en même temps très grossièrement faits[462], tout comme certaines figurines[463]. L'intérieur de quelques vases fermés étant noirci, il est probable qu'ils ont été cuits à l'envers ; leur pâte peut être craquelée et contenir de petits cailloux (**pl. 74**, M 8 ; **pl. 75**, M 67). Certains présentent une surface flammée (M 82 ; **pl. 74**, M 10, M 14, M 36 et M 40 ; **pl. 75**, M 111 ; **pl. 75** et **91**, M 109 ; **pl. 76**, M 128, M 165 et M 266).

Nous nous sommes efforcée de suivre la typologie de la céramique du NR de Dikili Tash[464] pour la classification des vases en miniature, lorsque cela était possible. C'est ce qui nous a conduite à classer dans la catégorie des tasses ou gobelets (B) un vase fin de très petites dimensions (2 cm de hauteur ; **pl. 91**), et dans la catégorie des jarres (C) un vase en céramique grossière de dimensions relativement grandes (8 cm de hauteur). Cependant, la distinction est parfois très difficile à faire à cette échelle entre types de céramique d'allure similaire qui ne diffèrent que par leurs dimensions relatives : d'ailleurs, les miniatures n'ont pas toutes été fabriquées forcément à une même échelle par rapport aux « originaux ».

La plupart des nombreux exemplaires hors contexte présentent beaucoup de ressemblances avec les vases du NR, et il est très probable qu'ils appartiennent à cette période ; nous les avons dans ce cas classés dans les catégories du NR.

De cette période datent vingt vases miniatures dont le contexte est connu : M 10, M 38, M 40, M 44, M 64, M 65, M 66, M 82, M 109, M 117, M 128, M 163, M 172, M 258, M 264, M 265, M 637, M 767, M 1235, M 1935, et probablement vingt-six autres hors contexte. Ils appartiennent aux types de la typologie établie pour le NR détaillés ci-dessous.

---

462. Voir *infra*, p. 173,
463. Voir *supra*, p. 92.
464. *Dikili Tash* I, 2, p. 72-78, pl. 9.

Écuelles, jattes, assiettes ; tasses et gobelets (types A-B de la céramique « normale »)

Le vase M 264 se rapproche du type A3. Il reste des traces de décor au graphite (**pl. 76,** M 264). M 82, écuelle en argile rouge très grossièrement modelée, est proche du type A2 à parois évasées.

Le vase M 66 (**pl. 75**), de très petites dimensions, est grossièrement modelé dans une pâte rouge, sa base est légèrement convexe. M 128 (**pl. 76**), en pâte noire et à surface lissée, a une forme cylindrique à parois légèrement convexes, base plate et lèvre à peine rentrante et carrée ; même si ses dimensions ne sont que légèrement inférieures aux dimensions minimales (5 cm) des vrais gobelets[465], il peut être un petit vase et non une miniature. M 172 (**pl. 76**), façonné dans une pâte rouge clair qui contient du dégraissant, de très petites dimensions, a des parois irrégulières, légèrement convexes et noircies à l'extérieur. Sa base est aplatie.

Parmi les vases hors contexte, les suivants sont classés en deux groupes, dans ces catégories A ou B :

a) ce groupe comprend dix objets de petites dimensions, modelés sommairement dans une pâte rouge ou grise mal cuite. Leur forme parfois cylindrique ou, au contraire, à parois évasées les rapproche du type de jatte A3 grossière (**pl. 74**, M 8 et M 48 ; **pl. 75**, M 72 et M 74) ou A4 grossière (**pl. 74**, M 9 et M 31) et fine (M 42 ; **pl. 74**, M 36 et M 62 ; **pl. 76**, M 161). Sur les quatre derniers, trois portent au moins une ou deux perforations disposées horizontalement sous le bord, et le bord denté du quatrième (M 62) est orné d'encoches parallèles remplies d'une substance blanche. Leur fond est plat. M 161 est fragmentaire, mais il n'est pas certain qu'une cassure du bord (à double perforation), par ailleurs irrégulier, prouve l'existence à l'origine d'un « manche ».

b) Le second groupe comprend des objets de plus grandes dimensions, mais de fabrication tout aussi peu soignée ; il s'agit des bols M 43, M 67, M 84, M 165, M 189 et des écuelles M 14 et M 152. M 67 et M 165 se rapprochent plus précisément de la forme A1, M 84 de la forme A2, M 189 de la forme A3, M 14 de la forme A4 et M 152 de la forme A6 (**pl. 74, 75** et **76**).

Jarres et cruches (type C1 de la céramique « normale »)

Il s'agit de quatre objets à une (**pl. 75** et **91**, M 65) ou deux anses verticales, non décorés, à surface travaillée, dont deux ont une arête nettement prononcée. Souvent, les traces d'une seule anse sont conservées (**pl. 74**, M 10, M 40 et M 44).

La jarre M 184, hors contexte, à anses verticales en pâte fine et soignée appartient à cette catégorie. Cinq vases biconiques avec des traces d'anses verticales, à pâte rouge ou grise flammée grossièrement modelée et souvent mal cuite, hors contexte, pourraient également être classés ici (**pl. 74**, M 54 ; **pl. 74** et **91**, M 39 ; **pl. 75** et **91**, M 73

---

465. Pour ces difficultés, voir Marangou 1992a, p. 3.

et M 111 ; **pl. 76**, M 266). Un cruchon, sans contexte, de dimensions relativement grandes en pâte fine, de couleur brune et à l'extérieur rouge, qui porte des traces d'un décor au graphite de motifs curvilignes, appartient lui aussi à ce type (**pl. 74**, M 12).

Vases biconiques (type D2 de la céramique « normale »)

Ils sont répartis en deux groupes :

– trois vases non décorés (M 258 ; **pl. 74**, M 38 ; **pl. 75** et **91**, M 109), à surface égalisée, dont l'un (M 109) est grossièrement façonné et porte quatre tenons pointus à mi-hauteur. Deux autres vases sans anses maladroitement modelés doivent, eux aussi, appartenir à ce groupe, malgré leur position hors stratigraphie (M 121, M 125)[466].

– Trois vases à décor incisé rempli de pâte blanche, soigneusement façonnés et presque intacts (**pl. 75** et **91**, M 64 et M 117 ; **pl. 91**, M 160 ; ce dernier sans contexte précis). Les motifs, des chevrons emboîtés en position alternée, des cercles concentriques unis entre eux par des lignes obliques, des spirales, sont disposés autour de la panse dans des zones délimitées par des lignes parallèles. Dans deux cas (M 64 et M 160), quatre paires de perforations entourent le bord du col ; sur l'exemplaire M 64 quatre tenons percés verticalement ont été disposés autour de la panse.

Vases quadripode et multiple, passoire (types E1 et E4 de la céramique « normale »)

Le vase M 265 (**pl. 76** et **G**), à pâte rouge, possède un col cylindrique et un fond quadran-gulaire, sous lequel une protubérance aplatie (« mamelon ») figure entre les pieds. Ses parois sont convexes et il est décoré de motifs linéaires incisés : deux lignes parallèles horizontales bordées au-dessus par une série de petits traits parallèles verticaux, motif qui paraît être exceptionnel. Au-dessous, des motifs linéaires forment peut-être quelques signes (?)[467]. Nous ne connaissons pas d'exemplaire de taille non miniature de ce type de vase à Dikili Tash.

Un fragment de vase à pieds (M 1935), à pâte brune, présente une surface lissée rouge avec des traces noires à l'extérieur.

Un gobelet (**pl. 91**, M 262), grossièrement fabriqué par pincement dans une pâte grise et rouge, possède un fond en passoire. Des traces d'empreintes digitales sont conser-vées à l'extérieur sous le bord. Seul le fond est perforé, contrairement aux passoires et aux braseros[468]. La forme est cylindrique, les parois plus ou moins rentrantes près du bord.

Vases zoomorphes

Parmi les récipients zoomorphes publiés dans le volume 2, certains, de petites dimen-sions, pourraient être classés parmi les vases miniatures[469], si on les considère comme des

466. L'objet M 767 (**pl. 73**), dont la forme rappelle les vases biconiques, n'est pas un vase miniature, mais un « vase miniature plein », classé dans la section « divers ». Voir *supra*, p. 152.
467. MARANGOU 2001a, fig. 18.
468. Voir *Dikili Tash* I, 2, pl. 9, types E1 et E4.
469. Voir *supra*, p. 158.

copies de récipients similaires plus grands ; il semble, cependant, s'agir plutôt de petits vases, sans doute utilitaires : M 163, M 637, M 1235[470].

Cuillères

Il faut rappeler ici que certaines cuillères[471] ont pu, elles aussi, constituer des copies miniaturisées d'objets plus grands ; elles sont modelées en pâte fine, de couleur claire : M 791, M 1231 (à manche à tête anthropomorphe, à section circulaire ; cuilleron ovale), M 1967 (à manche perforé en queue de poisson, à section rectangulaire). Comme pour les récipients zoomorphes, il est plus probable qu'il s'agit d'objets relativement petits par rapport à la moyenne dans leur catégorie respective, et qui pourraient bien être utilitaires. Deux objets proviennent de niveaux du NR, le troisième date aussi sans doute de cette même période.

Décor

Le décor est relativement rare. Lorsqu'il existe, en particulier sur des vases biconiques, il est surtout incisé, rempli de pâte blanche, avec des motifs en spirales, chevrons, cercles concentriques et lignes parallèles. Exceptionnellement, le décor est composé de motifs peints au graphite (**pl. 76**, M 264). Le vase quadripode (**pl. 76** et **G**, M 265) porte des motifs uniques[472].

4.3. Bronze Ancien II[473] (Dikili Tash III)

M 113 (pl. 76 ; pl. 91)

Dimensions : h. max. 3,3 ; diam. max. (bord) 2,5 ; diam. base 1,65.

Provenance : R 24, niveau 12 (?).

Description : gobelet. Pâte rouge flammée. Le récipient est peu profond. Pied haut étalé ; base légèrement concave. Des empreintes digitales sont visibles à la surface.

Publication : Deshayes 1970a, p. 30 et fig. 20 ; Marangou 1992a, fig. 91a.

M 124 (pl. 76)

Dimensions : h. max. 3,5 ; diam. bord env. 4,1 ; diam. base env. 3,8 ; h. tenon 0,6 ; diam. perforation du tenon 0,2.

Provenance : R 24, niveau 16.

---

470. Voir *Dikili Tash* I, 2, chap. IV, p. 271-312. Une fonction utilitaire ne serait pas contradictoire par rapport à une fonction « symbolique » parallèle ; voir Marangou, Stern 2009.

471. Publiées dans *Dikili Tash* I, 1, p. 133-143.

472. Le décor des récipients zoomorphes et de deux cuillères est figuratif ; les parois des vases zoomorphes sont décorées en même temps de chevrons, zigzags ou autres motifs linéaires incisés, ce qui les distingue des figurines animales rarement décorées. Voir *Dikili Tash* I, 1, p. 133-143, et *Dikili Tash* I, 2, p. 288-289.

473. Pour l'étude du matériel céramique de l'Âge du Bronze de Dikili Tash, nous avions à notre disposition les articles préliminaires de J. Deshayes et de M. Séfériadès, pour la comparaison des types des vases miniatures avec la typologie des vases « normaux ».

Description : fragment de vase cylindrique. Pâte rouge légèrement flammée, à dégraissant, égalisée à l'extérieur. Le fond est plat, les parois légèrement convexes. Un tenon horizontal, presque rectangulaire, perforé verticalement, est situé sur la panse, à 0,5 cm du bord, à hauteur du diamètre maximal.

À cette période appartiennent deux gobelets à pâte rouge flammée. M 124 (**pl. 76**) est un fragment d'un gobelet de forme cylindrique, à parois légèrement convexes et fond plat ; il porte un tenon horizontal presque quadrangulaire, perforé verticalement. Il a été trouvé sur le sol 16 du carré R 24. M 113 (**pl. 76** et **91**), gobelet complet à base légèrement concave et haut pied étalé[474], a été découvert sur le sol 12 (?) du même carré.

J. Deshayes avait rapproché le gobelet à haut pied de certains exemplaires de Troie I[475]. Les parallèles précis manquent pour le second exemplaire (bol cylindrique), mais une série de bols à tenon tubulaire horizontal sur la lèvre est connue à Dikili Tash même. J. Deshayes avait rapproché ces derniers du matériel de la phase ancienne de Troie I, Thermi III et IV et Poliochni Verte[476].

Évolution

Les vases (?) miniatures à pied du NM imitent peut-être les bols à pied de cette période[477] ; par ailleurs, de nombreux pieds retrouvés au NM peuvent appartenir à des vases à pieds multiples, comme ceux de Karanovo III[478].

La plupart des rares vases miniatures dont le contexte est connu à Dikili Tash proviennent surtout de la phase récente du NR (vases à deux anses, biconiques, à pied) ; la phase moyenne en a également fourni (vases biconiques, cruche), tandis que la phase ancienne a essentiellement livré des gobelets.

Les bols, omniprésents, ont parfois été décorés au graphite sous le bord. À Dikili Tash même existent les prototypes des écuelles décorées au graphite[479], tout comme des écuelles, surtout de type A4[480], portant sous le bord des séries de perforations doubles ou triples[481] ou des encoches[482]. Les vases biconiques à large col cylindrique ou concave, les jarres à deux anses verticales sont également bien représentés[483]. Le décor à spirales ou chevrons incisés,

---

474. Publié par DESHAYES 1970a, fig. 20.

475. *Ibid.*, p. 30 et n. 55, citant des parallèles dans DÖRPFELD 1902, p. 250, fig. 115 = SCHMIDT 1902 p. 5, n⁰ˢ 156 et 157 de Troie I.

476. DESHAYES 1970a, citant BLEGEN *et al.* 1950, p. 60, type A12 ; LAMB 1936 p. 79, pl. XI, 322 et pl. XXXV, 191 (III) ; et BERNABÒ-BREA 1964, p. 614, pl. CXI e. Voir aussi *Sitagroi* 1, fig. 13.9 (11), et pl. CI (6), pour les tenons de vases perforés verticalement.

477. Voir *supra*, p. 158.

478. TREUIL 1983, p. 406-407 ; C. COMMENGE-PELLERIN, dans *Dikili Tash* I, 2, p. 42, pl. 7.

479. Par exemple, *Dikili Tash* I, 2, pl. 10.

480. *Ibid.*, p. 83.

481. *Ibid.*, pl. X : 1, 5.

482. *Ibid.*, p. 83, pl. X : 1-2, 6, et pl. 96, rangée supérieure.

483. Voir *Dikili Tash* I, 2, p. 63-270.

remplis de pâte blanche, est rare et réservé, à ce qu'il semble, à des vases miniatures biconiques sans anses, perforés sous le bord, qui peuvent souvent être pourvus de tenons, percés ou non.

Sur les sites contemporains[484], les vases miniatures sont très souvent des bols ou des écuelles[485] ou des vases de forme biconique ou globulaire/piriforme, avec[486] ou sans anses verticales, avec[487] ou sans tenons perforés[488] ou non[489] sur la panse, ponctuellement avec un décor incisé[490], plus rarement des cruches[491]. Les bols, écuelles et gobelets constituent la majorité des vases en miniature pendant le NR/Chalcolithique en Grèce, suivis des vases biconiques ou ovoïdes et ensuite des jarres ; les cruches sont toujours plus rares[492]. Le site plus lointain de Vinča a fourni à lui seul 368 vases miniatures, comprenant des bols, des gobelets, des écuelles, des jarres, des vases biconiques, des coupes à fruits, des vases zoomorphes ainsi que certaines formes rares[493].

Les formes plus rares de Dikili Tash sont des vases miniatures en passoire comme à Ovčarovo[494], Jela Šabac (Vinča, passage au NR)[495], ou le couvercle passoire de Prkos, Crna Bara (Vinča NM)[496], à quatre pieds comme à Sitagroi[497]. Le vase quadrangulaire à col cylindrique et décor incisé, d'un type non connu en céramique « normale », est à rapprocher d'un vase de Krumovgrad décoré au graphite et d'un autre de Jasa Tepe incisé et incrusté qui avait un col très large, tous les deux datant de l'Énéolithique[498]. Plus proche encore est le vase d'Ovčarovo (Karanovo VI) à protubérance centrale sous le fond et orné de petits traits incisés et incrustés de blanc[499]. Un vase similaire, avec un

---

484. La distinction entre types de vases miniatures n'est pas souvent faite dans les publications.

485. Sitagroi, Olynthe, Paradisos, Vassilika, mais aussi en Thessalie, à Pyrgos, Haghia Sophia, Otzaki, Tsangli, Rachmani (MARANGOU 1992a, *passim*, avec des références ; *Sitagroi* 2, pl. 11.19) ; à Dimitra (MARANGOU 1997b, p. 251). Plus loin : Ovčarovo, TODOROVA 1976, p. 72, fig. 4-6, et p. 96, fig. 2-5.

486. NIKOLOV 1975, fig. 85, 103, 107 (Zaminec, niveau C) ; NIKOLOV 1974, fig. 84 (Gradešnica, Chalcolithique, niveau C).

487. *Sitagroi* I, pl. XCV 8, n° 61a.

488. MYLONAS 1929, fig. 41, n° 3.

489. *Ibid.*, fig. 33.

490. HELLSTRÖM, HOLMBERG 1978, fig. 11, et BLENNOW 1987, n° P 205. NIKOLOV 1975, fig. 96 (Zaminec, niveau C) ; TODOROVA 1976, p. 84, fig. 1-2, p. 95, fig. 3, p. 100, fig. 4-5 ; décor incisé : *ibid.*, p. 76, fig. 1 ; NIKOLOV 1974, fig. 52, en bas, à gauche (Gradešnica, Chalcolithique, niveau B).

491. *Sitagroi* I, pl. XCV 5, n° 88 ; MYLONAS 1929, fig. 64 ; NIKOLOV 1974, fig. 52, en haut, à droite et fig. 71, milieu (Chalcolithique, niveau B).

492. MARANGOU 1992a, p. 330, tabl. 15.

493. LETICA 1967. Voir le vase miniature zoomorphe incisé et incrusté de Fafos I (Vinča) : GIMBUTAS 1989, fig.143 (1).

494. VIIe et IXe horizon : TODOROVA 1976, p. 80, fig. 3, et p. 97, fig. 4.

495. De forme conique avec ouverture au sommet : *Art des premiers agriculteurs en Serbie* 1979, n° 153.

496. À large ouverture au milieu de la partie supérieure ellipsoïdale : *ibid.*, n° 90.

497. *Sitagroi* I, n° 113/833.

498. DETEV 1974, p. 106, fig. 10, 1 et 2.

499. H. 9,6 cm ; IXe horizon : TODOROVA *et al.* 1983, pl. 69, n° 13, pl. couleur III, à gauche ; TODOROVA 1976, p. 55, fig. 2 ; voir TODOROVA 1978, pl. IV, 2, et *Jungsteinzeit in Bulgarien* 1981, fig. 184.

col très large, sans décor à part quelques cannelures autour des angles, a été mis au jour à Gradešnica[500].

Les « signes » incisés sur le vase de Dikili Tash rappellent ceux souvent pratiqués sur certains vases miniatures[501], qui peuvent être aussi biconiques comme à Ovčarovo[502] ou à Vinča ; ce dernier site a aussi fourni un pied de coupe à fruits portant des « signes »[503].

Des vases de très petites dimensions (« microminiatures »[504]) existent à Ovčarovo, où ils faisaient partie de la « scène de culte »[505]. Si les « tabourets » (M 204, M 1761) à pied unique étaient en fait des vases à pied, des coupes à fruits ou *fruitstands*, on pourrait rapprocher ce type de l'exemplaire de Gradešnica[506] et de certaines coupes à fruits de Vinča[507]. Le fragment de vase à pied(s) M 1935 pourrait quant à lui sans doute être comparé à un fragment de vase tripode d'Olynthe[508].

Le gobelet conique miniature à pied étalé du BA a été rapproché par J. Deshayes de formes analogues de Troie I. Des gobelets ou bols en miniature, surtout cylindriques ou tronconiques, sont également attestés au BA à Sitagroi[509], Kastanas[510], Ezerovo III et II[511]. Rien de semblable cependant à ce qui se passe dans le nord-est de la mer Égée, où les vases en miniature abondent : c'est d'ailleurs l'une des caractéristiques de cette région pendant cette période[512].

Contexte et utilisation

Les vases miniatures de provenance connue sont plus nombreux dans le carré W 29 et, pendant la dernière phase d'occupation, DT II C, dans les carrés W 29 et W 30.

Nous disposons d'informations sur le contexte de dix-sept de nos vases miniatures, dont deux du NM et deux du BA. Dans neuf cas, ils sont associés, entre autres, à de l'outillage lithique (du silex ou de la pierre travaillée), dans huit à de la poterie ou des tessons (dont une fois à un vase zoomorphe) ; ces contextes paraissent normaux, étant donné qu'ils sont généralement fréquents dans des niveaux d'occupation. Dans deux cas – donc beaucoup plus rarement –, les miniatures sont associées à des ossements et dans deux autres à des balles de fronde. Enfin, ils sont associés à six reprises à des fusaïoles, à cinq à des objets de parure, à quatre à des alênes en os ou des aiguilles, à quatre à

500. Niveau A du Chalcolithique : NIKOLOV 1974, fig. 33 en bas, à droite.
501. MARANGOU 2001a.
502. BONEV 1982.
503. LETICA 1967, pl. IV, 1, V, 1 et I, 9.
504. MARANGOU 1992a, p. 185.
505. TODOROVA *et al.* 1983, pl. couleur VII, pl. 89, 10-11 et 13.
506. NIKOLOV 1974, fig. 88, en bas.
507. Par exemple, LETICA 1967, pl. II, 11.
508. MYLONAS 1929, fig. 38-39.
509. *Sitagroi* I, fig. 13.27: 6-8.
510. ASLANIS 1985, p. 137, n° 97, pl. 25, 4.
511. TONCEVA 1973, p. 472, 476.
512. MARANGOU 1992a, tabl. 29b ; 1994 ; 1997a et 2001c.

des figurines humaines, dont trois à des vases biconiques décorés[513] (une figurine a été trouvée juste au-dessus d'un vase miniature), et une seule fois à une figurine animale. Dans cinq cas (un tiers du total), au moins deux des associations de la dernière catégorie (fusaïoles, parure, aiguilles, figurines anthropomorphes) sont valables pour le même vase miniature.

Aussi bien des vases de stockage que des vases de consommation individuelle ont été reproduits en miniature. Cependant, l'échelle n'est pas toujours la même, indépendamment de la typologie.

Les plus grands de ces vases, ou miniatures « utilisables », ont une certaine contenance ; il s'agit de vases biconiques, jarres, passoire, vase à pieds, mais aussi gobelets, bols, écuelles (M 10, M 12, M 14, M 31, M 38, M 39, M 40, M 44, M 54, M 65, M 73, M 74, M 109, M 111, M 121, M 125, M 128, M 152, M 165, M 184, M 189, M 258, M 262, M 264, M 266, M 1935), appartenant à la céramique aussi bien grossière que fine, dont certains sont particulièrement soignés et décorés (incisés : M 64, M 117, M 160, M 265 ; peints au graphite : M 12, M 38, M 264), d'autres très grossièrement modelés (bols ou jattes : M 10, M 31). Cependant, la recherche d'une utilisation peut être illusoire : il est difficile d'imaginer comment le gobelet à fond passoire M 262 aurait pu être fonctionnel. On ignore, en effet, quelle a pu être la destination précise de ces vases, sauf à imaginer, pour les bols ou écuelles de petites dimensions, la possibilité d'une utilisation par des enfants.

En fait, les « microminiatures »[514] sont des vases minuscules – mais pas tous nécessairement mal faits – dont certains seulement, mal modelés et mal cuits, pourraient ressembler à des jouets fabriqués par des enfants (en particulier M 9, M 172, M 48, M 66) « par simple pression des doigts dans une boulette d'argile »[515], d'où l'impossibilité souvent de distinguer les bols des gobelets ou des écuelles, etc. La plupart, y compris ceux qui sont bien faits, représentent précisément des bols (ou gobelets) de très petites dimensions (entre 1 et 3 cm de dimension maximale, 4 cm pour l'assiette) (bols ou gobelets : **pl. 74**, M 8, M 31 et M 48 ; **pl. 75**, M 66, M 72 et M 74 ; **pl. 76**, M 172 ; écuelles ou assiettes : M 42 ; **pl. 74**, M 9, M 36 et M 62 ; **pl. 76**, M 161). La prédilection pour les formes les plus simples est explicable par leurs dimensions qui rendent difficile le modelage de détails complexes, mais elle pouvait aussi être intentionnelle.

Il coexistait donc, dans le domaine des vases miniatures, des fabricants maladroits et d'autres très expérimentés, qui avaient le choix entre au moins deux échelles de grandeur. La miniaturisation concerne surtout des vases de consommation individuelle, peut-être

---

513. Voir MARANGOU 1992a, p. 18-20 ; *supra*, p. 167-168. Sur l'éventuelle relation entre vases et outils miniatures dans des tombes d'enfants du BA, voir MARANGOU 1991a.

514. MARANGOU 1992a, p. 185 et 194.

515. TREUIL 1983, p. 407.

aussi collective[516], et, dans une moindre mesure, des vases de stockage, les vases à servir étant beaucoup moins fréquents.

4.4. CONCLUSIONS

Des vases miniatures se rencontrent dans un grand nombre de sites du Néolithique et de l'Âge du Bronze[517]. À Dikili Tash, ils datent principalement du NR et ils ont été fabriqués par des personnes de dextérité et/ou d'expérience variable. Ici aussi, ils reprennent en principe, mais pas uniquement, des types très diversifiés de céramique qui existent en « vraie grandeur » sur le site. Les miniatures à Dikili Tash sont à la fois des vases grossiers (gobelets, écuelles, vases biconiques) et fins (écuelles, vases biconiques) qui ont été reproduits à différentes échelles. Le riche décor incisé, avec ou sans incrustations blanches, et le décor au graphite sont rares et réservés à certaines formes de vases.

La question de la (des) fonction(s) des vases miniatures reste toujours ouverte. Les vraies raisons, sans doutes diversifiées, de la miniaturisation de certaines formes sélectionnées de la céramique « normale » nous échappent.

CONCLUSIONS

Les figurines, vases miniatures et maquettes d'objets proviennent surtout de la période DT II, mais aussi de DT I ; ils sont rares à la période de DT III, exceptionnels à DT IV. Les techniques utilisées pour la fabrication des objets les plus complexes, les figurines anthropomorphes et zoomorphes, sont variées. La méthode de modelage en noyaux chevillés du NM a évolué au NR avec l'utilisation de noyaux et de couches successives, mais les chevilles ont parfois encore été utilisées. Une méthode rare d'assemblage d'éléments massifs et creux (« vide intérieur ») est utilisée à la fin de DT II, tant pour les figurines anthropomorphes que pour les figurines zoomorphes et dans ces cas les thèmes paraissent précis et complexes : la représentation féminine assise en particulier sur un siège soudé, le support zoomorphe ou la figurine féminine faisant partie d'un récipient. Un procédé particulier de traitement de la surface est utilisé lors de la fabrication d'un type de figurines zoomorphes de dimensions relativement grandes.

Une grande précision et une attention particulière sont accordées au décor et à sa disposition sur le corps de la plupart des figurines anthropomorphes naturalistes. Schématisme et naturalisme coexistent, aussi bien que dextérité et grossièreté du modelage, à la fois pour les figurines, pour les vases miniatures et pour les maquettes de meubles. Au moins deux, sinon trois échelles de grandeur, sont observées, en tout cas pour les figurines anthropomorphes et zoomorphes, les vases miniatures et les maquettes de meubles.

---

516. Dans des cas où l'échelle de réduction par rapport à l'original a pu en fait être plus grande, aboutissant à des miniatures de dimensions similaires à celles d'originaux plus petits.

517. *Ibid.*, et n. 14 à 17 ; MARANGOU 1992a, p. 164-165, 168-169.

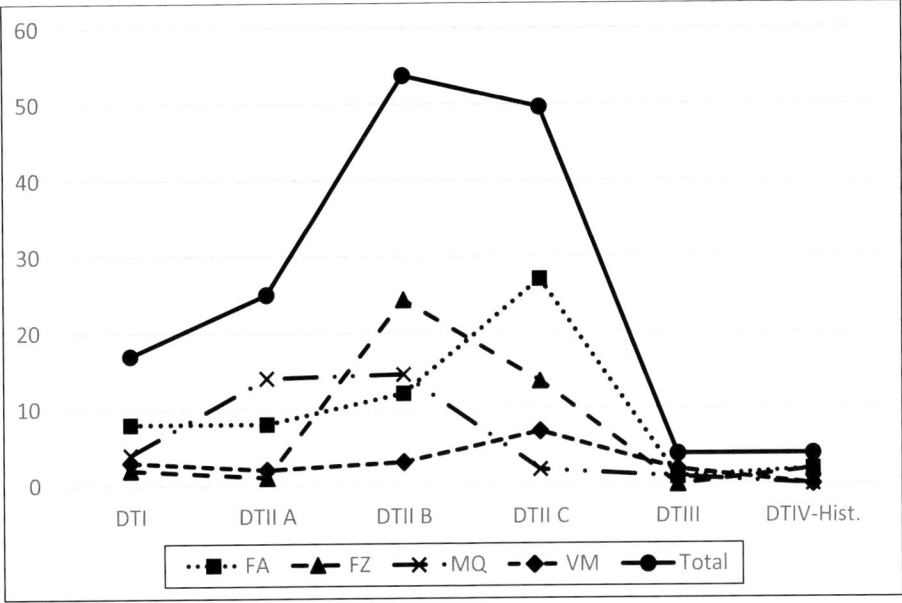

Graph. 6 — Corrélation chronologique par période des figurines anthropomorphes et zoomorphes, des maquettes et des vases miniatures.

Quelques rares figurines masculines existent, ainsi que d'autres asexuées, plus nombreuses, mais les figurines féminines restent prépondérantes. Les animaux représentés sont surtout les bovins, mais aussi l'ours, la chèvre, les ovidés, les caprinés, le mouton, le chien (?). Le choix des sujets est apparemment délibéré : en plus des êtres animés, de nombreux fours/foyers et meubles de types variés sont imités en miniature, ainsi que nombre de types de la céramique de dimensions « normales ».

Enfin (**graph. 6**), les figurines zoomorphes et les maquettes de dispositifs fixes sont surtout fabriquées pendant la phase moyenne du NR, les figurines anthropomorphes surtout pendant la phase la plus récente de cette même période. Les rares vases miniatures d'origine stratigraphique précise datent de la seconde moitié du NR, et les maquettes de meubles disparaissent à la fin de la période.

L'association étroite de ces objets supposés symboliques avec les activités quotidiennes des habitants[518] montre la difficulté qu'il y a à faire la distinction entre les domaines du tangible et de l'imaginaire au Néolithique, leur séparation n'étant d'ailleurs pas forcément hermétique. Les informations fournies par le matériel des fouilles de J. Deshayes à Dikili Tash sur le contexte des maquettes et des figurines permettent de suggérer quelques tendances, qu'il faudrait tenter de vérifier par de nouvelles découvertes.

Christina Marangou

Conclusion générale
Vers une archéologie réflexive, le cas de Dikili Tash

Le premier résultat que nous devons souligner est l'achèvement de la publication définitive des fouilles de Jean Deshayes sur le tell de Dikili Tash. Après la disparition de ce dernier (1979), la décision avait été prise d'entreprendre la publication complète de ses travaux et la tâche en avait été confiée à l'un de nous (RT). Une équipe fut constituée et les campagnes d'étude se succédèrent. Trois volumes, qui s'intitulent *Dikili Tash, village préhistorique de Macédoine orientale* I. *Fouilles de Jean Deshayes (1961-1975)*, furent préparés sous la direction de R. Treuil.

Le premier volume, paru dans la collection des Suppléments du *Bulletin de Correspondance Hellénique* (XXIV) en 1992, comprenait les chapitres consacrés au site et aux fouilles (R. Treuil), à la stratigraphie et à la chronologie (J. Blécon, M. Séfériadès et R. Treuil), à la construction et à l'habitation (R. Treuil), à l'outillage (M. Séfériadès, L. Karali-Yannacopoulos, R. Treuil et Chr. Marangou), aux moyens de subsistance (I. Érard-Cerceau, R. Jullien et L. Karali-Yannacopoulos) et à la parure (L. Karali-Yannacopoulos).

Le deuxième volume, le *BCH Suppl.* 37, paru en 2004, comprenait les chapitres consacrés aux techniques de la céramique (L. Courtois), à la céramique du Néolithique Moyen (C. Commenge-Pellerin, avec la collaboration de Z. Tsirtsoni), à la céramique du Néolithique Récent/Chalcolithique (J.-P. Demoule), aux récipients zoomorphes et anthropomorphes du Néolithique (Chr. Marangou).

Le présent volume, le troisième, *BCH Suppl.* 61, paraît en 2020 et comprend les chapitres consacrés à la céramique du Bronze Ancien et du Bronze Récent (D. Malamidou), aux maquettes et aux figurines du Néolithique Récent et de l'Âge du Bronze (Chr. Marangou), ainsi qu'une conclusion générale (D. Malamidou et R. Treuil).

À cela s'ajoute la publication, en 1992, des principaux résultats obtenus dans le secteur grec sous la direction de D. Théocharis : H. KOUKOULI-CHRYSSANTHAKI, K. ROMIOPOULOU, « Οι ανασκαφές στον ελληνικό τομέα του προϊστορικού οικισμού Ντικιλί Τας », dans *Διεθνές Συνέδριο για την Αρχαία Θεσσαλία, Μνήμη Δημήτρη Θεοχάρη*, p. 226-248.

Comme on l'imagine, les difficultés de tous ordres n'ont pas manqué et les lacunes de la documentation – dues à la fois aux techniques de fouille et aux circonstances de l'étude – n'ont pas toujours pu être comblées. Eu égard cependant au très faible pourcentage de fouilles publiées sur la totalité de celles qui sont effectuées, dans la région comme ailleurs, c'est pour nous une satisfaction toute particulière d'avoir pu mener cette œuvre à son terme.

Par une chance supplémentaire, les fouilles du site analogue de Sitagroi ont été publiées dans le même laps de temps, sous la forme de deux volumes : C. Renfrew, M. Gimbutas, E. Elster (éds), *Excavations at Sitagroi: A Prehistoric Village in Northeast Greece* 1 (1986) ; E. Elster, C. Renfrew (éds), *Prehistoric Sitagroi: Excavations in Northeast Greece, 1968-1970* 2. *The Final Report* (2003). L'ensemble documentaire ainsi créé, pour une petite région et des périodes parallèles, apporte une masse de connaissances exceptionnelle qui autorise la formulation de conclusions relativement solides. Les programmes de recherche suivants, à Dikili Tash, ont assurément adopté des objectifs différents, utilisé des méthodes nouvelles et apporté des résultats inédits. Mais la permanence au moins partielle des équipes de recherche garantit leur inscription dans un ensemble cohérent et justifie la compatibilité des résultats d'un programme à l'autre.

LA SÉQUENCE STRATIGRAPHIQUE ET CHRONOLOGIQUE

Il faut se souvenir que jusqu'aux années 1960 la séquence des occupations humaines dans les Balkans méridionaux et l'Anatolie occidentale était restée incertaine : beaucoup pensaient encore que les phases qualifiées de néolithiques ou de chalcolithiques pouvaient être contemporaines ou même postérieures au Bronze Ancien tel qu'il apparaissait à travers les niveaux de Troie I. Il s'agissait, par le biais de la fouille de Dikili Tash, de mettre de l'ordre dans cette situation complètement chaotique : on cherchait à vérifier, en particulier, si Troie I était antérieure ou contemporaine des cultures néolithiques des Balkans (Gumelniţa en premier lieu), comme le soutenaient avec force Vl. Milojcic et M. Garasanin, ou si elle leur était postérieure, comme le supposaient G. Georgiev, J. Deshayes et C. Renfrew.

Les fouilles entreprises par J. Deshayes à Dikili Tash avaient précisément pour objectif premier de trouver des preuves irréfutables pour régler ce problème lancinant. De fait, elles le réglèrent et ce fut en effet le plus important de leurs résultats. Désormais, il était clair que les niveaux néolithiques étaient nettement antérieurs à ceux du Bronze Ancien. Cette séquence stratigraphique avait été esquissée auparavant à Karanovo, il est vrai, mais elle était restée entachée d'incertitudes. À Dikili Tash, elle se trouvait pour la première fois établie de façon sûre et indiscutable. Sa validité fut presque aussitôt confirmée par les fouilles de Sitagroi et ne cessa plus, par la suite, de se vérifier dans l'ensemble de la région.

En même temps, les fouilles avaient mis en évidence l'existence d'une phase initiale du Bronze Ancien, qui fut appelée Dikili Tash III A et qui était antérieure à celle que définissaient les niveaux de Troie I. Ainsi, non seulement le Néolithique de la région était-il antérieur au Bronze Ancien égéen, mais il en était séparé par une phase nouvelle, qui fut très vite reconnue aussi à Sitagroi.

Aucun sondage, il est vrai, n'avait atteint le sol vierge et la séquence ne pouvait donc être établie dans sa totalité – elle ne l'a toujours pas été à ce jour. Mais la mise en relation des séquences partielles obtenues en différents points du site a permis de construire une séquence générale, incomplète, mais bien assurée dans ses grandes lignes. Quatre périodes ont ainsi été définies : Dikili Tash I, correspondant au Néolithique « Moyen », Dikili Tash II, correspondant au Néolithique Récent, Dikili Tash III, équivalant au Bronze Ancien, et Dikili Tash IV, inscrit dans le Bronze Récent. Avec le recul, il est possible aujourd'hui de mettre en perspective cette phase de la recherche et de la considérer comme un produit caractéristique de la méthodologie des années 1960-1970.

La période Dikili Tash I, mise en évidence sur une faible surface, était la plus ancienne période d'occupation identifiée sur le site. Comparée à Sitagroi I et II, elle fut attribuée au Néolithique « Moyen », selon la terminologie alors en usage en Grèce. Mais elle fut par la suite rapprochée des séquences balkaniques et identifiée plutôt à la première phase du Néolithique Récent, le NR I. C'est ainsi qu'elle est définie aujourd'hui, même si la connaissance que l'on en a reste insuffisante.

La période Dikili Tash II, étudiée sur une superficie plus importante, est la deuxième période d'occupation bien identifiée. Mise en parallèle avec Sitagroi III, elle fut d'abord attribuée au Néolithique Récent, selon la terminologie alors en usage en Grèce. Mais elle fut, elle aussi, rapprochée des séquences balkaniques et identifiée plutôt à la seconde phase du Néolithique Récent, le NR II. C'est ainsi qu'elle est définie aujourd'hui et c'est de loin, la période la mieux documentée et la mieux connue, non seulement à Dikili Tash, mais aussi dans toute la région.

La période Dikili Tash III, qui correspond au Bronze Ancien, se décompose en une brève phase initiale, Dikili Tash III A, et une longue phase de développement, Dikili Tash III B. La première, identifiée pour la première fois et appelée Bronze Ancien I, se retrouve dans le niveau IV de Sitagroi : elle précède en fait le Bronze Ancien égéen proprement dit. La seconde, dorénavant nommée Bronze Ancien II, est parallèle aux phases V a et V b de Sitagroi : c'est elle qui est parallèle aussi aux niveaux de Troie I et qui s'inscrit donc dans le cadre du Bronze Ancien égéen.

La période Dikili Tash IV, reconnue sur une faible superficie, se rattache au Bronze Récent. Mais sa définition reste quelque peu incertaine et l'existence d'une phase du Bronze Moyen continue de poser un problème : a-t-on affaire à une interruption dans l'occupation du site ou, au contraire, à une évolution qui n'a pas été clairement reconnue ?

La chronologie de ces périodes a été esquissée par une première série de datations par le C^{14}, obtenues à une époque où la chose était rare, mais elle a surtout été précisée par de nouvelles datations liées aux fouilles plus récentes et beaucoup plus nombreuses. On peut ainsi proposer aujourd'hui la séquence suivante, qui est l'une des mieux fondées de la région :

– Dikili Tash I (NR I) : *ca* 5400-4800 cal BC

– Dikili Tash II (NR II) : *ca* 4800-4200/4000 cal BC

– Dikili Tash III (BA) : *ca* 3300/3000-2100 cal BC
– Dikili Tash IV (BR) : *ca* 1450-1200/1150 cal BC.

Des niveaux historiques ont été enfin identifiés. Le faubourg oriental de la ville romaine de Philippes s'est développé près de la source, avec en particulier des tombeaux, deux *héroa*, des inscriptions latines et le célèbre monument de Caïus Vibius (la pierre levée, Dikili Taş en turc). Au sommet du tell, une construction datable peut-être du Xᵉ s. de notre ère semble faire partie d'un système de défense relié à la forteresse de l'acropole de Philippes.

LA RICHESSE DU SITE

Aucun plan complet d'habitation n'a pu être reconstitué par les fouilles de J. Deshayes mis à part le bâtiment absidal du Bronze Récent (phase Dikili Tash IV). Les secteurs de fouille étaient, en effet, de dimensions réduites et la fragmentation de l'espace s'est avérée peu propice à l'observation des vestiges architecturaux et à la compréhension de leur organisation. Des sols ont parfois été soupçonnés, sans que pour autant on ait pu en tracer les limites ni faire la distinction entre espaces intérieurs et espaces extérieurs.

Les fours et les foyers étaient les structures les plus visibles dans ces secteurs aux dimensions réduites. Retrouvés en grand nombre, ils ont permis de faire une description détaillée et d'établir une typologie. Des zones de concentration de graines carbonisées suggèrent quant à elles l'existence de silos à grains.

L'emplacement de toutes ces structures dans la zone habitée reste incertain en l'absence de précisions sur le plan des habitations. Ainsi, on ne sait s'il s'agit d'aménagements intérieurs ou extérieurs.

Les observations sur les techniques de construction ont été très limitées. Des mottes de terre brûlée ayant parfois conservé des empreintes de bois démontrent l'utilisation de la technique de construction en torchis sur armature de poteaux et clayonnage pendant le Néolithique et le Bronze Ancien. Des alignements de trous de poteau apparaissent, sans que l'on puisse pourtant identifier un mur. L'emploi de briques crues sur un soubassement de pierre est la méthode de construction qui prédomine au Bronze Récent.

L'imprécision des contextes de découverte des objets, due avant tout à l'exiguïté des zones fouillées, limite clairement l'exploitation des données, qui reste souvent incomplète. Le volume et la richesse du matériel, en revanche, garantissent une pertinence indéniable aux résultats obtenus.

Le mobilier et l'outillage sont représentés par une abondante série d'objets. Les matériaux sont divers, plus encore qu'on aurait pu l'imaginer : la pierre, la céramique, l'os et le bois de cervidé, la coquille, mais aussi le métal – ce qui est nouveau –, sont utilisés en raison de leurs propriétés physiques intrinsèques, ainsi que de la nature finale de l'objet à façonner. Le grand nombre des meules et des broyeurs, probablement lié à celui des cuillères, souvent décorées, souligne l'importance des activités de meunerie domestique. L'outillage taillé fournit la base d'une classification typologique, mais aussi d'une étude technique, centrée sur le débitage laminaire du silex et même de l'obsidienne : il s'agissait en 1992 d'une des premières études de ce type. C'est ainsi que l'identification, même sommaire, des matériaux et les études techniques ont permis d'apporter des données nouvelles dans un domaine peu exploré jusque-là, tout en soulignant l'évolution enregistrée d'une période à l'autre. Les nombreux pesons de fuseau, comme les poids de métier, illustrent la pratique du filage et du tissage, ainsi que la confection des textiles. Une série telle que celle qui est désignée sous le nom conventionnel de « balles de fronde » se prête en revanche difficilement à une identification fonctionnelle et appelle clairement de nouvelles études.

Les fouilleurs ont été, en principe, attentifs aux éléments permettant l'identification des moyens de subsistance. Quatre prélèvements de végétaux ont été effectués et la faune a été régulièrement recueillie. Néanmoins, faute de méthodes et de personnel, ces prélèvements n'ont pu être systématiques. Les programmes postérieurs ont clairement cherché à combler ce vide documentaire.

La céramique, à l'époque des fouilles de J. Deshayes, jouait le rôle de marqueur chronologique par excellence, puisque l'objectif principal de ces fouilles était d'établir la stratigraphie du site. Elle constituait par conséquent l'un des domaines privilégiés de prélèvement et de premier examen au sortir de la fouille. Les recherches qui ont suivi ont confirmé dans ses grandes lignes la séquence telle qu'elle a été établie par les premières observations. Pourtant, la céramique recueillie a fait l'objet d'un tri – n'ont été conservées que les parties qui donnaient des informations sur la forme et/ou le décor – et les recollages ont été peu nombreux. Dans la phase finale de l'étude de la production potière, il fut ainsi difficile de reconstituer des formes de vases complètes, et l'analyse statistique fut impossible. Malgré tout, l'ensemble des données publiées constitue une base de référence essentielle pour une aire géographique vaste et une séquence chronologique considérable.

L'analyse des formes et des décors de ces céramiques par phase chronologique dans la présente série de volumes démontre la richesse du matériel recueilli et met en évidence l'évolution de ses caractères typologiques et technologiques. Les séries richement décorées (surtout les céramiques peintes) de la période néolithique forment un corpus impressionnant, suivi dans le temps par des poteries monochromes sans décor ou à décor sommaire (cannelures, incisions, impressions) de l'Âge du Bronze. L'étude technologique du matériel a montré que le changement entre ces périodes ne se limite pas au décor, mais qu'il touche toute la chaîne opératoire de la production potière (choix de la matière première, mode de finition et de cuisson).

Les maquettes et les figurines forment l'un des plus importants corpus réunis dans la région. Elles montrent à la fois la diversité des objets figurés et la force des préoccupations esthétiques manifestées par leurs fabricants et/ou leurs utilisateurs. Elles se présentent sous une grande variété de types et de formes, mais continuent à poser des problèmes d'interprétation (utilisation, statut), surtout en raison du peu d'indications sur leur contexte de découverte ; la présentation détaillée qui en est faite ici devrait pouvoir servir de base à une analyse fonctionnelle affranchie des idées reçues.

Les objets de parure, réalisés en coquille, en os, en dent ou en pierre sont peu variés. On a trouvé des perles de collier, des pendeloques et des bracelets, ainsi que des plaquettes destinées à être cousues sur des vêtements. Les bracelets en spondyle sont les mieux représentés, surtout dans les couches néolithiques.

L'histoire du tell et de son environnement est évoquée au travers des restes fauniques, malacologiques et végétaux, mais ils sont restés en quelque sorte sous-entendus, car ces restes ont été considérés uniquement en relation avec l'habitat et le mode de vie. Les échantillons qui ont été recueillis ne l'ont pas été de façon systématique et l'idée même de milieu environnant, qui pourtant préoccupait les fouilleurs, est restée en dehors des objectifs de l'entreprise.

L'ÉVOLUTION DES PROGRAMMES

L'histoire de la recherche à Dikili Tash avec sa durée considérable, fournit l'un des meilleurs observatoires pour suivre et évaluer l'évolution des objectifs et des méthodes de fouille[1]. C'est elle, en tout cas, qui permet de mettre en perspective les fouilles de J. Deshayes et leurs résultats.

La première mention du site par L. Heuzey, en 1861, reste sans écho, probablement parce que son identification demeure incertaine, sûrement aussi parce qu'elle figure au milieu d'une moisson de données concernant exclusivement les périodes historiques. Soucieux toutefois d'épigraphie, de topographie et d'exactitude, il cartographie le secteur de la source, du canal, du moulin et de la butte : c'est le premier document graphique concernant Dikili Tash.

Pendant la Première Guerre mondiale (1917-1918), C. Blegen et F. B. Welch ramassent à Dikili Tash des tessons et divers objets. Les premiers, ils attribuent le site à la période préhistorique et le matériel recueilli est publié par Welch. Aucun objectif, cependant, n'est assigné à ces travaux qui s'inscrivent simplement dans le cadre des activités de l'armée d'Orient.

Les choses changent avec **L. Renaudin** (1920-1922). En même temps qu'il poursuit des recherches sur les sanctuaires de Philippes, il entreprend de fouiller la butte de Dikili Tash. Il commence en juin 1920, mais ne publie aucun détail sur cette campagne. Il reprend en 1921, réalisant aussi un sondage de 6 m de profondeur, où il distingue cinq niveaux d'habitation, tous détruits par le feu et datant de la même période, et signale la découverte d'une série, alors presque unique, de figurines anthropomorphes

---

1. *Dikili Tash* I.1, p. 11-17 ; TREUIL 2014.

et zoomorphes, probablement du Néolithique Récent. Il fouille de nouveau en avril et mai 1922 et récolte de nouvelles figurines et un abondant matériel céramique. Rien de tout cela n'est publié et le matériel archéologique va au Musée national à Athènes ; les figurines rejoindront plus tard le musée de Philippes. Finalement il s'engage sur une toute autre voie, celle de la haute finance, et abandonne de facto Philippes et donc Dikili Tash. Il cesse de publier.

Les carnets de fouille de L. Renaudin, conservés à l'École française d'Athènes, prouvent pourtant qu'il a parfaitement enregistré la succession stratigraphique Néolithique Récent-Bronze Ancien, mais parce qu'il n'en voyait pas l'intérêt spécifique n'a rien publié sur ce point. C'est pourquoi, suite à la tranchée faite par V. Mikov à Karanovo en 1936, le Bronze Ancien a pu être vu comme antérieur ou contemporain du Néolithique : cette succession a longtemps marqué les esprits. Il est vrai que lorsque G. Georgiev et V. Mikov lui-même ont repris des fouilles au même endroit entre 1947 et 1957, ils ont retrouvé la succession que l'on connaît aujourd'hui. Mais ils n'ont pas été lus eux non plus : faute de publication dans un cas, faute d'intérêt dans l'autre, on n'a pas réussi à éviter près d'un demi-siècle de tâtonnements et de confusion.

Au cours d'une prospection en Thrace, en novembre 1959, et afin de trouver des liens possibles entre l'Anatolie occidentale, la Thrace et la Thessalie au Chalcolithique Récent, D. French ramasse des tessons – principalement du Néolithique Récent – qu'il publie en 1961. Ce matériel est depuis à la British School à Athènes. La problématique reste extrêmement vague : on ne sait à peu près rien, à ce moment-là, des civilisations préhistoriques de l'Anatolie et de la Thrace, mais on les «compare» déjà entre elles…

C'est avec la forte personnalité de **J. Deshayes** (1924-1979) que les choses changent vraiment à Dikili Tash. Membre de l'École française d'Athènes (1949-1952, fouilles à Malia et Argos), attaché de recherche au CNRS (1952-1958), pensionnaire de l'Institut français d'archéologie de Beyrouth (1958-1961), professeur d'archéologie orientale (le premier en France) à l'université de Lyon (1961-1968), puis à la Sorbonne et à l'université de Paris I dès sa création (1968-1979), il a toujours dispensé un enseignement portant sur l'ensemble du Proche-Orient, du monde égéen à l'Iran, et donc cherché à fédérer les équipes travaillant dans ce vaste domaine. Sa thèse sur les *Outils de Bronze, de l'Indus au Danube* (1960) montre une capacité de synthèse remarquable, en même temps qu'un souci de logique et de rigueur qui a largement inspiré ses disciples et successeurs. Deux chantiers ouverts aux jeunes, Tureng Tepe en Iran, à partir de 1960, Dikili Tash, bien sûr, à partir de 1961, fonctionnent comme des écoles de fouille et des champs d'expérience pour les méthodes et la stratégie. Le champ iranien a clairement ses préférences, en particulier parce qu'il y voit la possibilité d'éclairer l'origine des Indo-Européens, et la Macédoine orientale fait figure d'annexe, où l'on peut cependant chercher à confirmer les enseignements iraniens. Ce professeur s'intéresse également de près à l'évolution de l'archéologie en France et il participe, avec H. Seyrig et J.-Cl. Gardin, à la création du Centre de Recherches archéologiques du CNRS, implanté à Valbonne (1972).

C'est qu'il est, l'un des premiers en France, fondamentalement préoccupé par les questions de méthode. Comme B. Groslier à Angkor et P. Courbin à Argos, il s'inspire des pratiques de M. Wheeler et adopte la fouille stratigraphique en carrés, séparés par des bermes, ainsi que l'organisation du chantier selon une logique fonctionnelle, avec une maison de fouilles (qu'il fait construire à Dikili Tash en 1961), des ouvriers qualifiés (dont le célèbre N. Trikaliotis, qui a montré ses qualités sur la fouille d'Argos), un « recolleur » comme on disait à l'époque (G. Faure au début)[2]. La méthode stratigraphique pénètre difficilement l'archéologie française, les réticences sont violentes et révèlent un conservatisme dont nous n'avons plus idée aujourd'hui. Mais elle se reflète fort bien, malgré quelques hésitations, dans les trois volumes de notre publication.

Les préoccupations méthodologiques de J. Deshayes vont cependant plus loin. Il éprouve, comme H. Seyrig et J.-Cl. Gardin, le besoin d'imaginer un classement et un traitement rigoureux des objets archéologiques. Sa thèse sur les outils de bronze illustre parfaitement cette démarche, comme dans un domaine différent le travail de J.-Cl. Gardin et de P. Garelli sur les Assyriens en Cappadoce (1961)[3]. Avant même l'informatique, il adopte un système de description uniforme et universel, mis en œuvre sur des cartes perforées, analogue aux « codes » que Gardin développera pour d'autres catégories de matériel (cylindres orientaux, formes de poteries, ornements…). À la différence de Gardin, il ne se lance pas lui-même dans l'utilisation des ordinateurs et c'est seulement dans les programmes ultérieurs que ceux-ci feront leur apparition à Dikili Tash. Mais il se situe déjà dans la même ligne de pensée, soucieuse de transparence, de logique et de critique. Il n'a pas l'occasion de pratiquer, comme Gardin[4], une sorte d'autocritique réflexive de ses propres travaux. Mais il est clair qu'il est séduit par la démarche, qui préfigure l'archéologie réflexive d'aujourd'hui.

Les vastes synthèses historiques d'un côté[5], mais aussi l'étude de la vie quotidienne de l'autre (avec le travail sur les fours, en 1974[6]) font également partie des préoccupations de J. Deshayes.

Ces perspectives ne peuvent guère s'accorder avec celles de D. Théocharis (1919-1978). Archéologue de terrain longtemps sans chaire universitaire et de cinq ans son aîné, celui-ci inscrit sa recherche dans un cadre essentiellement égéen et, probablement mû par une certaine forme d'hellénocentrisme que partage C. Renfrew, il estime que les changements qui conduisent au Néolithique ont vu le jour dans ce cadre et qu'il n'est donc pas nécessaire de supposer des influences venues de l'extérieur, en particulier du Proche-Orient. Il est prêt à moderniser les méthodes

2. Darcque 1996.
3. Gardin, Garelli 1961.
4. Gardin 1997.
5. Deshayes 1969.
6. Deshayes 1974.

de travail et il adopte la fouille stratigraphique. Mais la convergence s'arrête là et la collaboration entre les deux hommes reste lointaine et symbolique : les secteurs fouillés ne se juxtaposent même pas.

Comme beaucoup d'archéologues français, J. Deshayes montre peu de goût pour les débats théoriques et ne s'engage apparemment guère dans les vastes discussions qui animent le milieu archéologique international. Il ne publie pas d'articles analogues à ceux de C. Renfrew ou de M. Gimbutas. Mais ses positions se manifestent à travers des publications qui ont un objet propre, étude de matériel ou synthèse historique, et elles sont tout aussi claires, même si elles ont moins d'écho.

La publication finale que nous achevons de présenter reflète naturellement les objectifs et les méthodes d'une époque bien définie. Elle peut paraître aujourd'hui conventionnelle et datée. Elle l'est assurément. Mais, en même temps, elle met en valeur l'infinie richesse du site et du matériel, en assure une présentation relativement précise et détaillée et apporte ainsi une masse de matériaux exploitables de différents points de vue, car le système de pensée qui les organise reste ouvert.

Les objectifs ont en effet changé par la suite. Les programmes ultérieurs s'appuient sur des équipes pluridisciplinaires. En même temps, ils s'efforcent de dépasser la logique de site et la description des trouvailles pour s'intéresser à des thèmes et à des problématiques historiques. La continuité du travail à Dikili Tash même, assurée par plusieurs programmes successifs, peut sembler en contradiction avec cet objectif plus large. Mais elle n'a représenté qu'un moyen commode de rendre les résultats comparables d'une étape à l'autre, elle a contribué à rassembler une documentation cohérente, telle qu'on n'en avait jamais connue dans la région, et en nouant des liens plus réguliers avec d'autres équipes, elle a pu contrebalancer les effets de la focalisation sur un même site.

Le programme dirigé par **H. Koukouli-Chryssanthaki et R. Treuil**, de 1986 à 2001, s'est appuyé sur la séquence stratigraphique fermement établie précédemment et a mis l'accent sur la période la moins bien connue, celle qui n'avait été atteinte que sur une très petite surface et que l'on avait appelée d'abord Néolithique Moyen, aujourd'hui Néolithique Récent I. On a cherché aussi à explorer les phases d'occupation les plus anciennes : le sol vierge n'a pas été atteint, mais les 11 m de stratification néolithique et les nouvelles datations C^{14} ont apporté une masse de précisions nouvelles.

Le projet s'est construit en fonction d'objectifs nouveaux, jusqu'ici négligés, désormais affichés : organisation de l'habitat, techniques de construction, moyens de subsistance. On est passé ainsi, progressivement, d'une logique de site à une logique de thèmes. Pour cela, la méthode Wheeler a été abandonnée au profit d'un système d'aires ouvertes, non seulement dans les niveaux du Néolithique Récent I, mais aussi dans ceux du Néolithique Récent II, où il a donné les meilleurs résultats.

L'évolution géomorphologique du tell était restée à peu près inconnue. La présence de géomorphologues et la pratique des carottages, même si elle en était encore à ses débuts, a permis de commencer à remédier à cette insuffisance. L'inscription du site dans la plaine de Drama était désormais mieux comprise.

La précision de l'enregistrement était un autre but affiché, par opposition aux pratiques précédentes : précision topographique, permise désormais par des appareils de plus en plus sophistiqués et par la présence de topographes ; précision documentaire, favorisée par l'introduction de l'informatique ; précision scientifique enfin, grâce à une réflexion systématique sur la fonction et l'utilisation des objets : ce fut l'une des seules fouilles qui s'aventura dans cette direction, à une époque où tout ce qu'on ne comprenait pas était automatiquement attribué au domaine religieux.

Conservation et restauration furent systématiquement pratiquées dès la fouille, aboutissement d'une réflexion relativement simple sur l'archéologie des tessons et les pratiques des potiers néolithiques. Quelques centaines de vases complets remplacèrent ainsi une bonne partie des milliers de tessons isolés du programme précédent.

L'instauration de campagnes d'étude, alternant avec des saisons de fouille, a permis de limiter le retard habituel dans ce domaine, mais pas de le rattraper car il est très régulièrement sous-estimé.

La pluridisciplinarité fut évidemment de mise, comme sur les autres fouilles à la même époque. On dépassa peu à peu les listes de déterminations (charbons, graines, fruits, pollens, ossements, coquilles, arêtes…) et les analyses ponctuelles, pratiquées au hasard sur des objets isolés, pour parvenir à des résultats plus larges et nettement plus cohérents.

Le programme dirigé depuis 2008 par **P. Darcque**, **H. Koukouli-Chryssanthaki**, **D. Malamidou** et **Z. Tsirtsoni** est encore – et très logiquement – différent. Il s'agit de comprendre l'évolution d'ensemble du site, qui n'a été que rapidement abordée jusqu'ici ; de caractériser les premières phases d'occupation, que l'on ne connaît alors toujours pas ; de définir les limites de l'habitat, qu'un sondage avait effleurées sans les fixer vraiment ; de mieux cerner les problèmes du IVe millénaire et de la transition Néolithique Récent/ Bronze Ancien, où les questions chronologiques restent en partie confuses ; enfin de reprendre l'étude des niveaux du Bronze Récent, qui n'avaient été que peu touchés par les fouilles de J. Deshayes, mais paraissaient contenir des bâtiments intéressants.

La stratégie qui en découle comprend donc surtout des fouilles en plan, y compris à l'aide de moyens mécaniques, beaucoup de carottages, un grand nombre de datations par le C^{14}. L'évolution du tell et du paysage environnant peut être ainsi retracée. Les premières phases d'occupation, détectées par les carottages, s'avèrent remonter au Néolithique Ancien, ce qui est ici une information totalement nouvelle. Les limites de l'habitat restent difficiles à définir. Les problèmes de la transition Néolithique Récent/ Bronze Ancien sont éclairés par une abondante série de datations C^{14}. Les niveaux du Bronze Récent se révèlent prometteurs, de même que les niveaux historiques. Mais surtout l'habitat du Néolithique Récent II, déjà bien étudié, se révèle d'une richesse insoupçonnée et livre de nombreuses données nouvelles sur l'organisation des maisons et l'économie domestique.

Recherche de précision et travail d'équipe se poursuivent, de même que l'alternance de campagnes d'étude et de campagnes de fouille. L'effort de publication est intense. Mais la fouille continue, heureusement, à réserver des surprises et à déjouer une partie des tentatives de programmation…

Dimitra MALAMIDOU et René TREUIL

Table des illustrations

Les dessins des planches 1-33 et 46-55 ont pour la plupart été réalisés par Charalambos Romanidis et mis au net par Chryssa Sidiratou. Ceux des planches 59-76, sauf un, ont été réalisés par Frédéric Bourguignon. Les photographies des planches 77-91 et A-G sont dues, dans leur majorité, à Philippe Collet. Les autres cas sont signalés à leur place.

Planches

Index

L'index comprend tous les noms de sites et de régions, ainsi que quelques noms communs, destinés à compléter la table des matières et imprimés en italiques.

Table des matières

Chapitre II

Les figurines et les maquettes du Néolithique Moyen au Bronze Récent
par Christina Marangou

PLANCHES

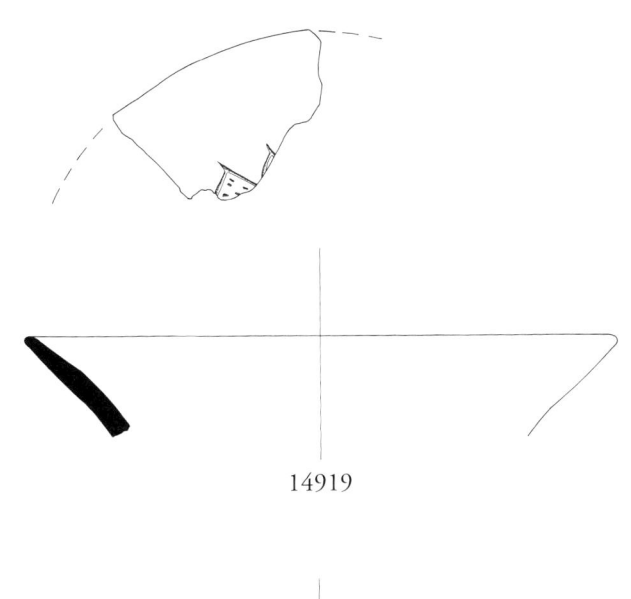

14919

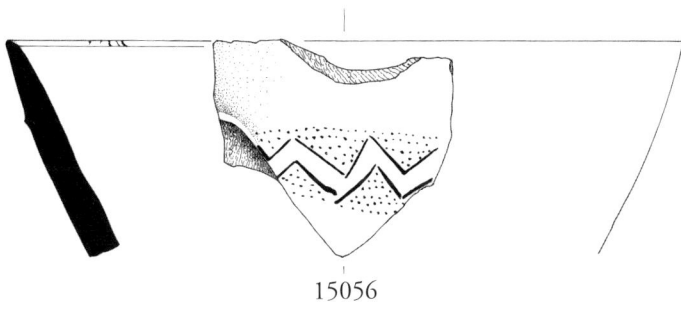

15056

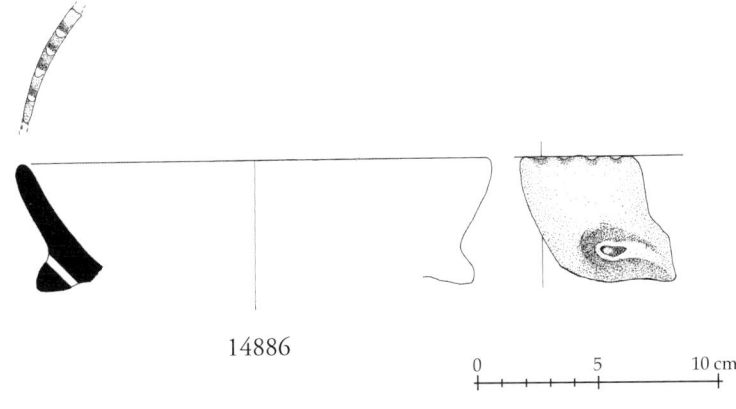

14886

0   5   10 cm

Céramique du BA I.

PLANCHE 2

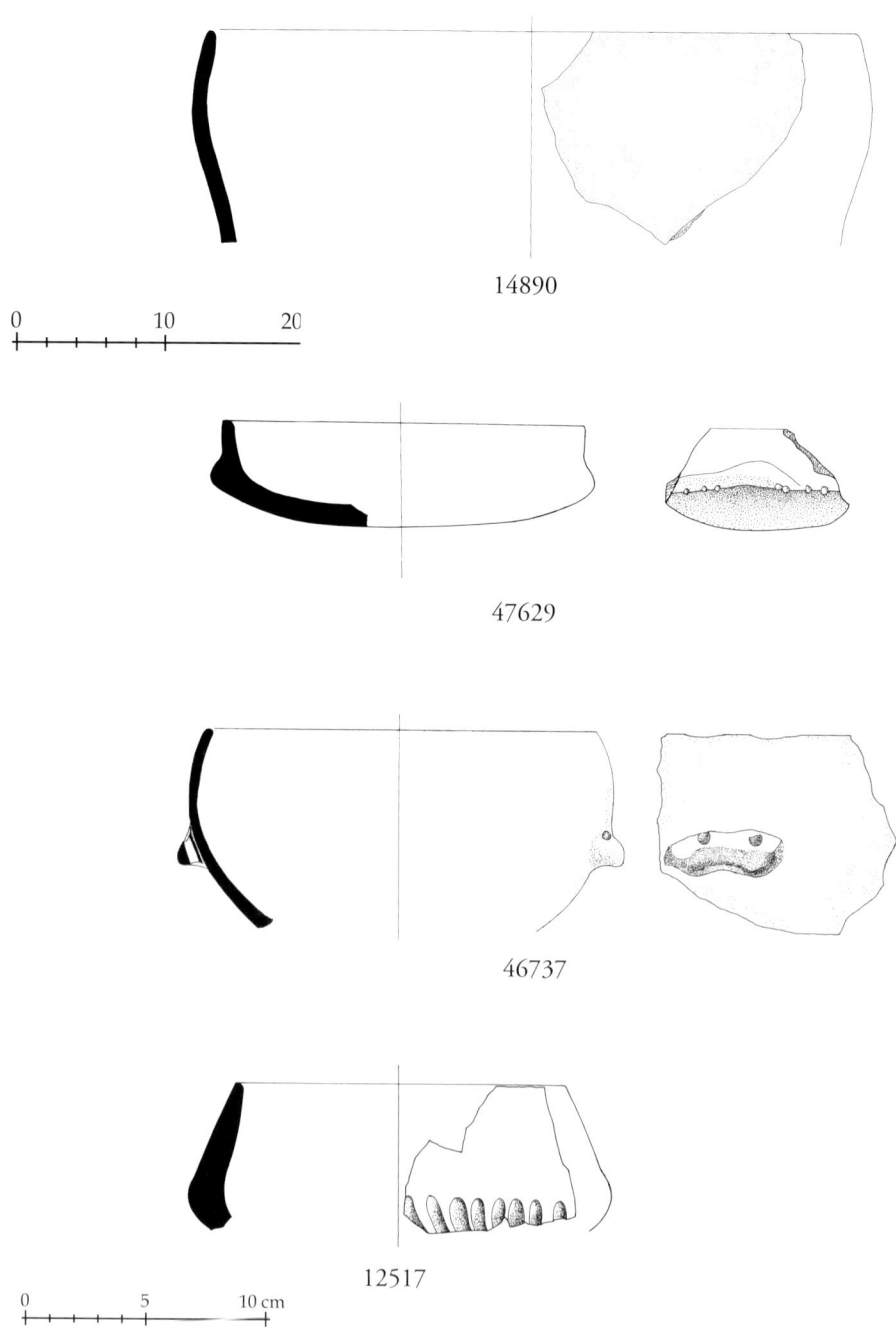

14890

47629

46737

12517

Céramique du BA I.

PLANCHE 3

Niveau 15/14

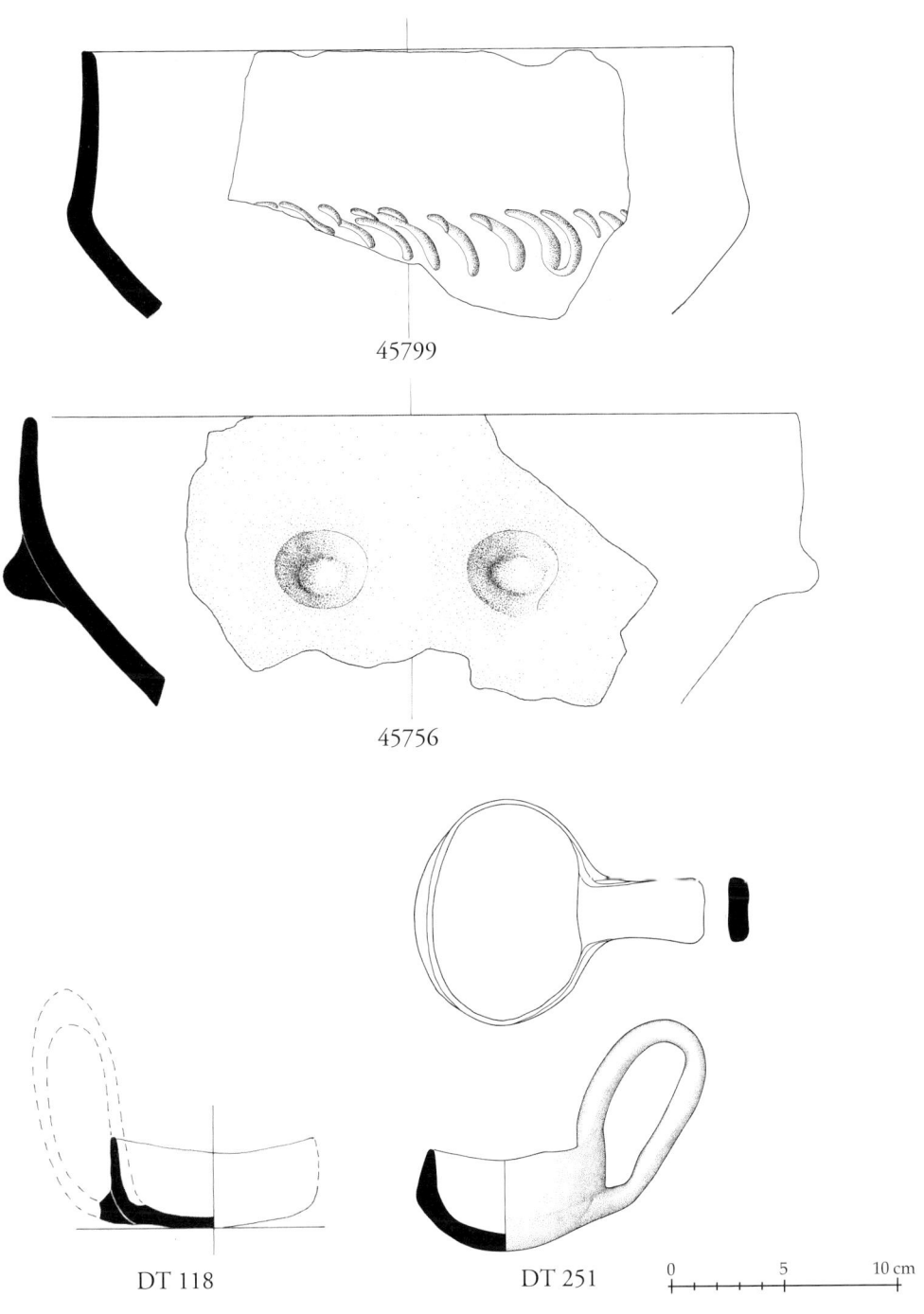

45799

45756

DT 118   DT 251   0   5   10 cm

Céramique du BA I.

Niveau 13

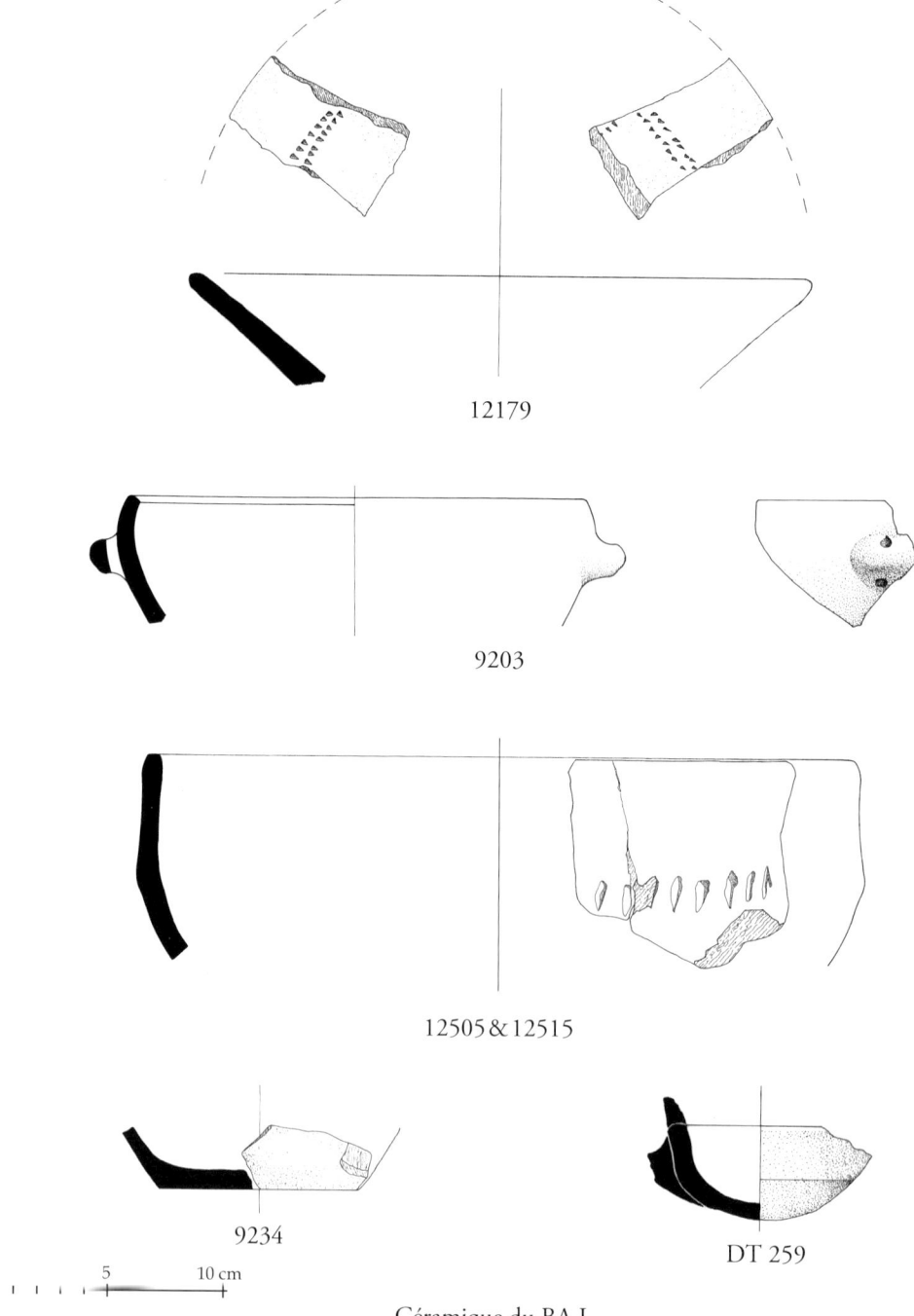

12179

9203

12505 & 12515

9234

DT 259

0   5   10 cm

Céramique du BA I.

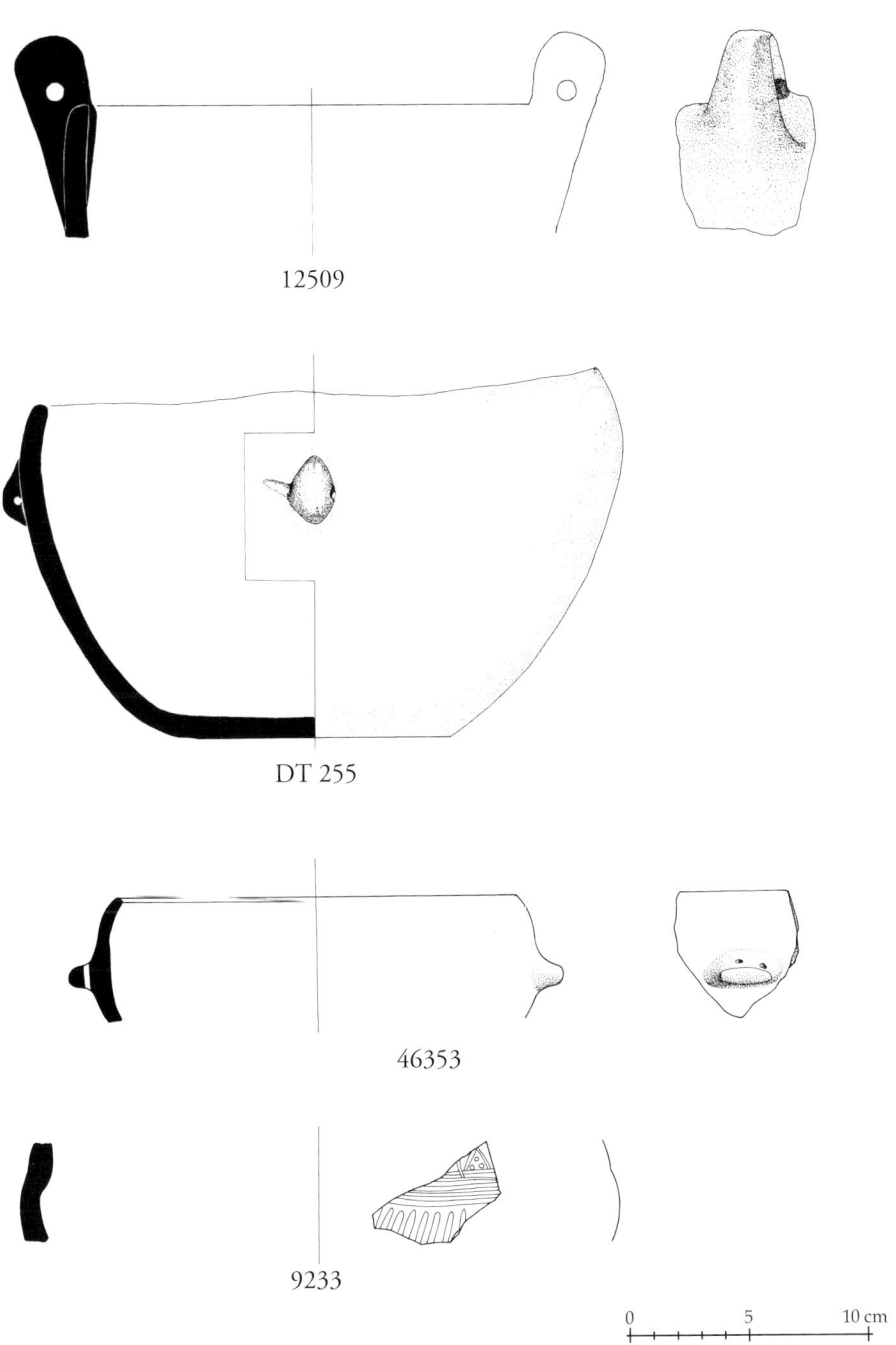

12509

DT 255

46353

9233

0   5   10 cm

Céramique du BA I.

Niveau 12/11

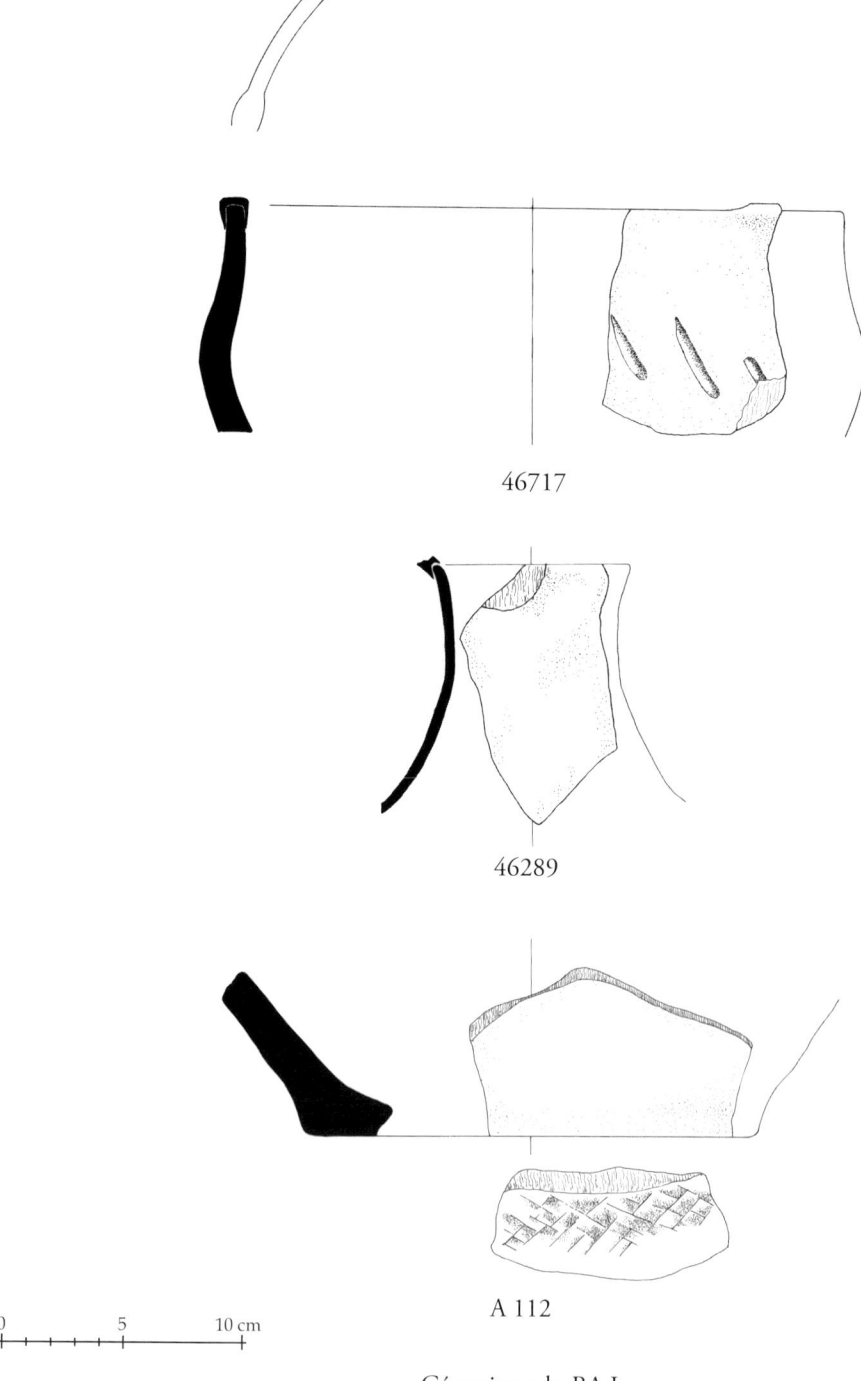

46717

46289

A 112

Céramique du BA I.

PLANCHE 7

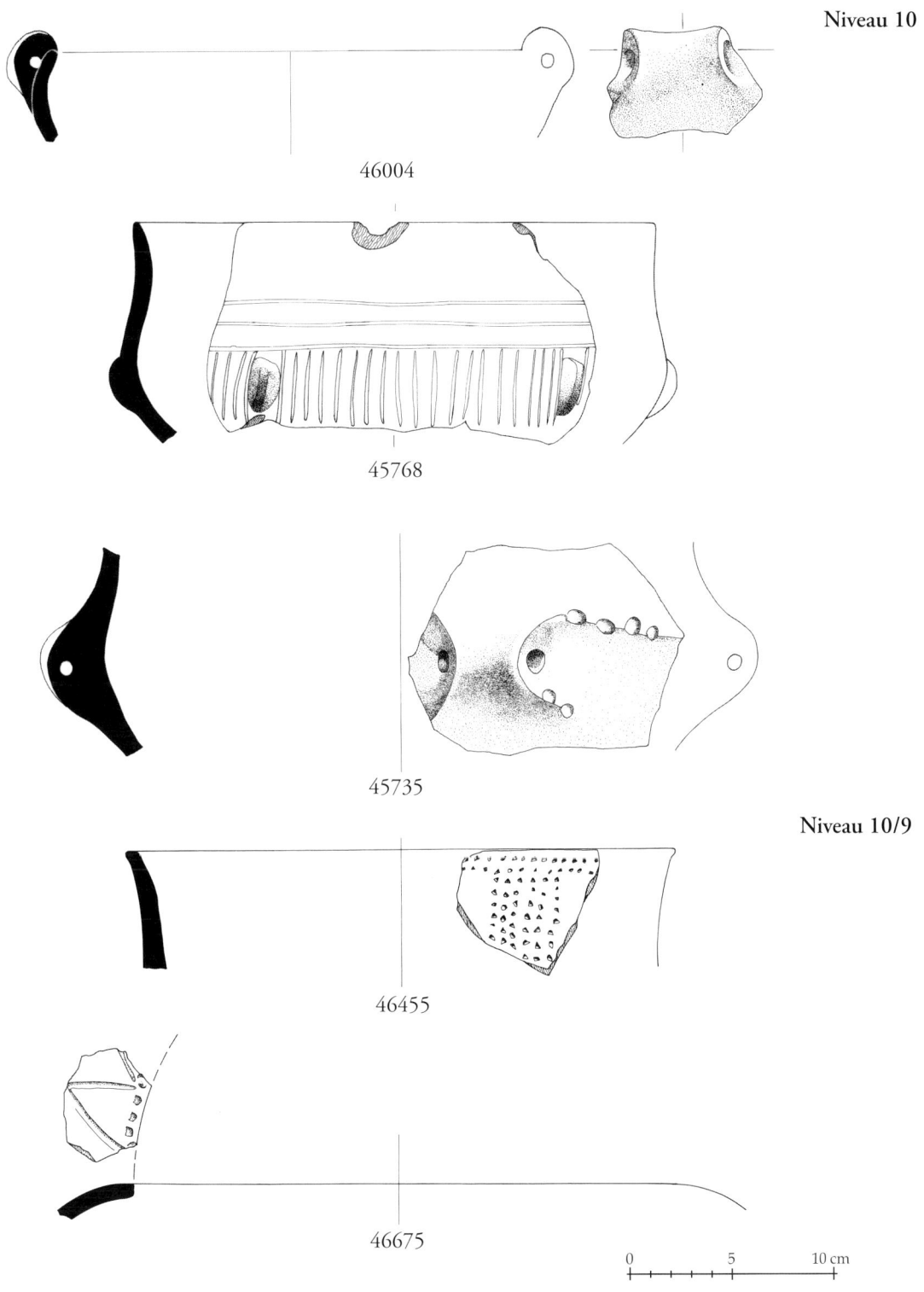

46004

45768

45735

46455

46675

Céramique du BA IIA.

PLANCHE 8

Niveau 9

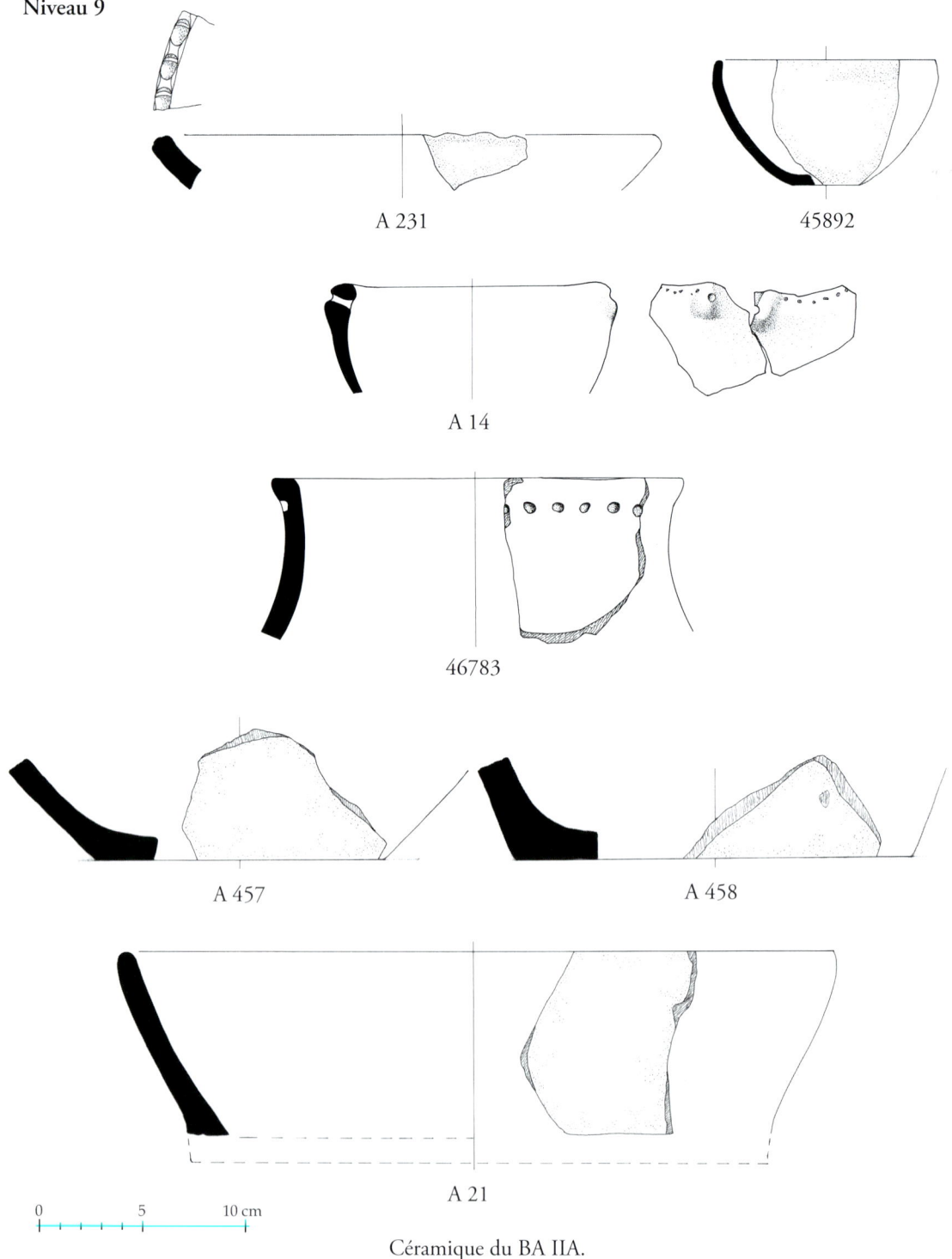

A 231

45892

A 14

46783

A 457

A 458

A 21

0   5   10 cm

Céramique du BA IIA.

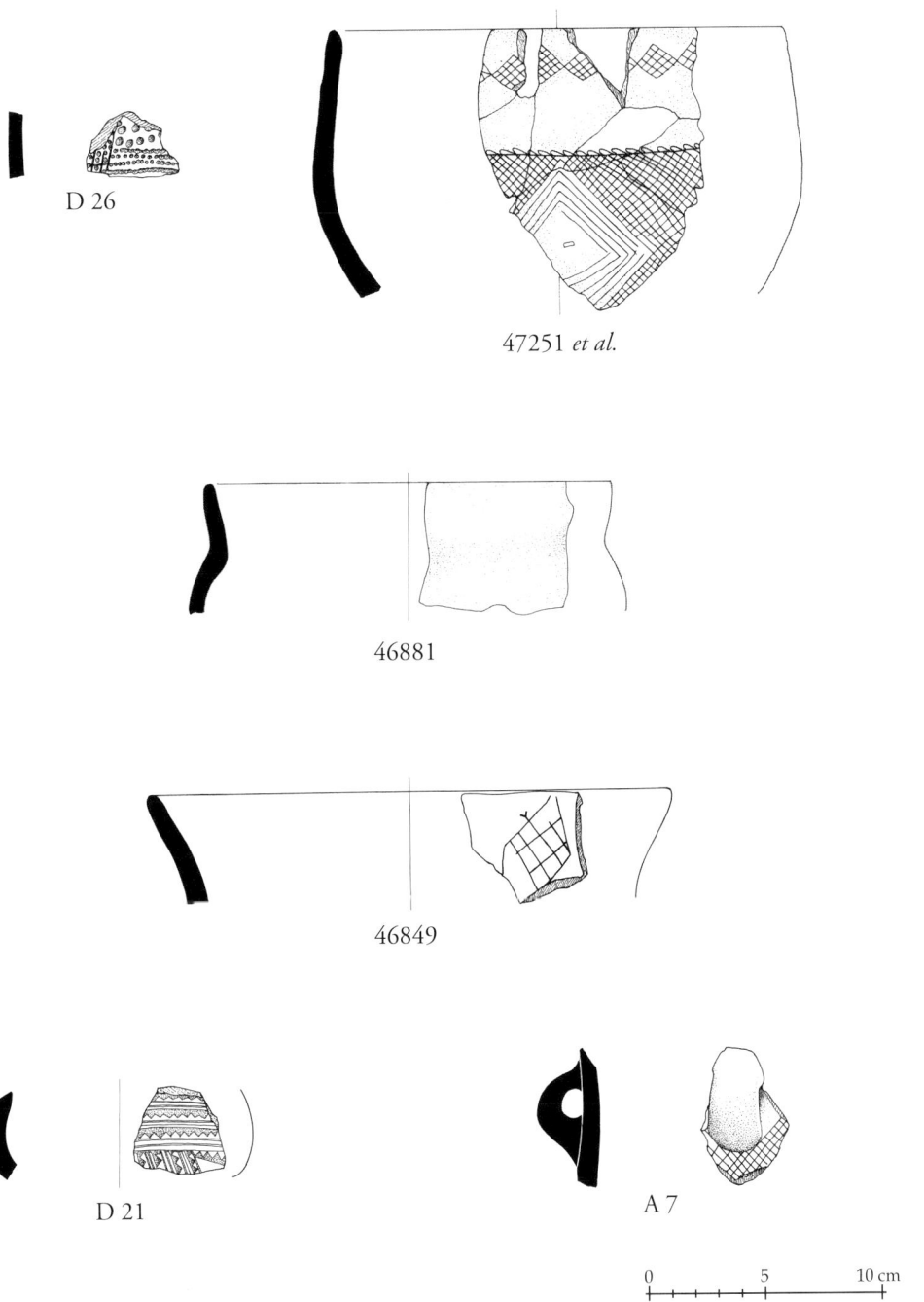

D 26

47251 *et al.*

46881

46849

D 21

A 7

0   5   10 cm

Céramique du BA IIB.

PLANCHE 10

Niveau 8

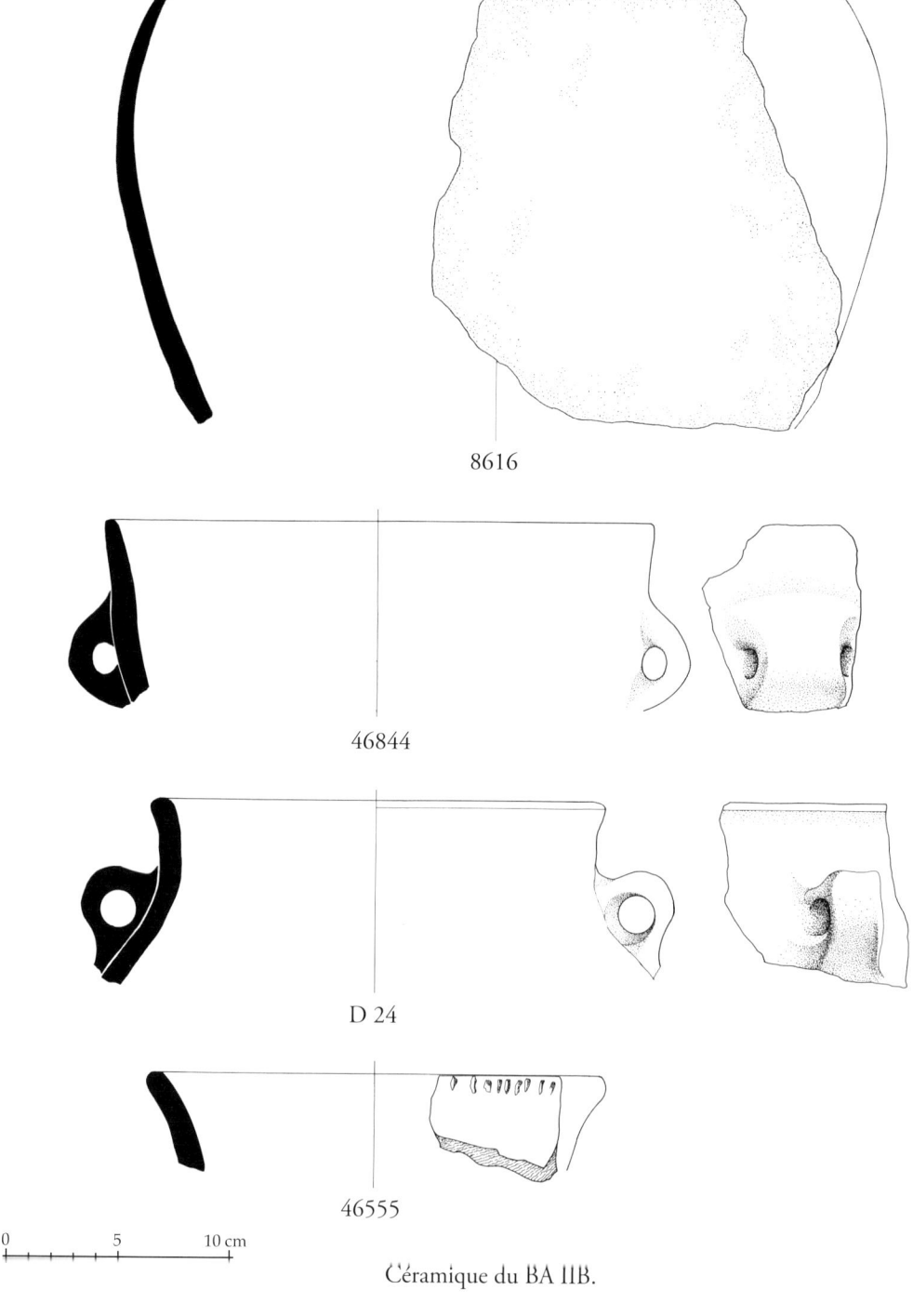

8616

46844

D 24

46555

0   5   10 cm

Céramique du BA IIB.

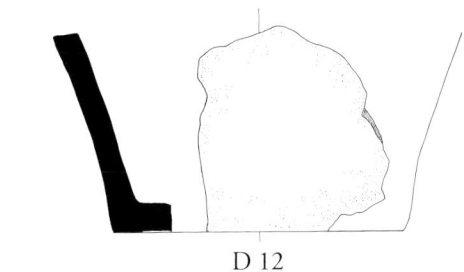

D 12

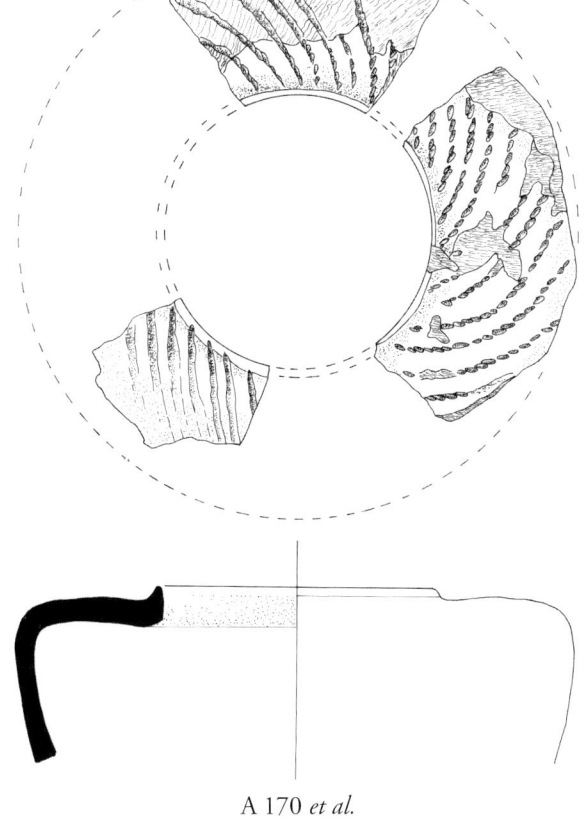

A 170 *et al.*

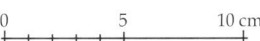

Céramique du BA IIB.

Niveau 7

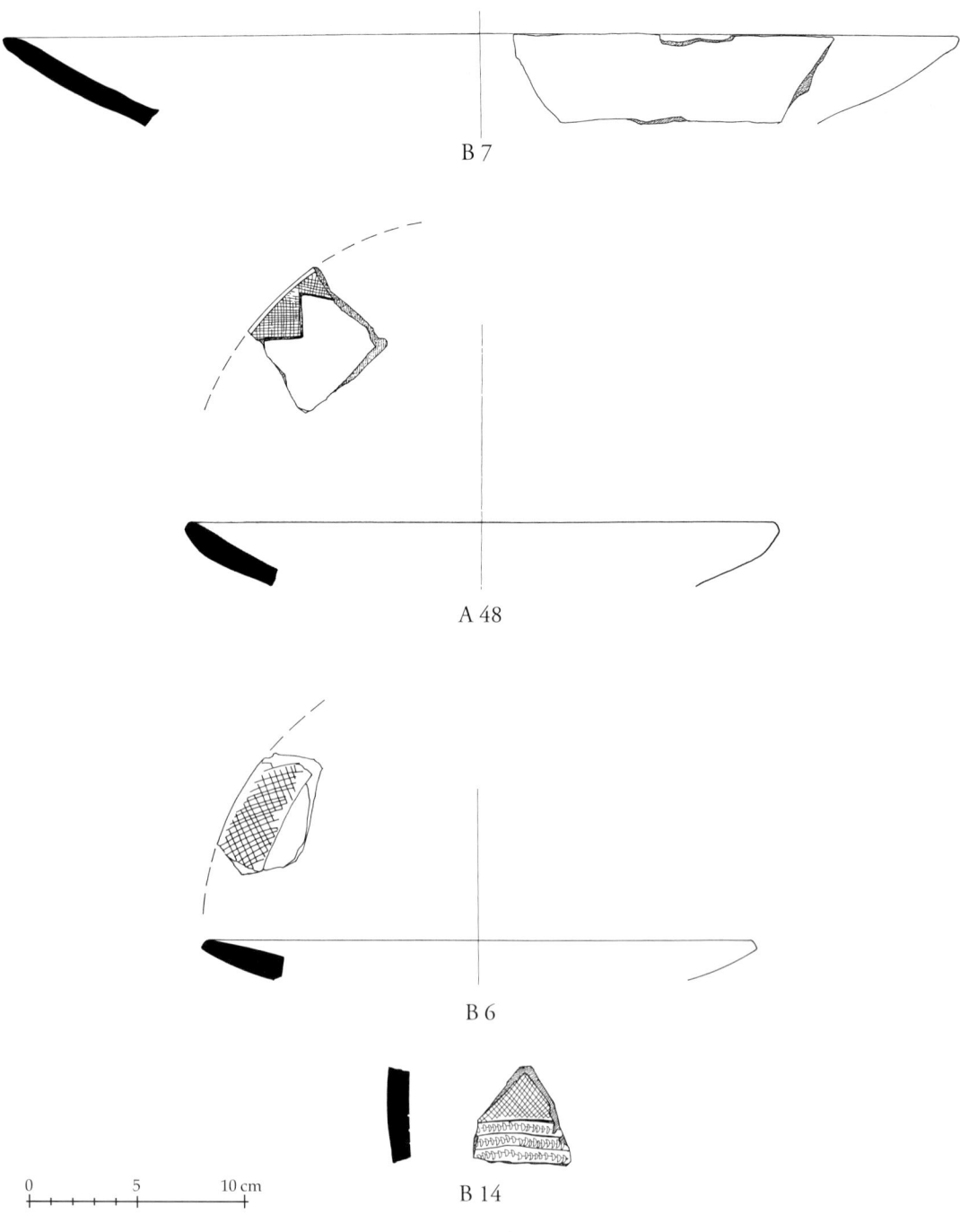

B 7

A 48

B 6

B 14

0   5   10 cm

Céramique du BA IIB.

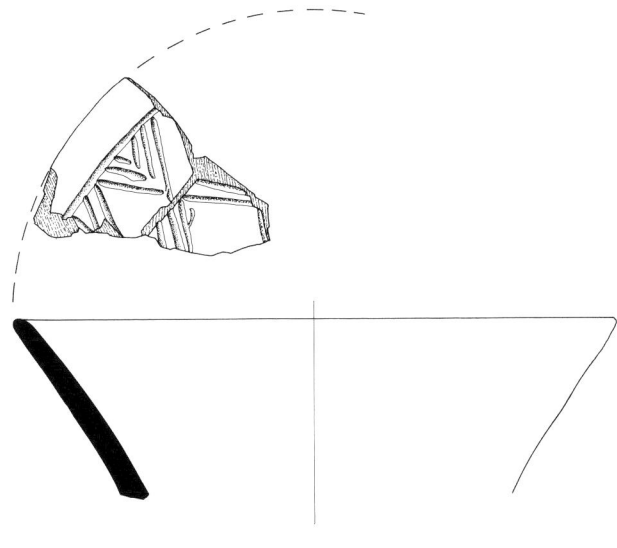

B 173 & B 15

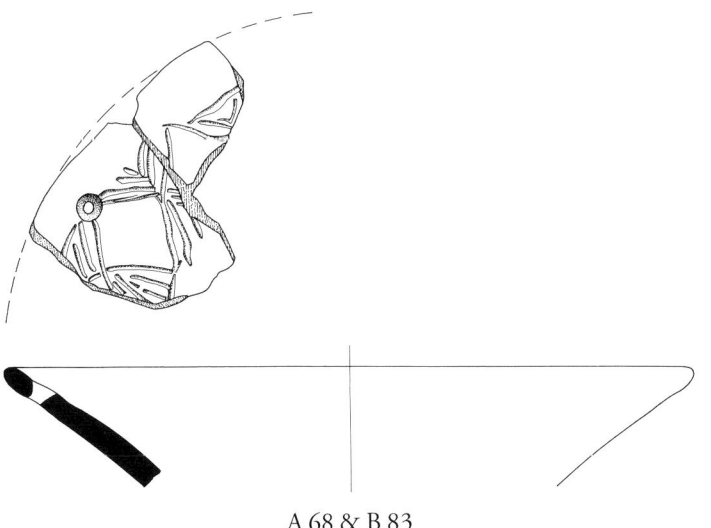

A 68 & B 83

0   5   10 cm

Céramique du BA IIB.

PLANCHE 14

Niveau 7

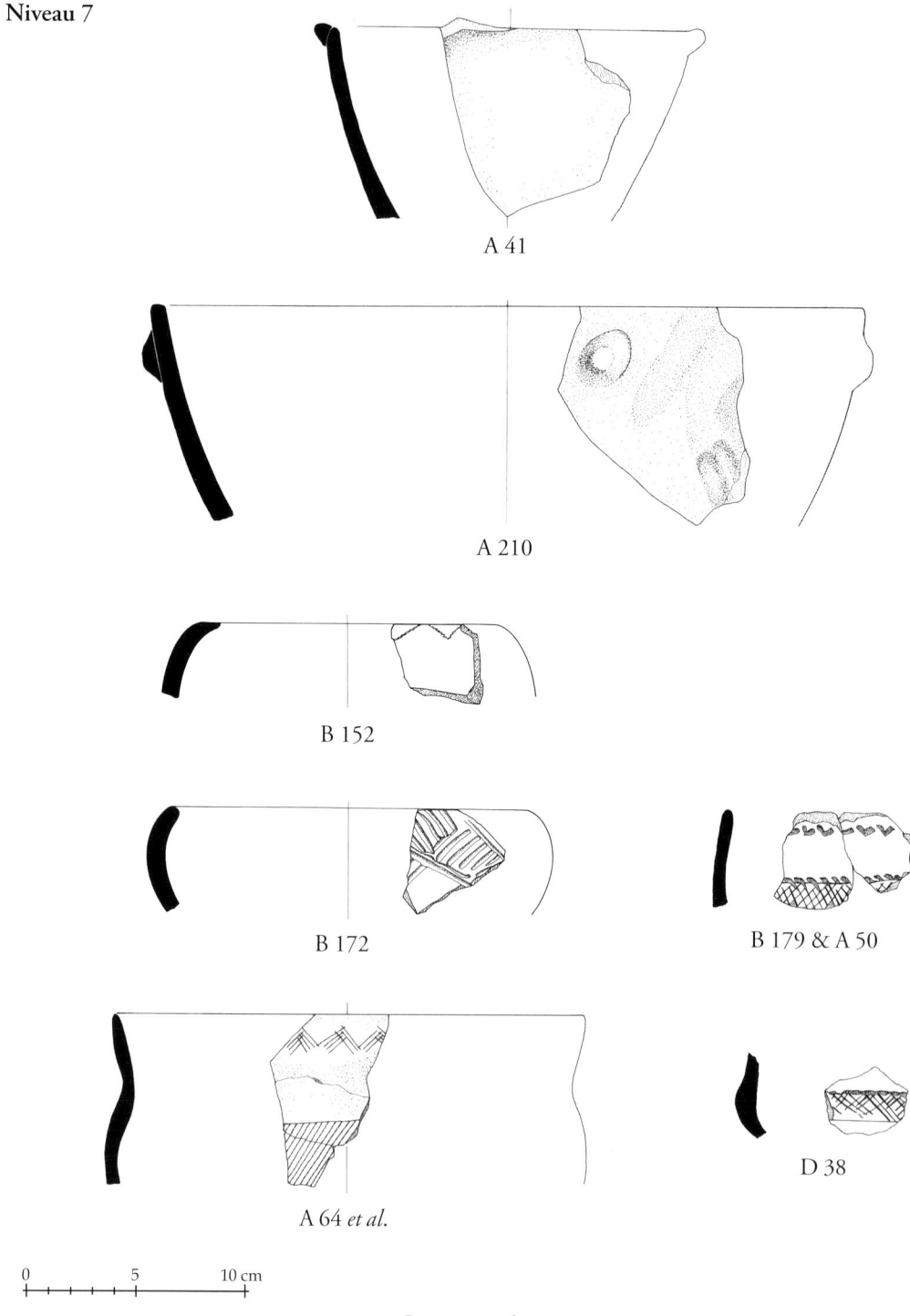

A 41

A 210

B 152

B 172

B 179 & A 50

A 64 *et al.*

D 38

0   5   10 cm

Céramique du BA IIB.

PLANCHE 15

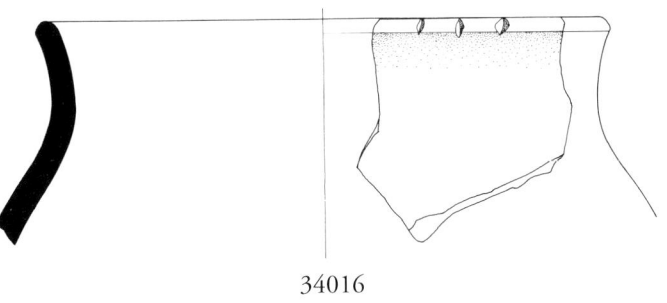

34016

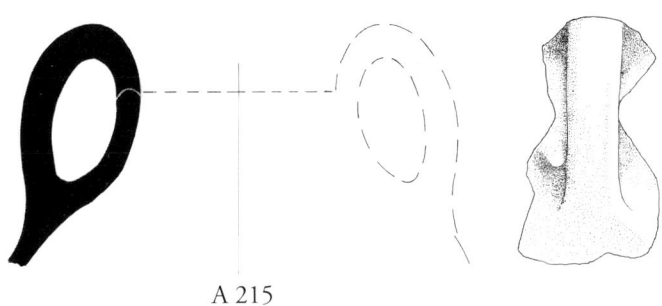

A 215

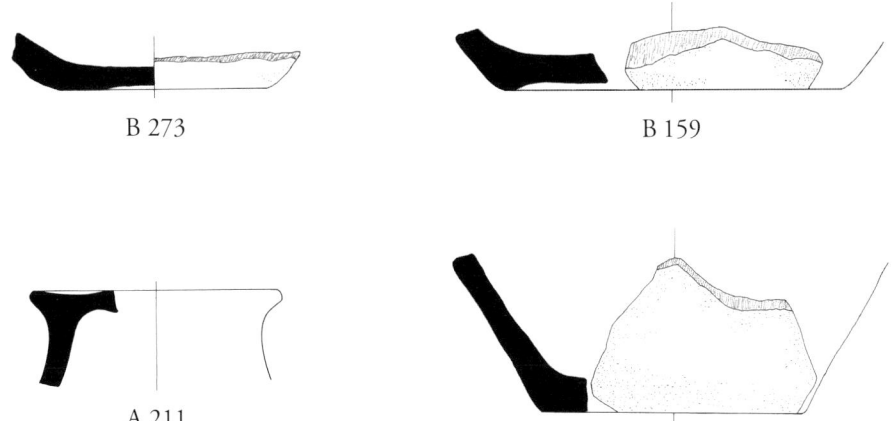

B 273

B 159

A 211

B 286

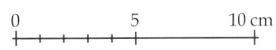

0　　　　5　　　10 cm

Céramique du BA IIB.

Niveau 6

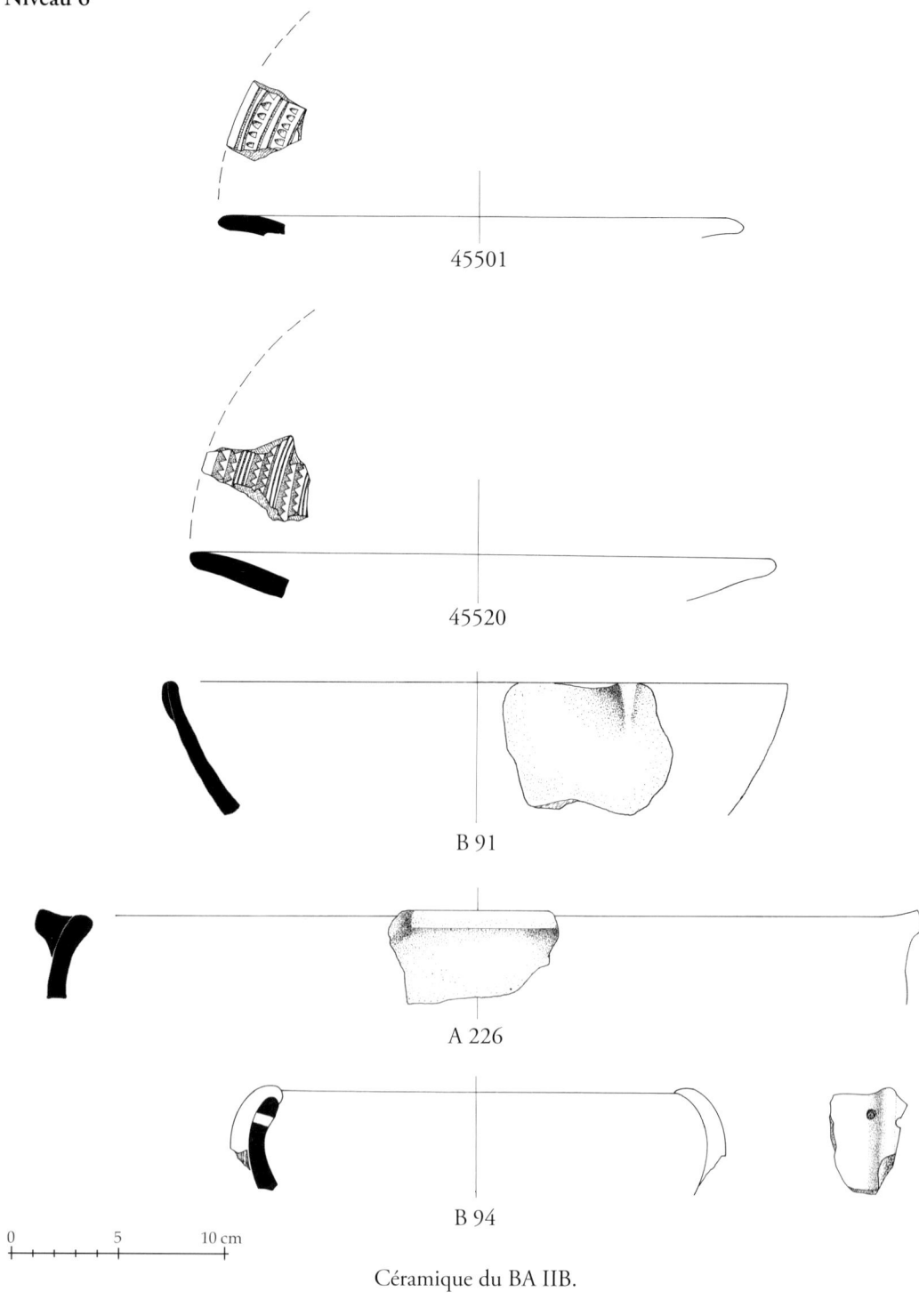

45501

45520

B 91

A 226

B 94

0   5   10 cm

Céramique du BA IIB.

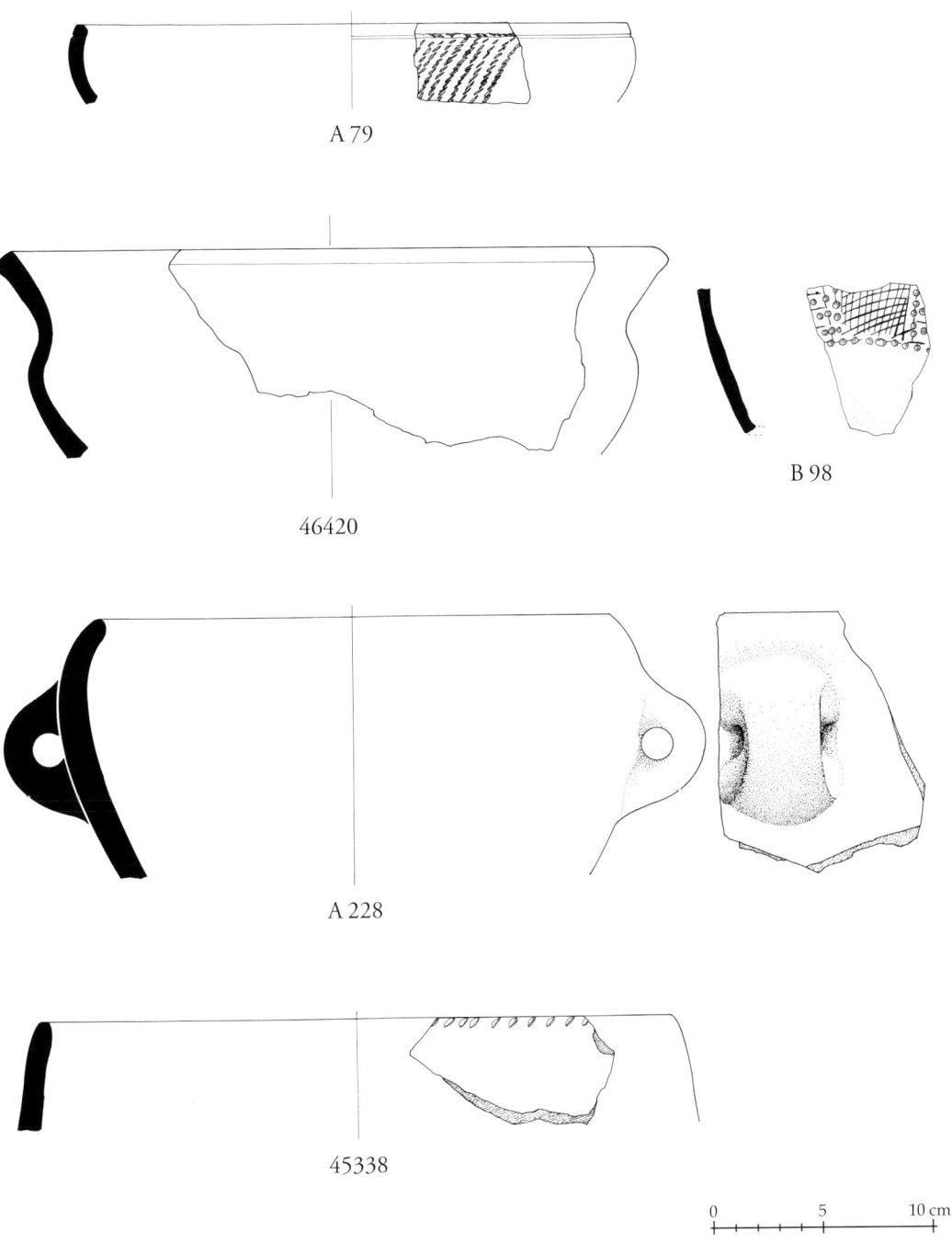

A 79

46420

B 98

A 228

45338

0   5   10 cm

Céramique du BA IIB.

PLANCHE 18

Niveau 6

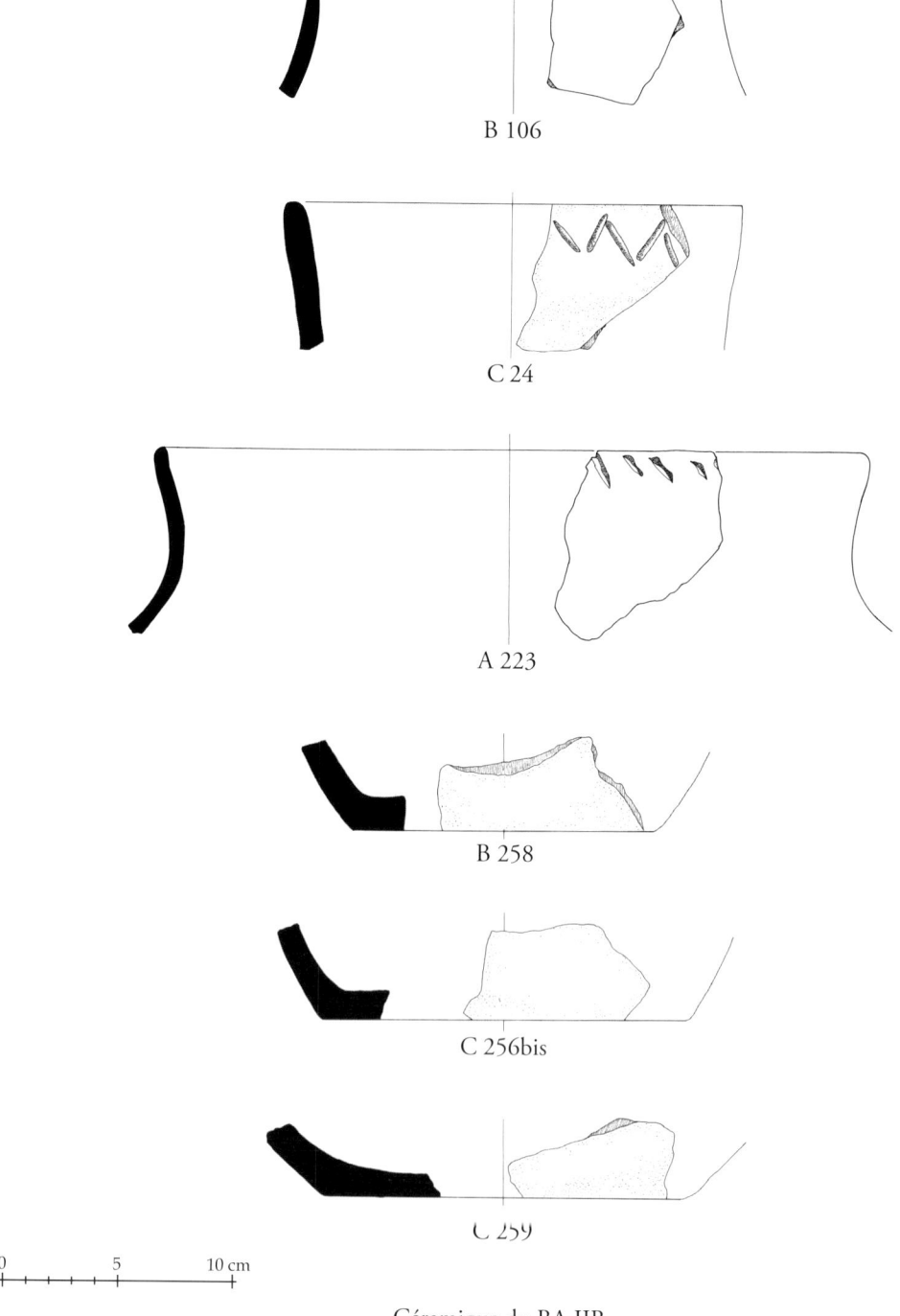

B 106

C 24

A 223

B 258

C 256bis

C 259

0   5   10 cm

Céramique du BA IIB.

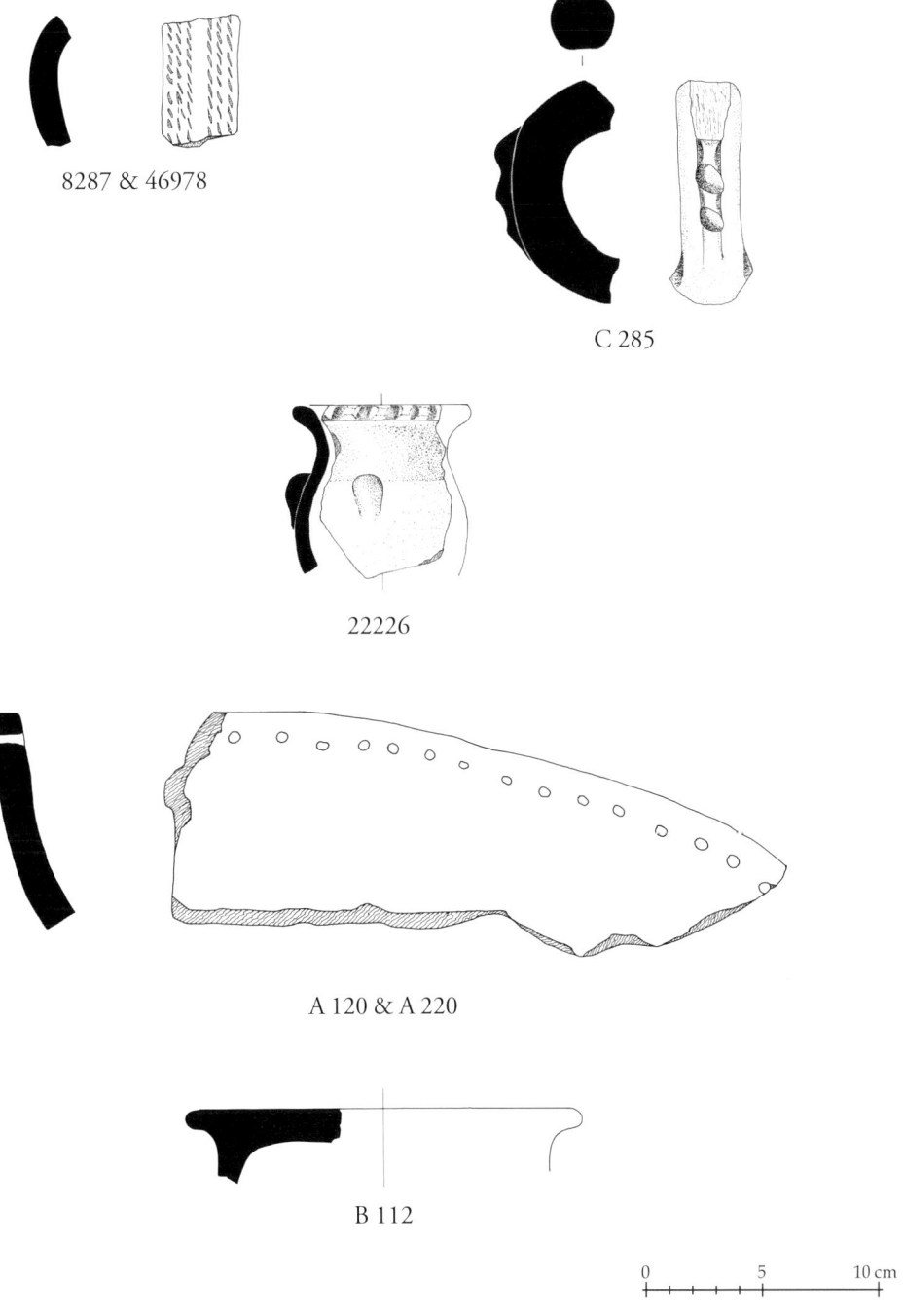

8287 & 46978

C 285

22226

A 120 & A 220

B 112

0   5   10 cm

Céramique du BA IIB.

PLANCHE 20

Niveau 5

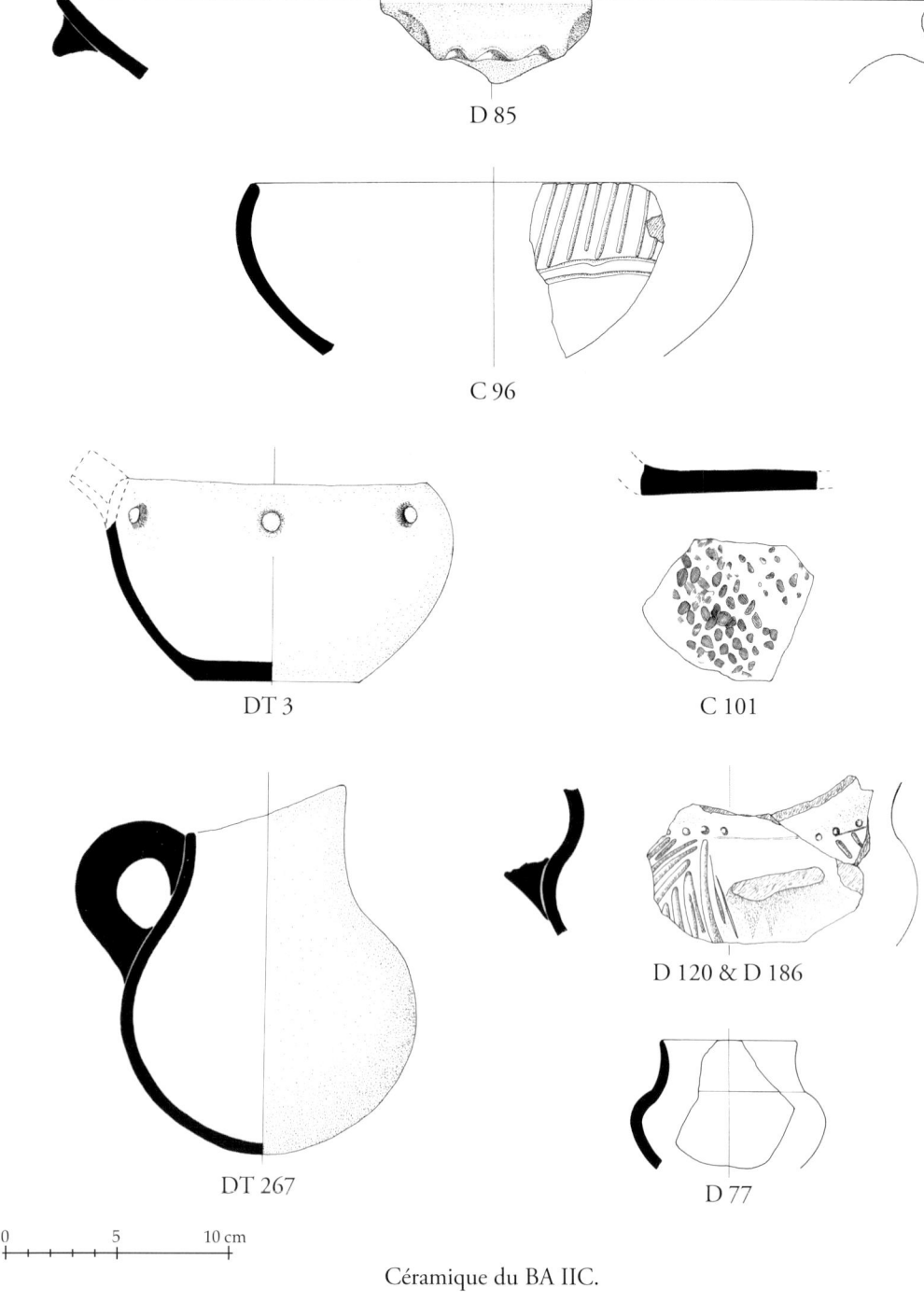

D 85

C 96

DT 3

C 101

D 120 & D 186

DT 267

D 77

0   5   10 cm

Céramique du BA IIC.

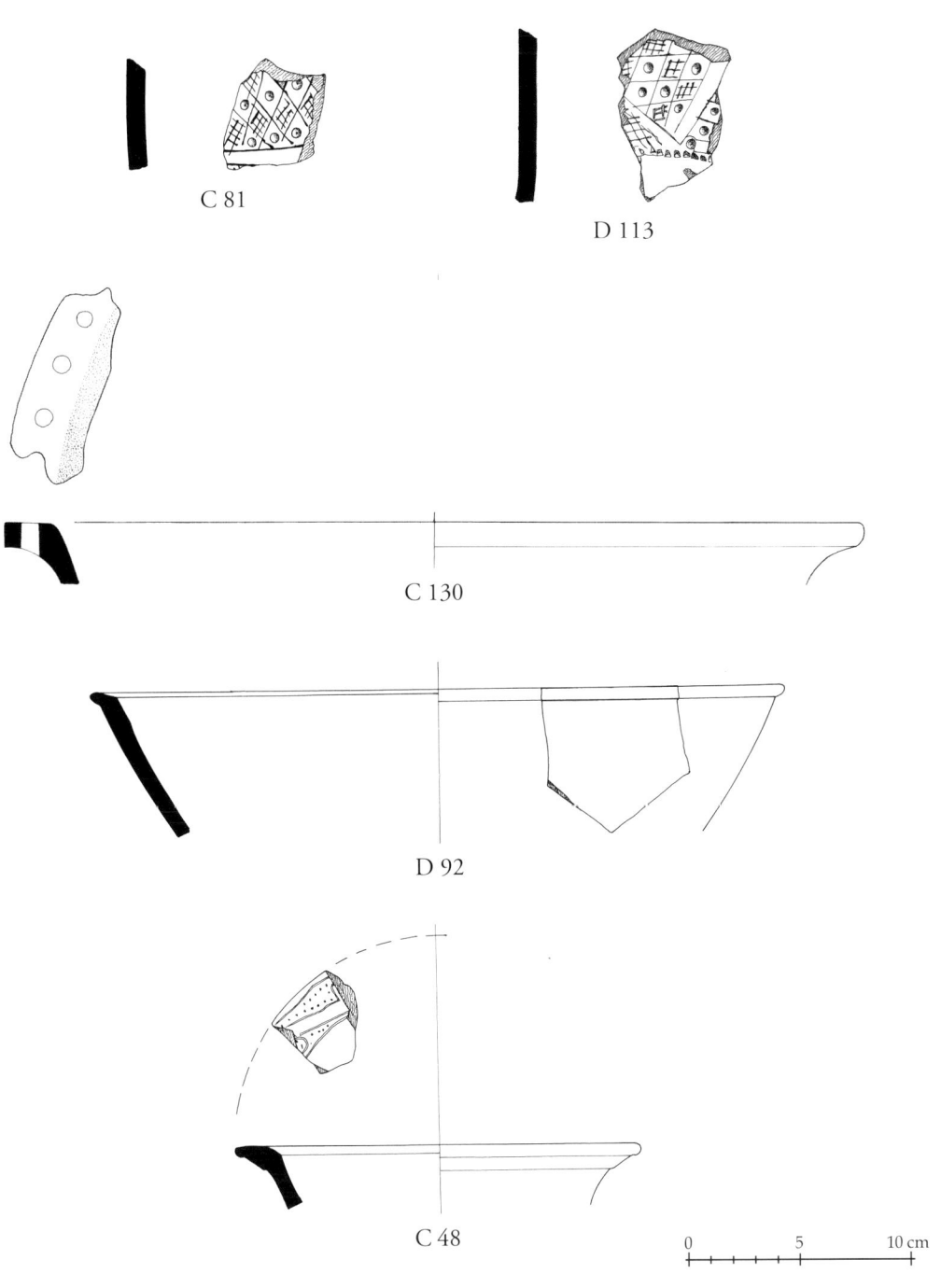

C 81

D 113

C 130

D 92

C 48

0   5   10 cm

Céramique du BA IIC.

Niveau 4

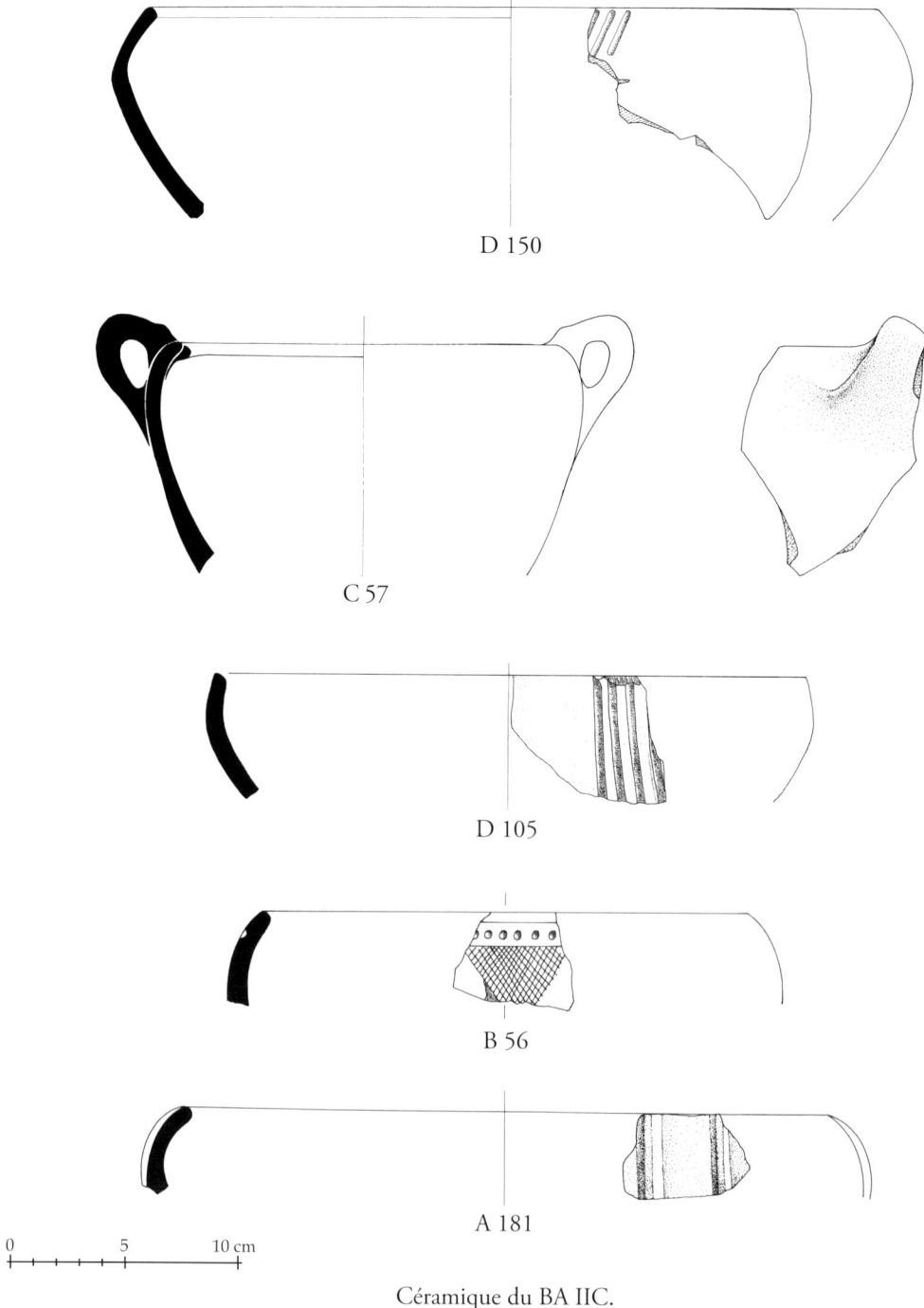

D 150

C 57

D 105

B 56

A 181

Céramique du BA IIC.

Niveau 4

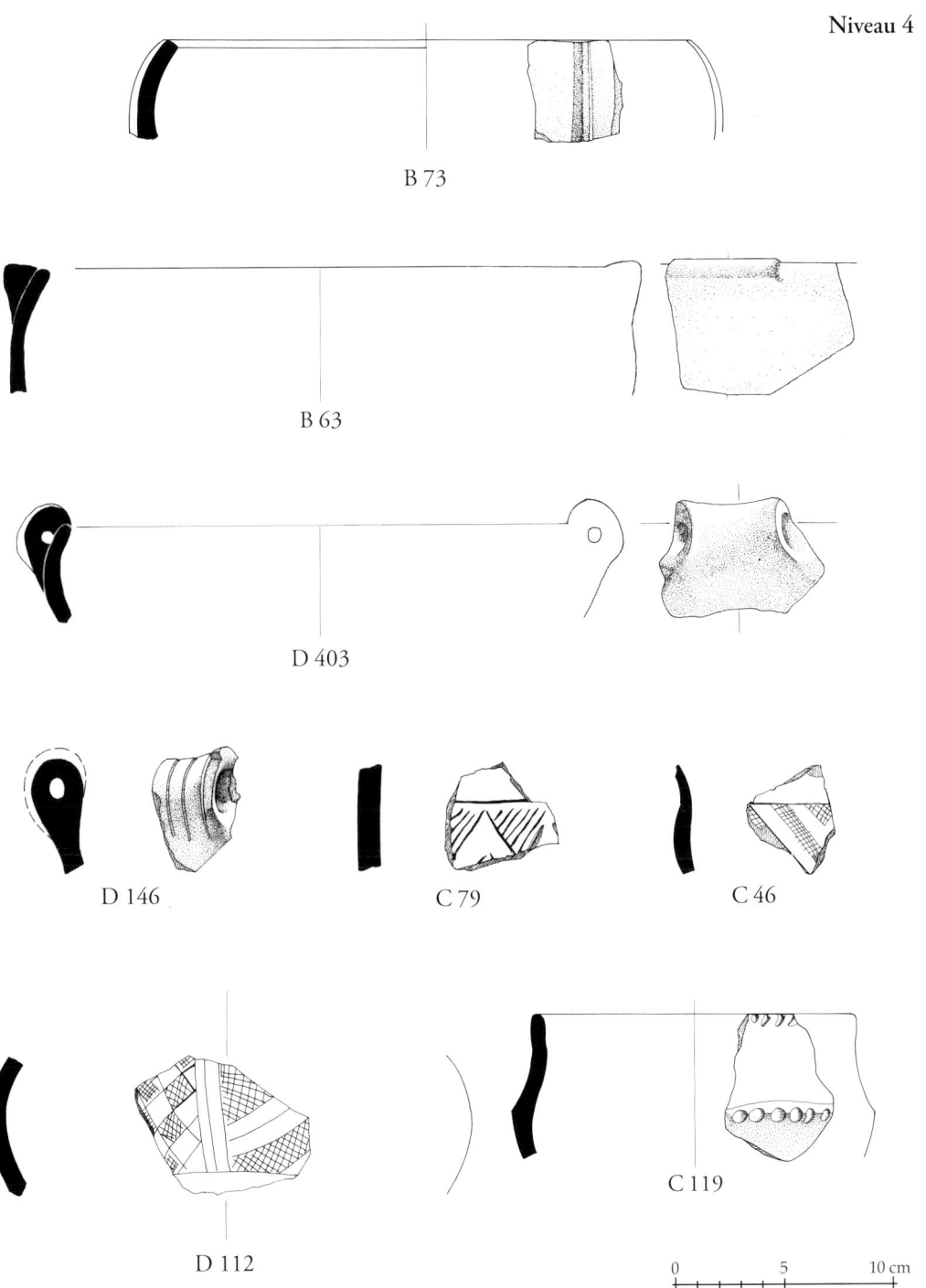

B 73

B 63

D 403

D 146

C 79

C 46

D 112

C 119

0   5   10 cm

Céramique du BA IIC.

PLANCHE 24

Niveau 4

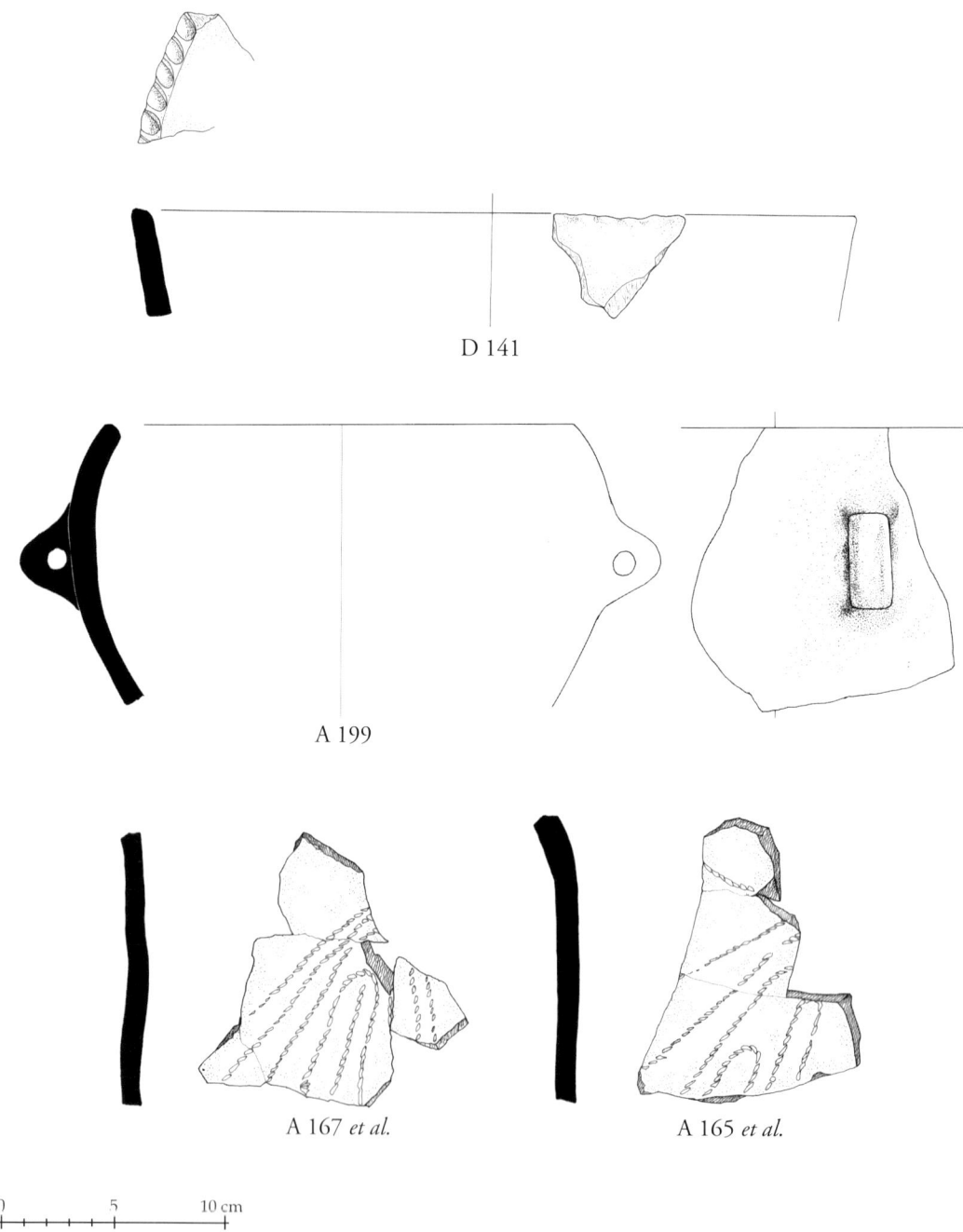

D 141

A 199

A 167 *et al.*

A 165 *et al.*

0   5   10 cm

Céramique du BA IIC.

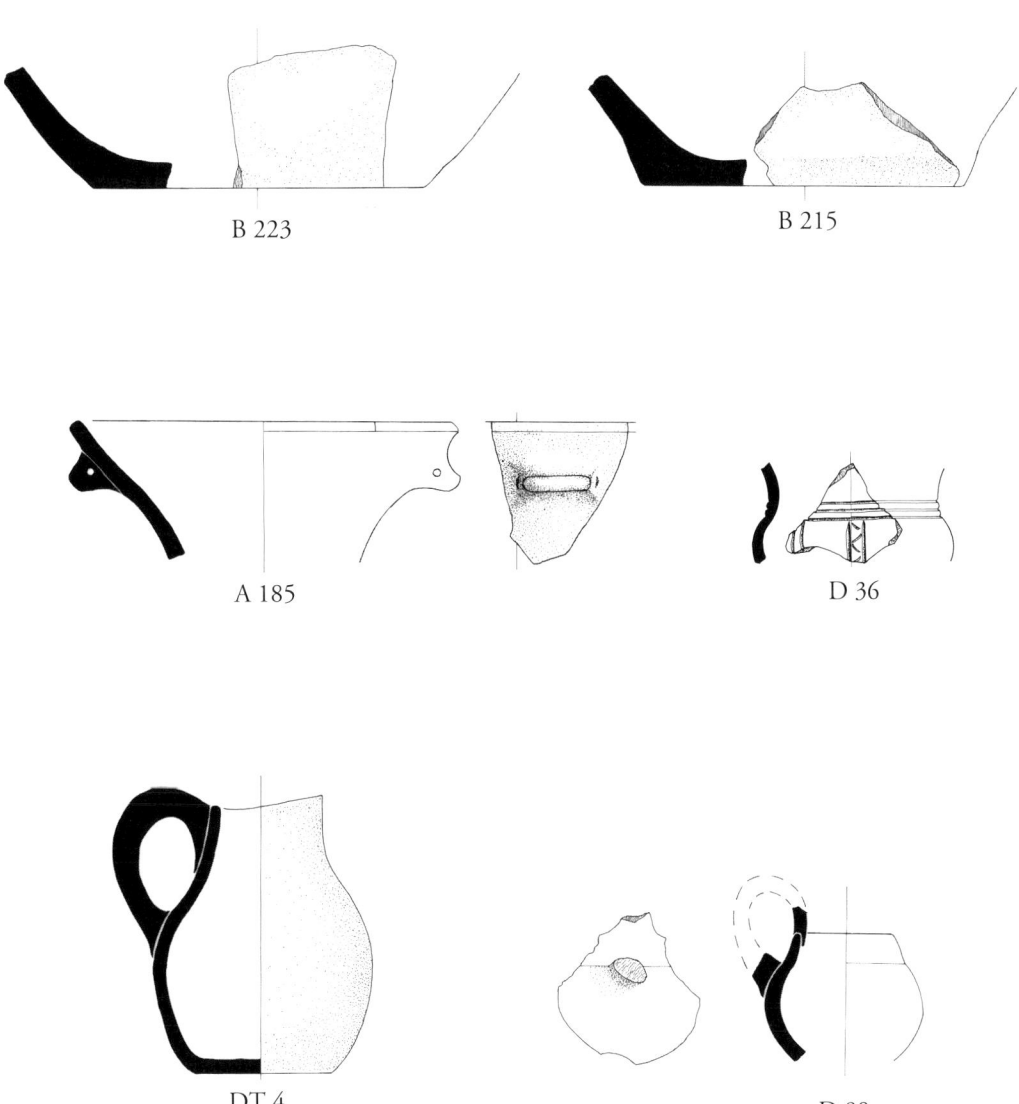

B 223

B 215

A 185

D 36

DT 4

D 98

0   5   10 cm

Céramique du BA IIC.

PLANCHE 26

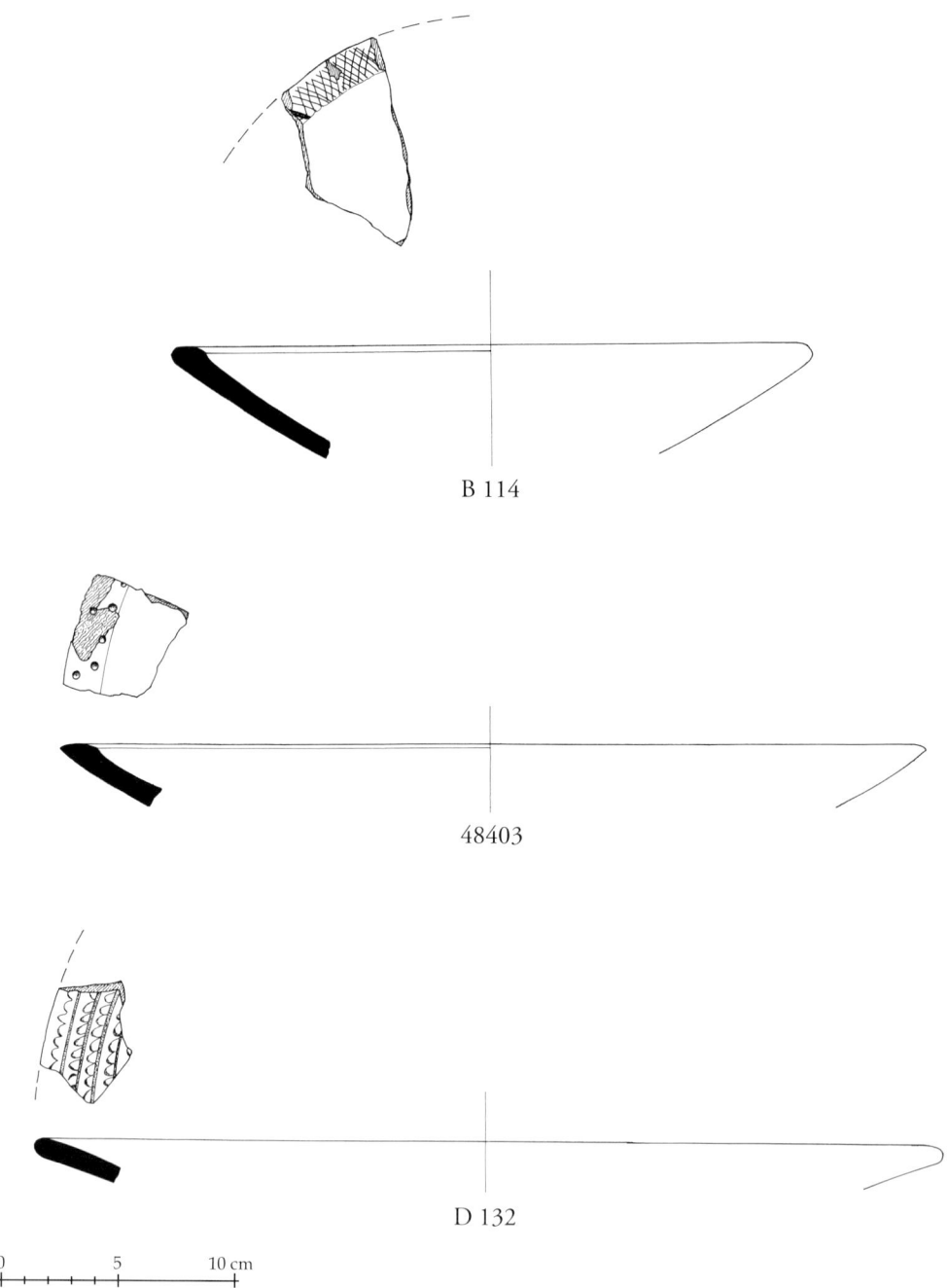

B 114

48403

D 132

0   5   10 cm

Céramique du BA IIC.

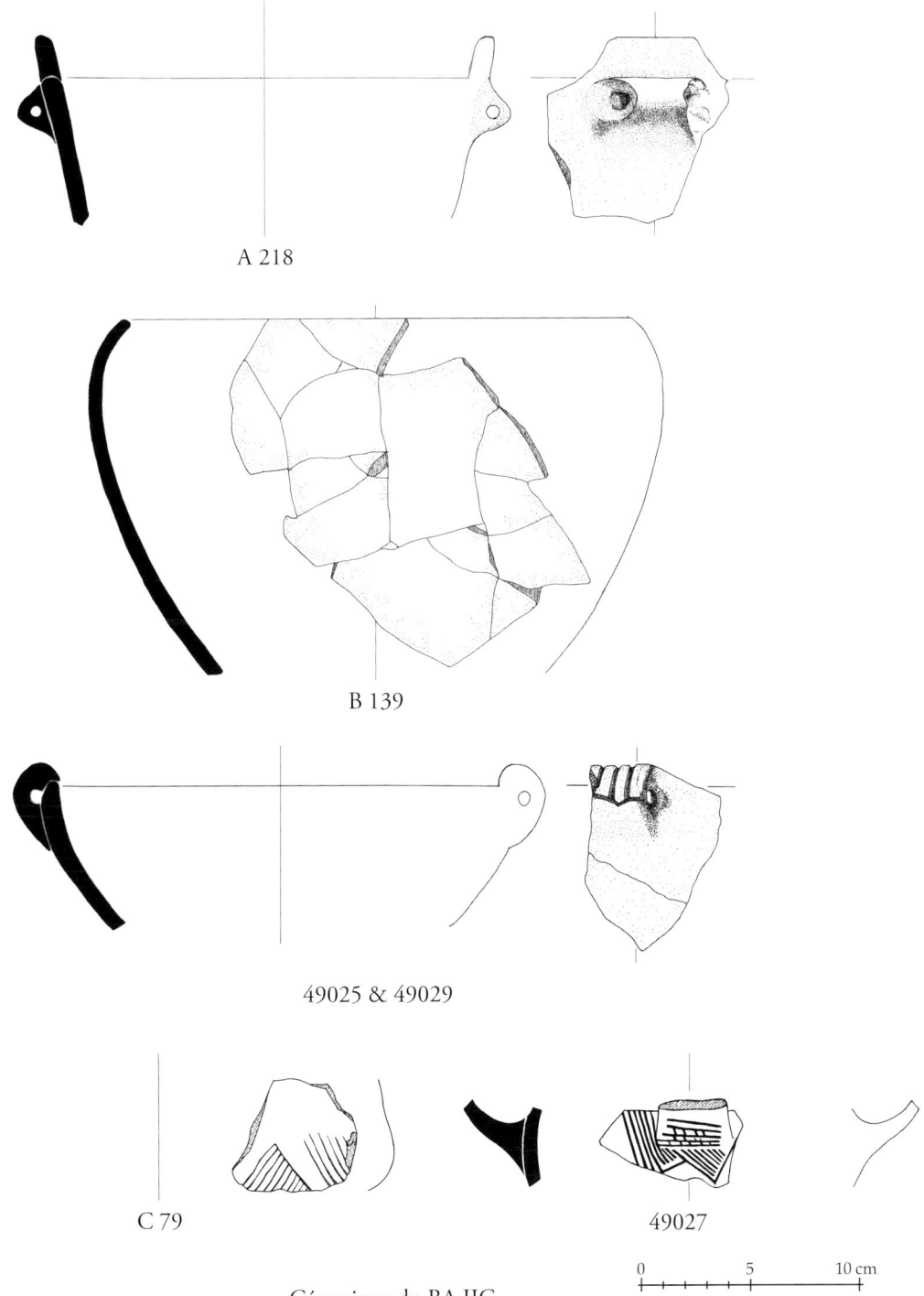

A 218

B 139

49025 & 49029

C 79

49027

Céramique du BA IIC.

Niveau 3

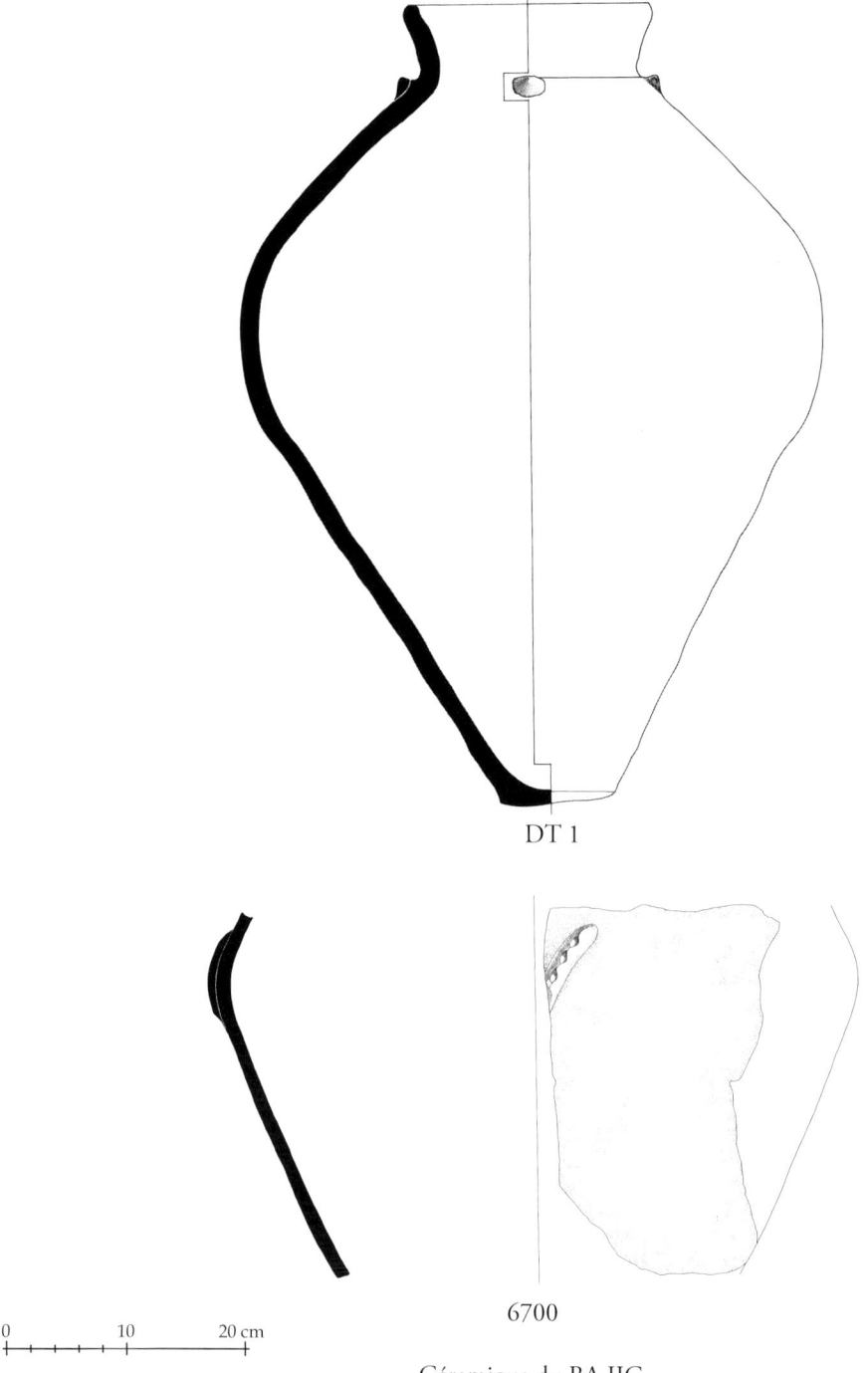

DT 1

6700

0   10   20 cm

Céramique du BA IIC.

PLANCHE 29

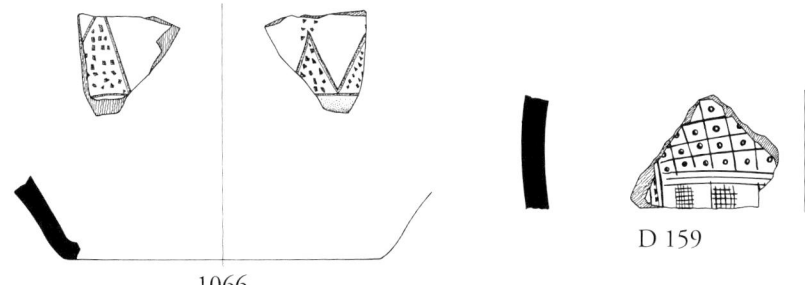

1066

D 159

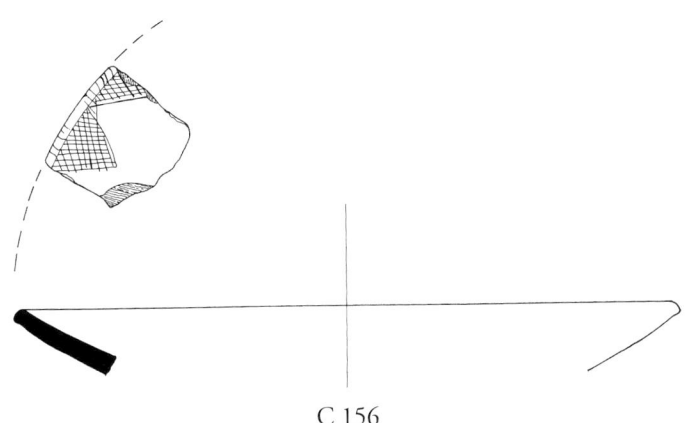

C 156

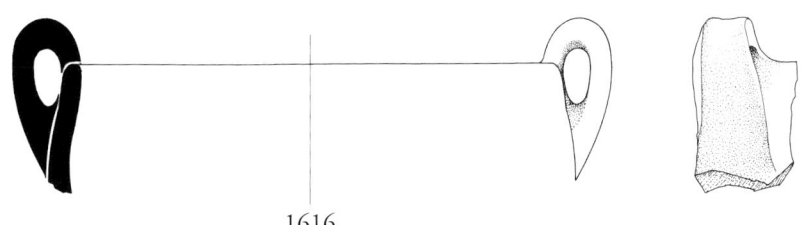

1616

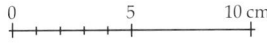

Céramique du BA.

PLANCHE 30

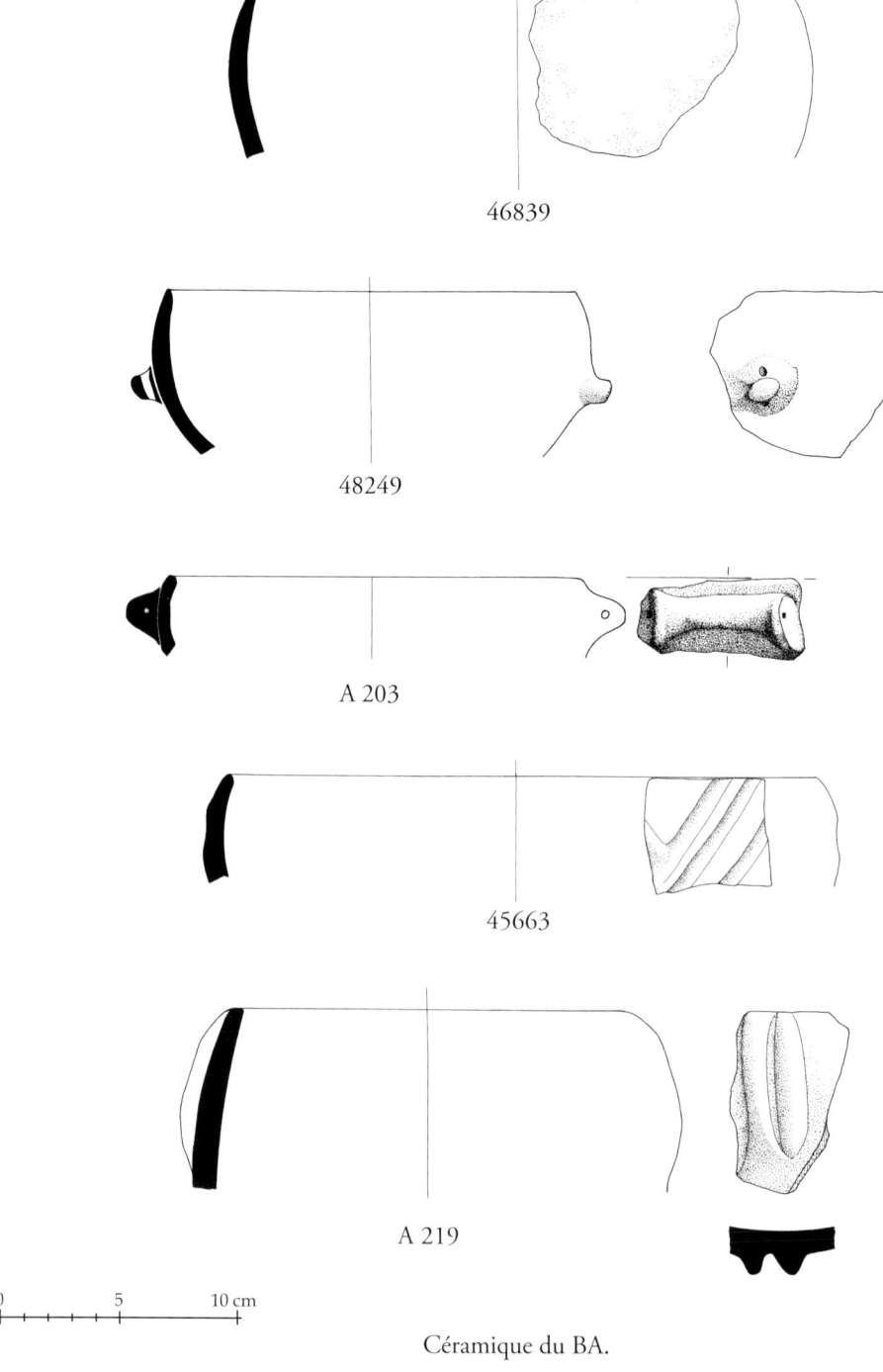

46839

48249

A 203

45663

A 219

Céramique du BA.

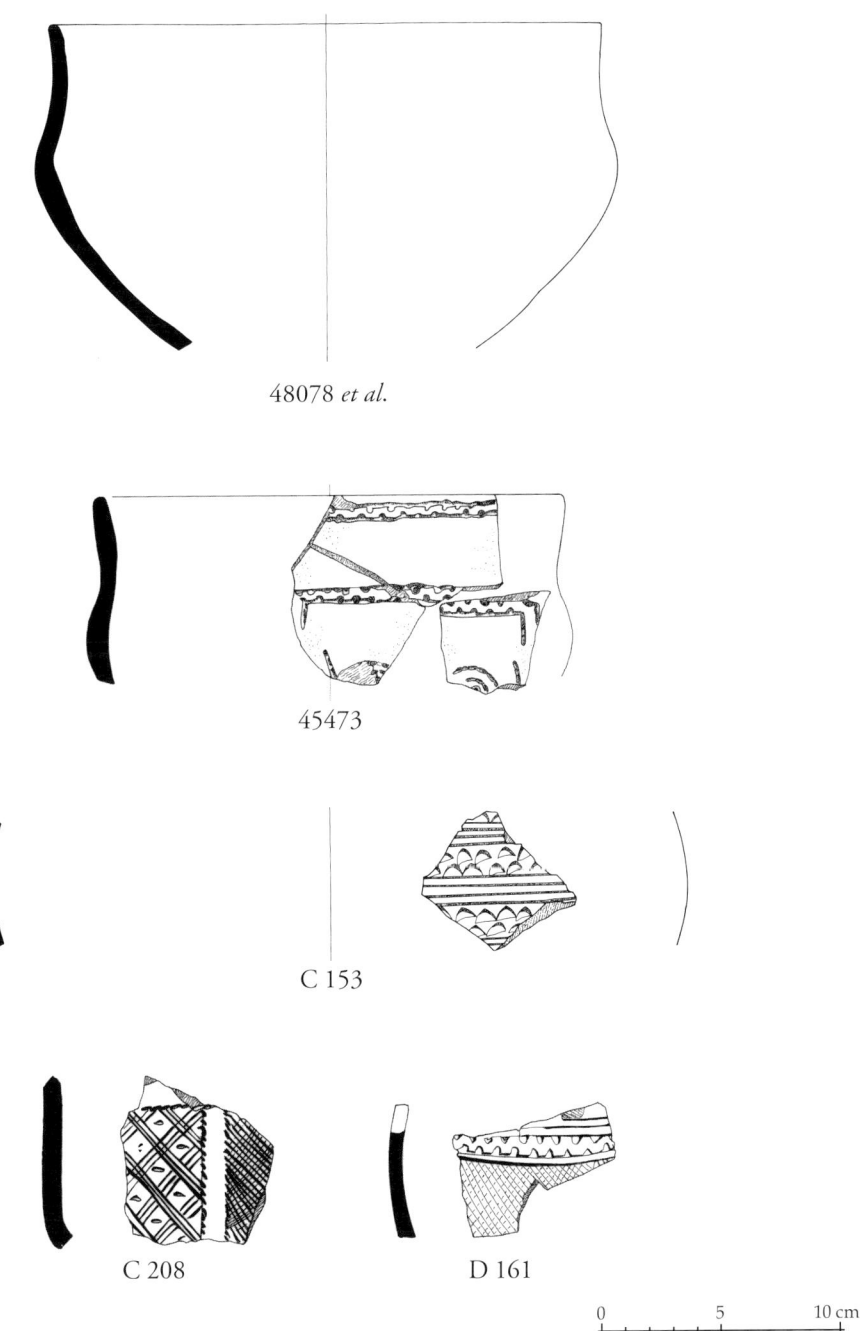

48078 *et al.*

45473

C 153

C 208

D 161

0   5   10 cm

Céramique du BA.

PLANCHE 32

Surface

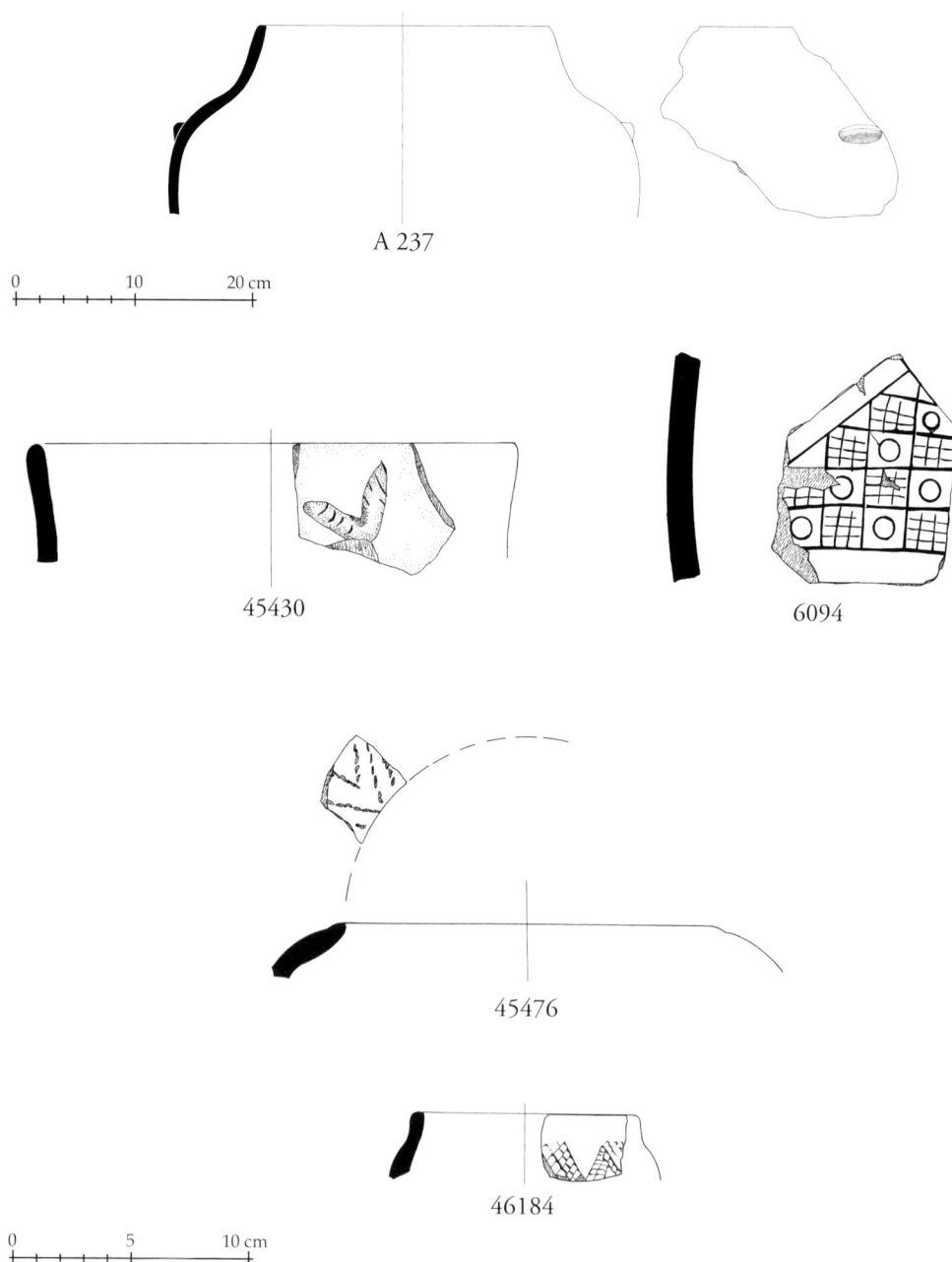

A 237

0   10   20 cm

45430

6094

45476

46184

0   5   10 cm

Céramique du BA.

Surface

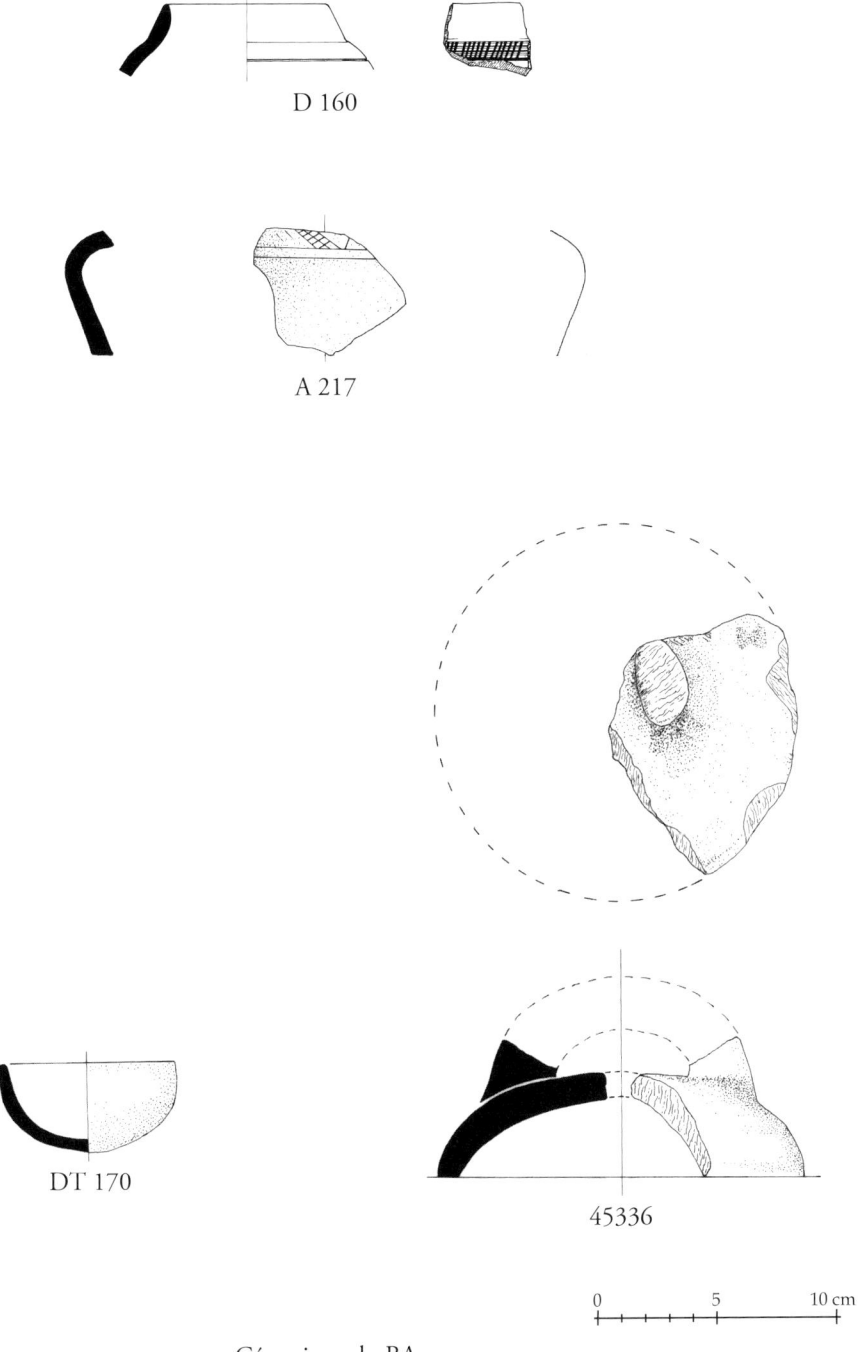

D 160

A 217

DT 170

45336

0   5   10 cm

Céramique du BA.

PLANCHE 34

Niveau 17/16

DT 143

47182 *et al.*

DT 251

Niveau 15/14

47000

45743

12680

49002

45984

Niveau 13

Niveau 12/11

12505 & 12515

46520

45992

46729

0   5   10 cm

Céramique du BA I.

PLANCHE 35

46675   A 116

Niveau 9

46612   A 422

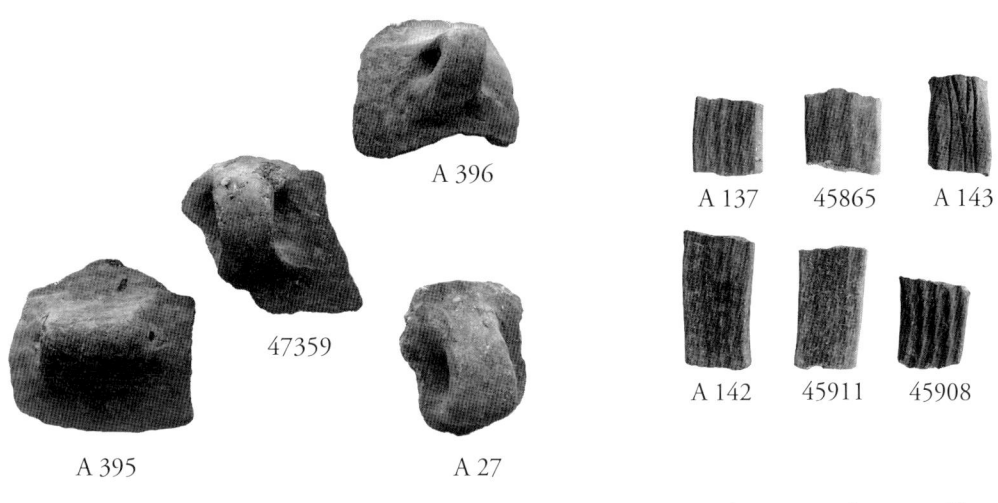

A 396

47359

A 395   A 27

A 137   45865   A 143

A 142   45911   45908

0   5   10 cm

Céramique du BA IIA.

Niveau 8

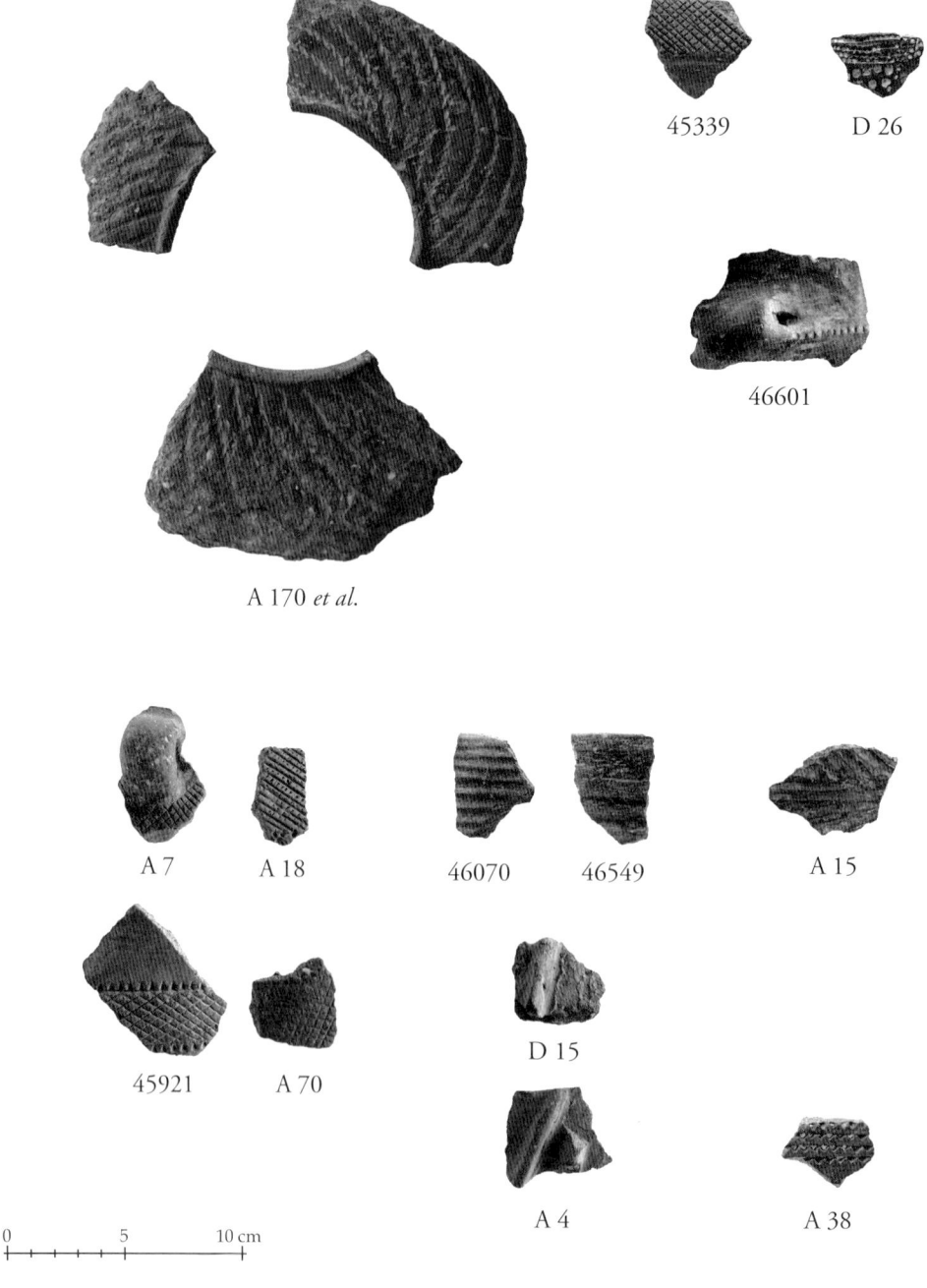

45339

D 26

46601

A 170 *et al.*

A 7   A 18   46070   46549   A 15

45921   A 70   D 15

A 4   A 38

0   5   10 cm

Céramique du BA IIB.

A 48

B 6

B 4

B 3

D 36

A 74bis

B 173 *et al.*

A 53

B 179 & A 50

A 56

B 177

B 171

D 296

C 78 *et al.*

A 60

B 11

B 178

B 147

0   5   10 cm

Céramique du BA IIB.

Niveau 6

45520

D 80

A 79

D 127   C 302

D 42

D 43

D 60   B 81   46268

C 10   B 82   45252

A 228   D 121

B 14   D 70   C 27

D 116   A 78

D 87

8287 & 46978

B 88   45340

Céramique du BA IIB.

Niveau 5

C 7   B 37   19853   D 89   B 54   D 79   D 128

45407   D 81   D 88   D 67

C 14

D 122

DT 267   46263

DT3   C 96

0   5   10 cm

Céramique du BA IIC.

Niveau 4

B 43

D 158   B 69

C 149   C 141   B 58

C 48

48381 *et al.*

B 42

D 105

C 64

A 187

B 66

C 147

ABCD 13

ABCD 21   C 243   D 98

0   5   10 cm

Céramique du BA IIC.

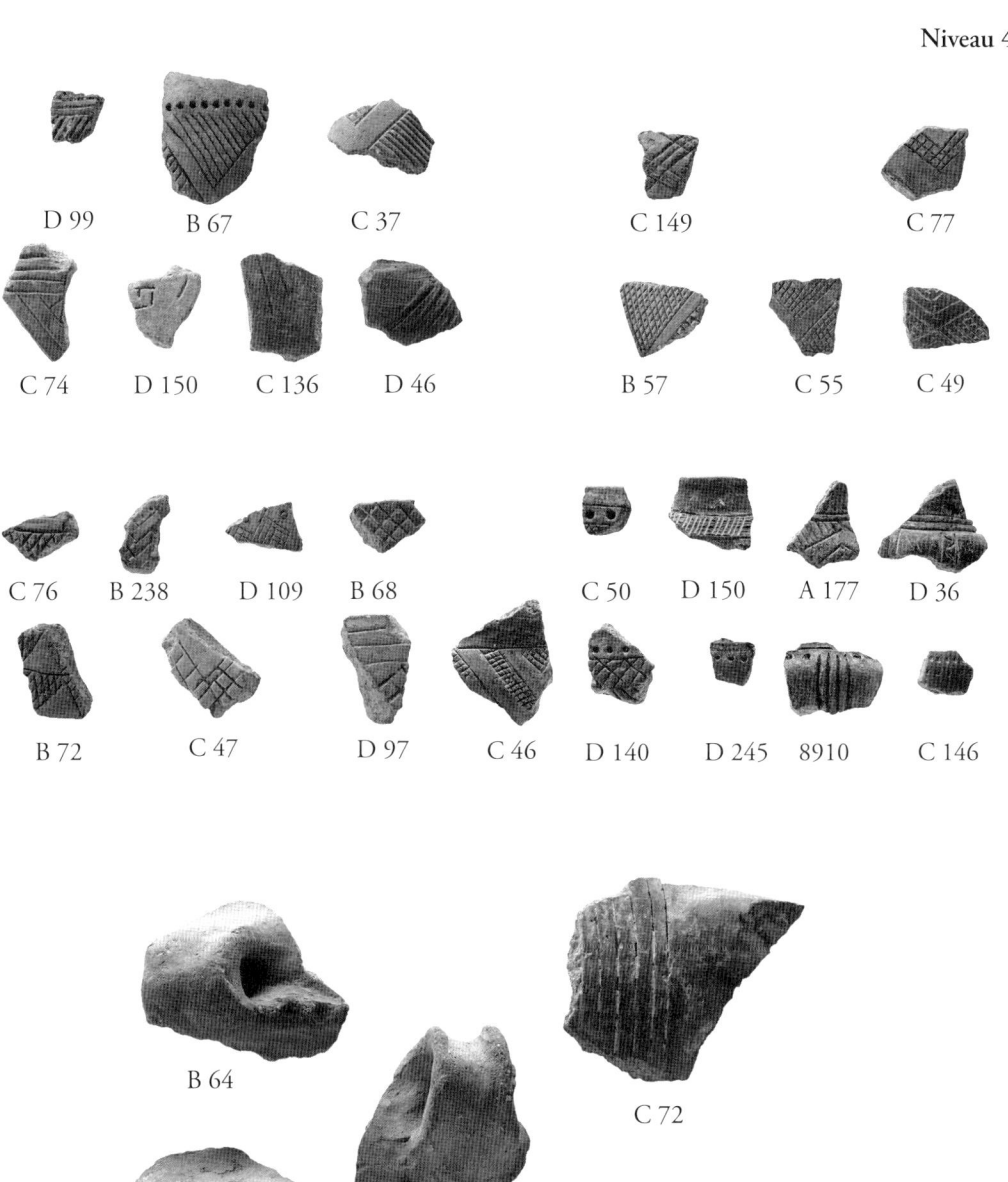

D 99   B 67   C 37   C 149   C 77

C 74   D 150   C 136   D 46   B 57   C 55   C 49

C 76   B 238   D 109   B 68   C 50   D 150   A 177   D 36

B 72   C 47   D 97   C 46   D 140   D 245   8910   C 146

B 64

C 72

C 127

D 238

C 235

0   5   10 cm

Céramique du BA IIC.

Niveau 4

D 217

C 117

A 213

C 111

B 53

C 121

A 166

A 169

D 162

A 196

A 201

A 197

C 131

B 31

A 160

B 71

A 271

0   5   10 cm

Céramique du BA IIC.

D 132

C 82

D 175

48892

B 131

B 123

B 116

49027

C 105

B 132

A 268

48890

B 114

B 113

49025 & 49029

A 218

DT 1

0   5   10 cm

0   10   20 cm

Céramique du BA IIC.

Surface

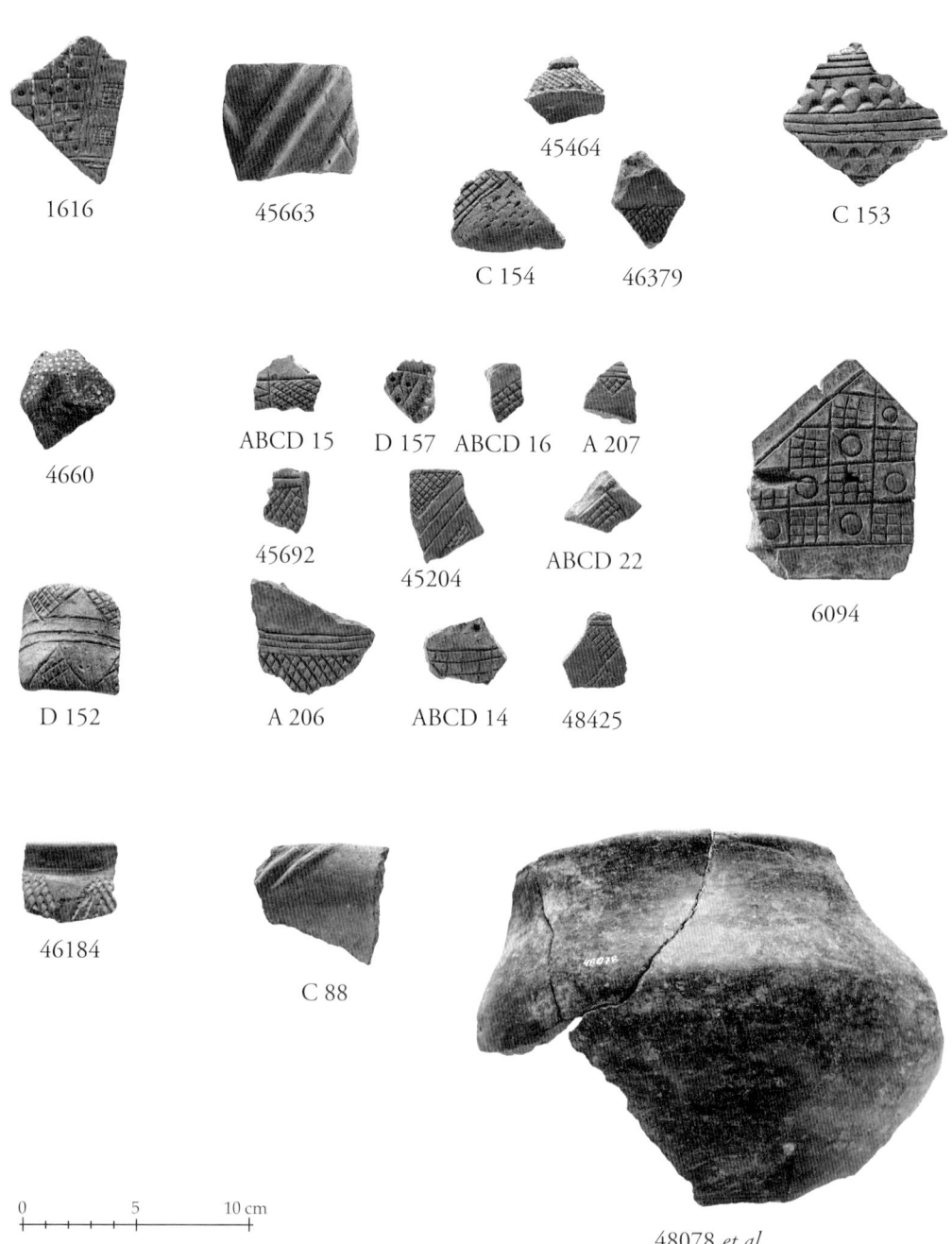

1616

45663

45464

C 154

46379

C 153

4660

ABCD 15

D 157

ABCD 16

A 207

45692

45204

ABCD 22

6094

D 152

A 206

ABCD 14

48425

46184

C 88

0   5   10 cm

48078 *et al.*

Céramique du BA.

PLANCHE 45

Niveaux inférieurs

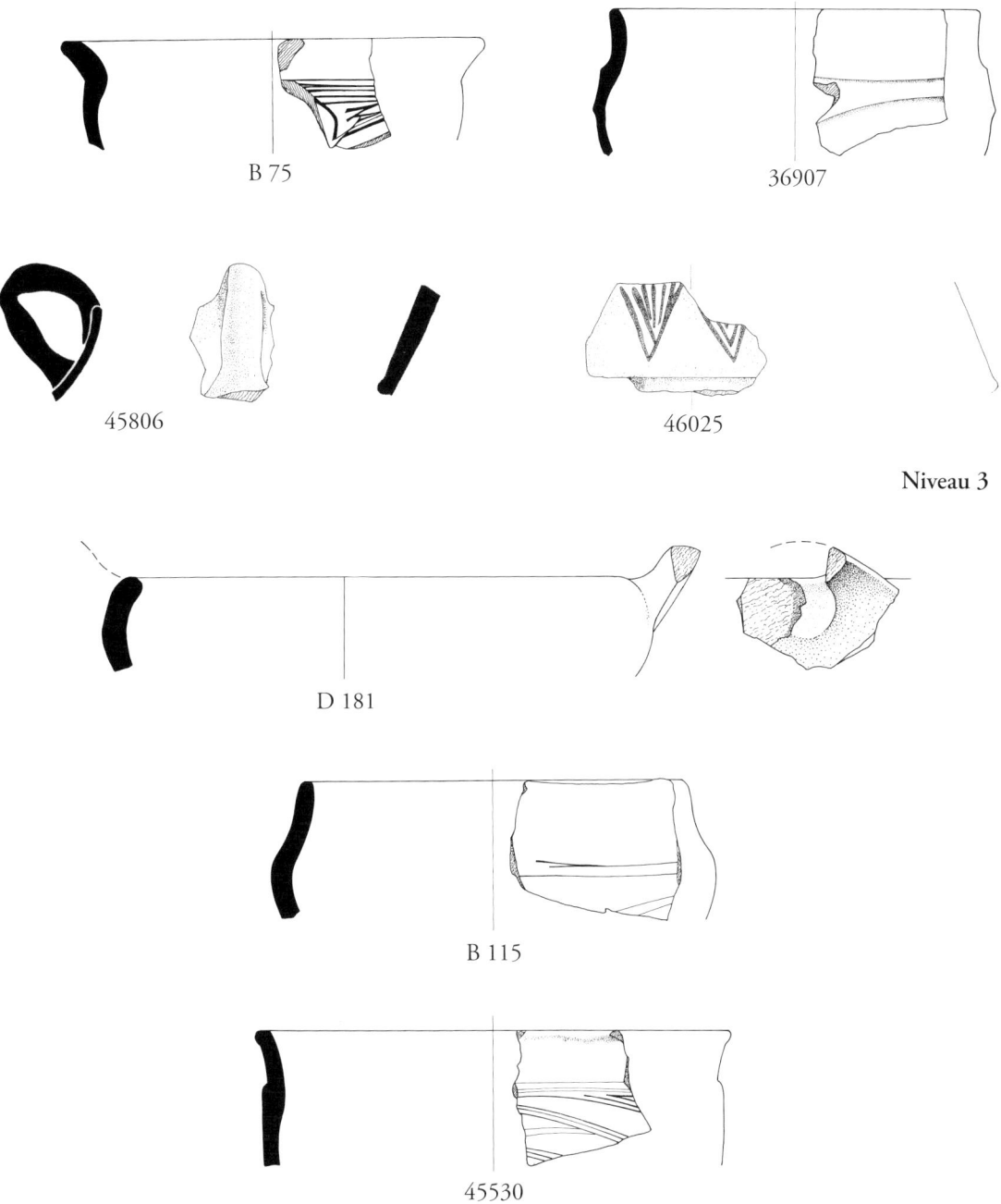

B 75

36907

45806

46025

Niveau 3

D 181

B 115

45530

0   5   10 cm

Céramique du BR.

Niveau 3

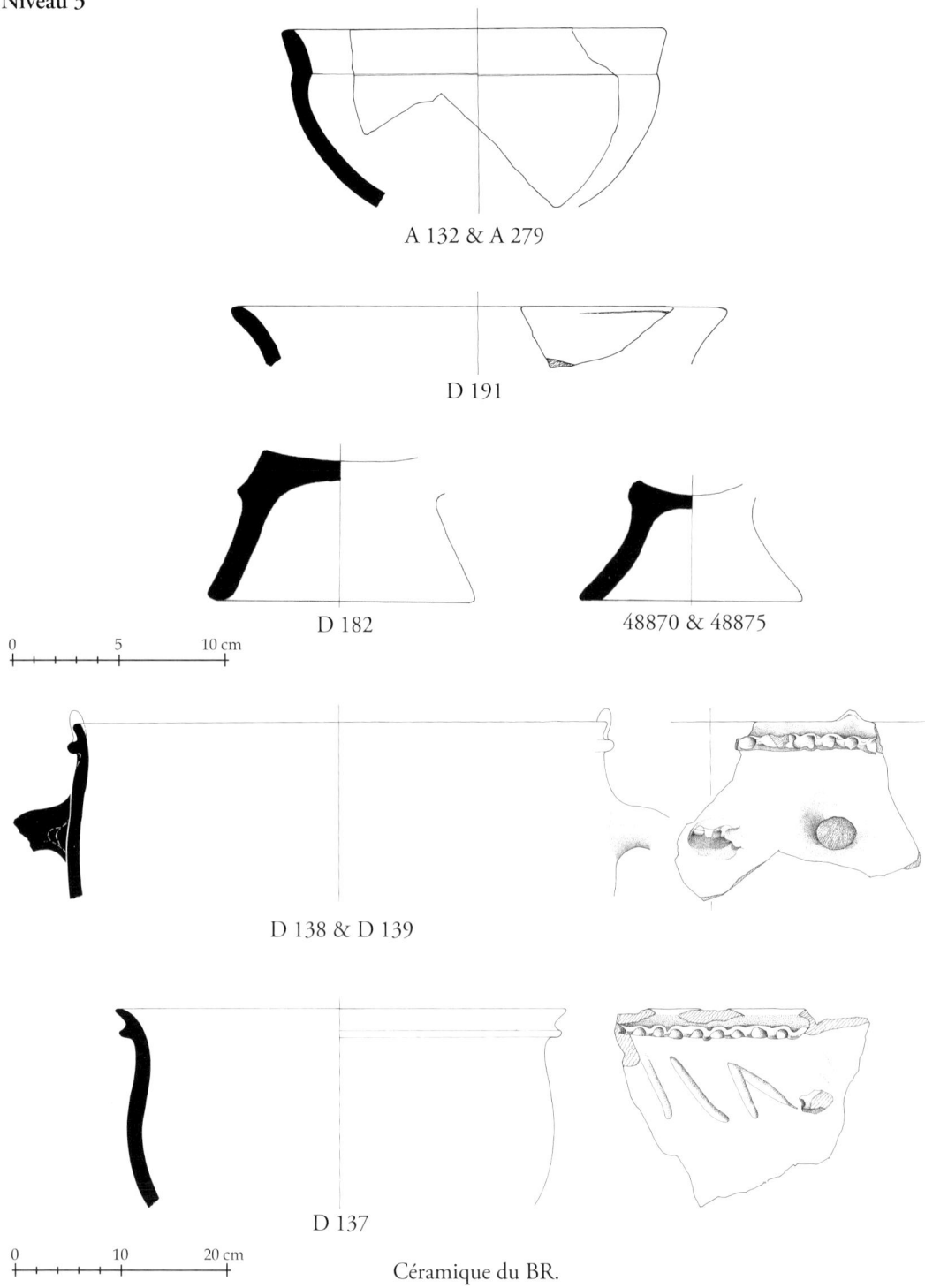

A 132 & A 279

D 191

D 182

48870 & 48875

0   5   10 cm

D 138 & D 139

D 137

0   10   20 cm

Céramique du BR.

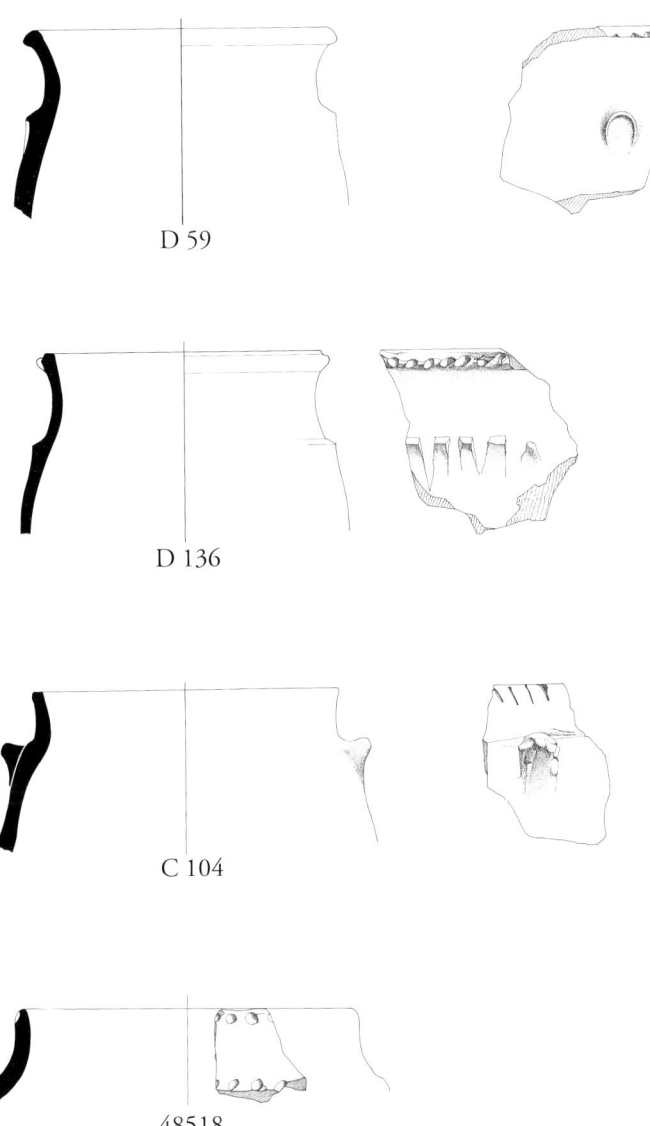

D 59

D 136

C 104

48518

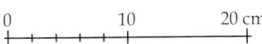

0   10   20 cm

Céramique du BR.

Niveau 2

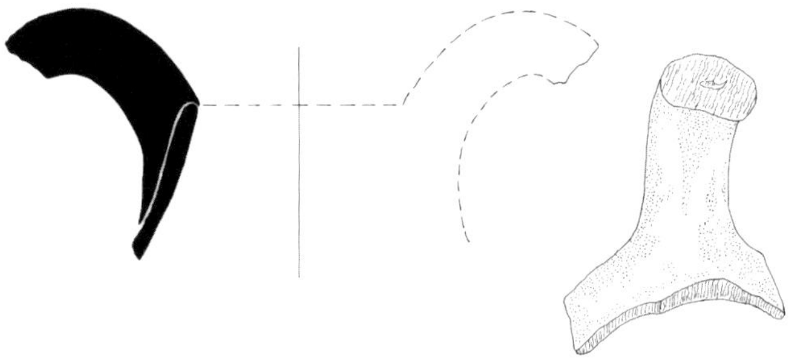

48874

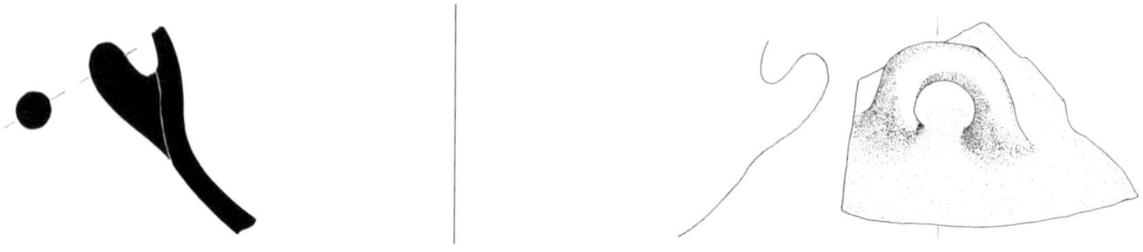

47886

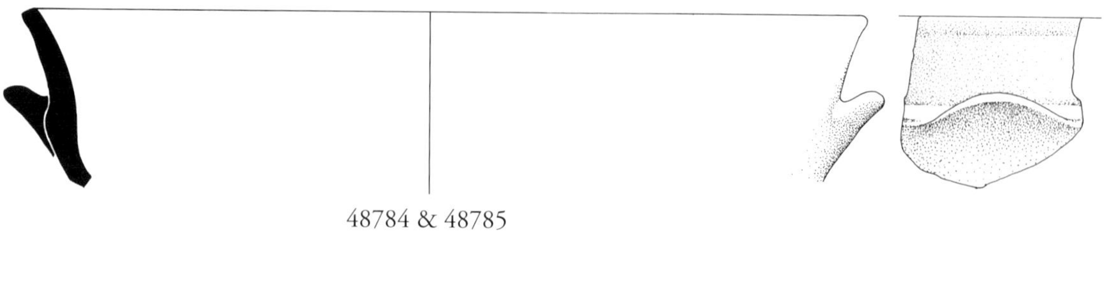

48784 & 48785

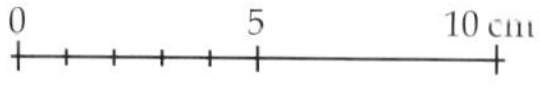

0   5   10 cm

Céramique du BR.

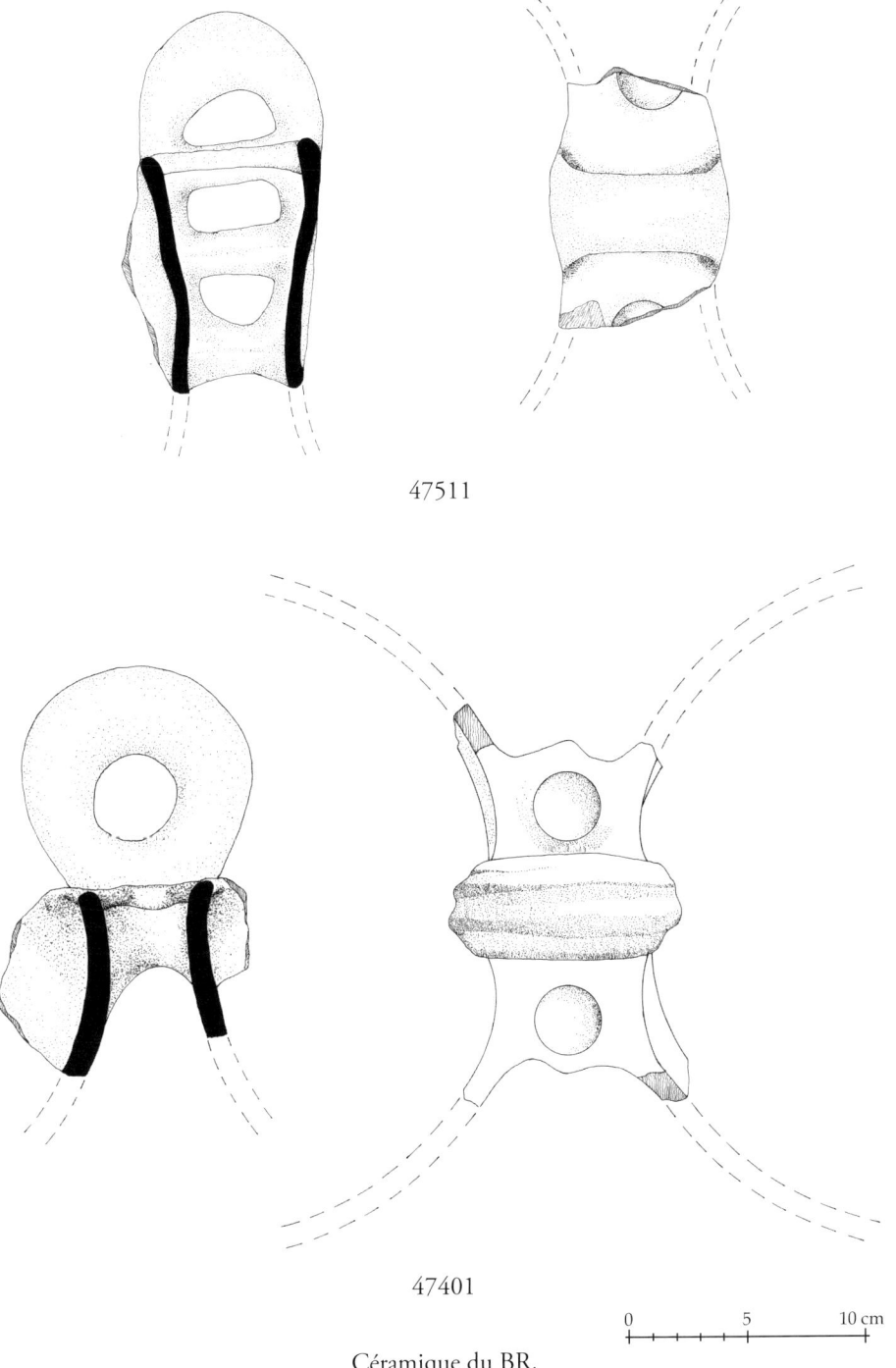

47511

47401

Céramique du BR.

0   5   10 cm

PLANCHE 50

Niveau 2

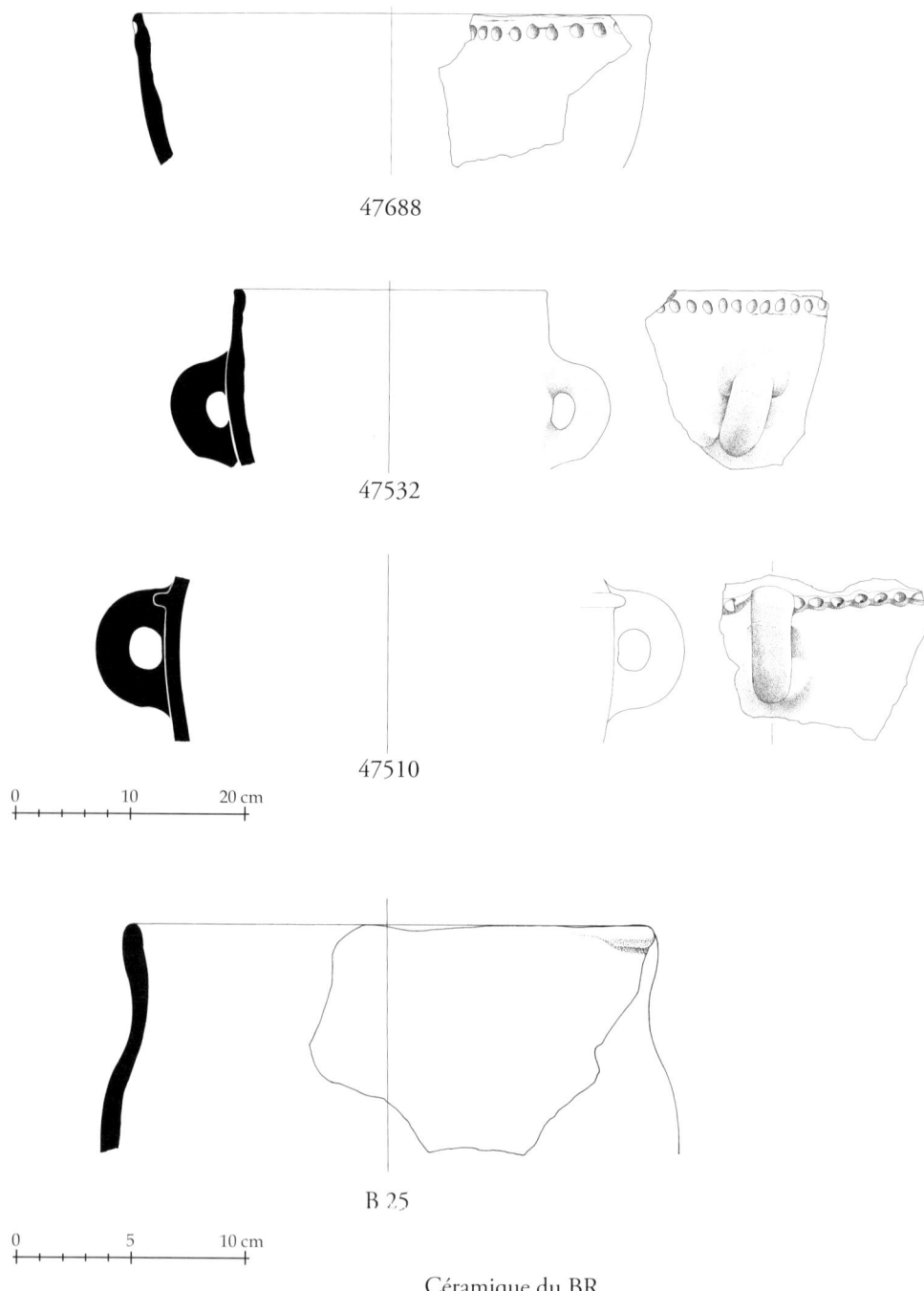

47688

47532

47510

0   10   20 cm

B 25

0   5   10 cm

Céramique du BR.

Niveau 2

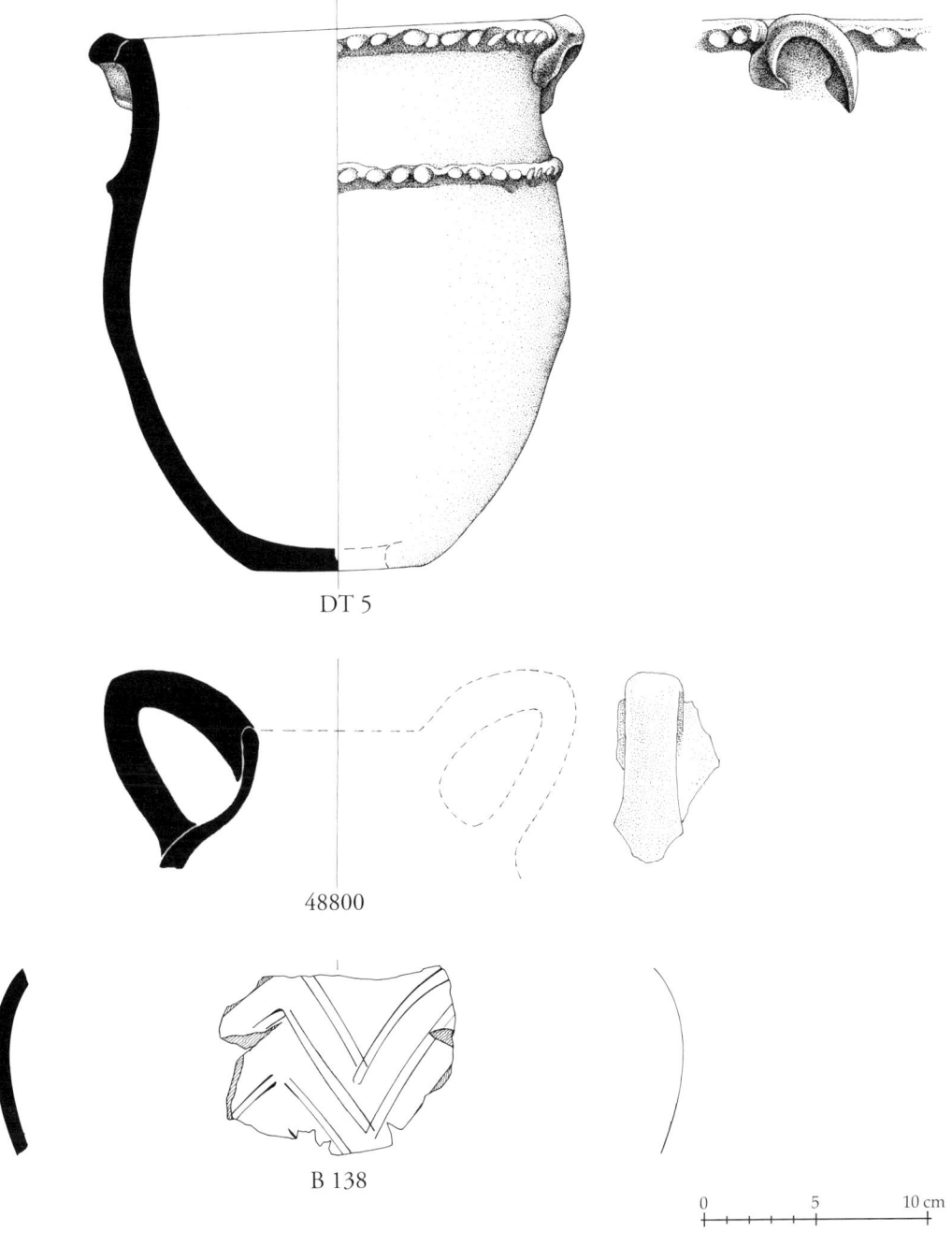

DT 5

48800

B 138

0   5   10 cm

Céramique du BR.

Niveau 2

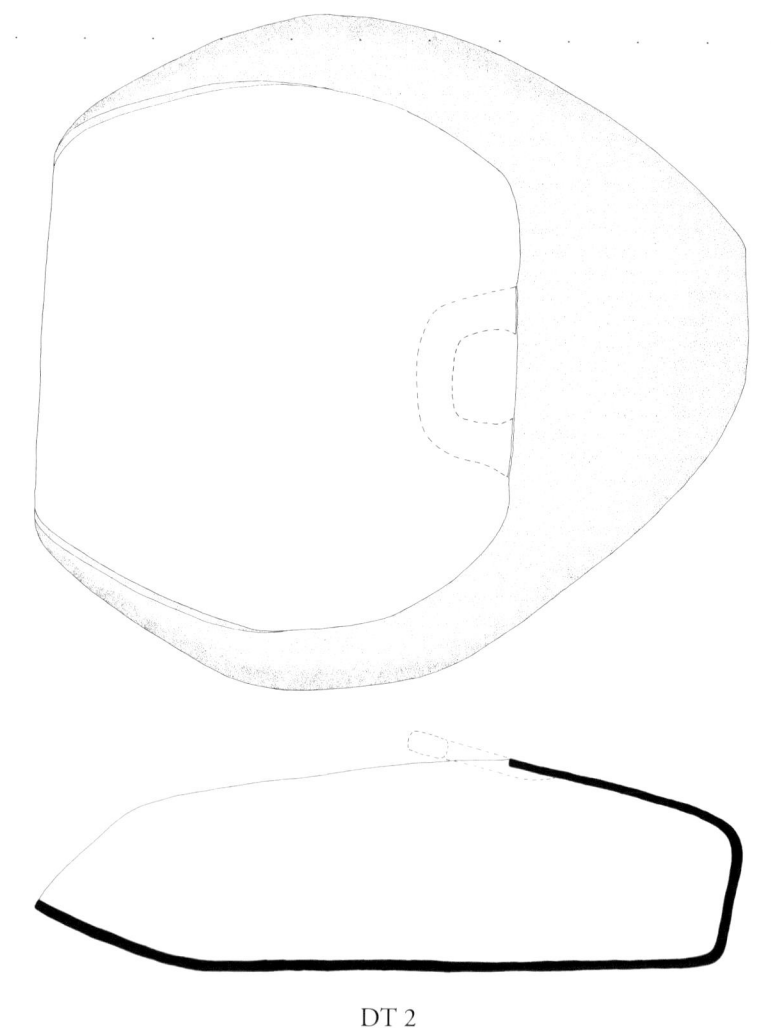

DT 2

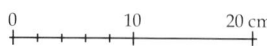

0   10   20 cm

Céramique du BR.

Niveaux 1 et 0

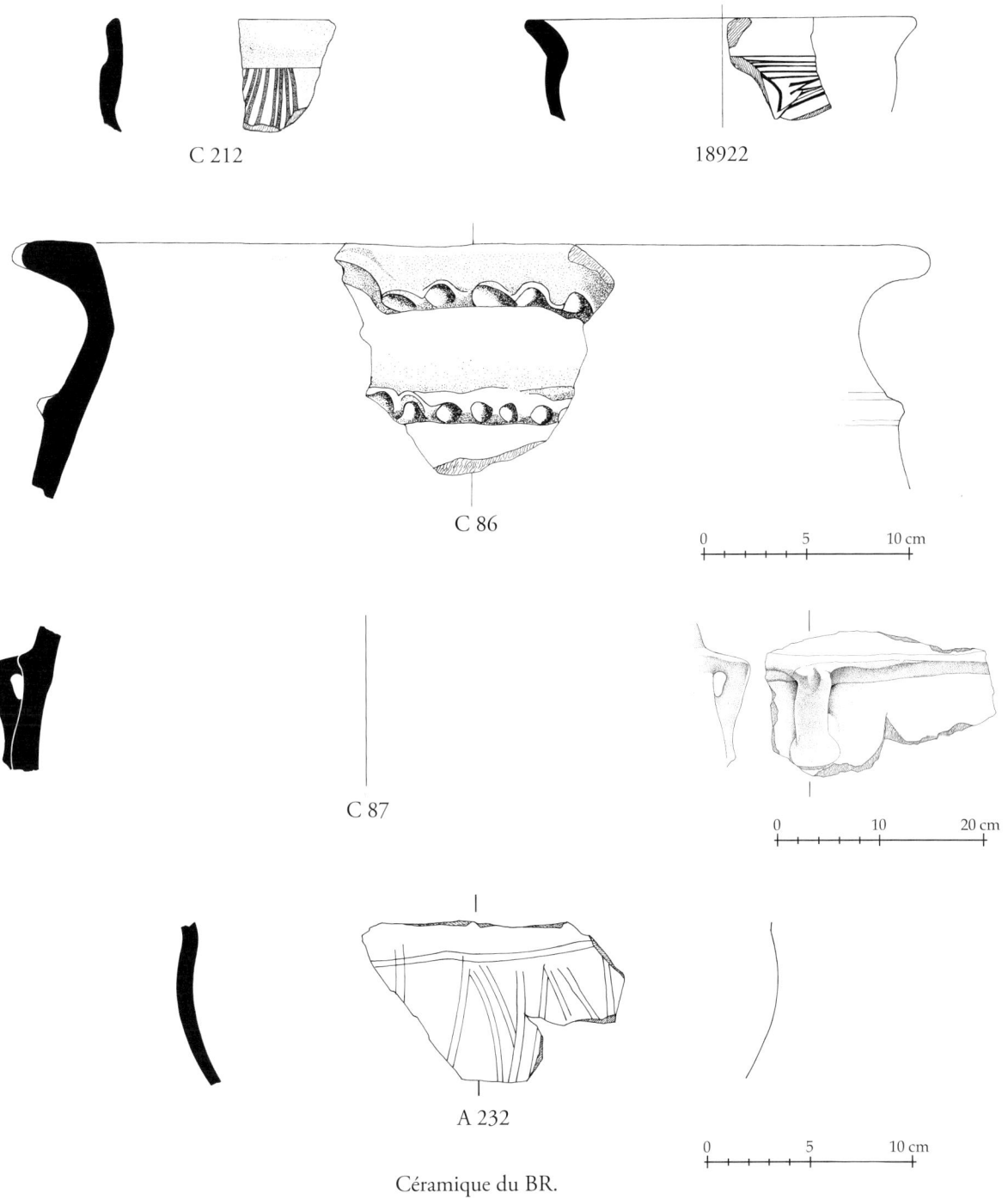

C 212

18922

C 86

0   5   10 cm

C 87

0   10   20 cm

A 232

0   5   10 cm

Céramique du BR.

PLANCHE 54

Surface

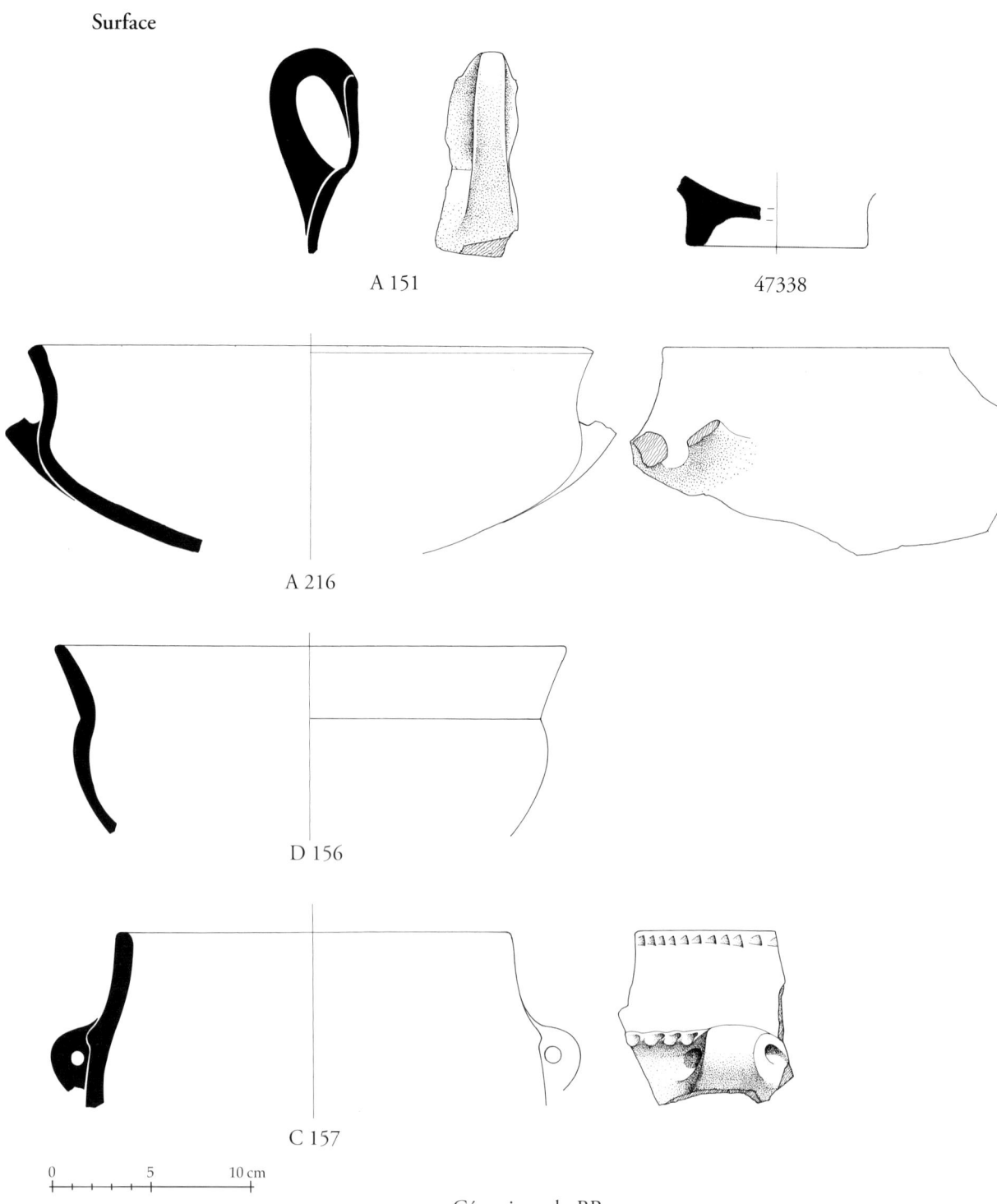

A 151

47338

A 216

D 156

C 157

0   5   10 cm

Céramique du BR.

PLANCHE 55

Surface

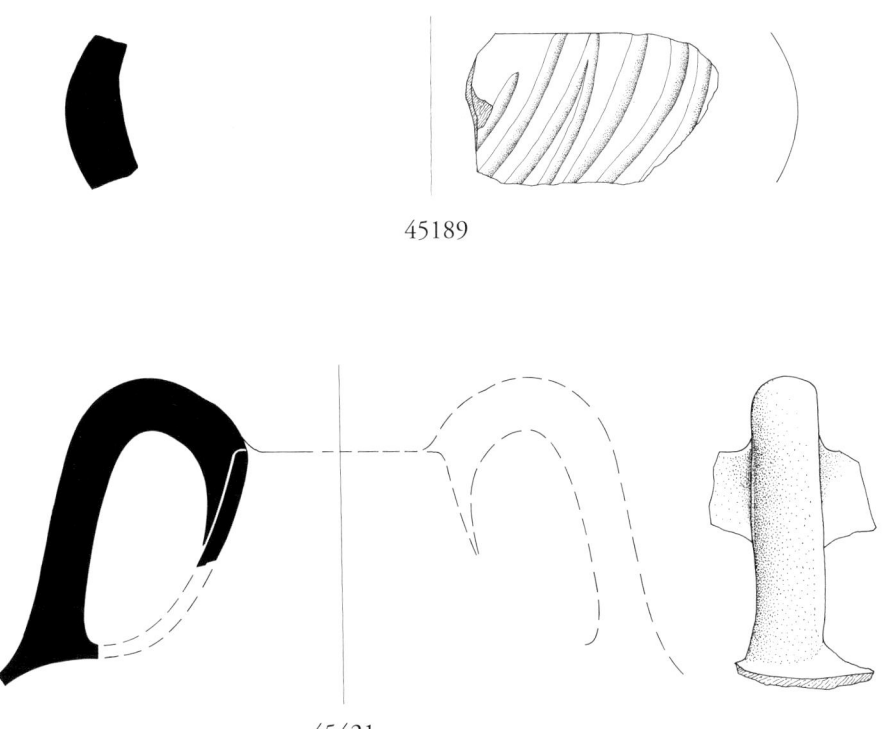

45189

45421

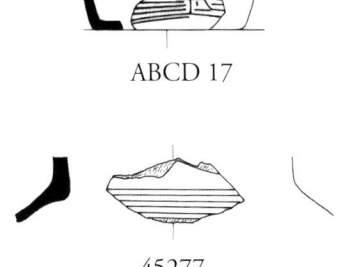

ABCD 17

45277

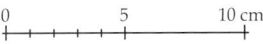

0   5   10 cm

Céramique du BR.

47408

47416

A 308

47647

46807

45429

Céramique du BR.

PLANCHE 57

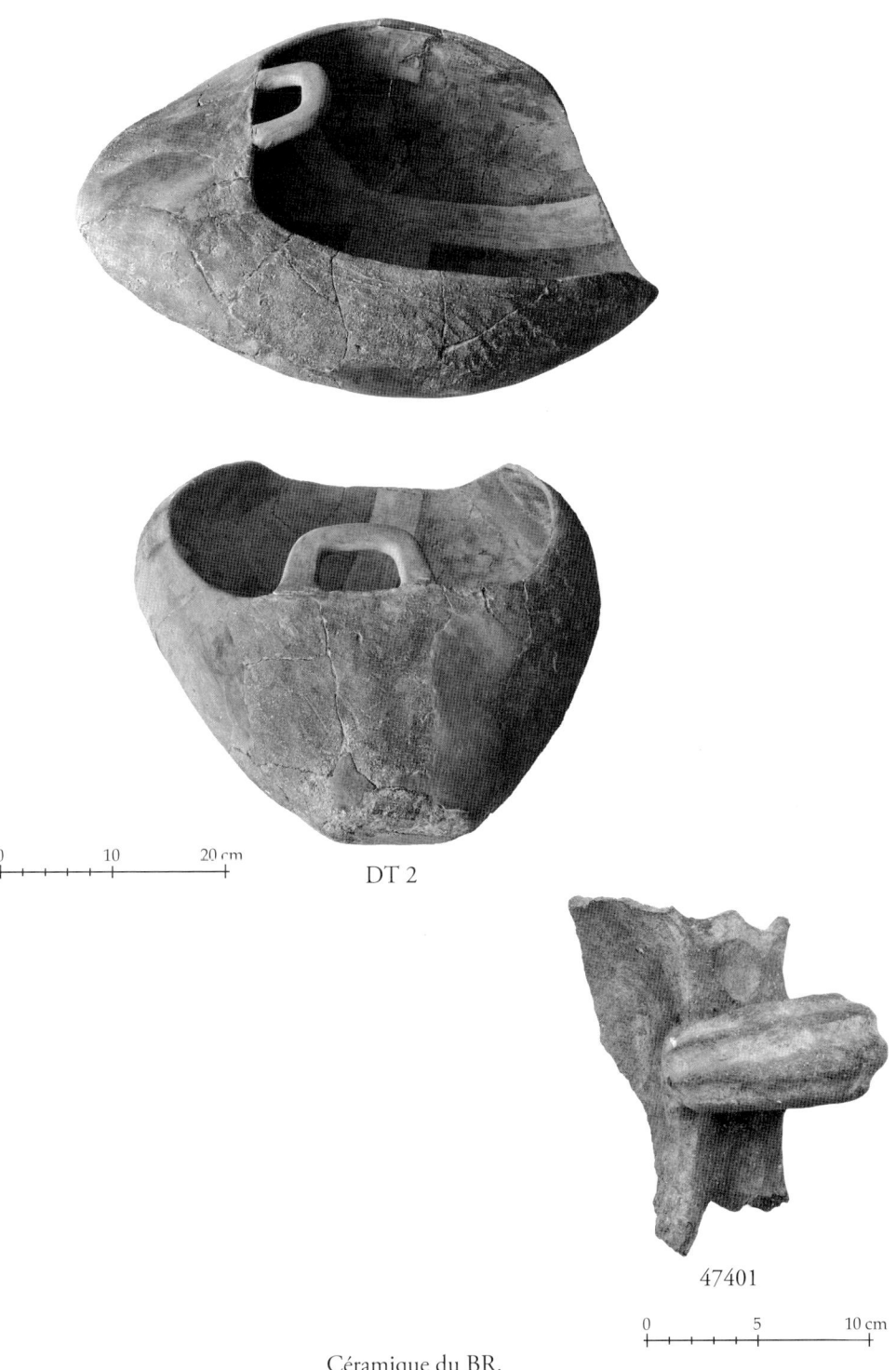

0   10   20 cm

DT 2

47401

0   5   10 cm

Céramique du BR.

PLANCHE 58

46025

48784 & 48785

36907

B 115

D 134

A 232

18922

45683

48401

A 236

B 55

C 39bis

47146

48221

45688

45686

45282

0   5   10 cm

Céramique du BR.

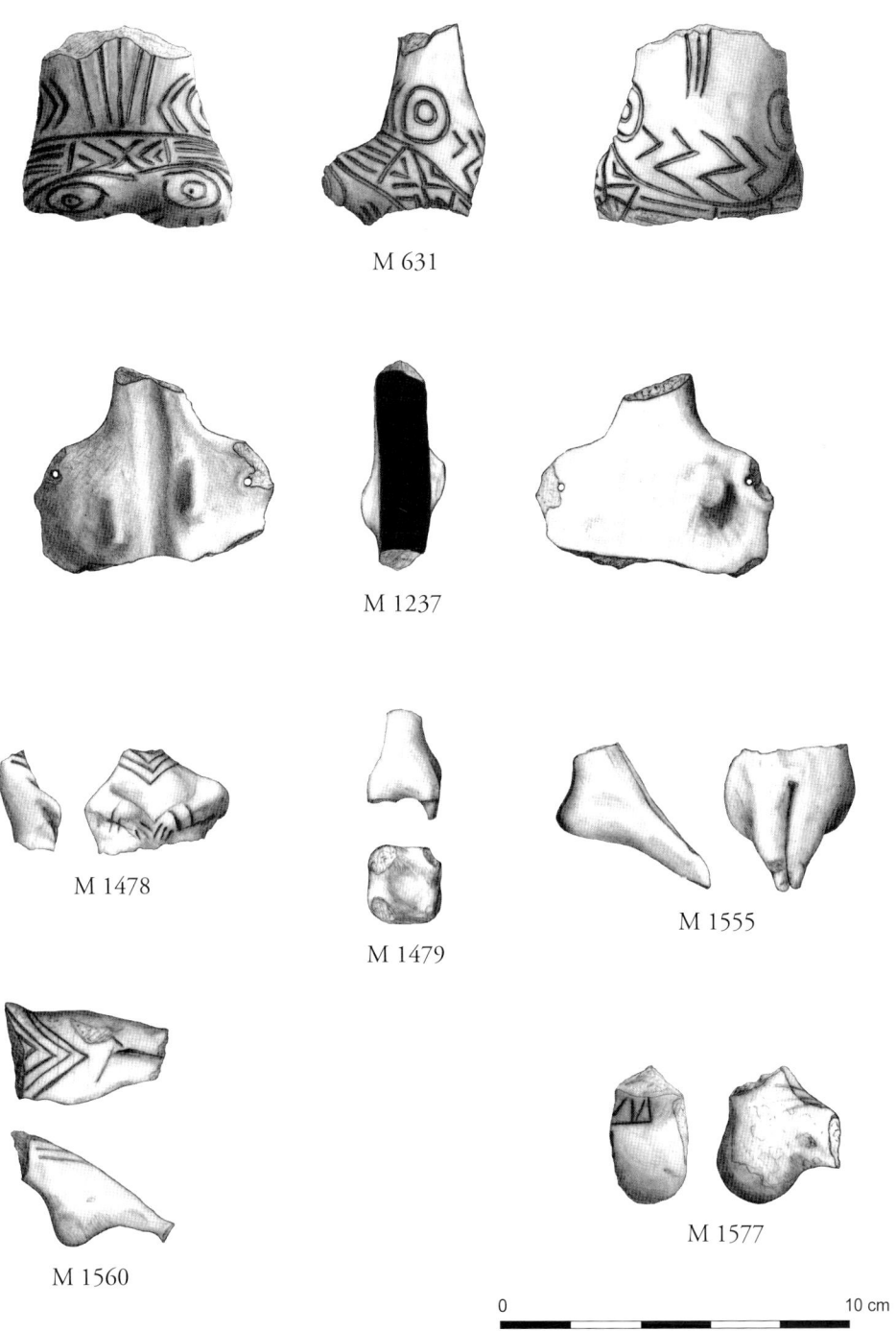

M 631

M 1237

M 1478

M 1479

M 1555

M 1560

M 1577

0   10 cm

Figurines anthropomorphes du NM.

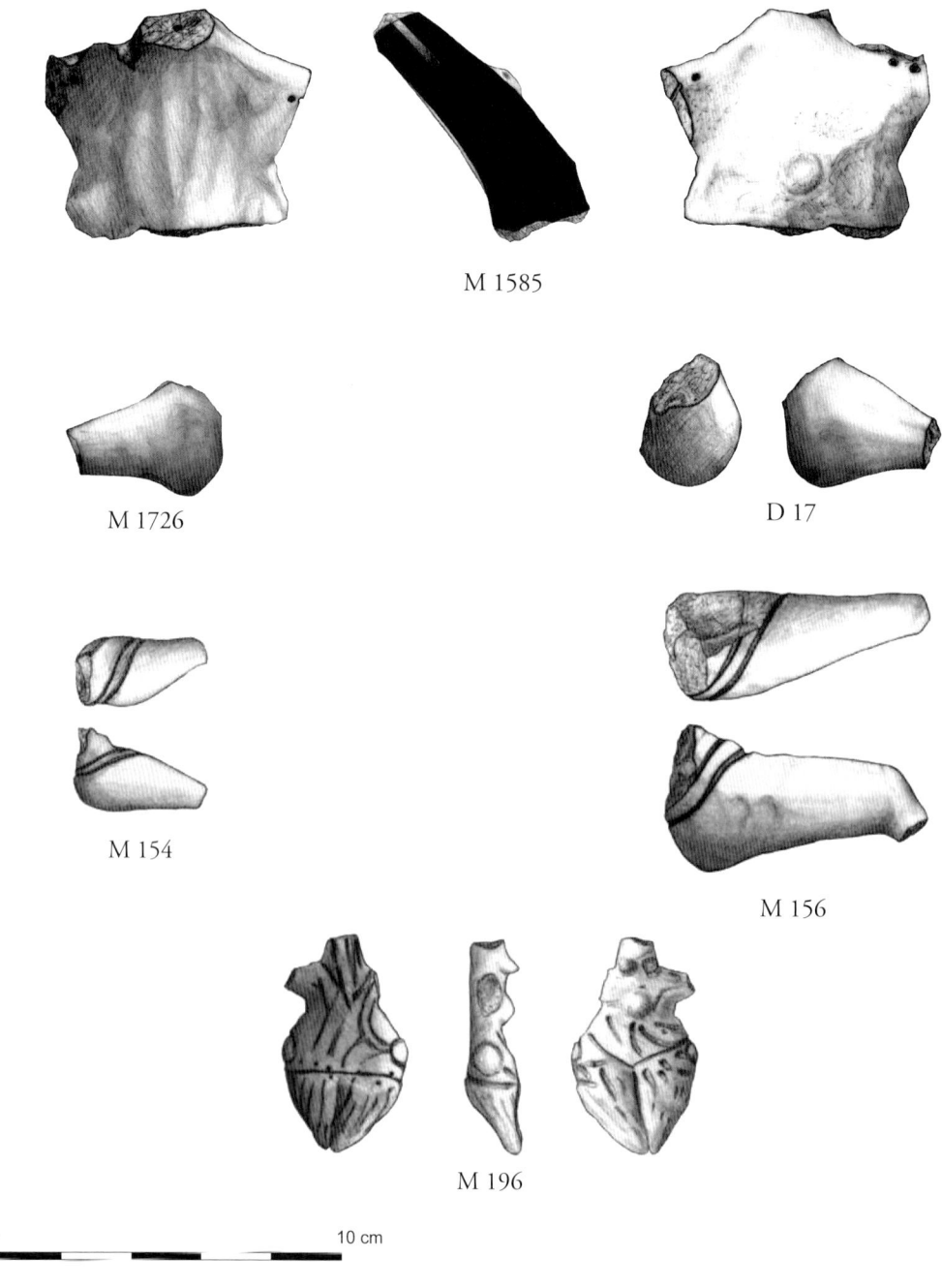

M 1585

M 1726

D 17

M 154

M 156

M 196

0   10 cm

Figurines anthropomorphes du NM (M 1585, M 1726, D 17) et NR.

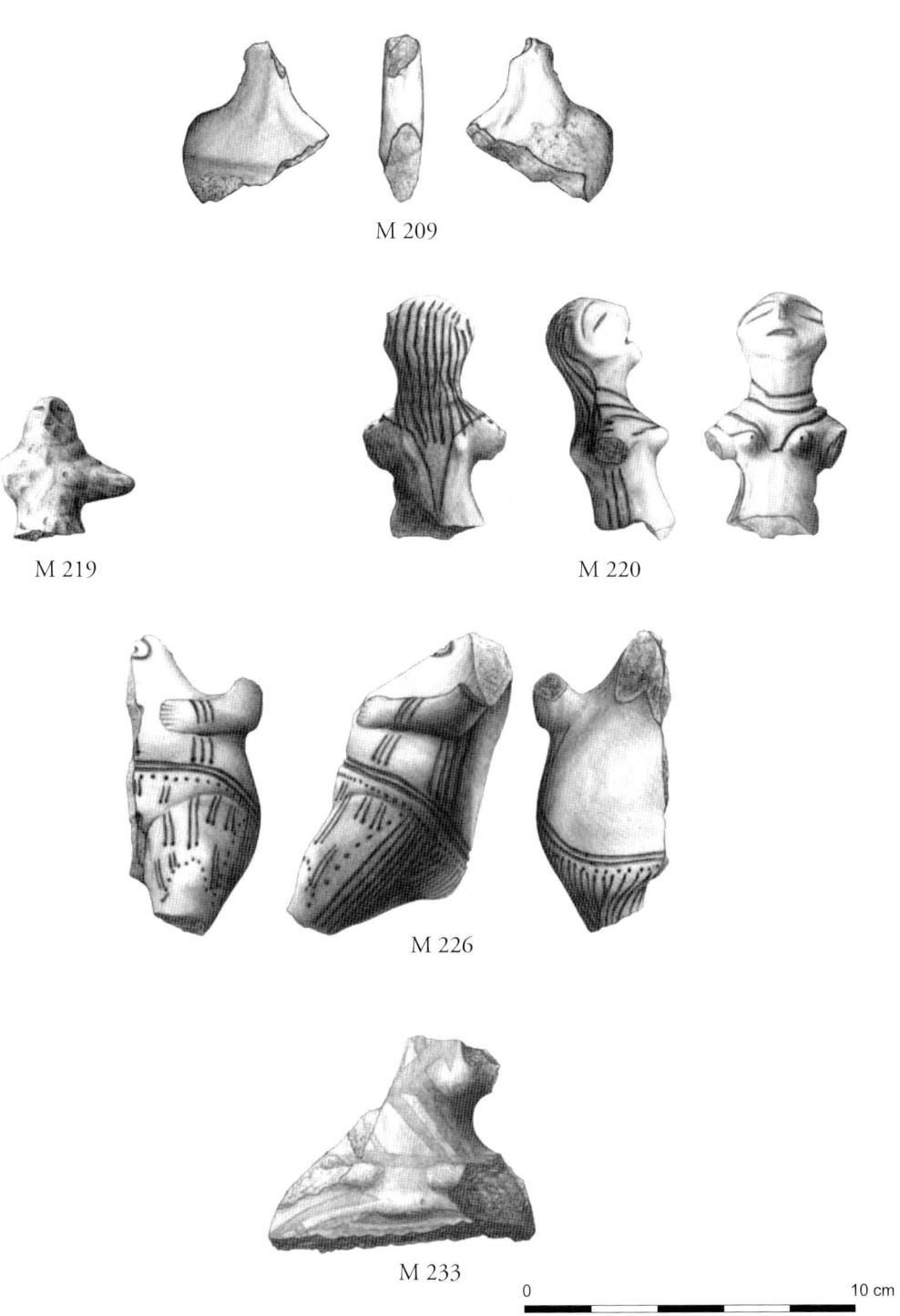

M 209

M 219

M 220

M 226

M 233

Figurines anthropomorphes du NR.

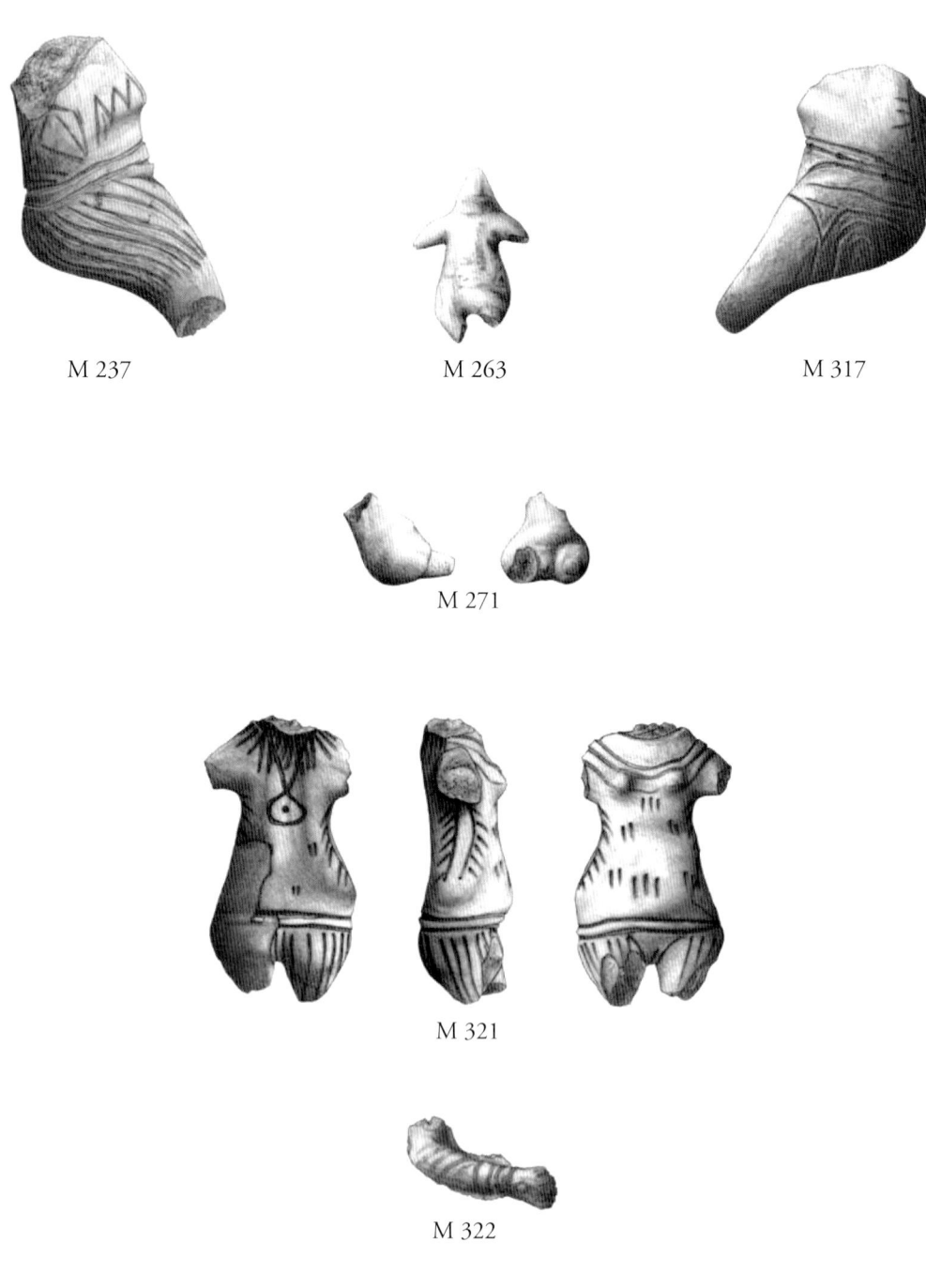

M 237

M 263

M 317

M 271

M 321

M 322

0   10 cm

Figurines anthropomorphes du NR.

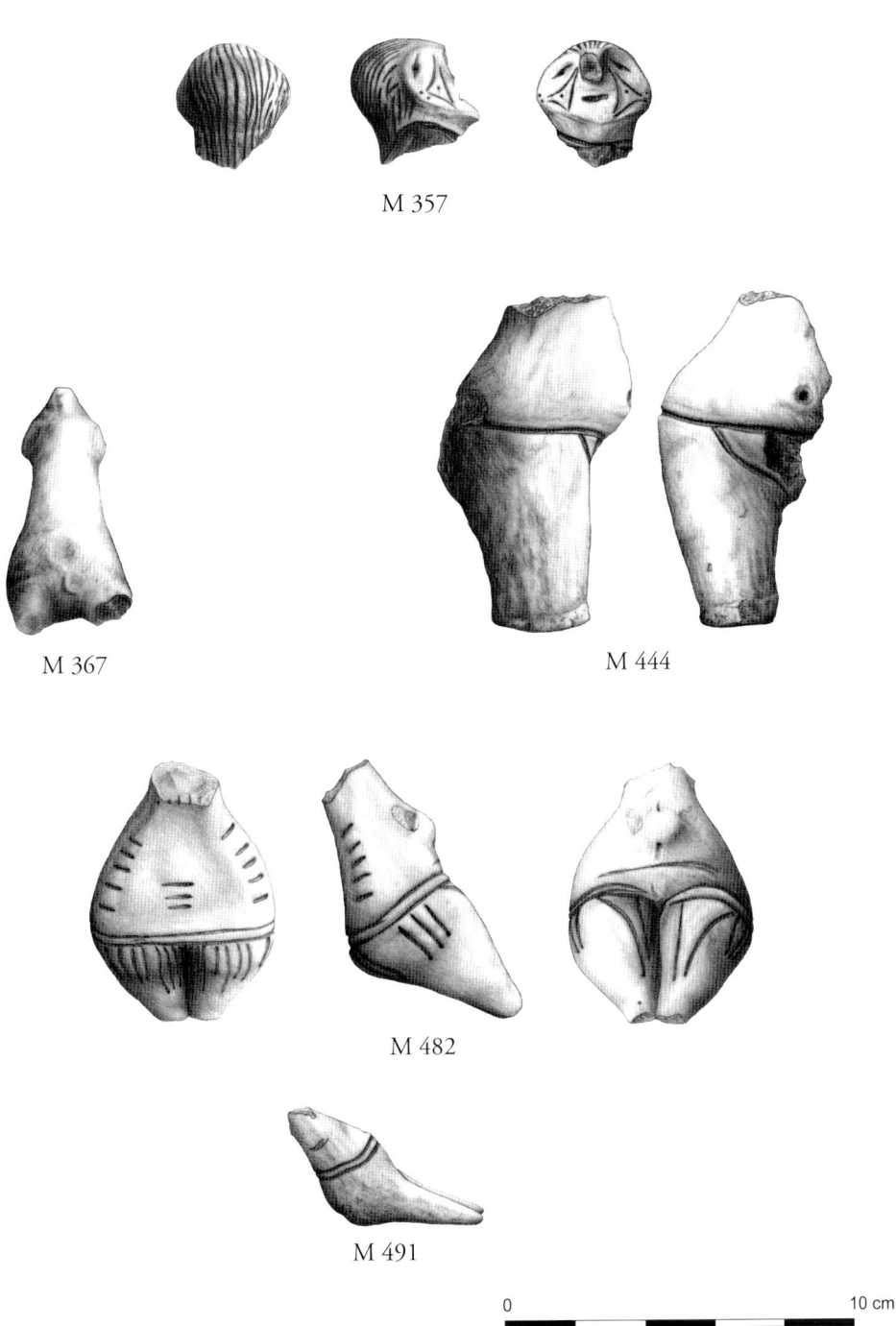

M 357

M 367

M 444

M 482

M 491

Figurines anthropomorphes du NR.

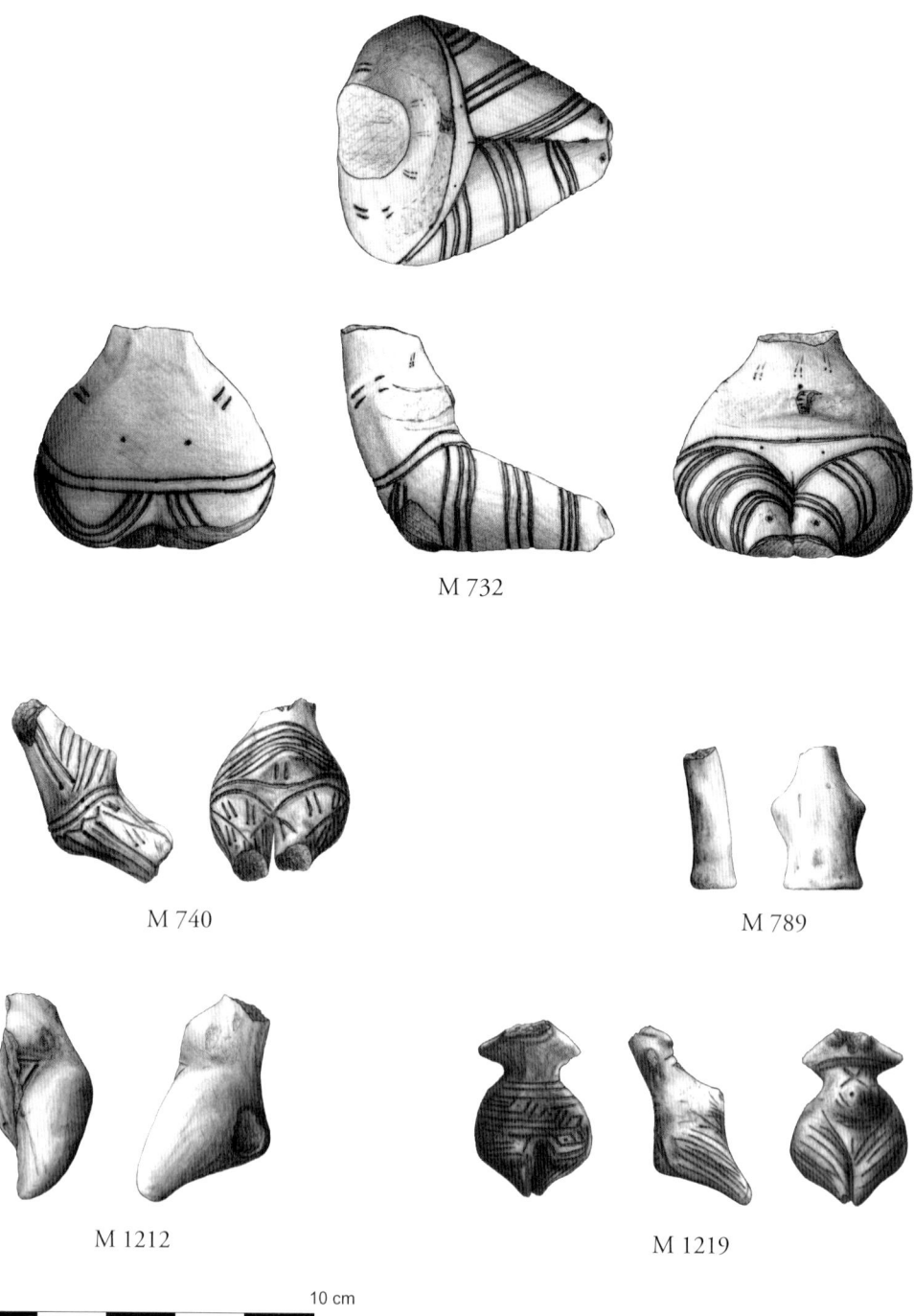

M 732

M 740

M 789

M 1212

M 1219

0   10 cm

Figurines anthropomorphes du NR.

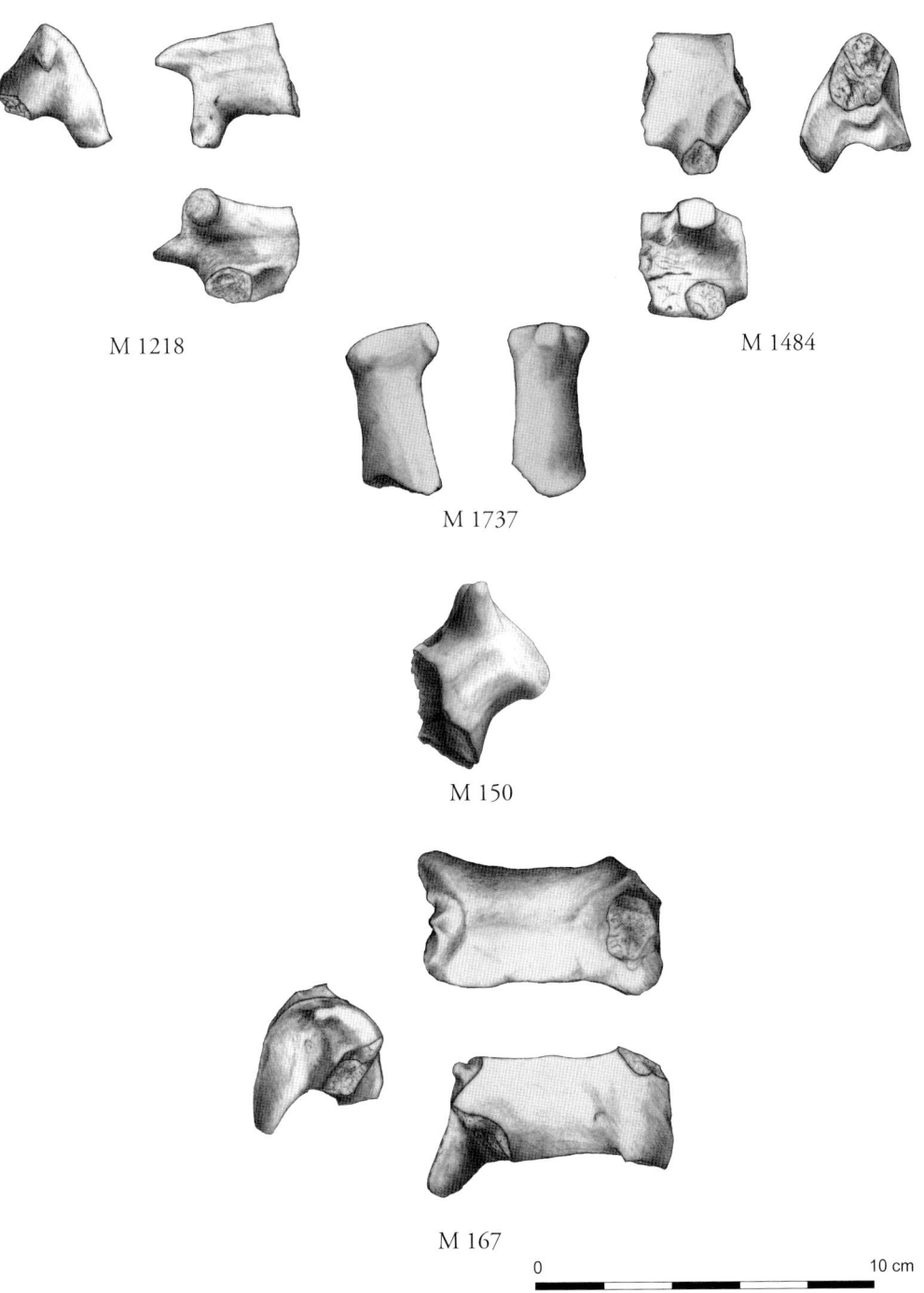

M 1218

M 1484

M 1737

M 150

M 167

0   10 cm

Figurines zoomorphes du NM (M 1218, M 1484, M 1737) et du NR.

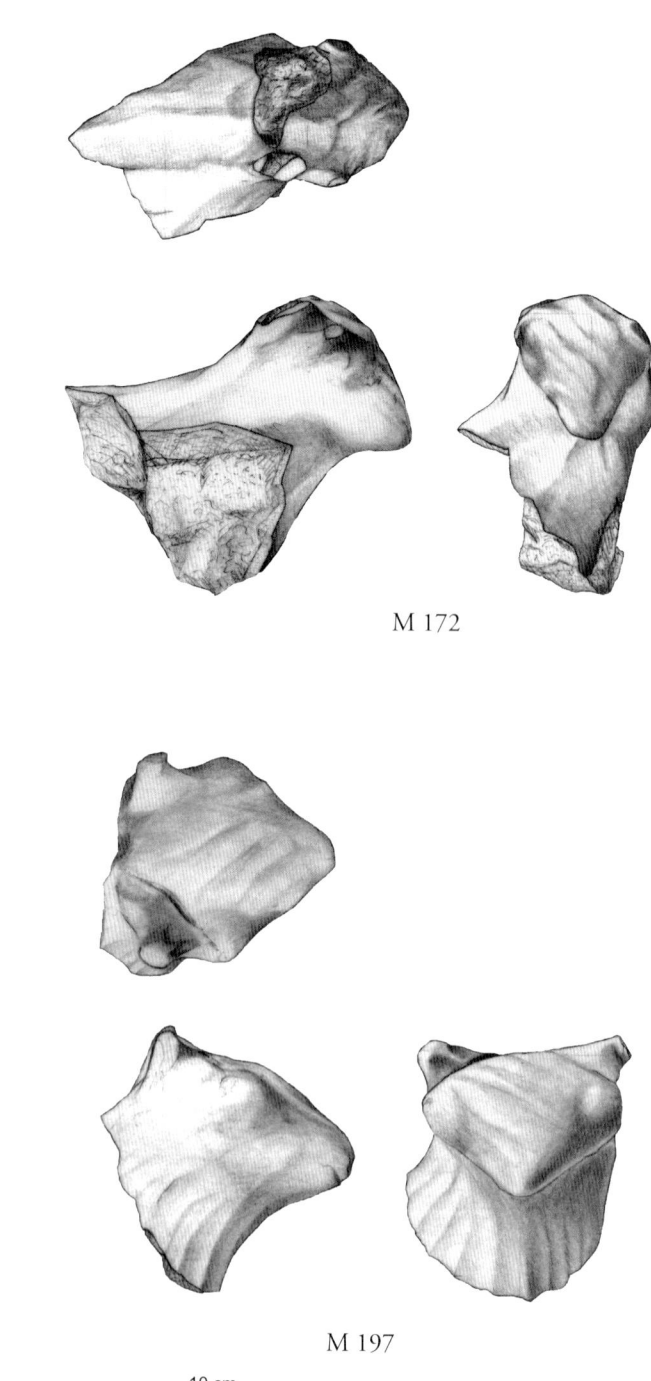

M 172

M 197

0   10 cm

Figurines zoomorphes du NR.

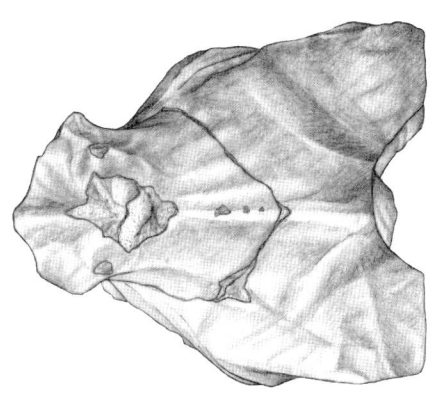

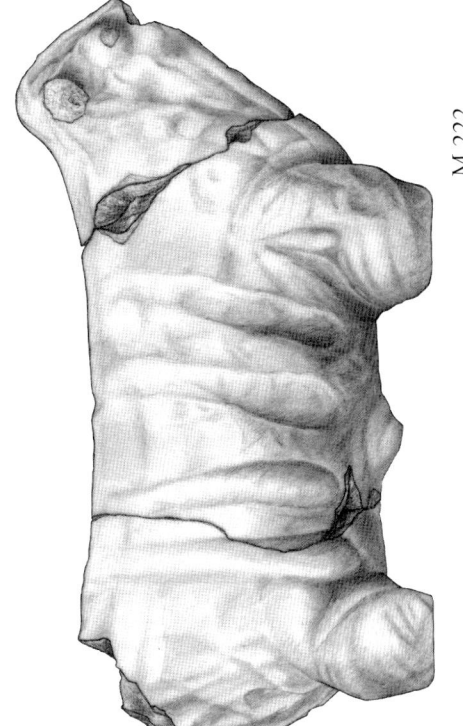

M 222

Figurine zoomorphe du NR.

0   10 cm

PLANCHE 68

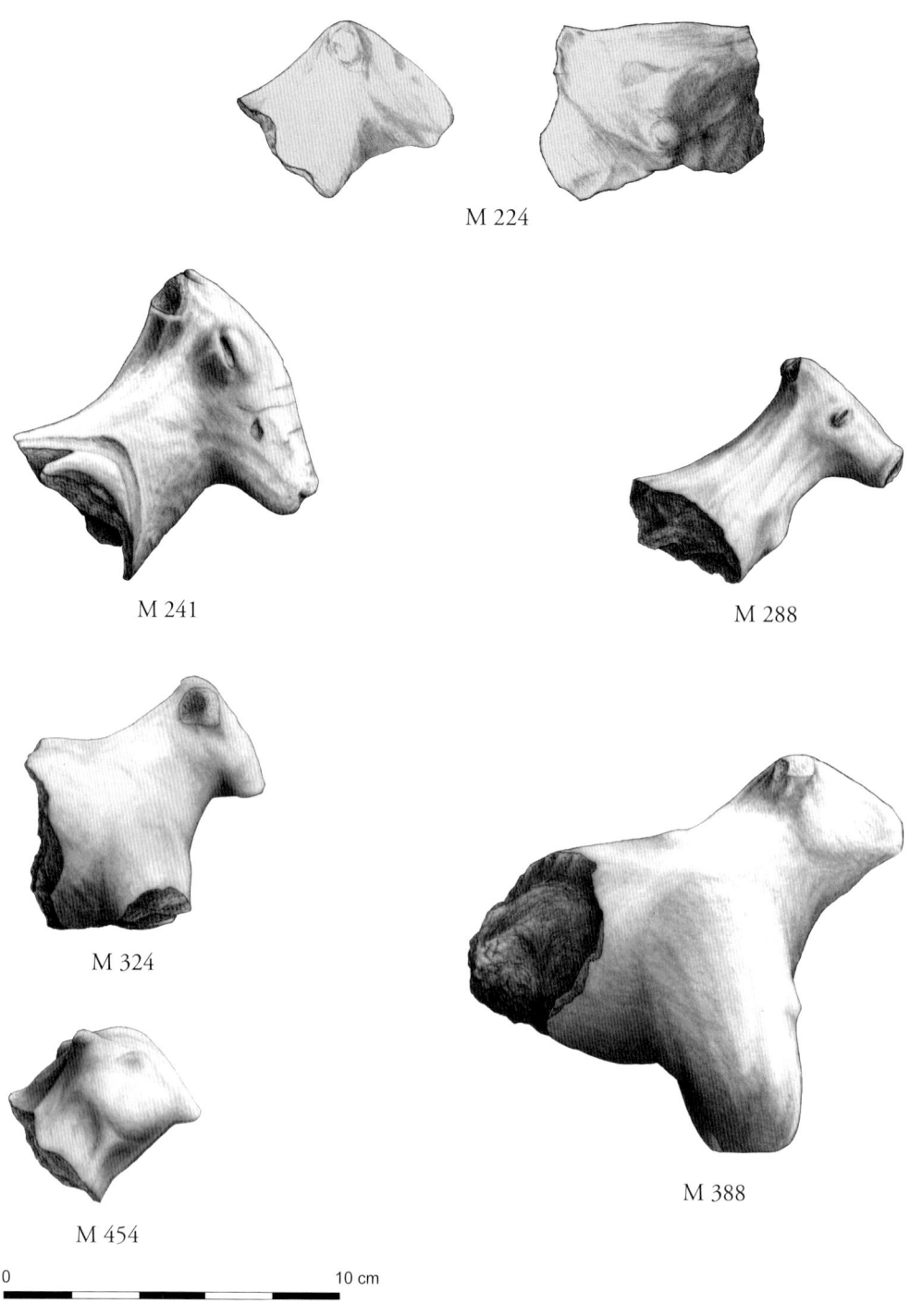

M 224

M 241

M 288

M 324

M 388

M 454

0   10 cm

Figurines zoomorphes du NR.

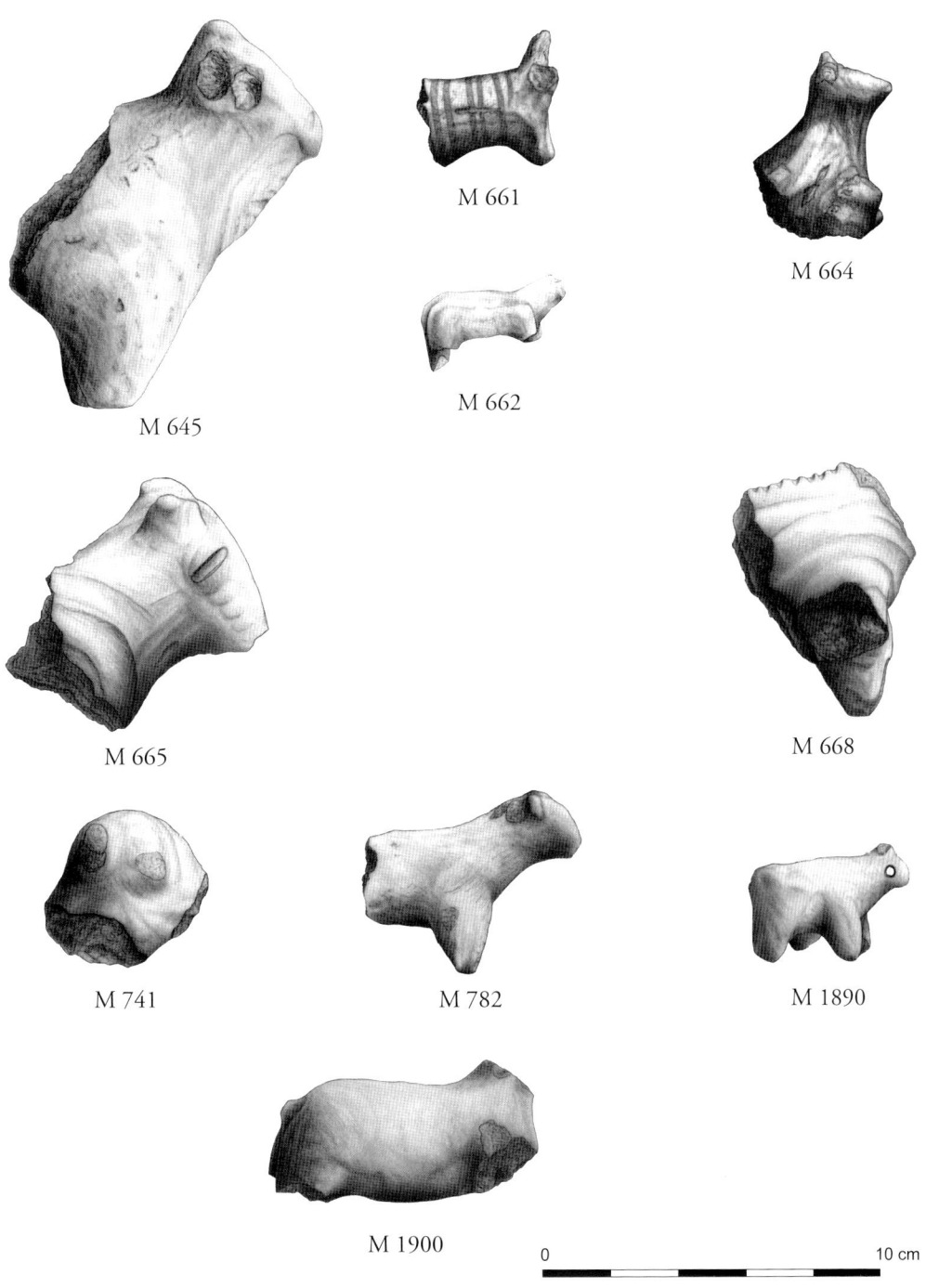

M 661

M 664

M 645

M 662

M 665

M 668

M 741

M 782

M 1890

M 1900

Figurines zoomorphes du NR
et du BR ou de l'époque historique (M 1900).

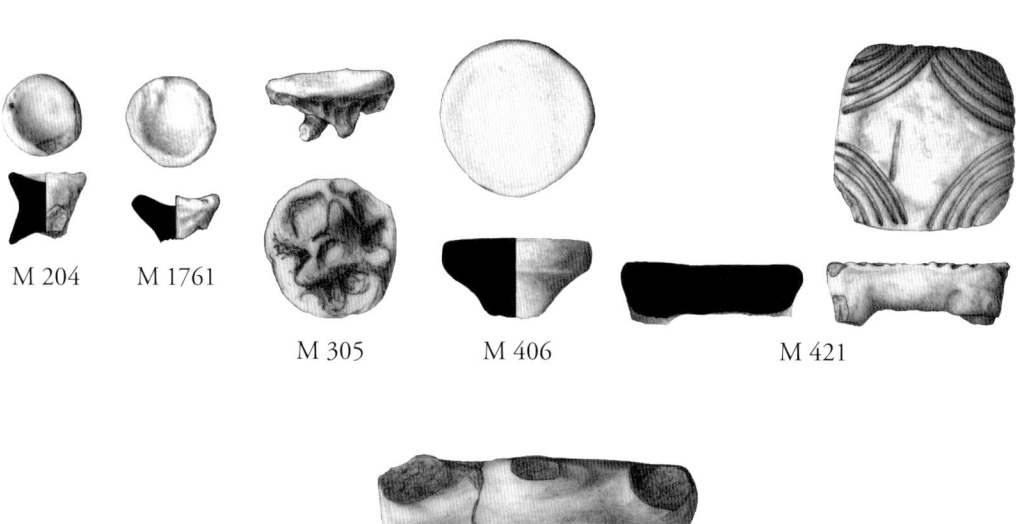

M 204   M 1761

M 305   M 406   M 421

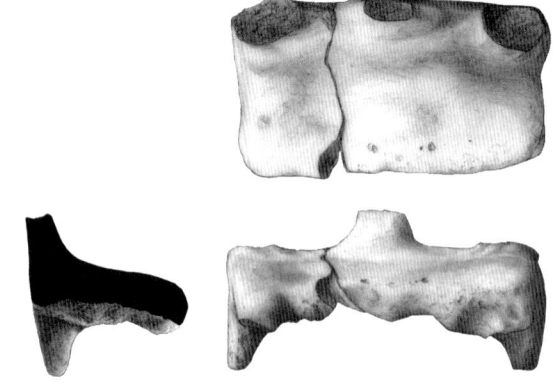

M 461 & M 468

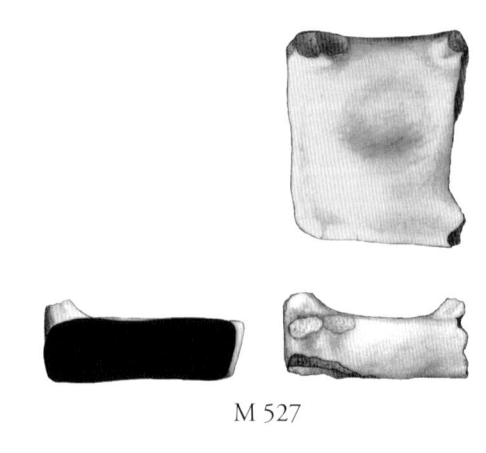

M 527

0   10 cm

Maquettes de mobilier ou de vases miniatures à pieds du NM
(M 204, M 1761) et du NR.

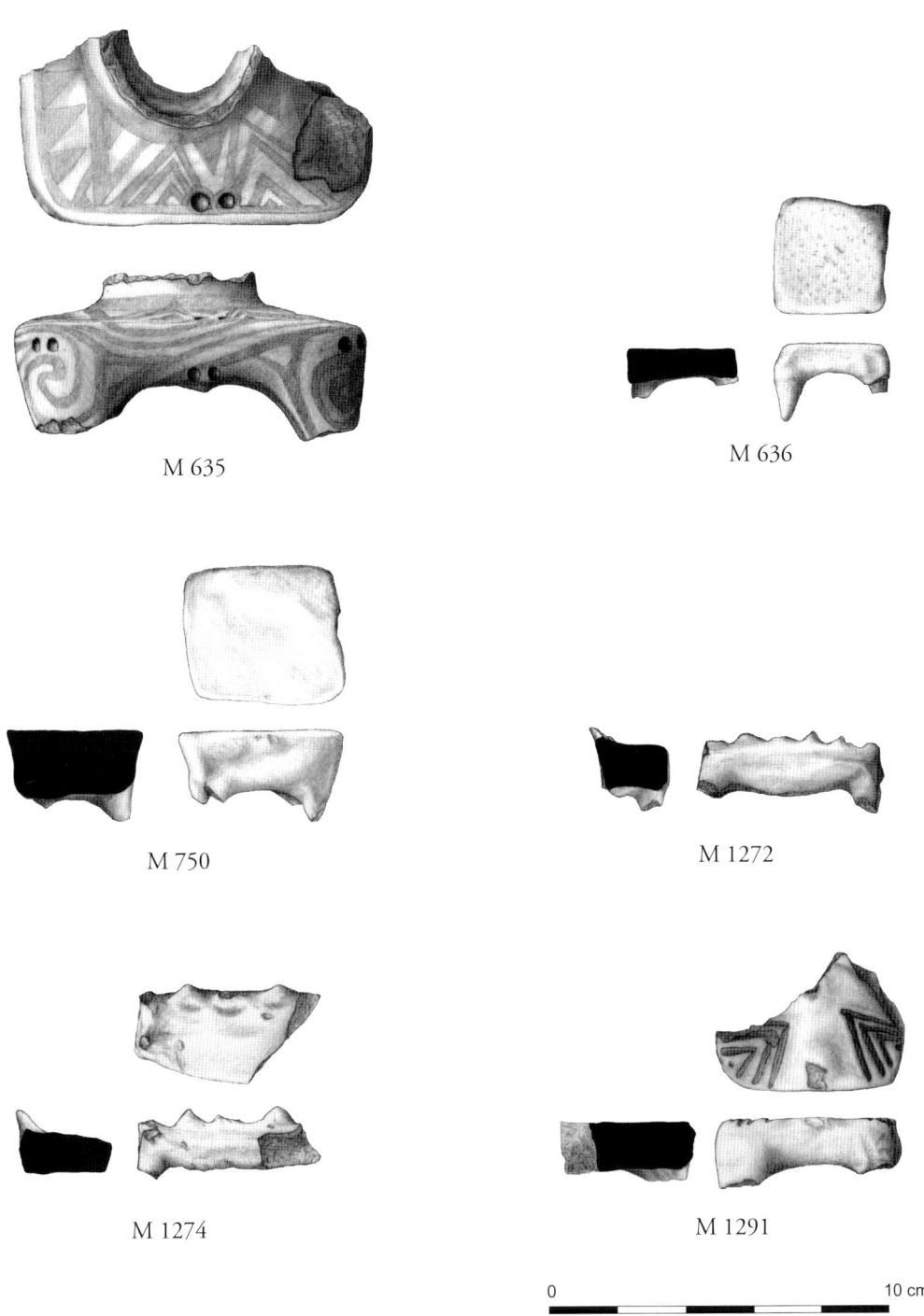

M 635

M 636

M 750

M 1272

M 1274

M 1291

0   10 cm

Maquettes de mobilier du NR.

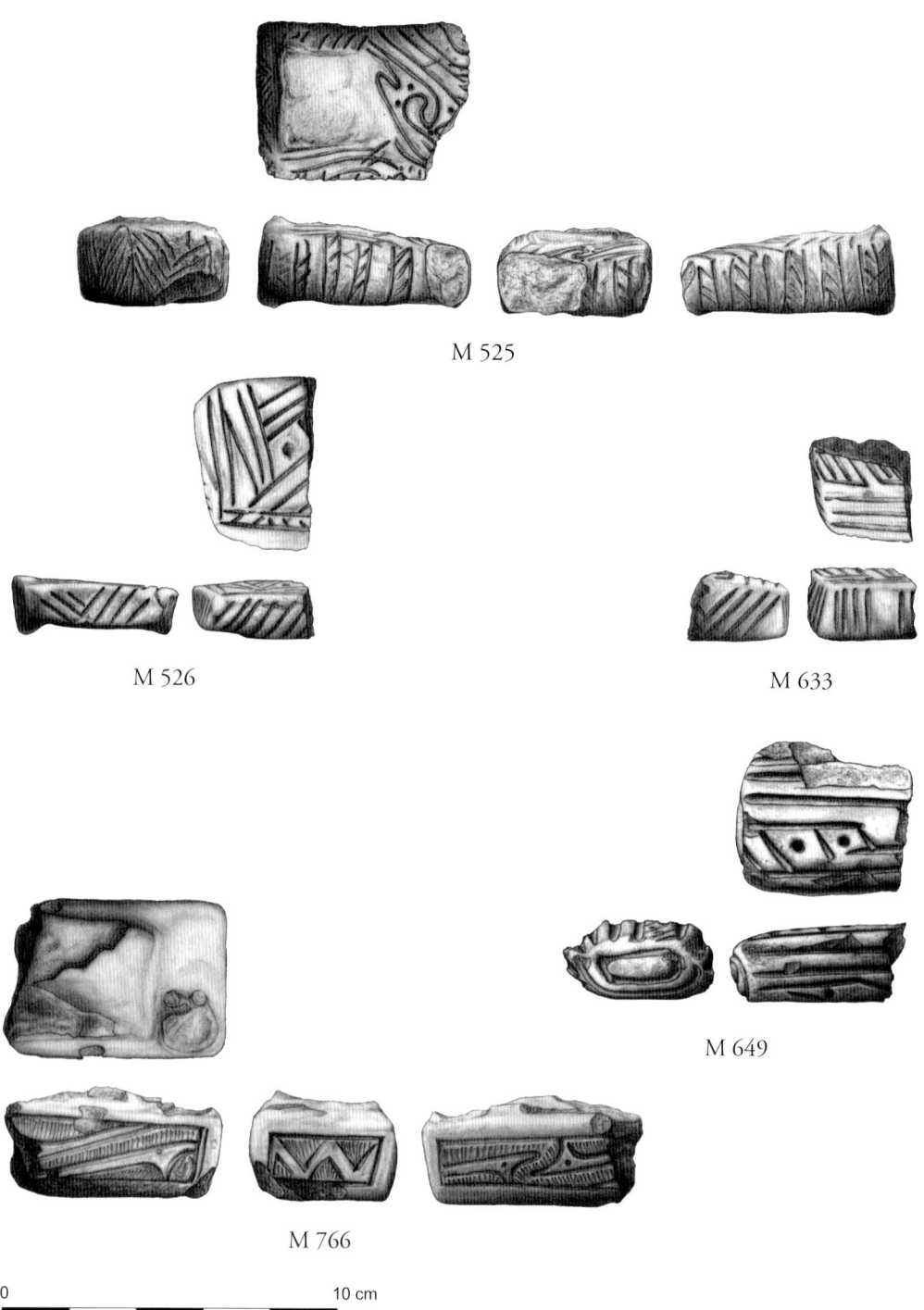

M 525

M 526

M 633

M 649

M 766

0   10 cm

Maquettes de dispositifs fixes (fours) du NR.

PLANCHE 73

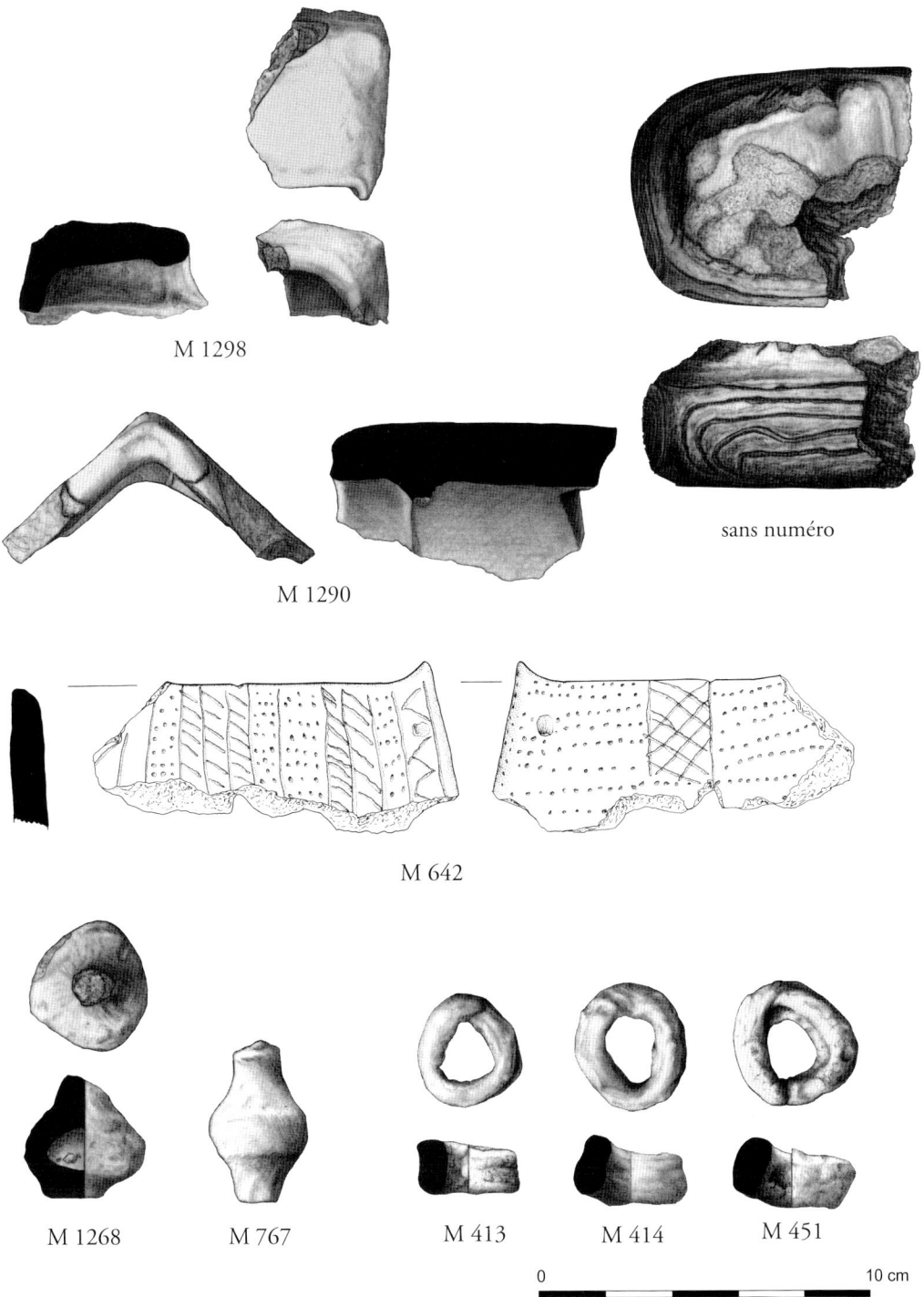

M 1298

sans numéro

M 1290

M 642

M 1268　　M 767　　　M 413　　M 414　　M 451

0　　　　　　　　　　　　　　　　　10 cm

Maquettes de four (M 1298 et sans numéro), de maison (M 1290, M 642) et divers
du NR et du BA II (M 642).

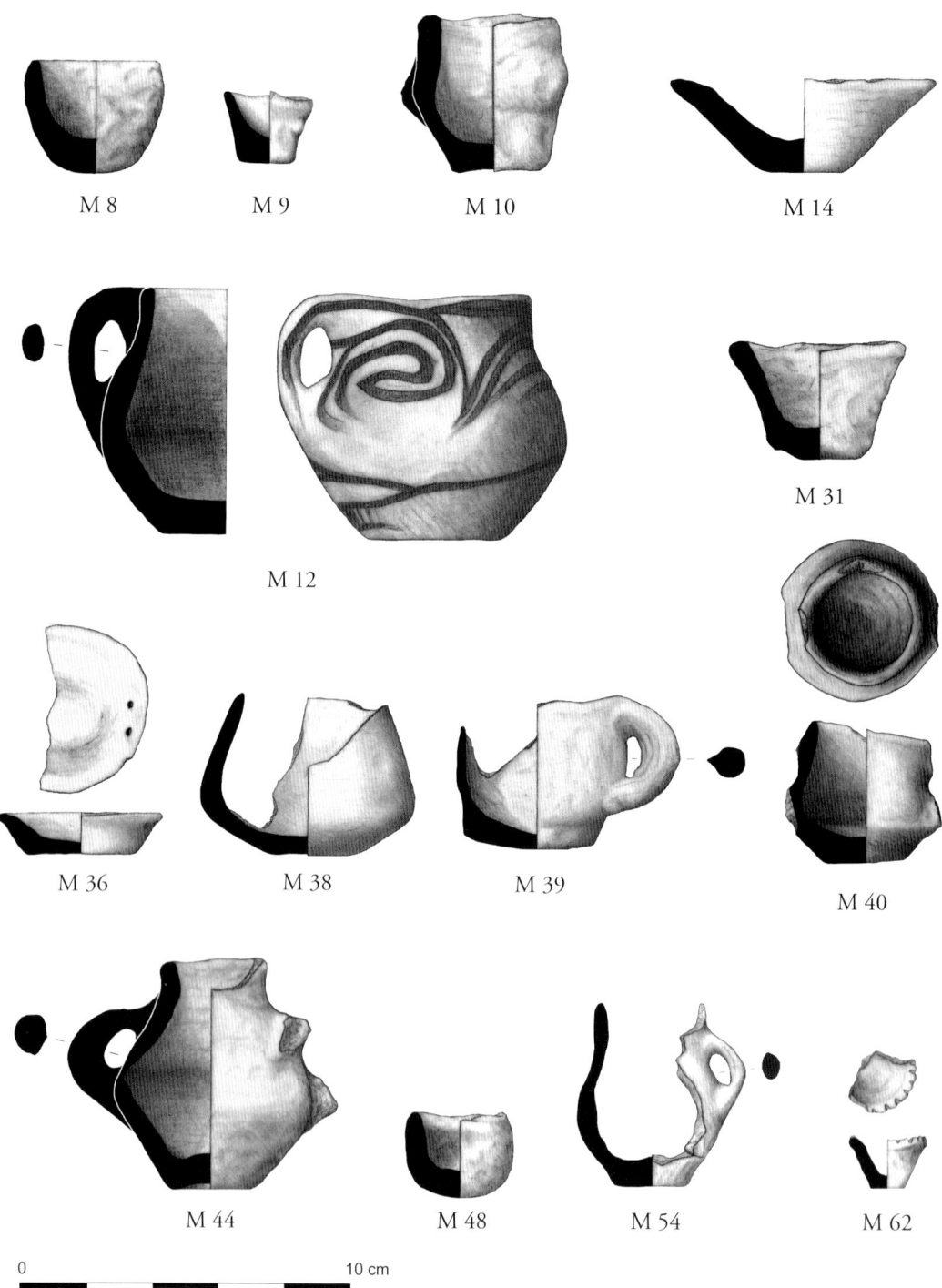

M 8   M 9   M 10   M 14

M 12   M 31

M 36   M 38   M 39   M 40

M 44   M 48   M 54   M 62

0   10 cm

Vases miniatures du NR.

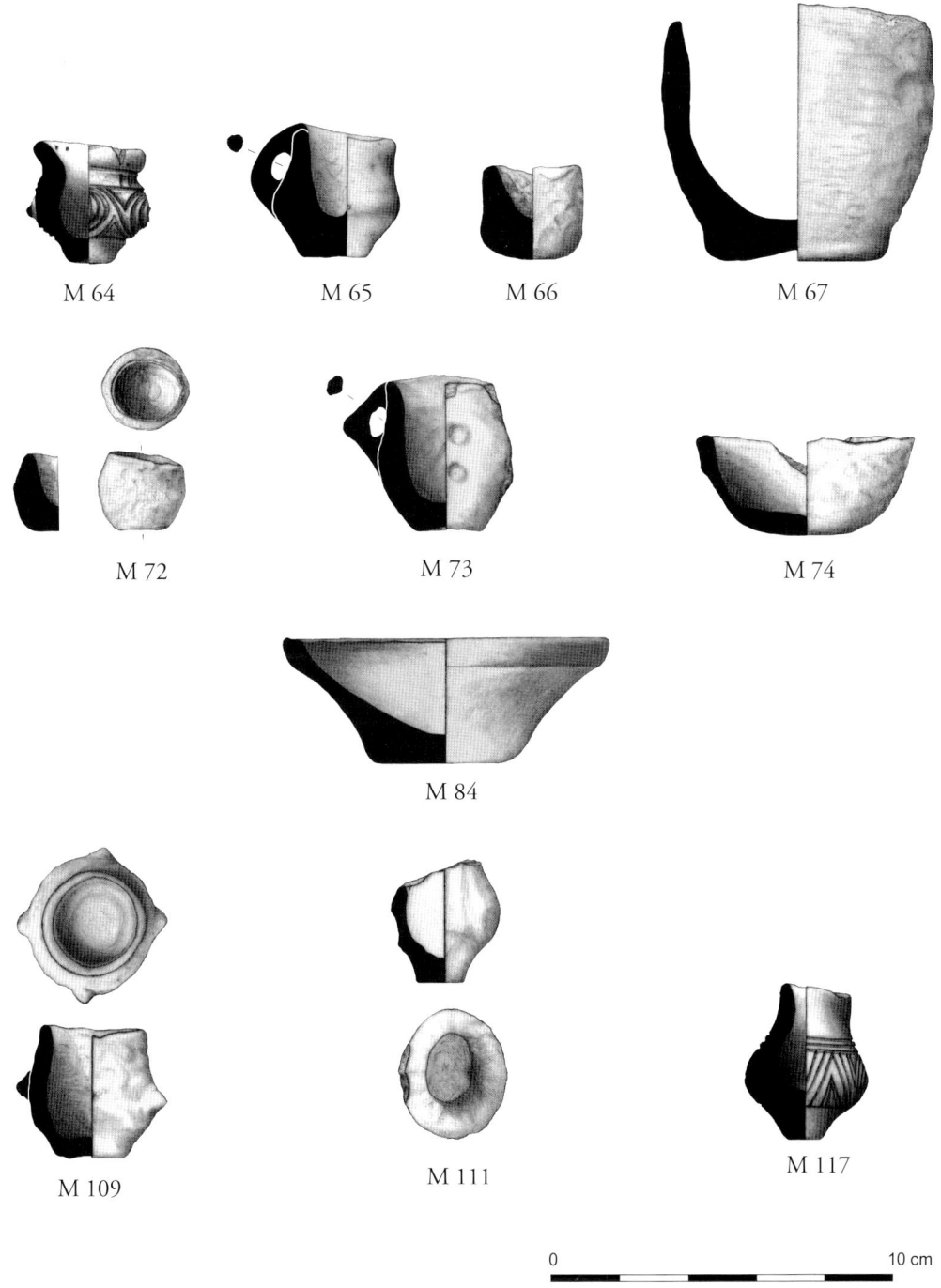

M 64

M 65

M 66

M 67

M 72

M 73

M 74

M 84

M 109

M 111

M 117

0   10 cm

Vases miniatures du NR.

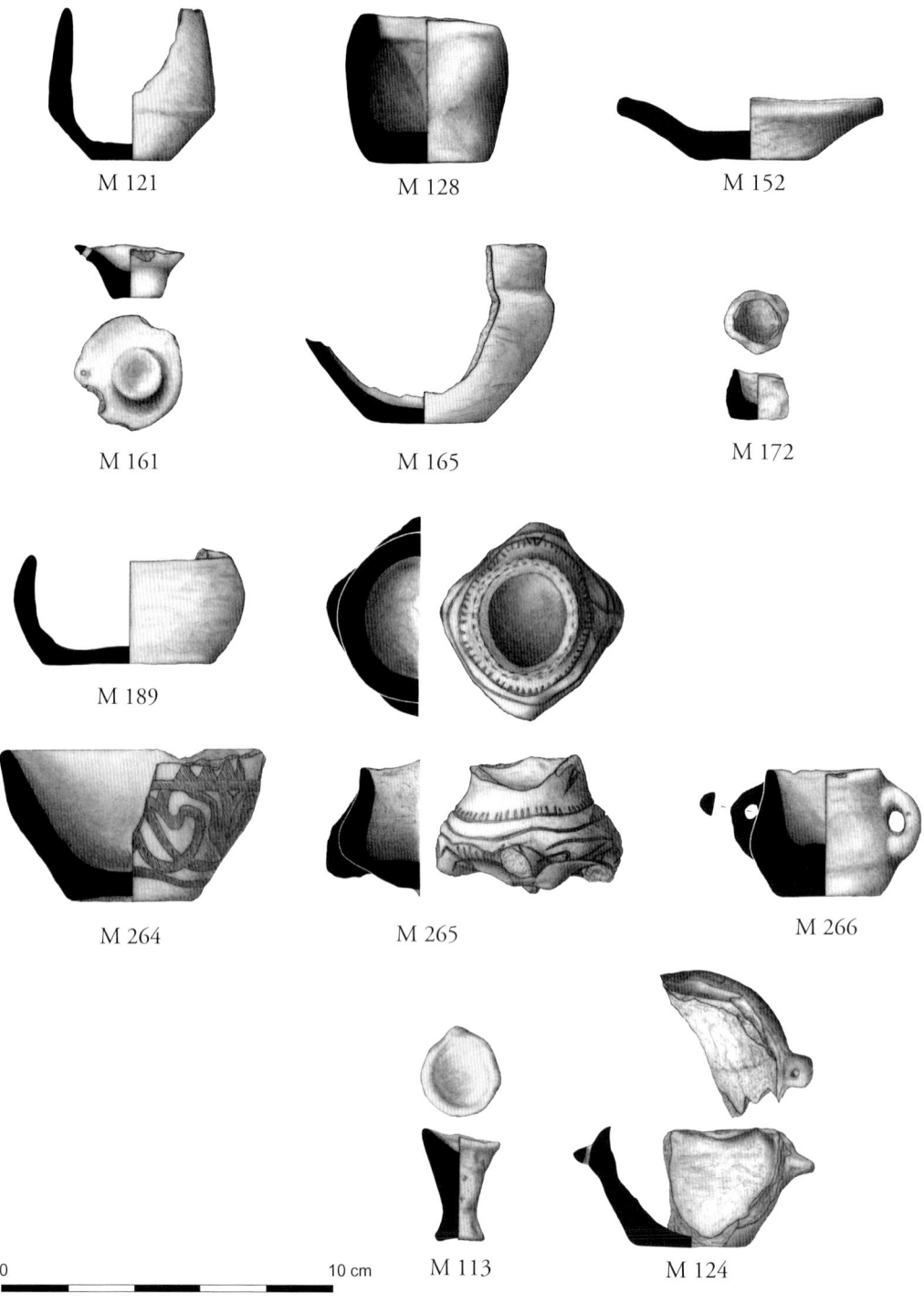

M 121

M 128

M 152

M 161

M 165

M 172

M 189

M 264

M 265

M 266

M 113

M 124

0   10 cm

Vases miniatures du NR et du BA II (M 113 et M 124).

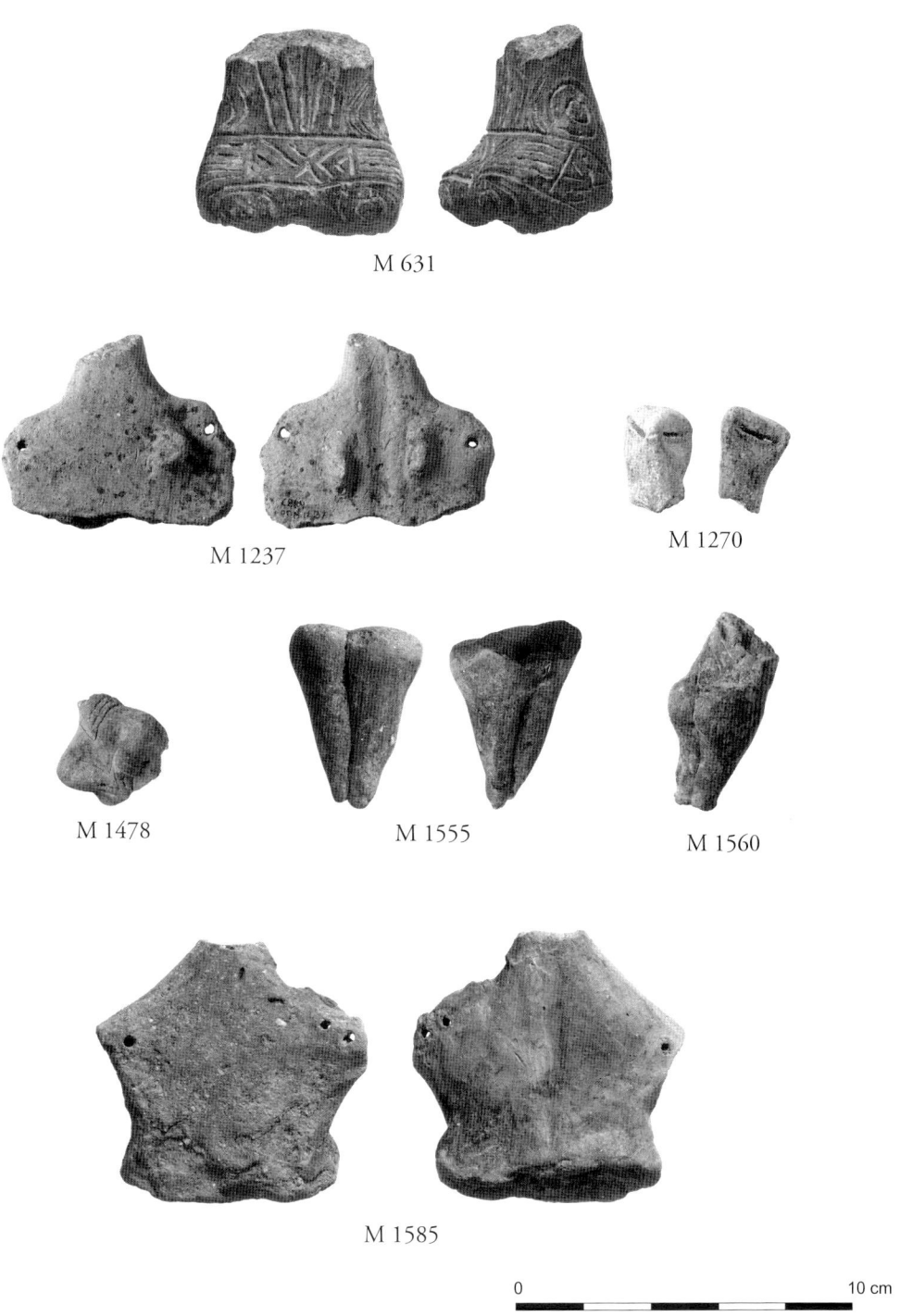

M 631

M 1237

M 1270

M 1478

M 1555

M 1560

M 1585

0   10 cm

Figurines anthropomorphes du NM.

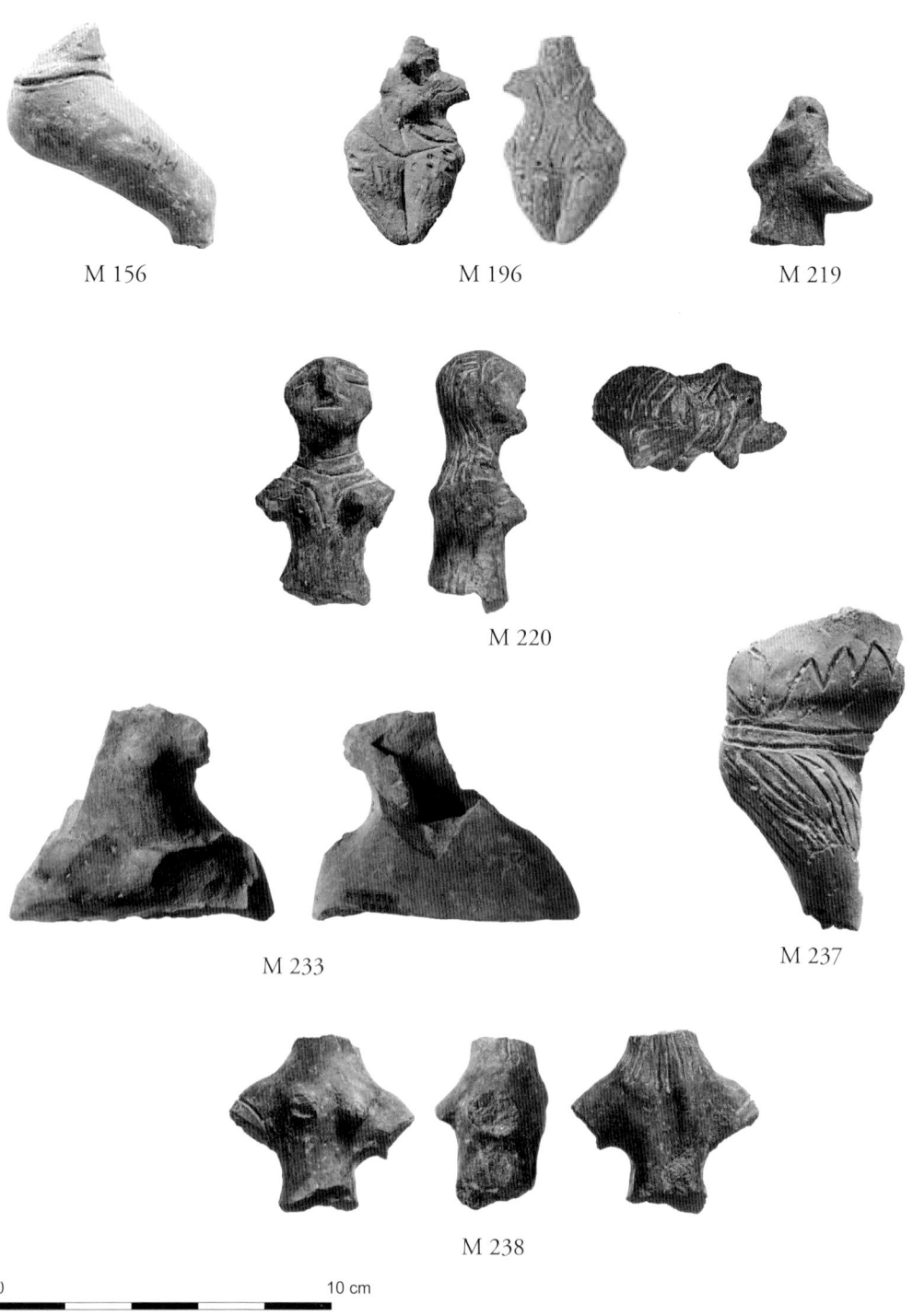

M 156

M 196

M 219

M 220

M 233

M 237

M 238

0   10 cm

Figurines anthropomorphes du NR.

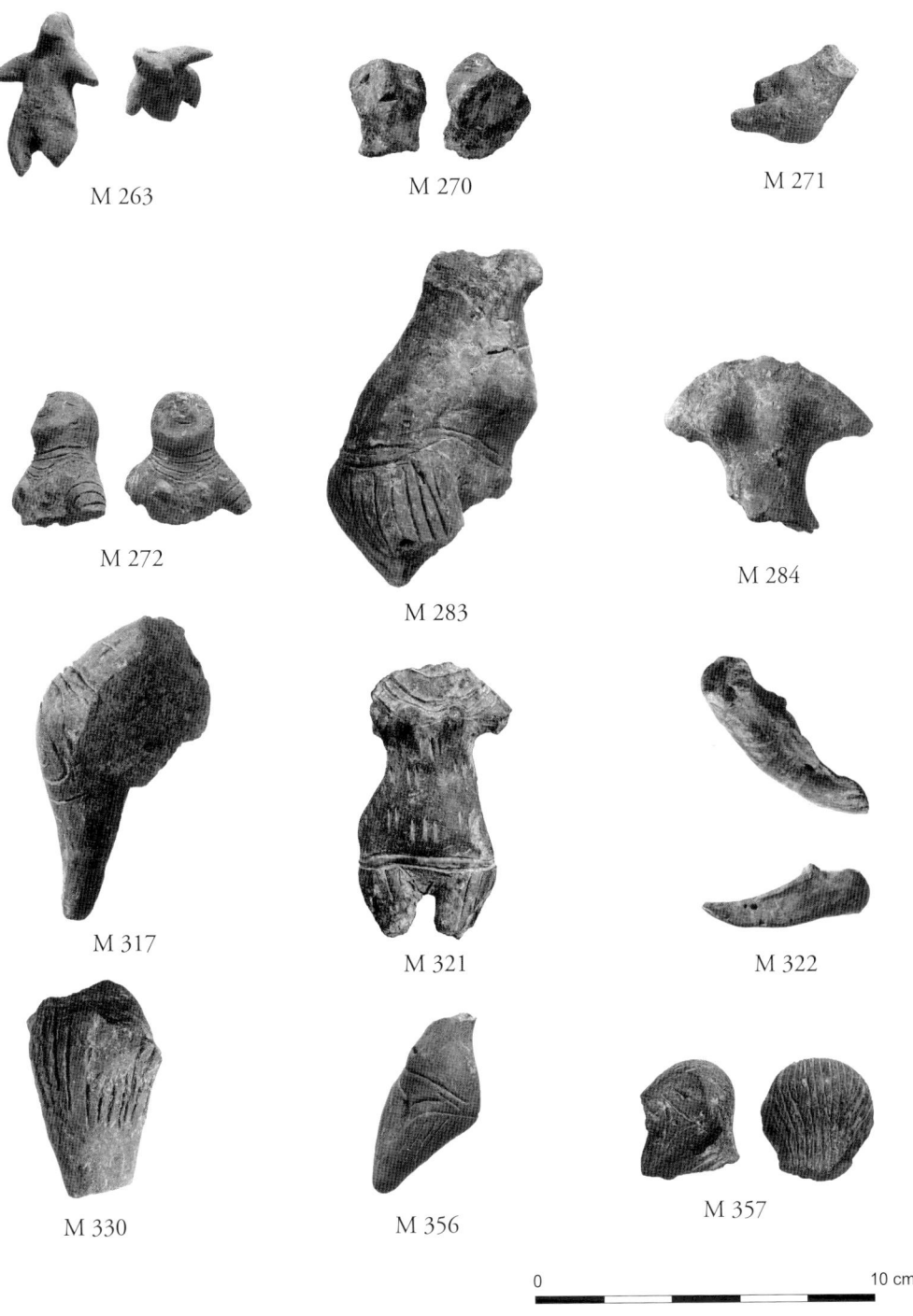

M 263

M 270

M 271

M 272

M 283

M 284

M 317

M 321

M 322

M 330

M 356

M 357

0   10 cm

Figurines anthropomorphes du NR.

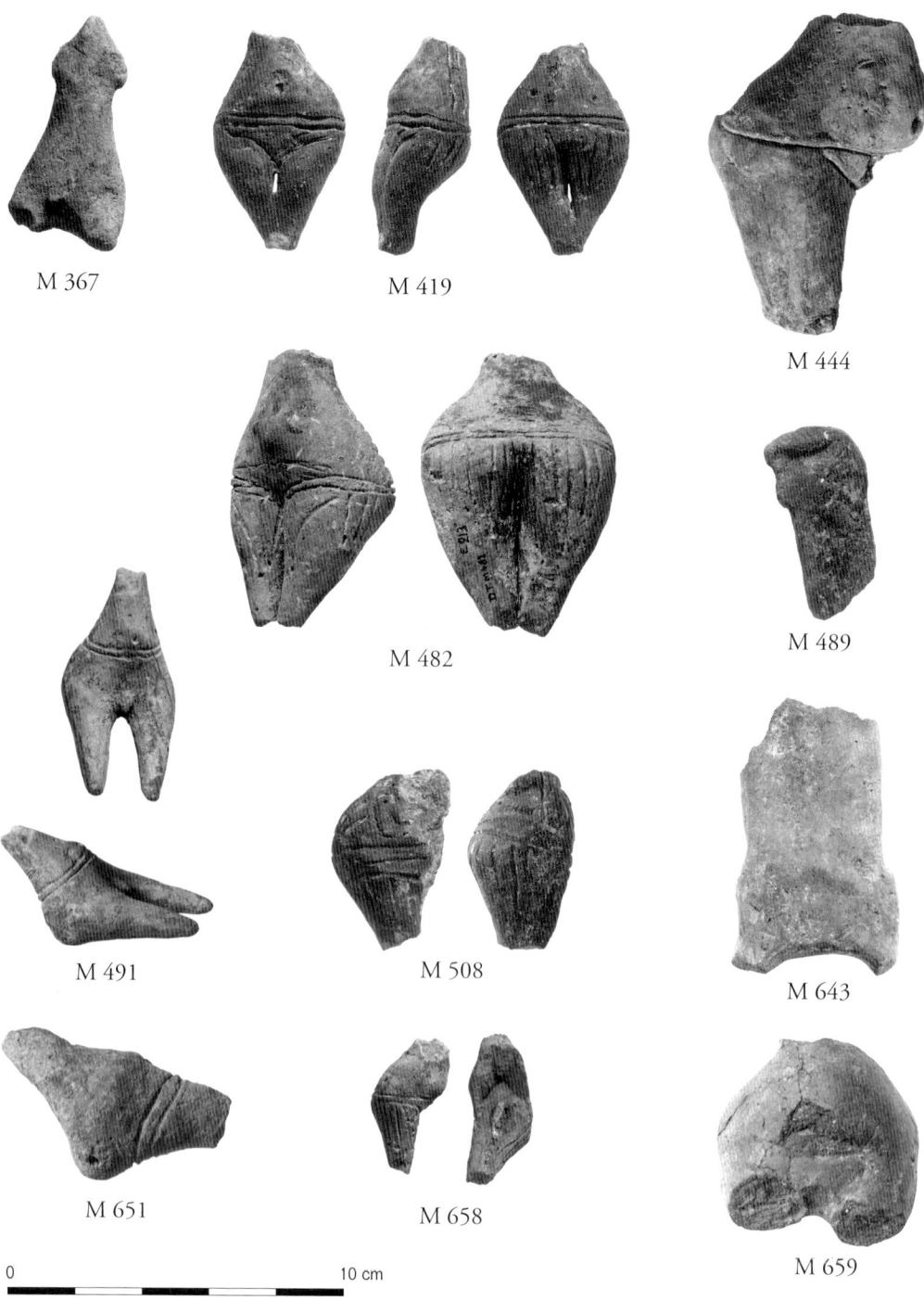

M 367

M 419

M 444

M 482

M 489

M 491

M 508

M 643

M 651

M 658

M 659

0   10 cm

Figurines anthropomorphes du NR.

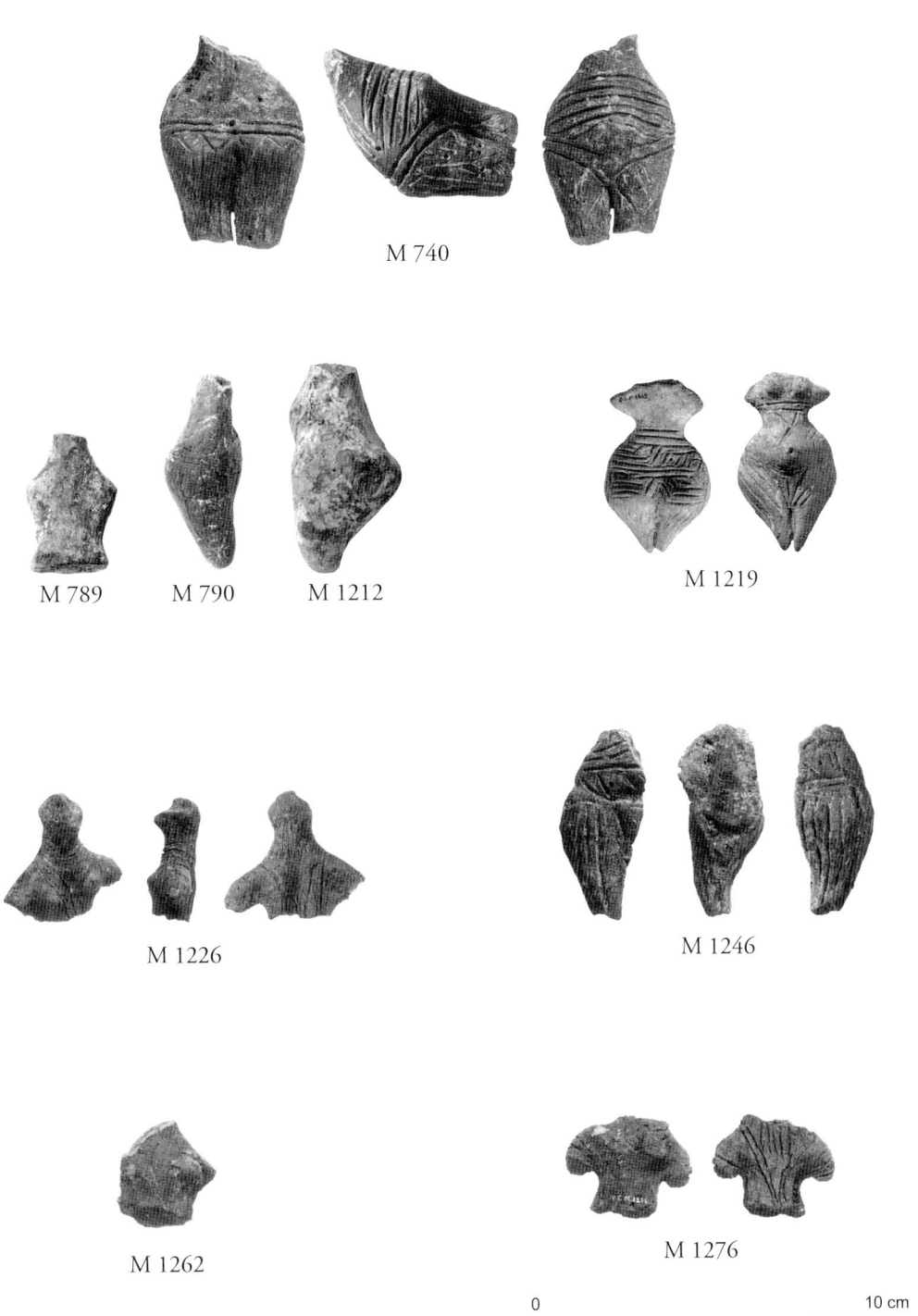

M 740

M 789   M 790   M 1212

M 1219

M 1226

M 1246

M 1262

M 1276

0   10 cm

Figurines anthropomorphes du NR.

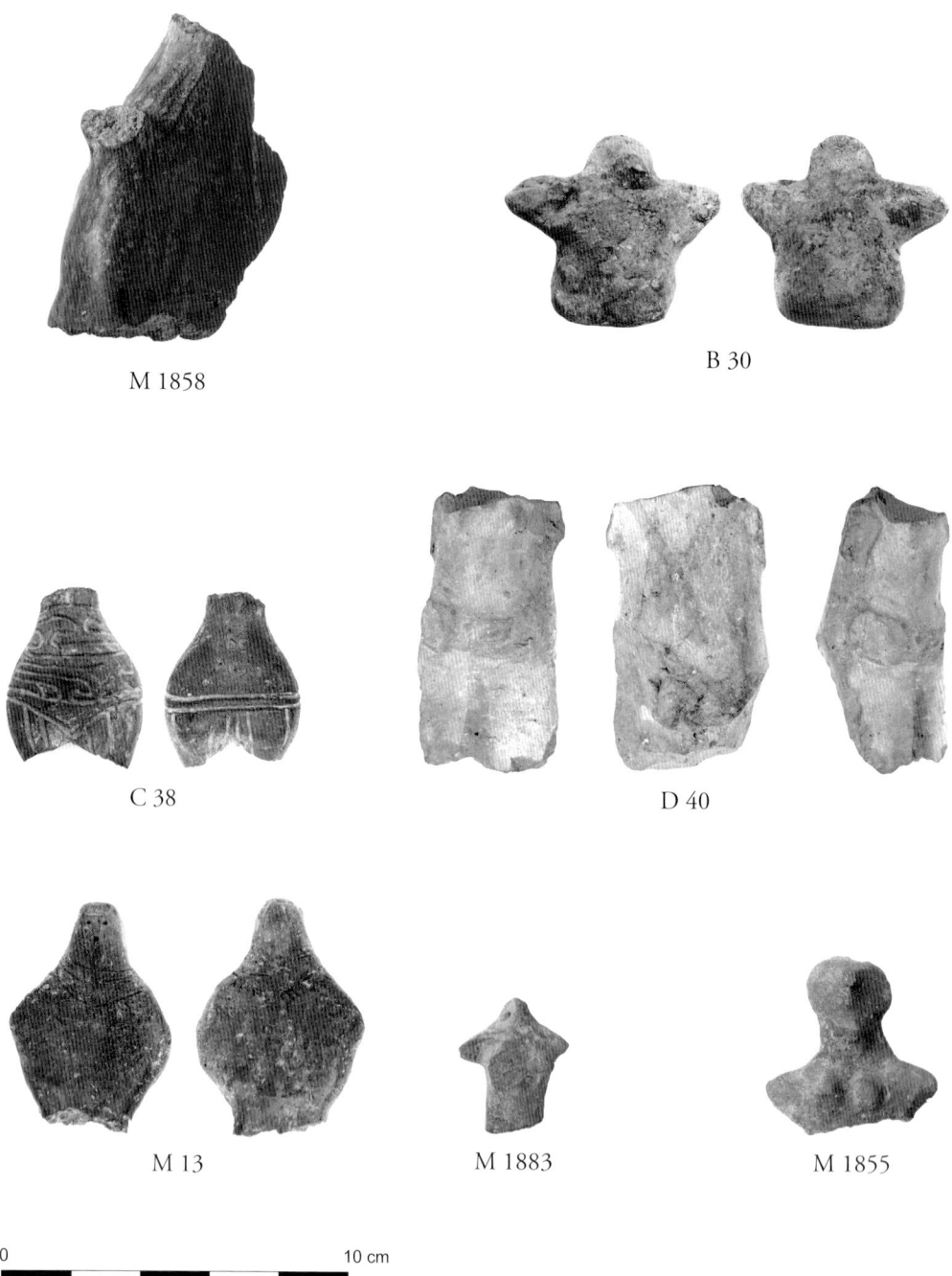

M 1858

B 30

C 38

D 40

M 13

M 1883

M 1855

0   10 cm

Figurines anthropomorphes du NR, du BA II (M 13),
du BR (M 1883) et provenant de couches du BR-Hellénistique (M 1855).

M 1218

M 1737

M 150

M 167

M 197

M 222

Figurines zoomorphes du NM (M 1218, M 1737) et du NR.

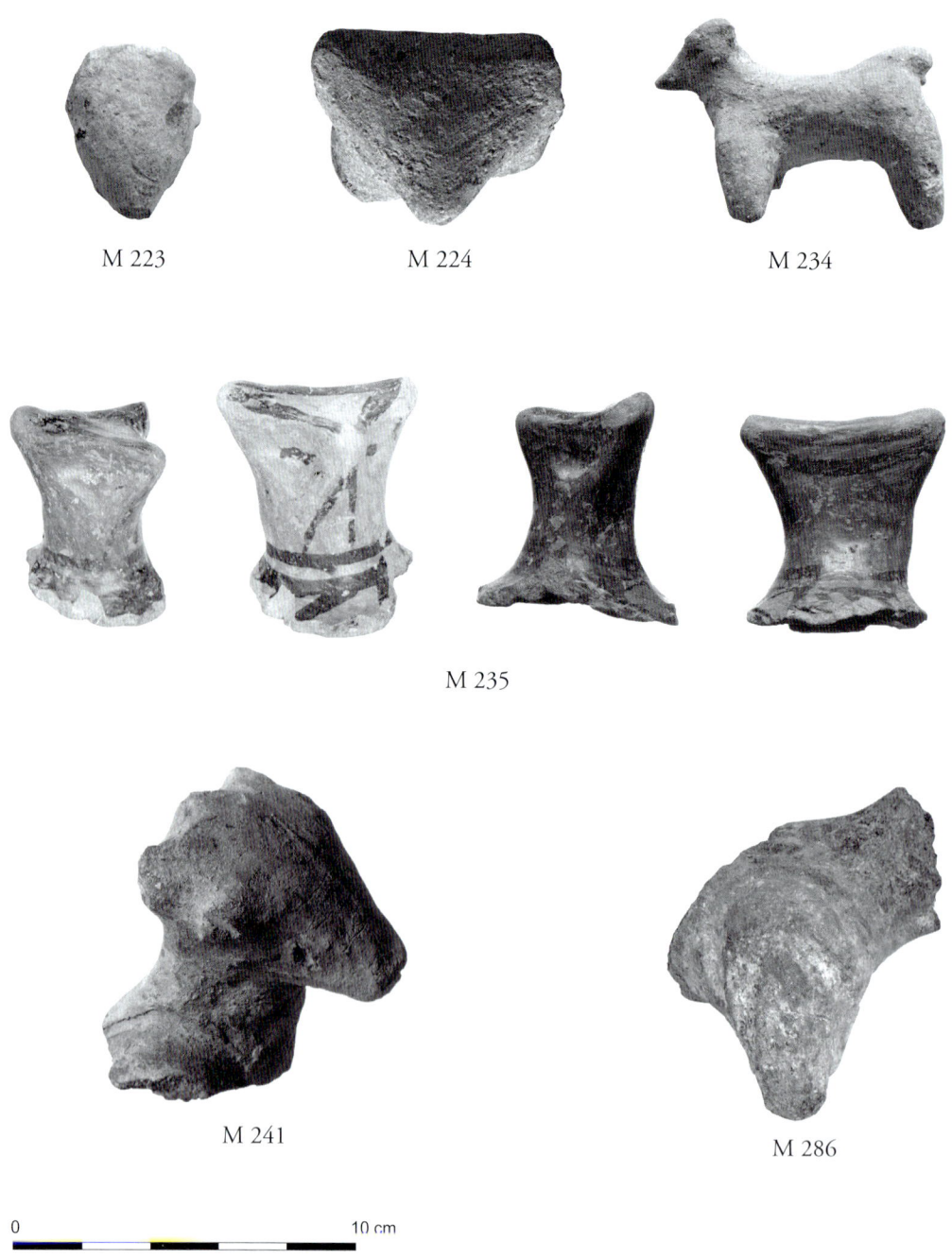

M 223   M 224   M 234

M 235

M 241   M 286

0   10 cm

Figurines zoomorphes du NR.

M 288

M 324

M 327

M 351

0 10 cm

Figurines zoomorphes du NR.

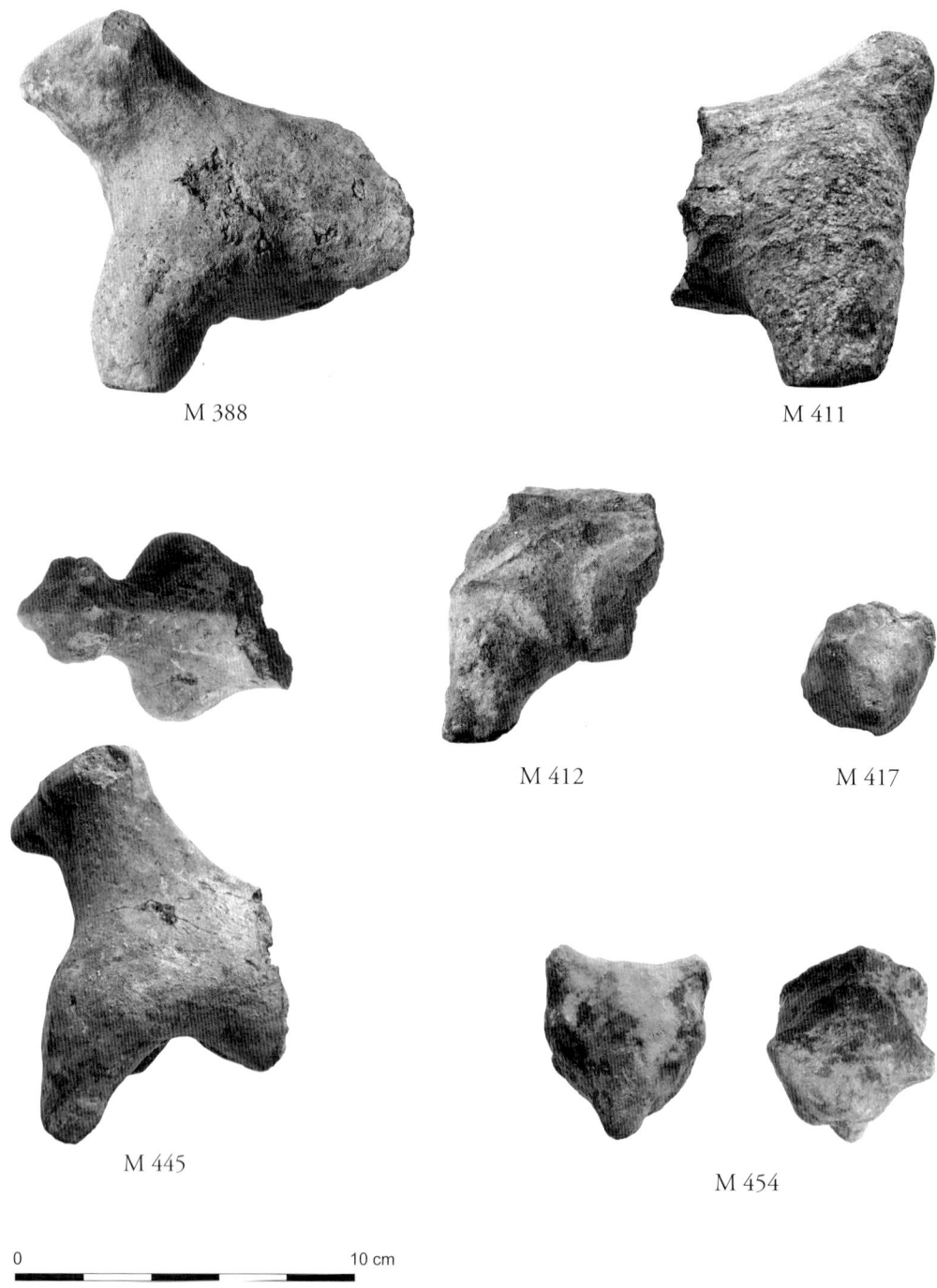

M 388

M 411

M 412

M 417

M 445

M 454

0　　　　　　　　　　　10 cm

Figurines zoomorphes du NR.

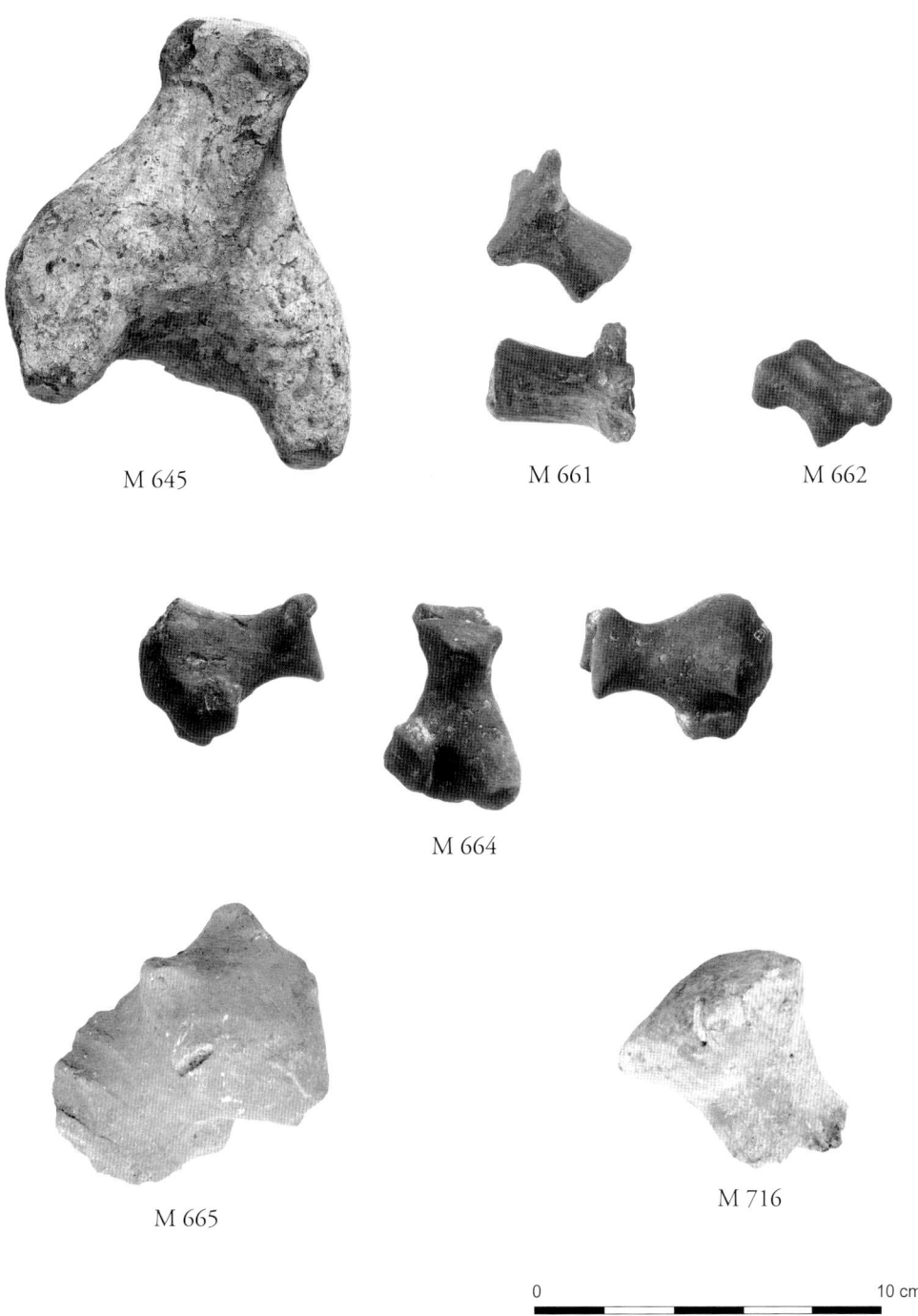

M 645

M 661

M 662

M 664

M 665

M 716

0　　　　　　　　　　　　10 cm

Figurines zoomorphes du NR.

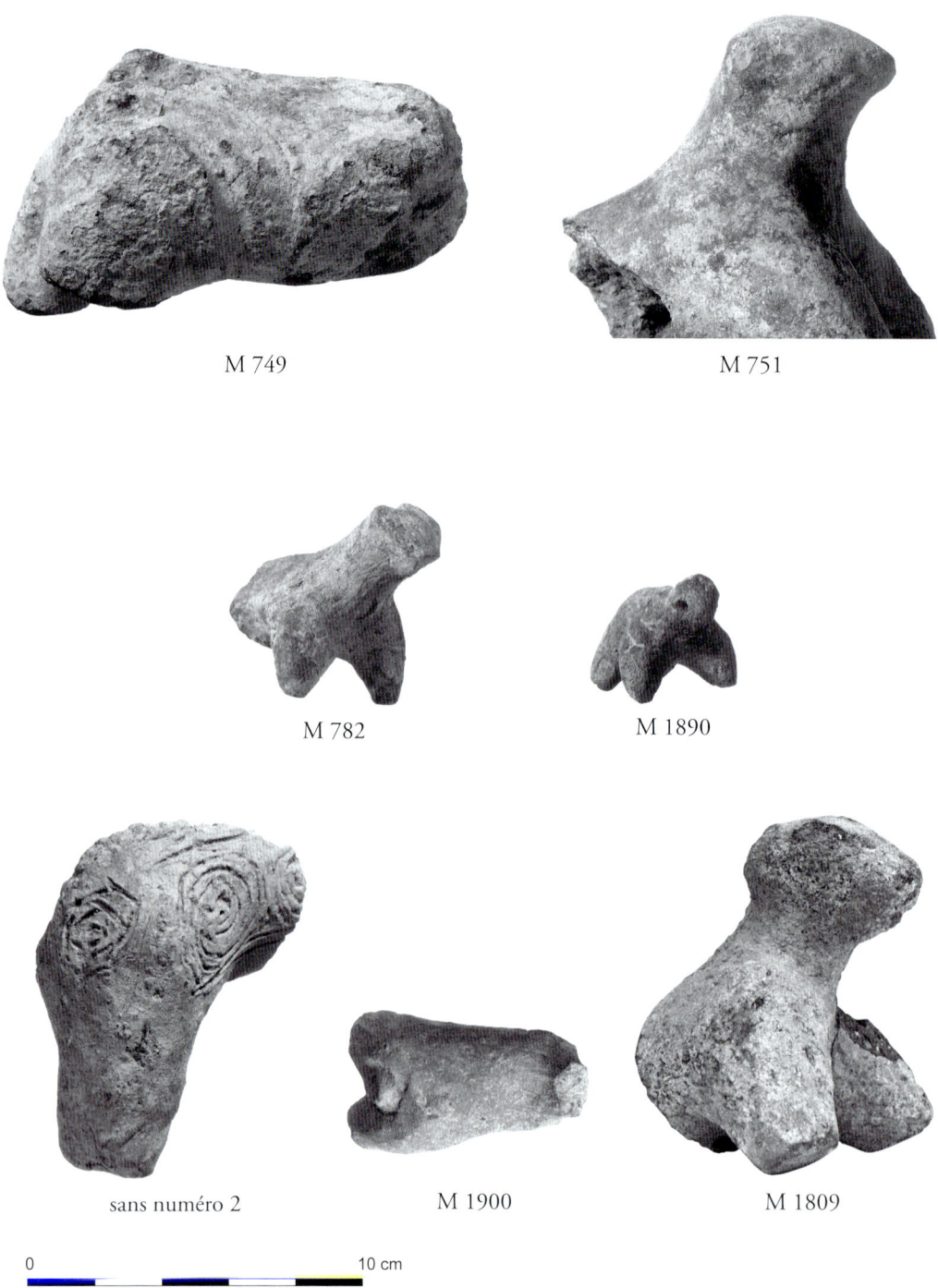

M 749

M 751

M 782

M 1890

sans numéro 2

M 1900

M 1809

0   10 cm

Figurines zoomorphes du NR et du BR ou historique (M 1900)
et de datation incertaine (M 1809).

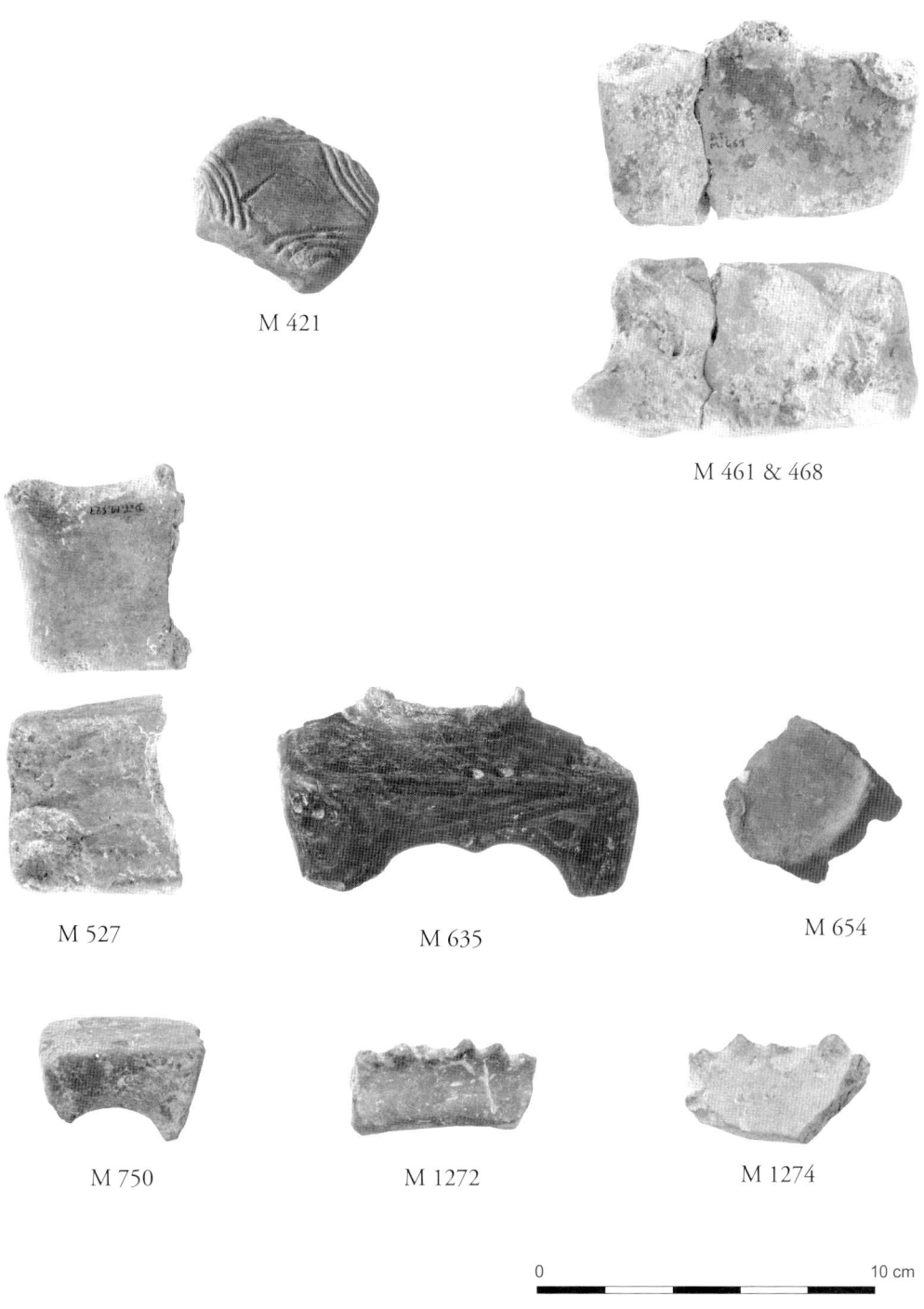

M 421

M 461 & 468

M 527

M 635

M 654

M 750

M 1272

M 1274

0   10 cm

Maquettes de mobilier du NR.

M 331

M 525   M 526

M 766

sans numéro

0   10 cm

Maquettes de four du NR.

PLANCHE 91

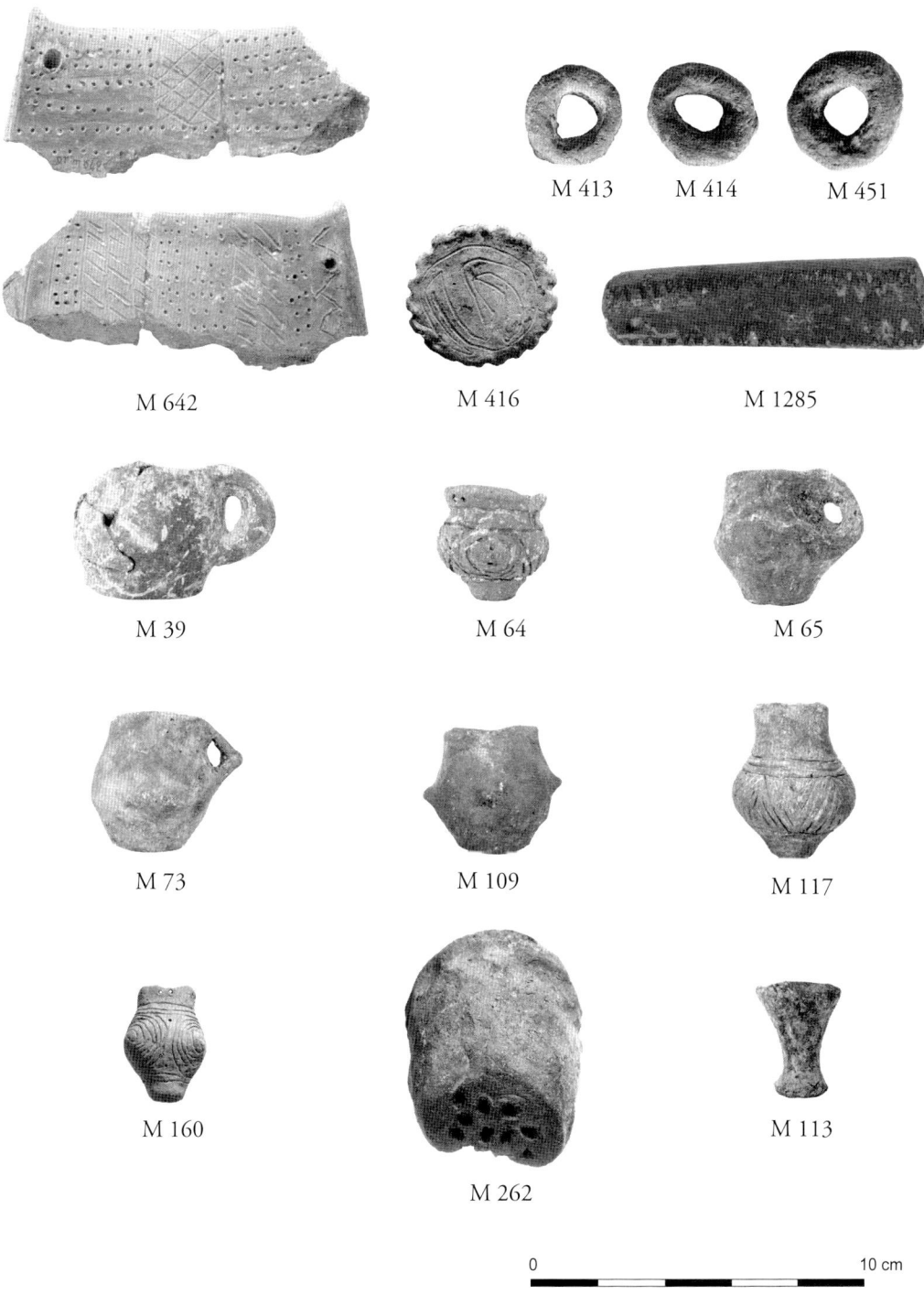

M 413   M 414   M 451

M 642   M 416   M 1285

M 39   M 64   M 65

M 73   M 109   M 117

M 160   M 113

M 262

0   10 cm

Maquettes de maison (?), divers, vases miniatures du NR
et du BA II (M 642 et M 113).

PLANCHE A

15056

45799

14890

46717

DT 255

0   5   10 cm

Céramique du BA I.

PLANCHE B

45768

A 10

D 21

47251 *et al.*

A 210 et A 41

A 63

B 14

D 37

39202

A 74

B 174

B 13

A 120 & A 220

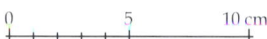

Céramique du BA II.

A 167 *et al.*   A 165 *et al.*

45473

A 64 *et al.*

A 178   C 148

B 57   C 80

B 127   C 138   B 122

D 133

C 94   C 143   A 257

0   5   10 cm

Céramique du BA II.

45530

B 75

A 216

47549 *et al.*

0   10   20 cm

DT 5

DT 137

0   5   10 cm

Céramique du BR.

PLANCHE E

B 138

48878

C 152

A 234

46777

46487   46806   47407   46392

47722   48866   48925

46512   48894   45634

48838   47576   45506

46871   48803   45402

45536   48879

0   5   10 cm

Céramique du BR.

M 1270

M 196

M 272

M 226

M 321

M 1219

M 732

M 1858

0   10 cm

Figurines anthropomorphes du NM (M 1270) et du NR.

PLANCHE G

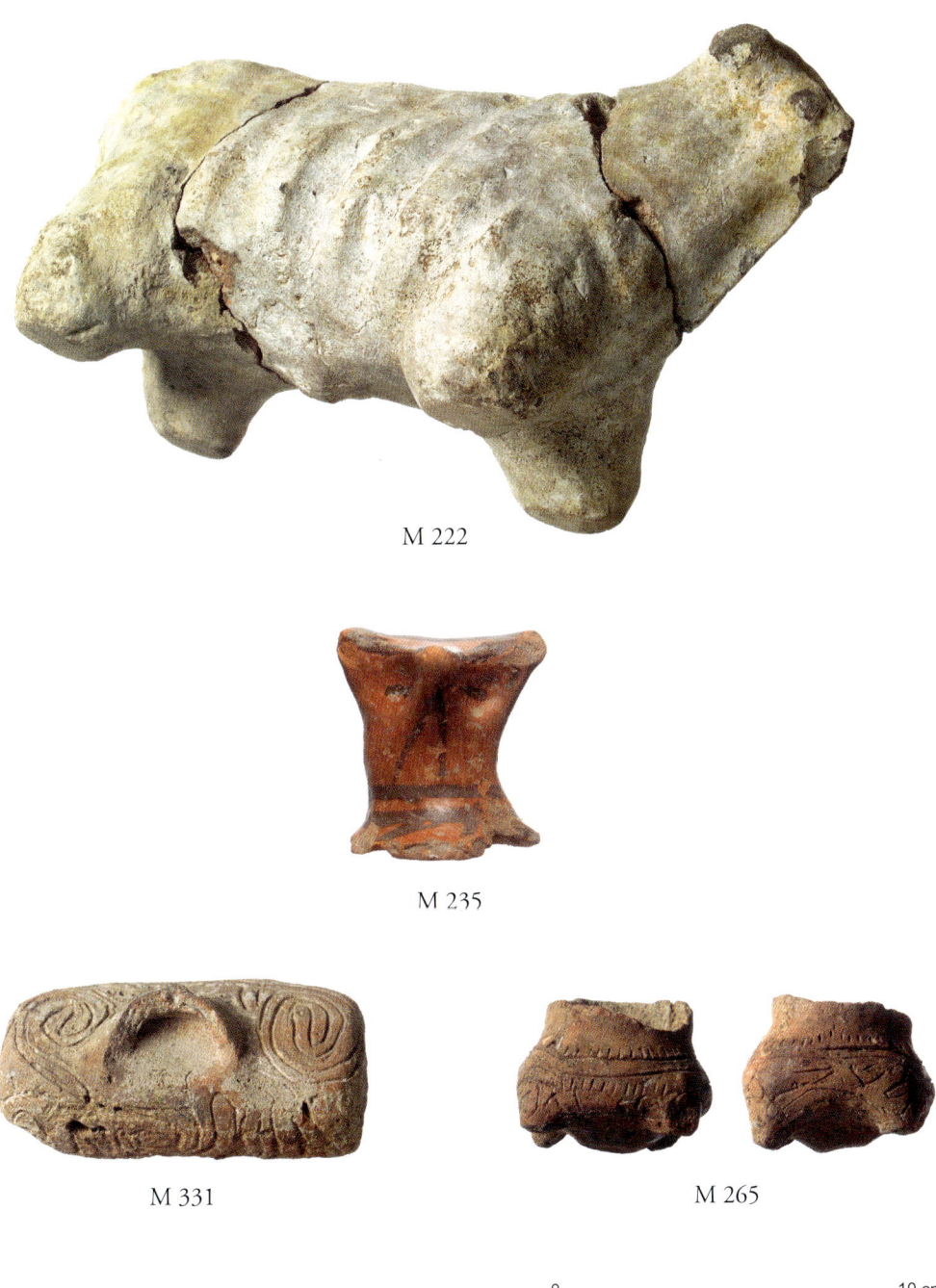

M 222

M 235

M 331

M 265

0   10 cm

Figurines zoomorphes (M 222, M 235), maquette de four (M 331) et vase miniature (M 265)
du NR.

Achevé d'imprimer
en décembre 2019
par Corlet Imprimeur
14110 Condé-sur-Noireau

Dépôt légal : premier trimestre 2020
N° d'imprimeur : DI2002.0575
Imprimé en France